INTERNET

FINANCIAL MANAGEMENT AND CONTROL INNOVATION

互联网金融创新

黄卫东 \著

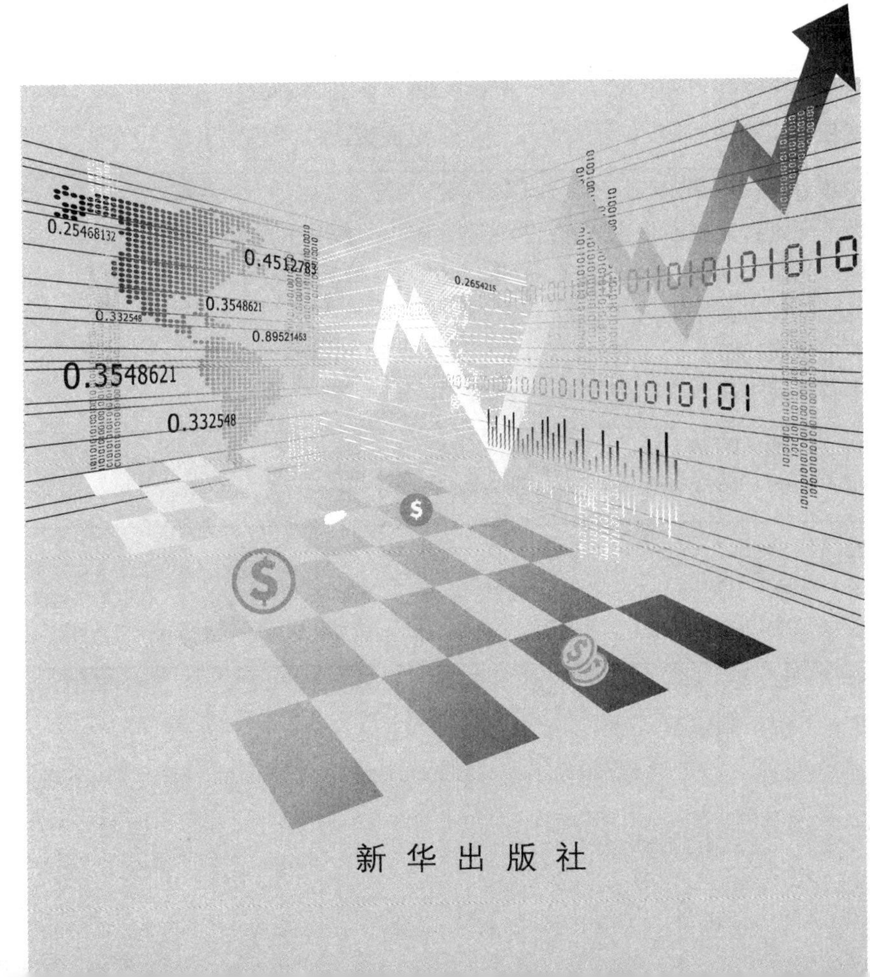

新华出版社

图书在版编目（CIP）数据

互联网金融创新 / 黄卫东著. ——北京：新华出版社, 2015.10

ISBN 978-7-5166-2119-6

Ⅰ. ①互… Ⅱ. ①黄… Ⅲ. ①互联网络 – 应用 – 金融
Ⅳ. ①F830.49

中国版本图书馆CIP数据核字（2015）第264542号

互联网金融创新

作　　者：黄卫东

出 版 人：张百新　　　　　　　　责任印制：廖成华
责任编辑：曾　曦　　　　　　　　封面设计：图鸦文化

出版发行：新华出版社
地　　址：北京石景山区京原路8号　　邮　　编：100040
网　　址：http://www.xinhuapub.com http://press.xinhuanet.com
经　　销：新华书店
购书热线：010 – 63077122
中国新闻书店购书热线：010 – 63072012

照　　排：图鸦文化
印　　刷：河北鑫宏源印刷包装有限责任公司

成品尺寸：170mm×240mm　1/16
印　　张：25.5　　　　　　　　字　　数：390千字
版　　次：2015年12月第一版　　印　　次：2015年12月第一次印刷

书　　号：ISBN 978-7-5166-2119-6
定　　价：50.00元

图书如有印装问题请与出版社联系调换：010 – 63077101

改变世界未来的创新

当人类迈入二十一世纪以后，随着互联网技术应用的普及，开始诞生出一系列前所未有的伟大创新；互联网金融既是这些伟大创新的其中一项，它不仅能够解决近百年来社会弱势但拥有良好信用群体的融资困境，促进社会进步，更能够通过大数据技术实现社会信用信息的共享，稳定社会经济秩序，推动信用化社会的建设步伐。

《互联网金融创新》一书，正是互联网金融在中国蓬勃发展之际，面对这一世界金融领域新生事物，以互联网思维与全球化视野，开展系统化研究的世界前沿性学术课题，作者黄卫东先生作为立足中国市场的互联网金融企业领导者，不仅积极探索互联网金融的业务实践，而且从金融产业安全、稳定社会经济秩序的战略高度，潜心开展互联网金融与行业管控的理论研究，创新性研究开发出一系列具有世界领先性的互联网金融与管控理论成果。

鉴于互联网金融在全球仍然是一个全新的领域，该书从全球企业实践、各国产业指导意见与管控政策、各个国家与地区的互联网金融发展态势、产业风险等方面开展系统性分析研究，并从互联网金融的理论定义、风险进化分析、以及风险管控机制模型等方面开展创新性探索研究，其研究成果对于中国、乃至世界互联网金融产业未来的发展具有非常重要的意义和价值。它不仅为国家产业政策制定部门提供了一个全新的理论思路，为广大互联网金融从业者提供一个可借鉴的管理模式，还为信用社会建设者们提供了一个新的技术路径，在推动互联网金融产业健康发展的同时，还将有力促进我国以及其他发展中国家社会信用体系的建设步伐。

立足金融，探索未来，促进繁荣、推动发展。这既是《互联网金融创新》一书的核心，也是作者黄卫东先生积极追求的人生理念，希望他的这一理念能够有益于广大读者，影响产业与社会发展轨迹。

北京大学市场经济研究中心研究员李刚

2015 年 10 月 6 日书于 Frank 实验室

目 录 CONTENTS

导 论
互联网金融及其管控基础研究

0.1 研究背景及意义

0.1.1 研究背景

0.1.1.1 海外背景

1994 年，国际互联网正式投入商业运营。1995 年，美国出现海外首家网络银行——安全第一网络银行（SFNB），标志着一种新兴的金融业态正式出现——互联网金融。

美国是海外互联网金融的发源地，产业增速较快，规模较大，模式较为成熟。即便如此，美国国内对互联网金融的认识还是经历了曲折反复的过程。2008 年，美国证券交易委员会（Securities and Exchange Commission，SEC）以"涉嫌非法投机买卖金融产品"为名，强令美国 P2P 企业繁荣市场公司（Prosper）关闭。2009 年，加州政府允许该公司重新开业，从事 P2P 业务。其后，Prosper 建立了一套完整的"信用评级"（Credit Grades）制度，对在线贷款发放进行严格审核和风险评级。2014 年，Prosper 被美国商业评级机构 the Better Business Bureau 评为"A+"信用企业。

2012 年 1 月 24 日，美国总统奥巴马在国情咨文中就金融监管提到："（这就是为什么）我们需要明智的监管，来防范不负责任的行为。这些规则是用来防

止金融欺诈、倾销有毒物或生产存在缺陷的医疗设备——这不会损害自由市场，而是让自由市场运转得更好。"①奥巴马的国情咨文并未明确提出"互联网金融"这一概念。

2013年8月，德国政府正式承认互联网货币的代表之一比特币是合法"货币"，可用于缴税和其他合法用途。德国也因此而成为全球首个官方认可比特币的国家。仅过了一个多月，美国联邦调查局（Federal Bureau of Investigation，FBI）就以"从事非法交易"等疑罪，查封了从事比特币交易的著名网站"丝绸之路"（Silk Road），逮捕了该网站创始人罗斯·威廉·乌布利希（Ross William Ulbricht），现场收缴约2.6万比特币。据美国《新闻周刊》（Newsweek）2015年2月27日报道，FBI发言人指出，"丝绸之路"网站被查封主要是因为乌布利希涉嫌通过该网站从事毒品、枪支和其他违禁品经营以及进行恐吓他人等非法行为，并非是因从事比特币交易而获罪。

美国是海外海洋法系最为健全和最为典型的国家之一，历来十分重视法律对商业的监管与制衡作用。自1933年以来，美国陆续出台了一系列金融监管法律②，特别是自2009年以来出台的法律频频涉及互联网金融领域，其中主要有：《萨班斯－奥克斯利法案》（2002）①、《多德－弗兰克法案》（2010）②和《乔布斯法案》（2012）③等。截止到2014年底，美国还制定了多部金融

---

① 此处英语原文为："That's why we need smart regulations to prevent irresponsible behavior. Rules to prevent financial fraud or toxic dumping or faulty medical devices——these don't destroy the free market. They make the free market work better."——本书注

② 此处的"法律"包含美国正式立法的部门法、法案、议案和法律文件等。——本书注

① 《萨班斯－奥克斯利法案》：英语名称为 Sarbanes-Oxley Act。又称《2002年公众公司会计改革和投资者保护法案》或《公司与犯罪舞弊责任2002法案》、《公司舞弊责任2002法案》（Corporate Fraud Accountability Act of 2002）、《强化白领犯罪惩罚2002法案》，简称《SOX法案》（SOX Act）。该法案于2002年7月30日正式生效。——本书注

② 《多德－弗兰克法案》：英语名称为 Dodd-Frank Wall Street Reform and Consumer Protection Act 或 Dodd-Frank Act。又称《多德－弗兰克华尔街改革与消费者保护法案》或《金融监管改革法案》。该法案于2010年7月21日正式生效。——本书注

③ 《乔布斯法案》：英语名称为 Jumpstart Our Business Startups Act of 2012 或 JOBS Act。又称《创业企业融资法案》。该法案于2012年4月5日正式生效。——本书注

监管法案，主要有《资本扩展法案》（Capital Expansion Act，2012）、《众筹法案》（CROWDFUND Act，2012）和《股权众筹促进法案》（Equity Crowdfunding Improvement Act，2014）等。这些法案均涉及互联网金融产业，它们都已制定完毕，正等待美国国会立法通过。一侯通过，对美国国内互联网金融产业的管控将更为严格和有效。

0.1.1.2 中国（区）背景

2004年12月，中国（区）本土最大的互联网企业之一的阿里巴巴开设"支付宝"（Alipay）第三方支付业务上线运营，标志着中国（区）互联网金融业务新业态正式形成。2012年4月7日，中国投资有限责任公司副总经理谢平在海内外首次正式提出"互联网金融"（Internet Finance）。此后这一提法从金融界迅速传播到全社会，被广泛采用。

2014年3月5日，国务院总理李克强在两会《政府工作报告》中正式提到"互联网金融"。他表示，要"促进互联网金融健康发展"，并将其作为"推动重要领域改革取得新突破"的主要内容之一。这是中国政府在年度工作报告中首次提到"互联网金融"。它表明，中国政府积极肯定与高度重视互联网金融这一新兴业态，已将其作为中国国家战略和产业政策的重要组成部分。一年后的2015年3月5日，李克强在两会《政府工作报告》中再度提及互联网金融。他用"异军突起"来形容互联网金融的快速发展势头，并呼吁"制定'互联网＋'行动计划，推动移动互联网、云计算、大数据、物联网等与现代制造业结合，促进电子商务、工业互联网和互联网金融健康发展"。他还提出，要"开展股权众筹融资试点"，将这一举措作为"把改革开放扎实推向纵深"的重要战略政策之一。这是中国政府对互联网金融的再度发声与表态。它充分说明，中国拓展和加深了对互联网金融的认识广度与深度，互联网金融是"互联网＋"在金融领域中的具体应用，已成为中国政府工作安排中持续推进的重要内容之一，对推动大众创业万众创新和传统金融的改革具有巨大而深远的影响。

中国（区）互联网金融发展十分迅猛。据中国中央电视台《新闻联播》栏目2015年3月22日报道，截止到2014年底，中国新上线P2P平台1228家，P2P年末贷款余额超过1000亿元人民币。2014年，中国众筹企业达到128家，

3

覆盖全国 17 个省、市、自治区。2014 年，中国拥有第三方支付机构 269 家。2014 年，中国手机移动支付业务为 45.24 亿笔，总金额达到 22.59 万亿元人民币，同比分别增长 170% 和 134%。而据网贷之家统计，2014 年全年中国网贷成交量达 2528.17 亿元，是 2013 年的 2.39 倍。

中国（区）互联网金融产业的迅速发展，在盘活资金存量、方便广大用户、促进产业竞争等方面挥发了积极作用，但同时也存在一些严重问题。据中国社会科学院对外经贸国际金融研究中心、中国互联网金融诚信联盟、北京互联新兴经济研究院和互金时代舆情监测中心联合发布《中国互联网金融舆情监测报告（2014 年度）》称，截止到 2014 年底，中国发生经营严重问题的 P2P 平台已达 338 家，约占全部 P2P 平台的 16.90%。这些经营严重问题主要包括：提现困难、倒闭和跑路等，其中，影响较大的有广东旺旺贷、浙江银坊金融、浙江中宝投资等几家。另据《中华工商时报》2014 年 12 月 9 日报道，中国很多 P2P 平台存在以下严重问题：任意超出核准经营业务范围、高利吸储、自建"资金池"、信息不透明不公开、无资金托管、无准入限制、无行业自律、无监管机构等。

互联网金融出现以来，引起各界共同关注，公共管理部门也予以高度重视，很多公共事务人士纷纷就互联网金融的管控发表言论，表明态度。

2014 年 3 月 4 日，中国人民银行行长周小川在第十二届全国政协二次会议上回答记者提问时表示，"互联网金融业务发展是新事物，所以过去的政策、监管、调控不能完全适应，需要进一步完善。但总的来说，金融政策是鼓励这个科技的应用。"

同日相同场合，中国人民银行副行长易纲和副行长潘功胜，中国银行业监督管理委员会（银监会）前主席刘明康，中国国家银行监督管理委员会特邀顾问、中国工商银行前行长杨凯生等都纷纷发表对互联网金融的看法。

易纲表示："要支持和容忍余额宝等金融产品的创新行为，同时针对相关产品可能带来的流动性以及价格波动等风险，央行会进一步关注市场变化，加以防范。"

潘功胜也作出相似表态："互联网金融可以扩大对小微企业的供给，拓宽老百姓投资渠道，提高交易效率，降低交易成本。对互联网金融这个金融新品种，第一要鼓励创新和发展，第二要推动金融市场改革，扩大金融供给，第三是要规范监管，跨部门交叉性产品，需要协调监管。"

刘明康认为："尽管互联网金融现在发展势头很迅猛，而且也存在诸多优势，但是互联网金融要想取代传统银行业的所有业务是不可能的。当然也会逼着金融业有一个脱胎换骨的改造。"

杨凯生提出："无论是线上还是线下，只要实质是金融活动，就应该按照现有的金融法规纳入监管范畴，而不是'放任自由，出了事再说'的态度。"

2014年10月，中国农业银行股份有限公司董事长、中国人民银行前副行长刘士余在《清华金融评论》期刊上发表题为"秉承包容与创新的理念，正确处理互联网金融发展与监管的关系"的文章，认为"一些互联网金融企业片面追求业务拓展和盈利能力，采用了一些有争议、高风险的交易模式，也没有建立客户身份识别、交易记录保存和可以交易分析报告机制，容易为不法分子利用平台进行洗钱等违法活动提供创造条件；还有一些互联网企业不注重内部管理、信息安全保护水平较低，存在个人隐私泄露风险。"

2015年1月4日，国务院总理李克强在视察深圳前海微众银行时提出"微众银行一小步，金融改革一大步"的提法，希望这家企业"要在互联网金融领域闯出一条路子"，"能倒逼传统金融加速改革。"

2015年3月12日，周小川在第十二届全国人大三次会议记者会上答记者问时表示，对于互联网金融的新政策"主要体现为支持互联网金融的发展。另一方面，也要按照现在监管的框架给予适度的监管"。他认为，互联网金融引起了"无论是金融界、监管当局和政府"的"高度关注"，"从总体上来讲，互联网金融要逐步制定一些适合互联网业务的规则。"他进一步解释，加强对P2P网贷的监管"是为了今后如何使P2P网贷能够走入健康的发展渠道，能够更好地为客户服务，对现有的金融机构起到补充的作用"。

在相同场合，潘功胜也表明了自己的态度："互联网金融业态包括第三方支付、P2P、众筹、融资以及现在的银行、保险、证券、资产公司等等借助网络平台销售的产品。人民银行对于互联网金融方面的基本的态度，就是鼓励创新发展、分类适度监管。"他还提出："因为互联网金融中包含不同的业态，所以它的监管规则，所包含的法律关系、风险的性质是不太一样的，所以不同业态的监管规则和监管的强度是有差别的。"

2015 年 3 月 16 日，中国人民银行广州分行行长王景武在十二届全国政协二次会议上答记者问时表示，"当前互联网金融风险隐患多以及法律地位不明确，且游离于金融监管体系之外，对金融体系安全、社会稳定产生重大冲击，加强互联网金融监管已经刻不容缓。"

除了以上公共管理部门人士的有关看法外，一些专家学者也谈到了关于互联网金融发展与监管的不同认识。

2014 年 3 月 4 日，清华大学经济管理学院教授、中国人民银行货币政策委员会前委员李稻葵在十二届全国政协二次会议上答记者问时强调："必须将互联网金融纳入监管，并相信应该会出台《互联网金融暂行管理条例》。"他说："互联网传播速度极快，如果形成有关互联网金融的不良预期，容易在网上传播引起过分震荡，当前互联网金融发展的最大难题就是如何进行适当监管。互联网金融需要有特殊的监管和保障制度，至于是不是和线下的监管一样，需要好好研究，不能一刀切。像余额宝等互联网金融业务一定要有准备金，以防不测，如果出问题要有相应担保，建议尽快建立包括存款准备金制度等在内的一系列保护制度。"

2014 年 3 月 5 日，中央财经大学法学院教授、互联网金融千人会创始人黄震提出："互联网金融仍处于起步探索阶段，监管层应允许其进一步发展，预留一个观察周期来了解其全貌。此外，由于互联网金融涉及面很广，监管层也需要进一步全面观察各细分领域。"

2015 年 1 月 6 日，中央财经大学金融学院教授、银行业研究中心主任郭田勇在接受记者采访时谈到："互联网金融在降低交易成本、提升客户体验以及扩大金融业覆盖面上有独特优势。虽然传统银行近些年也在不断创新和改革，但相对于互联网金融机构而言，在这些方面还有一定的差距。当然，互联网银行要在形成规模之后，确确实实地推出来金融产品和工具，才能真正起到倒逼作用。"

一些企业界人士也就互联网金融发展与监管话题发表了自己的看法。

2014 年 3 月 5 日，腾讯公司控股董事会主席兼首席执行官马化腾认为："互联网对传统行业的改变，是外在能力对原有资源的提升。它对金融是一种改良，也是一种颠覆。"

同日，中星微电子有限公司董事局主席、首席执行官邓中翰也提出："对互联网金融要有探索和包容的心态。我国改革开放多年来，一大经验就是鼓励创新。创新过程中出现一些风险，也是正常现象，这时监管也要跟上。"

2014 年 10 月 16 日，阿里巴巴集团所属蚂蚁金融服务集团首席财务官井贤栋在蚂蚁金服集团成立大会上发表讲话，他谈到："蚂蚁金服（未来的发展思路）将坚持开放平台战略，与合作伙伴一起建设和发展互联网时代的金融新生态。在未来的金融生态中，合作会多过竞争，'生态系统'将成为一种商业模式。生态系统将以云计算、大数据为基础设施，以信用体系为构架，支撑支付、投融资、理财、保险、银行等多种平台业务。基于蚂蚁金服的云计算和大数据平台，支付宝对接了 200 多家金融机构，保险平台接入了 100 多家保险机构。蚂蚁金服的云计算平台，可支撑每天 10 亿笔的支付交易。"

同日相同场合，井贤栋的同事、蚂蚁金服集团国际业务副总裁彭翼捷也谈到："未来两年支付宝的国际化还会坚持以中国为原点的策略，服务中国消费者到海外消费，以及海外消费者到中国消费的需求。但再接下来，支付宝也将选择重点市场，把支付宝的服务带到当地国，服务当地国本土市场。"

以上公共事务管理人士、专家学者和企业界人士都从不同角度对互联网金融进行了审视。从这些不同视角的观点中可以看出当前中国对于互联网金融的基本认识水平，而且还可以了解到中国互联网金融产业管控的核心问题所在。

作为一种新兴业态或模式，互联网金融在激发市场微观基础活力、促使新兴互联网金融产业发展、推动传统金融产业改革与转型等方面发挥出巨大作用。同时，互联网金融的发展时间并不很长，由于其对信息技术和互联网的高度依赖，加之金融业务本身具有的高度攫利与投机性质，因而其本身带有较高的系统风险。互联网金融在发展中又不可避免地会产生各种问题，如普遍缺乏事前监管和事中监管、行业自律与规范不足等，这些问题在一定条件下可能趋于严重化，又会增加这些潜在风险发生的可能性，进而会给社会经济运行安全带来负面影响。此外，互联网金融作为一种新生事物，各界对其的态度和立场均存在较大差异，有待深入和全面认识，来取得"促进产业发展、保护合法权益、防范金融风险、打击金融犯罪"的理性共识。因此，对互联网金融制定并实施适度有效管控就成为十分紧迫的现实需要。这也就是本书研究的立意所在。

0.1.2 研究意义

0.1.2.1 理论意义

通过系统归纳海内外互联网金融产业现有文献资料，在互联网金融的定义、本质、模式、属性、特点等方面提出独到见解；全面梳理和鉴别互联网金融风险类别，揭示传统金融风险在互联网技术条件下的延伸与变异；全面阐述互联网金融产业管控体制演变历史，以求清晰了解其发展历史脉络；全新设计互联网金融产业管控机制创新体系，创新性提出互联网金融产业管控目标体系、管控机制创新运行模式，为中国（区）互联网金融理论创新研究提供有益尝试，为今后更加深入研究做好理论预研与扎实积累。

0.1.2.2 实践意义

遴选海内外代表性互联网金融机构、互联网金融管控体制，通过对其进行重点介绍和分析，全面系统总结其发展历程，从中寻找其历史脉络与特征，有助于构建比较完整的互联网金融发展知识体系，传播和普及相关知识。

通过全面系统梳理互联网金融产业风险类别，设计互联网金融风险图谱，有助于业界清楚了解和区分，更好应用于风险管控的实践。

笔者在全面整理海内外金融管控体制、管控机制和管控方法成功经验与做法的基础上，创新性提出中国（区）互联网金融产业管控机制创新体系，包括其目标体系、结构体系和运行模式，为公共管理部门对互联网金融产业的管控决策及其具体实施提供建设性和参考性建议，为互联网金融产业发展提供创新性和可行性思路。

0.2 概念溯源与文献综述

0.2.1 海外文献综述

0.2.1.1 海外概念溯源

"互联网金融"英语译法为：Internet Finance。"finance"一词源自古拉丁语单词 finis（中世纪前）、古法语单词 finer（约 1300 年）、中世纪英语单词 finaunce（约 1350 年）和中世纪盎格鲁法语单词 finance（约 1400 年），本义为"结束"、"结果"或"结论"等，引申义为"（报酬、租金、债务、税款或罚款等的）缴纳、支付与结算"。1739 年，"finance"首次作为独立英语单词使用。1770 年，英国首次正式使用"finance"来统称"货币流通、信用担保和银行票单提供的整个体系"。

1995 年 10 月 24 日，美国联邦网络建设委员会（the Federal Networking Council，FNC）将已相互联结为一体且实现商业化应用的世界万维网（the World Wide Web，WWW）等网络群统一命名为"Internet"。从此，Internet 成为国际互联网的通用规范术语。

0.2.1.2 海外发展由来

21 世纪初，国际金融界开始关注和研究互联网对金融的影响。2000 年 10 月 16 日，美国联邦储备委员会（the Board of Governors of the Federal Reserve System，BGFRS）前主席阿兰·格林斯潘（Alan Greenspan）在美联储金融市场大会上以"Electronic Finance"为题发表演说。2001 年 1 月 23 日，美联储在纽约召开以"Electronic Finance"为主旨的研讨会，并发布系列研究报告。之后不久，国际清算银行（the Bank for International Settlements，BIS）也就"Electronic Finance"举行研讨和发布研究报告。

几乎同一时期，国际金融学术界开始研究互联网与金融的关系。巴尔尼·瓦尔夫和达伦·普厄赛尔（Barney Warf，Darren Purcell，2001）在其论文集中较早提及"Electronic Finance"。安东尼·F. 赫尔伯斯特（Anthony F. Herbst，2001）在其论文关键词中较早使用"Internet Financc"和"E-Finance"的表述。柯尔斯蒂·贝斯特（Kirsty Best，2005）在其论文题目中较先明确提及"Internet Finance"。

0.2.1.3 海外文献评价

海外英语文献对互联网金融有多种表述，如"Internet Finance"、"Electronic Finance"、"E-Finance"（电子金融）或"Digital Finance"（数字金融）

等，并未取得一致共识。董昀和李鑫（2014）认为，"Electronic Finance"或
"E-Finance"等提法更被国外"普遍接受"和"广泛采用"。

至于"Internet Finance"一词，海外文献资料记载较为有限。许鑫和冯诗
惠（2015）研究发现，2003—2013年SCI Expanded、SSCI和A&HCI三大ISI
引文数据库中，"Internet Finance"使用频率较低，无法列入各年度高频热点
词汇之中。

即便提及"Internet Finance"，海外文献通常未给出其直接定义，实质上
并未将其当作独立研究主题。董昀等人（2014）判定，海外"鲜有'互联网金
融'的提法"。郭勤贵（2015）断言，海外并无"互联网金融"概念。对此，
董昀等人（2014）解释，欧美金融界人士较多认为互联网金融是基于互联网的
金融创新，是其多元化金融体系的"有益补充"，"并不新鲜"。殷剑锋（2014）
则认为，欧美始于战后的金融市场化改革20世纪80年代已基本结束，互联网
金融创新由于缺乏"管制租金"，导致欧美金融界对其"热情消失"。

0.2.2 中国（区）文献综述

0.2.2.1 中国（区）概念溯源

"金融"系现代汉语合成词，古代汉语无此表述。学术界基本公认，19世
纪后期"金融"提法逐步取代旧称"银根"而形成。《辞源》（1915）和《辞海》
（1936）均设"金融"条目，其释义为"金钱之融通状态"及"资金融通之形态"。

1994年4月20日，Internet正式引入中国。此后中国一直将其称为"互联
网络"。1997年4月18日至21日，原中国国务院信息化工作领导小组办公室
在深圳召开第一届全国信息化工作会议，会上正式使用"互联网"一词。从此，
"（国际）互联网"便成为"Internet"的汉语对应术语沿用至今。其间，中国
国家语言文字工作委员会曾一度将"Internet"指定译为"因特网"或"英特网"，
但使用普及率均不及"（国际）互联网"。

0.2.2.2 中国（区）发展由来

与"Internet Finance"对应的"互联网金融"这一概念正式提出始于当代中国。

2012年4月7日，谢平在中国金融智库"金融四十人论坛2012年会"的"新时期商业银行的发展与转型"银行主题专场上作题为"互联网金融模式"的演讲，在国内外最早公开提出"互联网金融"的概念。随后这一提法在中国国内迅速流传，从金融界逐步扩散到全社会，被广泛采用。2014年4月，谢平等人确认，"互联网金融"是其2012年"首次公开提出"的一个"前瞻性概念"。吴晓灵（2012）、阎庆民（2012）、罗明雄（2013）和石现升（2014）等人先后对此予以认同。

2013年，中国人民银行发布当年第二季度《货币执行政策报告》，该报告中出现"互联网金融"提法，这是中国官方公开正式文献中首次提及"互联网金融"。

2014年3月5日，中国国务院总理李克强在两会《政府工作报告》中正式提及互联网金融，表示要"促进互联网金融健康发展"，并将其作为"推动重要领域改革取得新突破"的内容。这是中国政府在年度工作报告中首次提到"互联网金融"，表明中国政府对互联网金融这一新兴业态的高度重视。时隔一年，2015年3月5日，李克强在两会《政府工作报告》中再度提及"互联网金融"，呼吁"制定'互联网＋'行动计划，推动移动互联网、云计算、大数据、物联网等与现代制造业结合，促进电子商务、工业互联网和互联网金融健康发展"。这是中国政府对互联网金融的再度发声与表态，充分说明互联网金融已经成为中国政府工作安排的重要内容，同时也说明中国对互联网金融认识的广度与深度都有所增加。

中国学术界高度关注互联网金融的兴起。董昀等人（2014）发现，自2012年谢平提出"互联网金融"以后，它"作为一种学术概念""开始频繁出现在各种中文研究文献当中"。他们认为，中国学术界对"互联网金融"的"研究热潮"始于2013年，此后，相关文献成倍涌现。

0.2.2.3 中国（区）文献分述

0.2.2.3.1 互联网金融的定义

互联网金融处于发展初期，中国国内对其存在多种理解，当前并无得到广泛认可的定义（谢平等人，2012，2014；罗明雄等人，2013；王晋等人，2014）。

最早提出"互联网金融"概念的谢平（2012）对其内涵理解如下："在互联网金融模式下，支付便捷，市场信息不对称程度非常低；资金供需双方直接交易，银行、券商和交易所等金融中介都不起作用；可以达到与现在直接和间接融资一样的资源配置效率，并在促进经济增长的同时，大幅减少交易成本。"后来他与其研究团队（2014）又进行了补充和修订，认为"互联网金融"是一个"谱系概念"。他解释到：互联网金融是"因为互联网技术和互联网精神的影响，从传统银行、证券、保险、交易所等金融中介和市场，到瓦尔拉斯一般均衡对应的无金融中介或市场情形之间的所有金融交易和组织形式"。

李钧（2013）将互联网金融理解为是一种"基于互联网思想的金融形态，是一种新的参与形式，而不仅是传统金融技术的升级"。

罗明雄等人（2013）对互联网金融的基本解释是，它是"利用互联网技术和移动通信技术等一系列现代信息科学技术实现资金融通的一种新兴金融服务模式"。他们进而将互联网金融分为狭义和广义两种定义，认为："从狭义的金融角度来看，互联网金融则应该定义在跟货币的信用化流通相关层面，也就是资金融通依托互联网来实现的业务模式都可以称之为互联网金融。广义上来说，理论上任何涉及广义金融的互联网应用，都应该是互联网金融，包括但不限于为第三方支付、P2P网贷、众筹、在线理财、在线金融产品销售、金融中介、金融电子商务等。"

王晋、顾陈杰、刘浏等人（2014）同样将互联网金融分为狭义和广义两种定义："一般说来，互联网金融是互联网与金融的结合，是借助互联网和移动通信技术实现资金融通、支付和信息中介功能的新型金融模式。广义的互联网金融既包括作为非金融机构的互联网企业从事的金融业务，也包括金融机构通过互联网开展的业务。狭义的互联网金融仅指互联网企业开展的、基于互联网技术的金融业务。"

石现升等人（2014）的定义简单直接，他们认为，互联网金融是"利用大数据、云计算、社交网络和搜索引擎等互联网技术实现资金融通的一种新型金融服务模式"。

田光宁（2014）则从资源配置与风险管理角度来定义，他认为，互联网金融是"借助互联网实现人类金融资源配置和风险管理目标的金融概念"。

此外，霍学文（2013）、闫真宇（2013）、李扬（2014）、吴晓求（2014）、

杨东(2014)、董昀和李鑫(2014)、陆岷峰和刘凤(2014)、杨云龙和何文虎(2014)等多人也都分别给出各自对互联网金融概念的解释。

综合以上各种定义，当前中国国内学界对互联网金融的多种不同提法，主要缘于对其产业组织构成和形成发展机理等的认识各有侧重。

在产业组织构成上，国内学界的多种不同定义可以概括为"传统金融 + 互联网"与"互联网 + 传统金融"两种主要观点。前者大多认为，互联网金融是传统金融功能在互联网技术条件下的新型应用形态，是传统金融与互联网的结合，强调以传统金融为主，互联网金融应是传统金融的补充；后者则认为，互联网金融是基于互联网技术而产生的新型金融形态，是互联网向传统金融的渗透与交叉，强调以互联网为主，互联网金融应成为未来金融发展与改革的方向。

在形成与发展机理上，上述多种定义同样可以归纳为"技术决定观"、"思想决定观"和"金融本质与功能决定观"等观点。"技术决定观"认为，互联网金融主要是受到互联网和移动通信技术作用而引发的新型金融形态；"思想决定观"认为，互联网金融主要是受到互联网思想影响而产生的新型金融形态；"金融本质与功能决定观"认为，互联网金融是金融的本质与主要功能在互联网时代的具体反映，金融的本质与功能才是互联网金融形成与发展的最主要决定因素。

另外，部分中国学者并不认同"互联网金融"这一概念。周宇（2013）认为，该提法过于宽泛，无法准确体现金融本质。殷剑峰（2014）提出，"互联网金融"应归入"电子金融"而不必单列，便于与国际认知接轨。戴险峰（2014）强调，互联网只是一种工具，目前实际并不存在"互联网金融"全新业态，该提法并不科学。崔新生（2014）断言，互联网本身并不产生金融功能，"互联网金融"作为完整产业形态并未出现。由上述这些学者的质疑可知，互联网金融正处于发展过程之中，人们对其的认识自然会受到各种条件约束而产生不同看法。

0.2.2.3.2 互联网金融的模式

对互联网金融定义理解的不同，自然引起各方对其模式分类的标准和具体分法各异，目前中国（区）对互联网金融模式的分类主要有：

■ 谢平等人(2012, 2014)的"互联网金融谱系六类说"，即"金融互联网化"、"移动支付与第三方支付"、"互联网货币"、"基于大数据的征信和网络贷款"、"P2P 网络贷款"和"众筹融资"；

■ 罗明雄等人（2013）的"互联网金融主流模式6类说"，即"第三方支付"、"P2P网贷"、"大数据金融"、"众筹"、"信息化金融机构"和"互联网金融门户"；

■ 黄震（2014）的"互联网金融要素6类说"，即"P2P网贷"、"众筹"、"互联网直销基金"、"网络虚拟货币"、"互联网保险"和"第三方支付"；

■ 王晋等人（2014）的"互联网金融主要业态6类说"，即"互联网支付"、"P2P网络借贷"、"非P2P的网络小额贷款"、"众筹融资"、"金融机构创新型互联网平台"和"基于互联网的基金销售"；

■ 吴晓求等人（2014）的"互联网金融商业模式5类说"，即"第三方网络金融产品销售"、"P2P网络贷款"、"基于大数据的网络小额贷款"、"网络支付工具与平台"和"电子货币"，其中，"第三方网络金融产品销售"又可分为"网上基金"、"网上证券"、"网上银行"和"网上保险"等4个小类；

■ 杨云龙、何文虎（2014）的"互联网金融主要模式7类说"，即"网络支付结算"、"网络融资"、"网络货币"、"网络投资理财"、"网络银行"、"网络保险"和"网络证券"；

■ 苗文龙（2015）的"互联网金融业务流程模式4类说"，即"银行卡收单"、"互联网支付"、"互联网贷款"和"互联网众筹"；

■ 黄卫东（2015）的"互联网金融模式2大类9小类说"，即互联网金融模式由"平台式"和"垂直式"两个大类构成；"平台式"又可细分为"P2P借贷"、"众筹"和"公募产品营销"共3个小类；"垂直式"又可细分为"互联网银行"、"互联网证券"、"互联网保险"、"互联网信托"、"互联网供应链金融"和"互联网小额贷款"共6个小类；

■ 清科研究中心（2015）的"互联网金融细分模式9类说"，即"P2P网贷"、"众筹"、"金融网销"、"供应链金融"、"互联网银行"、"第三方支付"、"征信"、"消费金融"和"虚拟货币"。

通过归纳上述各种观点可以看出，尽管在互联网金融模式具体分类上存在多种区分和不同表述，它们通常按照互联网金融的现有业务种类、组成要素来划分，或者是按照传统金融互联网化以及互联网企业金融业务多角化经营来划分。

国内学者通常在"P2P网贷"（即"P2P网络贷款"、"P2P网络借贷"或"互联网贷款"）、"众筹"（即"众筹融资"、"网络融资"或"互联网众筹"）、"互联网支付"（即"移动支付与第三方支付"、"第三方支付"、"网络支付工具与平台"或"网络支付结算"）和"互联网货币"（即"虚拟货币"、"网络货币"、"网络虚拟货币"或"电子货币"）等类别上认识较为趋同，差别不大；而其他类别的划分则分歧较大，存在分类标准缺失或不统一、分类界定不甚清晰等乱象。比如，"金融互联网化"、"信息化金融机构"、"金融机构创新型互联网平台"、"第三方网络金融产品销售"等分法过于宏观和宽泛，而"银行卡收单"、"供应链金融"等分法又过于微观和细化；"基于大数据的征信和网络贷款"分法将"征信"和"网络贷款"这两类性质差异较大的金融服务模式用"大数据"合称，值得商榷。

一些中国（区）学者注意到互联网金融模式分类中存在的上述问题。李婷婷（2012）明确指出，严格来讲，没有物理场所的纯粹意义上的网络银行、网络保险和网络证券才属于互联网金融范畴，它们在中国尚未出现。谢平等人（2014）指出："互联网金融谱系的各种形态之间不存在清晰的界限，而且是动态变化的。"他们承认自己对互联网金融模式的分类"还达不到严格分类应有的'不重复，不遗漏'标准"，并解释到这种区分的初衷是"为了便于讨论问题"。黄震等人（2014）认为，"互联网金融还在发展过程中，现在谈模式为时尚早，应从要素论入手，分析构成互联网金融创新的要素，要素可以不断重新组合，进而衍生出各种各样的发展模式"。

0.2.2.3.3 互联网金融的特点

当前，中国（区）对互联网金融的特点同样存在不同认识，主要有：

■ 罗明雄等人（2013）提出的"互联网金融4特点论"，即"金融服务基于大数据的运用"、"金融服务趋向长尾化"、"金融服务高效、便捷化"和"金融服务低成本化"；

■ 谢平等人（2014）主张的"互联网金融5特点论"，即"产品简单化"、"金融脱媒化"、"去中介化"、"金融民主化"和"金融普惠化"；

■ 王晋等人（2014）概括的"互联网金融3特点论"，即"以新一代互联网技术为基础的客户信息挖掘与信用风险管理"、"以点对点直接交易为基础的交易环境透明与交易成本降低"和"以第三方支付为基础的资金转移与第三方支

付作用突出";

■ 石现升等人（2014）同样总结了"互联网金融3特点论"，但内容截然不同，其特点为："信息的多维采集与深度应用"、"去（传统）中介化"和"传统金融机构的后台化"；

■ 杨云龙、何文虎（2014）归纳出"互联网金融5特点论"，即"信息化与虚拟化"、"高效性与经济性"、"金融服务一体化"、"直接性与普惠性"和"风险性"等。

上述各种观点分别站在互联网技术、互联网金融服务产品、互联网金融的效益、信用管理和风险管理等不同视角来看待，因而其特点的归纳自然有较大区别。其中，很多特点直接来自与传统金融服务的比较，比如"去（传统）中介化"、"金融脱媒化"和"低成本化"等，都是较为科学合理的。一些特点还来自于对国外经济学和管理学新知在互联网金融中的重新解读，如"交易成本"、"长尾化"、"普惠化"等，显得很有新意。然而，它们多数并未明显区分出互联网金融的本质属性特征及其外在表现方式的特点，比如虚拟性。虚拟性是互联网金融最为本质的属性，它决定了互联网金融的其他属性与外在表现的特点，值得着重阐明，而上述观点对此却无充分反映。

另外，无论是传统金融抑或新兴互联网金融，只要从事金融活动，都会具有较高风险。将"风险性"笼统作为互联网金融的特点，不是不可以，而是如果缺少对其风险新特点的必要补充和交代，就会泛泛而论，不明就里。

0.2.2.3.4 互联网金融的监管

对于互联网金融在中国的兴起，国内学界很多学者倾向于对其实施必要监管。

罗明雄等人（2013）认为，互联网金融除存在传统金融的种种风险如系统性风险、流动性风险、信用风险、技术风险、操作性风险、市场风险、国别风险、法律风险和声誉风险等，其自身还存在较大互联网技术风险，因此，互联网金融迫切需要加强监管。

谢平等人（2014）指出，由于存在较强的个体及群体投融资行为非理性和市场交易非有效性等因素，通常不会达到瓦尔拉斯一般均衡（Walrasian General Equilibrium）的较为理想情形，而且存在突出信息技术风险和"长尾风险"，因此，现阶段互联网金融不适用"自由放任"（laissez-faire）监管，而需要强制性、专业性和持续性的监管。

范文仲等人（2014）提出，互联网金融具有成本外部化、风险社会化等特征，存在较强的信用风险、委托代理风险、道德风险，因此，需要做好科学和严格的监管制度安排。

许荣等人（2014）提到，互联网金融平台具有虚拟交易、网络传导复杂、逆向选择和类影子银行等特性，其战略风险、技术风险、信息风险、道德风险、信用风险、流动性风险、操作风险和法律风险较大，表现出强脆弱性和弱稳定性，因此，需要建立要求更高、更为有效的监管体系。

杨云龙、何文虎（2014）总结到，互联网金融存在法律不健全与监管缺失、技术安全风险、操作风险、运营风险和跨境风险等五种风险，需要从技术、市场信号、品牌信誉、外部控制环境和内部控制机制等方面优化和健全监管制度。

苗文龙（2015）主张，互联网金融的信贷风险、委托代理风险、法律风险和操作风险等均较强，比传统金融的不确定性更大，因此，很有必要对其开展功能和风险的监管。

由上可知，国内学者普遍认为，互联网金融具有多重和较大的现实与潜在风险，有必要对其实施全面有效的监管和控制。

还有很多国内学者对互联网金融监管的双重性提出看法。罗明雄等人（2013）认为，互联网金融"创新与风险并存"，其监管应"提倡适度监管、积极包容创新、确保法律底线、防范金融风险"。

董安生和安邦坤（2014）指出，互联网金融监管应"创新与监管并重、效率与公平兼顾"，既要防止忽视金融安全，引发严重金融危机和大规模群体事件；又要避免过度监管，阻碍互联网金融创新。

范文仲等人（2014）主张，互联网金融监管面临"维护创新动力与市场活力、防范金融风险"的双重维度目标，应"宽松管制、审慎干预"。

可以看出，国内相当多的学者对于互联网金融监管的双重性具有较为清醒和客观的认识，这对中国制定和实施有效合理的政策措施具有积极促进作用。

0.2.3 综合评述

通过对现有国内外互联网金融文献的归纳与比较，可以得到以下初步结论，即：

第一，在时间上，国外互联网金融文献出现较早，在 21 世纪初期左右，中国则出现较晚，在 2012—2013 年期间，对互联网金融的总体研究要迟于国外 10 年以上。

第二，在概念上，国外文献中"Internet Finance"表述使用较少，而"Electronic Finance"、"E-Finance"（电子金融）或"Digital Finance"（数字金融）等表述使用较多；中国文献尽管存在多种认识，则就"互联网金融"这一表述基本已成共识（包括反对这一表述的学者）。

第三，在文献数量上，国外文献虽有一定数量，但总体有限；中国自 2013 年后文献数量成倍增长，已形成理论研究热点。

第四，在文献增长速度上，中国后来居上，文献数量成倍增长。2015 年 1—5 月，以"互联网金融"为题的学术期刊论文公开发表数量已达近 600 篇，其数量还在持续增加之中。

0.3 研究内容及方法

0.3.1 研究内容

本书旨在通过查询和归纳现有文献资料，梳理互联网金融产业发展历史脉络，提炼互联网金融管控制度变迁主线，总结产业发展共性，分析产业各种风险，阐述管控理论要旨，创新管控机制体系，为公共管理部门管控决策提供建设性和参考性建议，为互联网金融产业发展提供创新性和可行性思路。

本书共分 7 个部分，包括导论和正文部分。正文部分包括六章内容。各部分主要内容为：

导论是全文的起始部分，旨在说明本书研究的背景、意义、内容和方法，同时阐明海内外文献资料的研究现状，为正文研究做好学理铺垫。本书导论还包括互联网金融的定义、属性、特点、模式的简要介绍，以及互联网金融产业管控意义综述等项内容，以保证学术研究结构的完整性。

第一章主要是关于海外互联网金融产业的研究，包括海外互联网金融产业的发展概述、历史阶段、现状格局等。该章特别对影响海外互联网金融产业的关键因素进行了归纳和阐述，这些关键影响因素主要包括技术、经济、社会、文化、区域和管理。该章遴选了美国的三家代表性互联网金融机构贝宝公司（PayPal）、市场繁荣公司（Prosper Marketplace）和活力启动者公司（Kickstarter），作为案例加以专述。该章还探讨了海外互联网金融产业发展的特点及其主要竞争优势所在。

第二章主要研究中国（区）互联网金融产业的发展，主要涉及中国（区）互联网金融产业发展的现状、产业政策和发展趋势三方面内容。在现状部分，该章将中国（区）互联网金融产业的发展历程分为三个阶段，并着重介绍了中国（区）P2P网贷和众筹行业的基本现状。在产业政策部分，该章总结了管控部门对互联网金融产业进行管控的行业指示、行业指导意见和行业管控法规等项内容。在发展趋势部分，该章以P2P网贷行业为例进行了相关探讨。

第三章主要研究互联网金融的风险，包括互联网金融风险的溯源、理论、定义、分类等项内容。在关于互联网金融风险的理论基础部分中，该章主要提及了不确定性论、一般均衡论、资本主义生产方式论以及风险管理等代表性风险理论或观点。在系统总结海内外金融风险理论研究的基础上，该章对传统金融风险进行了风险再分类，并全新设计出互联网金融风险图谱，这是本书的第一个创新之处。该章还对互联网金融风险的6个一级风险即技术风险、信用风险、流动性风险、市场风险、操作风险和系统性风险分别加以专述，以求阐明其与互联网金融的关系、溯源、定义、本质、类别、产生、衡量和管控。

第四章是关于互联网金融管控理论的研究。该章首先对相关概念进行了辨析，提出管控理论是包含由管控方法、管控机制和管控体制等共同构成的管控体系所涉及的全部理论。该章较为系统地归纳了传统金融管控理论，并对其中的代表性理论如信息不对称论、负外部性论、宏观审慎监管论等进行了专述。该章简要介绍了海内外关于互联网金融管控的理论，特别总结了涉及互联网金融管控体系创新设计的理论，包括目标管理论、金融创新论、制度创新论和风险社会论等。

在管控体制研究部分，该章给出了互联网金融管控体制的定义，并对海内外代表性管控体制进行专述，这些体制包括美国分业管控体制、英国统一管控体制和中国（区）分业管控体制。该章特别全新设计了上述三个管控体制的结构图，它们所构成的互联网金融管控体制图谱是本书的第二个创新之处。该章还在系统总结和归纳海内外金融管控机制和管控方法的基础上，对互联网金融产业管控机制和管控方法分别加以具体和详细的研究。互联网金融产业管控机制包括 11 类，互联网金融产业管控方法包括 10 类。

第五章是关于互联网金融产业机制创新体系的研究，主要包括目标体系设计、机制创新体系设计和机制创新体系运行模式设计三部分。目标体系包括根本目标、直接目标和最高目标，这是本书的第三个创新之处。机制创新体系包括信用管控、业务管控和市场管控三个子体系，其运行模式也相应进行分类。机制创新体系连同其运行模式体系共同成为本书的第四个创新之处。

第六章是本书正文的结束部分，主要包括创新成果、不足和后续研究。

0.3.2 研究方法

本书研究方法以定性研究方法为主，主要采取文献归纳法、逻辑分析法、图形结构模型分析法、调查研究法和案例研究法等常用定性研究方法。

考虑到样本考察的强约束性与弱适用性，本书持审慎态度，将不以定量研究方法为主。

鉴于本书属于经济学与管理学学科领域，本书将会采取经济学和管理学的相关定性方法，如关键影响因素分析法等。

0.4 理论创新

0.4.1 互联网金融风险图谱

本书融合现有风险理论知识，归纳设计出全新互联网金融风险图谱，成为本书研究成果创新之一。互联网金融风险图谱，旨在运用图形法抽象化描述互联网金融风险类别及其组成要素之间的相互关系，展现互联网金融风险与传统金融风险的异同，突出传统金融风险在现代信息技术和互联网技术条件下的延伸与变异，形成较为完整的知识框架体系。

0.4.2 互联网金融管控体制图谱

本书通过系统阐述传统金融和互联网金融管控体制演变历程，归纳设计出全新互联网金融管控体制图谱，成为本书研究成果创新之二。互联网金融管控体制图谱，同样运用抽象图形法描述海内外代表性的互联网金融管控体制类型，通过这些不同管控体制的对比，揭示出管控体制演变的内在脉络，形成较为完整的知识框架体系。

0.4.3 互联网金融管控目标体系

在设计互联网金融管控机制创新体系时，本书创新性整体设计和提出互联网金融管控的三大基本目标，即：促进金融产业创新与可持续发展、稳定金融产业秩序与有效防范金融风险、服务于全面建设现代信用社会。这三大基本目标组成一个有机统一的互联网金融管控目标体系。此为本书研究成果创新之三。

0.4.4 互联网金融管控机制创新体系图谱

本书在全面总结和评述传统金融和互联网金融管控机制和管控方法的基础上，全新创建互联网金融管控机制创新体系图谱，成为本书研究成果创新之四。互联网金融管控机制创新体系图谱，运用抽象图形法创新性设计出互联网金融管控机制创新总体系，以及信用管控机制、业务管控机制和市场管控机制等子体系，展现各子体系之间及各子体系构成要素之间的相互关系，形成较为完整与可行的管控机制框架体系。

0.5 互联网金融的定义和属性特点

0.5.1 互联网金融的定义

0.5.1.1 互联网金融的狭义定义

由前述国内文献综述内容可知，互联网金融的内涵与外延可概括为：其外在表现形式是主要依托现代信息通信技术和互联网技术平台，其本质是资金融通，其最基本属性是虚拟性，其特点是比传统金融具有较大灵活性和便利性，其所属类别是一种金融经营形态，因此，本书以下正式给出关于互联网金融的狭义定义：

互联网金融是指基于互联网技术平台，借助互联网虚拟特性，打破传统金融局限性的资金融通活动经营形态。

（定义 0.1）

定义 0.1 中所提及的"互联网技术平台"（Internet technological platforms）是指依托搜索引擎、数字挖掘、云计算、大数据、移动终端接入、即时通信、人机交互、智能识别等先进现代电子信息工程技术而建立的技术架构和相互链接的平台式网络站点。它是超级互联网泛在网的骨干网络，既包括国际互联网、局域网等传统互联网，又包括移动互联网、工业互联网、物联网、车联网、智能网等新兴互联网。

定义 0.1 中的"互联网虚拟特性"（Internet-based Virtuality）可简称为"虚拟性"（Virtuality），是指在互联网技术平台上进行市场交易的金融活动呈现出由具体可视的有形物态向不可视的无形电子形态转变，以及由"面对面"集中式现场交易向"屏对屏"网络化分散式在线交易转变的本质属性，主要表现为金融活动的交易场所、交易标的物、交易支付工具（货币）、交易行为或交易活动过程，以及交易媒介物等金融市场交易要素或交易环节的虚拟化演变现象或趋势。虚拟性是互联网金融最为本质的属性。

定义 0.1 中的"传统金融"（Traditional finance）主要是指现代金融服务业中的普通商业业态和其常规业务经营模式，如银行的存款、信贷、中间费用（支付、结算与清算等）和同业拆借等；证券公司的股票经纪、债券委托和期货代理等；投资公司的收购与兼并、信托和资产管理（理财）等；保险公司的保险与理赔等；租赁公司的融资租赁等；典当行的典当等；以及大型企业财务公司的内部金融业务等。

定义 0.1 中的"资金融通"（fund financing）实质上就是"金融"（finance）的明细提法，它是指货币资金或其可充当等价物的资产被用以筹集、借贷、抵押、周转与流通，并使其所有者和（或）经营者获得相应利息收入和时间价值（效率）的行为与过程。

定义 0.1 中的"经营形态"（business forms）是指商业企业从事商业活动以牟利的基本固定形式，包括其组织形式、经营规模、基本功能、资源配置和盈利模式等。

0.5.1.2 互联网金融的广义定义

同样由前述国内文献综述内容可知，互联网思维是互联网金融内涵的重要来源与影响因素，而互联网金融的外延可扩展为所有基于互联网的金融活动及其相关形态，因此，本书以下正式给出关于互联网金融的广义定义：

互联网金融是指基于互联网技术平台和互联网思维，借助互联网虚拟特性，打破传统金融局限性的资金融通活动相关服务形态。

（定义 0.2）

定义 0.2 中的"互联网思维"（the Internet Thinking）又可泛称为"互联网思想"、"互联网精神"或"互联网理念"，它是指用以指导互联网产生与发展实践的理论思想、原则或原理。互联网思维的主要核心理念是"开放"（Opening）、"平等"（Equalizing）、"协作"（Cooperating）和"共享"（Partaking）等。它还包括基于互联网的管理思维理念，如"创新"（Innovation）、"支持"（Support）、"包容"（Inclusion）、"引导"（Conduct）和"监督"（Supervision）。

定义 0.2 中的"相关服务形态"（correlative service forms）是指所有基于互联网的金融活动形态的统称，它既包括传统金融服务的各种网络形态，又包括新兴金融服务的各种网络形态。

0.5.1.3 互联网金融的定义辨析

0.5.1.3.1 网络金融／在线金融／电子金融／数字金融／虚拟金融

此为一组"互联网金融"（Internet Finance）的同义词（synonyms）或近义词（homonyms），该组中各词在概念内涵和外延上的区别并不明显，在日

常语境不做具体说明时可与"互联网金融"（Internet Finance）或者彼此之间互换使用。其中，"网络金融"（Cyber Finance ／ Network Finance）和"在线金融"（Online Finance）在内涵和外延上最接近"互联网金融"（Internet Finance），可完全替代使用；"电子金融"（E-Finance ／ Electronic Finance）和"数字金融"（Digital Finance）更加突出"互联网金融"（Internet Finance）的技术特征；"虚拟金融"（VirtualFinance）更加强调"互联网金融"（Internet Finance）虚拟性的本质属性特征。

国外通常更多习惯使用"Electronic Finance"或"E-Finance"，包括"互联网金融"（Internet Finance）在内的该组其他用法则较为少见；国内较多使用"互联网金融"（Internet Finance），其他用法也有。（阿兰·格林斯潘，2000；巴尔尼·瓦尔夫和达伦·普厄赛尔，2001；安东尼·F. 赫尔伯斯特，2001；柯尔斯蒂·贝斯特，2005；董昀和李鑫，2014；杨云龙和何文虎，2014；许鑫和冯诗惠，2015）本书统一使用"互联网金融"（Internet Finance）。

0.5.1.3.2 数字金融／数字化金融／大数据金融

此为一组共同具有数字技术特征的"互联网金融"（Internet Finance）关联词（related words）。其中，"数字金融"（Digital Finance）和"数字化金融"（Digitalized Finance）是一对同义词，它们均强调金融的数字技术特征，可与"互联网金融"（Internet Finance）或者彼此之间交换使用；"数字化金融"（Digitalized Finance）比"数字金融"（Digital Finance）更具行为性，适用于描述动态过程或演变趋势。二者在国外使用较少，国内有些使用，但使用频率不如"互联网金融"（Internet Finance）（裴章凯和詹庄影，2002；蓝庆洪，2012；张坤，2013；Christina Larson，2015）。

"大数据金融"（Big Data Finance ／ Big-Scale Data Finance ／ Mega Data Finance ／ Mass Data Finance ／ Massive Data Finance）是"互联网金融"（Internet Finance）诸多子形态中的一类，它是指为挖掘客户需求、分析客户行为规律、细分市场、创新商业模式和提高企业价值而将超大规模（海量）非结构化信息数据处理技术应用于金融活动并使之产生超高效率和新的高价值数据成果的经营形态。（维克托·迈尔－舍恩伯格，肯尼思·库克耶，2013；Irene Aldridge，2013；刘英和罗明雄，2013；谢平等人，2014；董纪昌等人，

2014；郭丁源，2014；钟红涛和徐福洲，2015）

0.5.1.3.3 新金融／新兴金融／现代金融

这是一组共同具有时代特征的关联词，它们与"互联网金融"（Internet Finance）在内涵和外延上并不完全相同。

"新金融"（New Finance／New Financing）是指具备一定金融功能的新兴市场、机构、工具和模式等的集合型金融交易形态，它相对于传统金融而言，以不吸收公众存款和弥补传统金融局限性为特点，是继合作金融、商业金融、政策性金融之后的新兴金融业态。（阎庆民，2013；潘功胜，2013；杨晔，2014；贾立文等人，2015）

"新兴金融"（Advanced Finance）是指国内近年新近兴起的各种金融形态，它同样相对于传统金融而言。（曹莹，2012；郭志文，2012；李扬，2012；谢群慧，2014）

"新金融"和"新兴金融"是一对近义词，它们均可指 20 世纪后期至今发展起来的新型金融形态，与"互联网金融"有很多重合交叉之处，在国内均甚为流行。国外使用较多的通常是"New Finance"或"New Financing"（即"新型融资"），"Advanced Finance"在国外并不多见。国外对"New Finance"或"New Financing"的含义理解和具体使用与国内有较大差异。（James O. Harrigan，1987；John F. Marshall，Michael P. Dorigan，1996；Tessa Hebb，Rajiv Sharma，2014）

"现代金融"（Modern Finance）是指 20 世纪初期发展起来的金融形态，与近代金融相对而言，属于当今流行的"传统金融"（Traditional Finance）领域，在国外使用较多。（周大中，1966；Philip Protter，2008；Mark Billings，2009；Justin Grant，2011；Geoffrey Poitras，2014）

0.5.1.3.4 微金融／小微金融／普惠金融／普世金融／平民金融／民主金融

这是一组共同具有用户特征的关联词。尽管它们同样与"互联网金融"（Internet Finance）有所差异，但在业务模式对象和特征方面是可以交换使用的。

"微金融"（Micro Finance）和"小微金融"（Micro Finance）是一对同义词，它们主要是指以小微客户为主要市场的金融服务模式，其区别十分细微，可忽略不计。

"普惠金融"（InclusiveFinance／Financial Inclusion）是指以中小微客户为主体的金融服务模式，通俗来讲就是，让更多的人特别是条件有限的人能够享受金融服务。

"普世金融"（UniversalFinance／General Finance）和"平民金融"（CivilianFinance）是一对近义词，均体现客户人群的大众化与平民化特征，可互换使用。（应展宇等人，2014）

"民主金融"（DemocraticFinance）是指互联网条件下个体对金融业务的参与度和话语权有较大幅度增加。（李钧，2013）

0.5.1.3.5 正规金融／民间金融／影子金融

这是一组共同具有金融管控特征的关联词，它们与"互联网金融"（Internet Finance）的内涵和外延均有一定重合或交叉。

"正规金融"（RegularFinance）是指获得法律授权开展业务的金融形态。

"民间金融"（CivilFinance）是指未经法律授权而开展业务的金融形态。

"影子金融"（ShadowFinance）直接来源于"影子银行"（ShadowBanking），它是指相对于正规金融的未经法律授权的金融形态，可与"民间金融"互换使用。（阎庆民和李建华，2014）

0.5.1.3.6 供应链金融／消费金融／教育金融／医疗金融／公益金融

这是一组共同具有行业细分特征的关联词，它们均为"互联网金融"的具体应用领域。

"供应链金融"（Supply-Chain Finance，SCF）是指企业向其上游原材料或零部件供应方，以及其下游中间产品或最终产品销售方提供资金融通服务的新型金融形态。（Aberdeen，2007；胡跃飞，2007；Michael Lamoureux，2008）

"消费金融"（ConsumptiveFinance）是指为消费者个人或家庭日常消费开支或特别消费提供资金借贷服务的金融形态或模式，如个人购买房地产贷款、个人购买汽车贷款、个人旅游贷款、个人家庭用品消费贷款等。

"教育金融"（EducationalFinance）是指主要用于资助或扶持教育事业发展的资金投融资活动及其业务形态。

"医疗金融"（MedicalFinance／Healthcare Finance，又可泛称为"健

康金融"或"保健金融")是指主要用于资助或扶持医疗事业发展的资金投融资活动及其业务形态。

"公益金融"（Public Welfare Finance / Public Good Finance）是指主要用于公益慈善事业募集资金的金融业务模式。

0.5.1.3.7 传统金融／准金融／类金融

这是一组共同具有金融业务特征的关联词。

"传统金融"（Traditional Finance）是与"互联网金融"、"新金融"、"新兴金融"等相对的概念，与"现代金融"有较大相似度，不加说明时可互换使用。

"准金融"（Semi-Finance）是指不完全具备传统金融功能的金融业务模式。

"类金融"（Homo-Finance）是指商业企业延时或延期支付客户货款造成资金暂时囤积而形成的类似金融资本运营的业务模式。

0.5.1.3.8 世界金融／国际金融／全球金融／环球金融

这是一组共同具有区域特征的关联词，它们均可泛指国际化、世界性和全球化的金融活动。它们与"互联网金融"（Internet Finance）的定义视角完全不同，不能相互替代使用。其中，"国际金融"（International Finance）是学科或专业的通用术语，其外延在地理空间范围内与"互联网金融"（Internet Finance）可以重合或相互覆盖，它们都可体现出金融国际化、金融世界性或金融全球化的特征（Richard A. Brealey，Ian A. Cooper，Evi Kaplanis，1999；刘宏伟，2013；Jefferey M. Chwieroth，2015；陶思豪，2015；吴书琪，2015）。

而"世界金融"（world finance / worldwide finance）、"全球金融"（global finance）和"环球金融"（universal finance）都是日常用语而非公认的专业术语，均可表示金融活动在全世界的开展，彼此之间可互换使用。除非特别界定或与其他词汇联合使用，这三个词汇通常不具有严格的学术意义。（Garry J. Schinasi，Burkhard Drees，William Lee，1999）

0.5.2 互联网金融的属性

0.5.2.1 本质属性

虚拟性（Virtuality）是互联网金融所有基本属性之中最为根本的本质属性。

它直接来自于对互联网金融这一概念的定义。前文已述，互联网金融是依托现代信息技术和互联网而开展的金融服务业态或模式，后两者对互联网金融的产生与发展具有至关重要的决定性作用，因而它们所具备的基本属性也就在根本上决定了互联网金融所应具备的基本属性。

1946年2月14日，世界第一台电子计算机"埃尼亚克"（Electronic Numerical And Calculator，ENIAC）在美国宾夕法尼亚大学建成并投入运行，这标志着人类从此开启了电子计算机时代。哈罗德·J.列维特和托马斯·L.韦斯勒（Harold J. Leavitt，Thomas L. Whisler，1958）将以电子计算机为代表的新一代电子工程技术正式命名为"信息技术（Information Technology，IT）"，由此拉开了第四次科学技术革命的序幕。

简单来讲，现代信息技术就是指将数据和信息进行电子化处理的一类工程技术，它涵盖数据和信息的获取、读写、计算、存储、传递、接收等全过程，主要包括电子计算机硬件与软件技术，现代通信发送、传输与接收的软硬件技术，以及网络连接与接入的软硬件技术等。信息技术的研发、推广与实用，使得信息的传统处理方式发生了革命式改变，信息的载体或介质由以纸张等有形物态为主转变为以电子信号等的无形物态为主，信息传输由以物态流的可视有形传输为主转变为以电子流的不可视无形传输为主，信息存储方式由以图书等物态存放方式为主转变为以磁盘等磁记录和数字存储方式为主。所有这一切从有形的实物物态到无形的电子物态的改变，都会使得信息形态和信息处理过程发生了虚拟化（virtualization）的实质转变。人工智能（Artificial Intelligence，AI）技术的开发与应用，在信息处理已经基本实现数字化（digitalization）的基础上，逐渐实现了信息处理的部分智能化（intellectualization）功能。它在具体应用中本身所体现出来的模拟性（simulation）、仿真性（artificiality）和虚拟现实性（virtual reality）等特性，都极大地强化了这种现代信息处理的虚拟化本质，使得人类能够在外部条件不具备或不完全具备的较严格约束下仍然可以获得近似亲身参与或实地进入所可以获得的体验与知识。

而代表第五次科学技术革命的互联网技术（internet technology）则是前述信息技术深入发展而取得的又一大科技成果。它是由全球性的网络连接、接入与传输技术，即时通信技术和移动通信技术等各种软硬件技术构成的一个超大型技术集合。它通过建立全球近似一体化的各类网络群，在传递电子信息的同时，将信息技术的虚拟化特征在不同网络群际间更广泛地散播开去，在更多领域和更大范围上实现了更大程度的虚拟化，从而深刻影响着人类各种经济行为与社会活动的发生及其结果。

由此可知，虚拟性是现代信息技术和互联网的最为主要、最为明显的基本属性，它是前二者内在规律性最为直接的本质反映。现代信息技术和互联网技术所体现出来的虚拟性，则在根本上决定了互联网金融必然首先具有虚拟性，或者可以说，虚拟性同样是互联网金融最为主要和明显的基本属性，并由此成为互联网金融其他基本属性的来源与基础。

互联网金融的虚拟性可以体现在其资金融通过程中若干交易要素（要件）与交易环节的虚拟化上。这些要素和环节包括：交易场所的虚拟化；交易标的物的虚拟化；交易支付工具（货币）的虚拟化；交易行为或交易活动过程的虚拟化；以及交易媒介物的虚拟化等。

0.5.2.1.1 交易场所虚拟化

顾名思义，交易场所（trade places）即市场主体（买卖双方或多方）开展的交易活动所发生、进行和终止的地点和场合，从某种意义上来讲，交易场所就是市场（marketplaces）。交易场所虚拟化是指在互联网金融的资金融通过程中，由互联网电子交易平台替代或部分替代传统实物类交易场所而体现出来的虚拟性现象或趋势。

传统金融服务业进行资金融通需要在比较固定的实物类交易场所集中来开展，这些场所包括金融机构的交易所、储蓄所、营业厅以及其他类门市场所、分支机构和网点等，其实物形式表现为用以服务交易的永久性或临时性的建筑物或构筑物以及相关配套设施。一般来讲，这些实物类场所会为顾客（交易人）配置必要和细分的交易场地、设施和实物类辅助工具，并通常配有公共告示栏，以及时通告交易信息，方便顾客进行场内交易。进行场外交易的顾客通常会通过委托中介人（掮客）进入这些场所进行交易，并实时将交易情况通报给场外顾客。顾客作出交易决策后，通常会由其本人或代理人（中介人）到交易场所营业柜台办理交易成交手续，包括支付与结算等。

1792 年 5 月 17 日，华尔街现代老板俱乐部在美国纽约州纽约市曼哈顿区华

尔街 68 号成立，它就是后来的纽约证券交易所（New York Stock Exchange，NYSE）的前身。这家以行业自律为特色而自发成立的组织是美国自 1776 年建国以来的首家专业证券机构。它的成立，标志着美国证券市场开始由市场原发的无序竞争状态转变为由专业交易机构集中开展交易服务的有序竞争状态，而且还标志着美国证券业固定专业交易场所的首次出现。1903 年，纽交所迁址至百老汇街 18 号，后又迁址到华尔街 11 号现址。交易所内设有 1 个主交易厅（交易大厅）、1 个次交易厅（蓝色大厅）、3 个股票交易厅和 1 个债券交易厅等交易场地，设有共计 21 个交易区（交易亭），每个交易区各设有 16 至 20 个交易营业柜台，并配备有先进完备的现代化办公设备与网络通信设备。目前，纽交所共设有 1336 个交易席位，日接待现场交易人数最高可达 15000 人。

由于互联网金融这一新业态或模式的出现，上面所说的这一切便发生了显著变化，传统的"面对面"、"集市式"的现场交易逐步被"屏对屏"、"网络式"的在线交易所替代。互联网金融企业通过建立交易门户网站，将在固定地点进行的实物类或票据类（包括电子票据类）的交易活动转变为网络化的（非固定地点）在线交易活动。顾客通过联通网络的计算机终端与交易门户网站相连接，其交易活动全部在该网站上进行。互联网金融企业通常会在其网站上设立若干功能板块来标识其提供的可用于交易的金融产品和服务，顾客需要点击功能板块，进入其中，按照说明操作方可进行交易。互联网金融企业会通过设在其网站上的网页标题栏（banners）对在线交易事项进行说明，并实时通报交易信息，供顾客浏览和查询。另外，类似顾客交易资格认证、交易身份确认、成交手续办理、交易费用支付等交易活动，均可在互联网金融企业的门户网站上依序完成，而无需顾客到实地营业柜台办理，省去了其排队等候的环节与时间。

同样以纽交所为例，到 2005 年，纽交所建成了电子交易系统，开通了股票交易门户网站 NYSE.com，全面开启了金融业务电子化交易模式。NYSE.com 门户网站设有产品（Products）、市场（Markets）、数据（Data）等金融功能板块，以及索引（Indices）、规则（Regulations）和通联（Connectivity）等服务功能板块，可以不间断地提供全球各地各类证券市场的各种交易信息，包括交易品种、交易数量、交易最终价格等在内。所有市场信息在交易期限内每隔 15 分钟更新一次。目前，该所绝大部分股票交易都是通过互联网完成的，以至于有人评价道："……这不仅让曾经繁忙的电话亭变成了风景，甚至整个交易大厅都变得不再像以前那么重要了。"

由上可以看出，交易场所的虚拟化是现代信息技术和互联网条件下互联网金融与传统金融最为显著的主要区别之一，它在一定程度上彻底转变了传统金融的现场交易方式，能够为更多的顾客（特别是场外顾客）带来更加便捷和灵活的服务。

0.5.2.1.2 交易标的物虚拟化

"标的物"（corporealness）一词同时具有经济学和法学的内涵。在民商法学领域，标的物是指（合同）当事人双方权利和义务共同指向的对象，即双方具有共同意思表达的有形财物或无形牟利行为（通常情况下以前者为主）；而在经济学领域，标的物则是指市场主体（买卖双方或多方）从事交易并达成契约的交易客体。通常情况下，这种交易客体大多表现为各种用于市场交易的实物类或服务类商品。

交易标的物是构成市场交易的主要要素或要件之一，任何市场交易中如果没有交易标的物，那么，这种交易就基本无从谈起。如果市场交易缺乏必需的交易标的物，那么，这种交易则属于是一种极不充分的交易，或者说，在这种情况下，市场主体之间仅仅达成了交易的原始合作意向，而并没有开展真正意义上的市场交易。

交易标的物虚拟化是指在互联网金融的资金融通过程中，作为市场主体共同约定交易标的物的产品或服务，由具体物态转变为电子形态的而体现出来的虚拟性现象或趋势。

严格意义上来讲，无论是传统金融还是互联网金融，它们都可体现出来交易标的物的虚拟化特征，但是，由丁信息技术的飞跃发展，在很多时候后者虚拟化的范围和程度往往可能会大于前者。

对于传统金融来说，它的交易标的物通常表现为传统金融产品与服务，这些传统的金融产品与服务大多在 1994 年国际互联网出现之前就已成熟或基本定型。而对于新兴的互联网金融来说，其基于互联网的产品和服务尚未完全成熟与定型，产品和服务的品种类别、涵盖领域、表现方式和商业模式等还处于发展变化之中。即便如此，它们两者在发展过程中，其外在表现形式逐渐会显现出米一

种虚拟化的特征和趋势，见图 0-1。

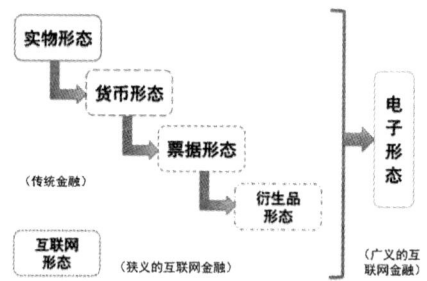

图 0-1 金融交易标的物表现形式虚拟化演变示意图

图 0-1 显示，在现代信息技术的有力推动下，现代金融服务业中传统金融产品和服务的发展逐步产生外在表现方式虚拟化的演变现象和趋势，即：实物形态→货币形态→票据形态→衍生品形态。这种演变在前三个形态发展的过程中表现得尤为典型。而至于金融衍生品则在很大程度上既实现了外在表现形式的虚拟化，又在其内在本质上实现了一种深度的虚拟化。可以说，金融衍生品实质上是一种从具有实际金融产品具象中高度抽离出来的虚拟化金融产品。

1848 年，芝加哥期货交易所（Chicago Board of Trade，CBOT）在美国伊利诺伊州芝加哥市成立，它是世界最早的期货和期权交易所。半个世纪后，芝加哥商品交易所（Chicago Mercantile Exchange，CME）的前身芝加哥黄油与蛋类交易所（Chicago Butter and Egg Board，CBEB）成立。它主要从事肉类、谷类、乳类和蛋类等粮食作物与农副产品的市场交易，是世界最早的从事大宗农产品交易的专业机构之一。2006 年，这两家超级交易所合并成芝加哥商品交易集团（CME Group），组成了世界规模最大的商品交易所，产品从先前的农产品扩展到金属、能源乃至外汇、期货、股票等金融产品，其从事的金融衍生品广泛涉及利率衍生品、股票衍生品、外汇衍生品、大宗商品衍生品、天气和房地产等选择性衍生品等多个领域。

国际互联网出现后，随着信息技术和互联网平台的广泛应用，在线金融交易已经成为现实，传统金融产品和服务的外在表现形式发生了显著而深刻的变化，新型互联网金融产品和服务的开展可以在更多时间和更大空间进行，它们的外在表现形式已经基本转变为更为纯粹和更为彻底的电子形态而无需再依附于之前传统金融的各种形态，从而大大模糊、省略和简化了传统金融对交易标的物形态的标准和要求，为顾客交易带来了极大的便利。

1994 年，正当国际互联网开始在世界范围内推广普及时，芝加哥期货交易所就建立了世界上第一个电子交易系统。10 年之后，它又推出了当时世界上最为先进的电子交易系统 LIFFE CONNECT。该系统的使用，使得其交易方式从最早的"面对面"公开喊价转变为在线电子交易，其交易标的物也已从黄油、猪肉、玉米、小麦等大宗农副产品，以及黄金、期货和各类金融衍生品等形态彻底转变为无实物式的电子形态，并通过互联网传送给交易各方。

由此不难看出，无论是传统金融还是互联网金融，无论是狭义上的互联网金融还是广义上的互联网金融，金融产品交易标的物的虚拟化已经成为金融创新和发展的一个显而易见的特征和趋势。在信息技术的强力推动下，未来互联网金融还可能会促使金融产品和服务的标的物表现形式发生更为广泛和深远的虚拟性变化。

这里需要加以说明的是，尽管金融产品和服务的外在表现形式出现了虚拟化的现象和趋势，但是，从根本上来讲，其内在的本质却没有被虚拟化，交易人进行交易的产品和服务在其认识中依然具有其最原始的物质形态，交易人更多关注的是在这些内在本质和外在表现形式的综合作用下金融产品和服务所具有的市场价值（包括产品和服务的原有使用价值和市场交易的附加价值）。换句话说，外在表现形式是可以被虚拟的，甚至是全部或彻底被虚拟的；内在本质在某种情况下也可能会被虚拟（比如说创设金融衍生品的价值与其市场价值的不一致、纸币本身的价值与其所代表的纸面价值不一致等），但是它们在市场交易中所带来的价值却是不会被虚拟的。对很多交易人来说，他们最看重的通常是通过交易得到的价值而不是交易的形式或形态，也就是说，人类交易最核心的永远是价值而非其形式或形态。

0.5.2.1.3 交易支付工具（货币）虚拟化

任何市场交易的达成都需要进行交易支付，而交易支付则必然需要买卖双方共同协商确定所需的交易支付工具。支付工具（payment means）是市场交易成功所必不可缺的要素（要件）之一。对现代金融市场来讲，交易支付工具是以货币为代表的一般等价物，实际上就是货币（currencies）。

在金融史上，货币的整个发展大致经历了如下演变进程，见图 0-2。

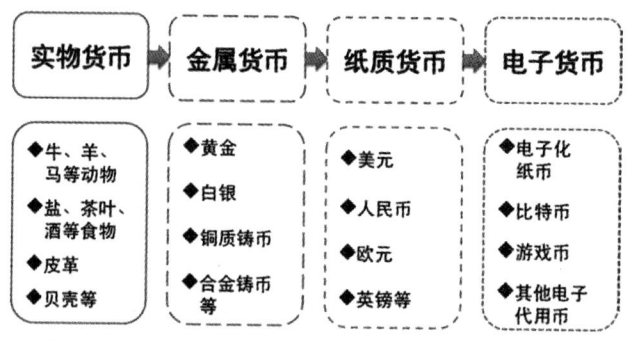

图 0-2 金融交易支付工具（货币）虚拟化演变示意图

从图 0-2 可以看出，货币的发展经历了实物货币、金属货币、纸质货币和电子货币（Electronic Money）4 种形态类型的演变，其间分别以实物货币、金属货币、纸质货币和电子货币作为各自代表性的金融支付工具。目前从世界范围来讲，除了第一种实物货币使用较少外，其余 3 种货币都在实际使用之中，尤以第二种金属货币和第三种纸质货币使用比较普及，其中又以后者的使用更为流行。

电子货币是伴随信息技术进步而发展起来的一种新型金融支付工具，它以电子形态支付为主要特点。按照来源与应用的不同，电子货币通常又可以分为两类：一类是传统货币类型的电子化形态，也就是前述第三种纸质货币的电子支付方式，即图 0-2 中的"电子化纸币"和"其他电子代用币"等；另一种就是新出现的互联网网货币（Internet Currencies），包括图 0-2 中的互联网"比特币"（Bitcoin）和网络游戏专用的各种"游戏币"等。

自 20 世纪末期以来，信息技术在国际金融界得到比较广泛的应用，催生了类似"电子银行"等新型业态的产生，支付方式由传统的以纸币或票据等实物支付工具为主逐渐转变为以电子货币的支付为主，金融市场交易的支付逐步实现了"无现金支付"（Cashless payment）、"无支票支付"（Checkless payment）或者就是"无纸（张）支付"（Paperless payment），这种趋势还将会一直持续下去。国际互联网使得这种趋势更加扩散和强化了。

2008 年 11 月 1 日，网名为"中本聪"（Satoshi Nakamoto，又译：中本哲史）的一位日本男性在 metzdowd.com 网站上发表题为《比特币：一种点对点式的电子现金系统》的网文，详细探讨了如何使用密码算法产生去中心化的电子现金的设想。由此，一种被称为"比特币"的互联网金融货币得以问世并流行开来。

2012 年，比特币与美元的兑换价格为 13.36 美元，2013 年 11 月 29 日升至最高点 1124.76 美元，随后一路下滑，目前维持在约 700 美元左右。比特币的出现，标志着世界首个互联网货币的正式产生，也预示着金融支付工具的进一步虚拟化和去中心化趋势的加强。尽管目前比特币以及相应的电子货币交易系统存在着严重的设计缺陷与漏洞，一时还无法与具有黄金等硬通货储备支撑的货币相抗衡，但是，它作为一种基于互联网思想的网络支付尝试，还是值得在一定程度上加以认真对待。

由此可见，交易支付工具的虚拟化是一种客观存在的规律性现象或趋势，它贯穿于货币发展的整个历史。在现代信息技术条件下，无论是传统金融还是新兴的互联网金融，这种现象或趋势都是十分显著的。两者相比，后者所体现出来的"网络化"（networking）、"去中心化"（decentralization）和基于信息技术的"技术依赖性"更为凸显，并在一定程度上初步预示着未来货币发展的一个可能方向。

0.5.2.1.4 交易行为或交易活动过程虚拟化

从语义学角度来看，交易行为本身就是市场主体进行交易的活动。它主要包括：搜索、获取、鉴别和分析交易信息，进行交易的谈判和反馈，作出交易决策，调动交易资源，实施交易评估等。在一定既定的市场中，一定数量和具有交易资格的市场主体所采取的若干交易行为或活动就构成了市场交易行为的总集合，其形成和发生的一个完整和有序的过程就是交易活动的基本过程。一般地，相关市场主体总是出于盈利或获得竞争优势的目的来进行彼此之间的交易，并努力尝试予以达成。交易的达成是交易行为的正向意愿结果，是市场主体在交易活动过程获得阶段性成果的集中表现。

交易行为或交易活动过程的虚拟化是指在互联网金融的资金融通过程中，市场主体交易行为的外在表现方式发生实质性的虚拟化改变，并导致交易活动过程的某个或某些环节以及相互联系也发生压缩、省略和简化的相应虚拟性改变。

在全面实施交易电子化之前，传统金融的交易行为多为"面对面"、"集市式"的现场交易。对交易各方来讲，他们之间的招标、询价、比价、竞价、谈判和达成协议等行为或过程基本上都是公开或半公开、直接性的，譬如上文提及的芝加哥期货交易所的"公开喊价"等。而且，在现实中，为了弥补和消弭交易信息的

不对称，增强交易双方彼此的信任感与合作意愿，争取达成对自己更为有利的交易结果，从而获得相比竞争者更多更大的竞争优势，交易者们往往要采取多轮次的谈判，经过一定程度上的让步与妥协，方能达成。因而，传统金融的交易过程的环节往往是较多的，交易回合往往是较频繁的，并导致交易成本往往是较大的。如果再考虑到司法与行政机构从维护市场正当合法竞争的需要出发，对传统金融通常会采取相对比较严格和全面的监管与内外控制，那么，这种交易成本往往会进一步加大。

对于互联网金融而言，这种交易行为和过程则被大大虚拟化了。互联网金融主要采用"屏对屏"的网络化场外交易，交易人可以通过互联网访问交易所的门户网站，登录后进入相关业务界面，进行业务操作。相比较原先"面对面"的市场现场交易来说，相关询价、比价、竞价等直接性的交易行为转变为基于互联网的间接性交易行为，并使得原先的交易活动过程包括其相关环节同时也被虚拟、简化和压缩，交易谈判的多轮次回合被大大缩减甚至取消，原先的交易行为或交易过程被刻意集中在价格谈判和支付等少数必不可缺和不易被替代和简化的环节上面。于是，这一切便产生了巨大而深远的作用：交易时间被节省下来了，交易成本更是得到了降低，而对于相同的交易诉求却依然保留，交易的实质却依旧存在，对交易达成并不会产生过多不利影响。显而易见，这种交易行为和交易过程的虚拟化为其顾客带来了实际操作上的极大便利，并有效降低了他们的交易成本。

英国第一直通银行（First Direct Bank，FDB）就是这样的一家电子化银行，其前身是1989年成立的一家电话银行，它甚至比世界首家网络银行SFNB还要早。FDB将自己明确定位为主要面向英国专业技术人群和中产阶级的"互联网银行"，其经营理念是"利用互联网平台让客户按照自己的意愿处理其银行业务"。与传统英国银行相比，FDB的顾客无需亲自前往银行分支机构办理业务，省去了排队等候的时间和精力。如果顾客需要与营业经理进行业务交流，可直接通过网络即可，无需事先预约。因而，FDB被称之为"打破了英国银行原先千年不变的惯例"而成为英国"最受大众推荐的银行"之一。

0.5.2.1.5 交易媒介物虚拟化

广义的交易媒介物是指可供市场主体达成交易所使用的各种工具手段（不含前文提及的交易支付工具等），狭义的交易媒介物主要是指市场交易各方用以获取、记录、传递、存储和通联交易信息的工具或载体。本书所说的交易媒介物是指后者。交易媒介物通常是有助于市场主体进行交易的辅助工具和手段，主要包括市场信息通告设备与装置、信息服务手段等。

交易媒介物的虚拟化是指在互联网金融的资金融通过程中，市场主体交易媒介物的外在表现方式发生实质虚拟化改变的现象或趋势。

回溯历史不难发现，金融产业始终是科技革命与产业革命最有力的支持者，是每一个时代先进技术应用的最前沿与先行者。这种情况在金融交易媒介物的发展史上也是如此。在工业革命之前，资本市场上的交易媒介物主要有木制或金属质地的布告栏、各式笔墨、羊皮或油印纸张、算盘或算筹、计算尺等。其后至第二次工业革命时期，金融市场出现了电话、电报、股票纸带机、手摇计数器或手摇机械计算机等。第三次工业革命时期，又开始流行电子计算机、即时记录簿、袖珍计算器等。现代信息技术大规模应用后，微型电子计算机、自动存取机、票据打印机、电子公告显示屏、银行内部电子系统等成为交易媒介物的主要工具。在互联网时代，市场交易媒介物就转变为以计算机终端、移动终端和网络设备为代表的硬件为主，并以全球联通的金融门户网站、电子交易支付系统等为代表的软件为主。纽交所资深交易员戴夫·亨德森（Dave Henderson）回忆道："我们年轻的时候，用小本子，用纸记录，一面是卖出，一面是买入。我更喜欢原来的方式，那时大家有更多的互动和乐趣，满地都是纸片，大家叫着进行买卖，很兴奋，白天上班的时候，很疯狂。现在情况完全改变了。科技让什么事都可能发生。"

由此可知，从金融市场交易媒介物的整个发展历程来看，伴随着每一次科技与产业革命，其具体形态也发生相应改变。这些改变逐渐脱离了之前交易媒介物的主流表现形式，而呈现出来电子化和无实物化（无纸化）的趋势。这种趋势为顾客和交易人带来了信息交流方式的深刻变化，目前它仍在不断的发展变化之中。

以上从历史脉络角度初步记述和分析了交易场所、交易标的物、交易支付工具（货币）、交易行为或交易活动过程，以及交易媒介物等金融市场交易要素或交易环节的虚拟化演变现象或趋势等。从中可以发现和概括出它们所反映的一些共同特点，即：

■几乎所有的交易要素或交易环节都不同程度地呈现出由具体可视的有形物态向不可视的无形电子形态转变的虚拟化现象或趋势；

■上述交易要素或交易环节都不同程度地呈现出由"面对面"的集中式的现场交易向"屏对屏"的网络化分散式的在线交易转变的虚拟化现象或趋势；

■上述演变现象或趋势是历次科技革命或产业革命的技术创新成果在金融交易要素或交易环节上具体应用的体现，表现出强烈的时代性与技术依赖性等演变特征；

■上述现象或趋势是金融产业自身发展的动力与需求的必然结果，表现出对先进技术主动应用的强烈积极性、技术应用的同步性与有力的技术应用投入支持；

■上述现象或趋势为市场主体创造了新的应用条件，极大改变了交易要素的既有表现方式，极大简化了传统交易环节，给交易各方带来了使用上的极大便利；

■上述现象或趋势给金融产业的发展带来了极为深远的各种影响。

0.5.2.1.6 交易虚拟性可能蕴含的风险

技术创新使得金融产业的市场交易要素或交易环节出现虚拟性的现象或趋势。其在为市场主体带来较大使用便利的同时，也蕴含着一定的潜在金融交易风险。

前文已述，现代信息技术的应用和互联网的推广，使得金融产业的市场交易要素或交易环节在不同程度上呈现出由具体可视的有形物态向不可视的无形电子形态转变的虚拟化现象或趋势。这种具体物态上的变化极大改变了市场主体的既有认知与实际使用方式，使得他们可以在很大程度上脱离具体的有形可视物态，而转向虚拟的无形不可视形态。这必然会导致他们对于市场交易要素实际操作感受和控制心理感受的虚拟化，并进而使得他们依靠之前各种手段对交易要素的实际可控逐步转变为一种主要依靠电子信息技术手段来实现的虚拟可控（virtual controllability）。这种虚拟的可控虽然可以较大程度地降低交易成本，但是，它是基本建立在对信息技术和互联网高度依赖的前提下的。一旦这种前提条件不能得到有效保障而面临失效，即产生所谓的"技术失灵"（technology failures），则必然会给其市场交易带来极大风险。当技术失灵造成的边际交易成本（Marginal Transaction Costs，MTC）大于技术进步给市场交易所带来的边际交易收益（Marginal Transaction Revenue，MTR）时，则必然会对市场主体产生其交易的不经济（diseconomy）。

2002年10月，国际清算银行巴塞尔委员会修订并通过了1999年6月制定的《巴塞尔新资本协议》（New Basel Accord）。这是自1974年以来世界金融产业最新、最为详尽同时也是最为严格的国际通用监管非强制性标准，它不仅涉及传统银行业、证券业等的金融业务，还涉及利用互联网开展的金融业务。该协议明确规定的"金融操作风险"类别就包括以下类别，即：

■ 包括未经授权等在内的金融产品在产品性质或设计上的缺陷（产品瑕疵），会导致损失；

■ 硬件、软件和电信、动力输送损耗或中断而引发的金融业务中断或系统失效，会导致损失；

■ 客户因疏忽而造成其账户记录有误或进行流程误操作，会导致损失；等等。

由以上可以看出，《巴塞尔新资本协议》中所规定的上述金融风险类别是具备很强的现实可能性的，它既包括了现实中已经发生的风险，同时又包括了未来预期的潜在风险。如果进一步对其加以审视，则不难发现，上述三类金融风险中第一类明显倾向于系统风险，而其余两类则更倾向于局部风险（或区域风险）。前者更多体现出一种必然性，而后者则更多体现出一种或然性（或偶然性、偶发性等）。2012年，中国市场研究机构易观国际发布《2012中国第三方网络支付安全调研报告》称，由于中国国内第三方支付平台存在较严重的设计漏洞，因而存在较大风险。2012全年，中国用户在进行网络支付时遭遇木马病毒程序植入和钓鱼网站等资金损失比例达24%，由于信息泄露和账户资金被盗等带来的资金损失比例高达33.9%。

同样地，金融产业的市场交易要素或交易环节所呈现出由"面对面"的集中式的现场交易向"屏对屏"的网络化分散式的在线交易转变的虚拟化现象或趋势，也会潜伏着风险。

在互联网时代，金融产业的市场交易要素或交易环节逐渐由"面对面"的集中式的现场交易转变为"屏对屏"的网络化分散式的在线交易，这种转变体现出一种虚拟化现象或趋势。具体来说，这种虚拟化的现象或趋势在以下主要方面

表现得更为突出。

首先就是市场信息。对于没有或比较缺乏互联网支持的传统金融市场交易来说，由于其主要采取的是"面对面"集中式现场交易方式，其市场信息的来源大都来自于场内信息，并通过公告栏进行公开发布，或者由交易人个体或群体进行口碑传播（word-of-mouth spread）等，场外信息除了个别关键信息以外，通常仅为场内信息的补充而已。而互联网条件下，市场交易主要采取"屏对屏"网络化分散式在线交易方式，原有市场信息的来源发生了明显转变，变为以线上信息为主、线下信息为辅的态势，而线上信息则基本上来自于互联网金融企业的市场交易门户网站或电子交易系统，以及通过网站论坛、社交网络、移动终端和即时通信等渠道所获取的补充信息。虽然信息获取的即时性和便捷性有所提高，但是由于信息获取虚拟性的增强，就会在一定程度上使交易人可能产生极不充分甚至完全缺失的现场真实感，而这种交易的现场真实感缺乏往往会使交易人对信息的现实把握程度发生某种程度的偏离。虚拟性越强，现场真实感越低，对信息的现实偏离度就会越大，从而影响其识别、选择和研读市场信息，并作出对市场交易形势的合理和理性的判断。"屏对屏"、"端到端"的以个体为主的分散交易方式，以及通过信息技术应用和互联网平台推广带来的海量交易信息的处理，如果没有或缺少必要的技术手段加以辅助，则会更加剧这种情况在交易人个体身上的发生。

其次是市场决策。交易人作出市场决策通常依靠于其对市场信息的判断与分析。如果这种判断与分析出现偏差，那么交易人就很难避免决策失误，偏差越大，决策失误可能性越高。对于那些虚拟性较弱的市场交易来讲，信息来源的现场真实感通常是较强的，现场交易可获得的信息往往是多方面的，交易人对于信息进行识别、选择和研读的把握度通常也会较大，交易人从现场所获得的群体交易决策的影响也会较强，这就使得交易人对从现场获得的一手交易信息更为关注和青睐，并以此为主要依靠来作出市场决策。而以互联网金融为代表的市场交易通常会在互联网上进行，其信息基本上是电子形态，具有极强的现实虚拟性。由于基本脱离了现场交易，交易人对信息的现实把握度主要依靠场外电子信息。这种高度的依赖性往往缺乏原有场内其他信息来源的交叉互补而部分或全部呈现出单一化的特点，从而产生较严重的制约作用。在这种情况下，由于缺乏场内交易多方交易信息的相互印证，交易人对市场信息的判读往往有失全面和真实，而只能根据互联网门户网站等渠道上获得的信息来作出市场决策，因而就会产生信息虚拟所带来的信息认知与把握度的偏离，并进而使其市场决策存在出现失误的可能性，并增强潜在风险。当然，传统交易方式和互联网在线交易方式都可能会产生对市场信息的误判并影响到市场决策，但是，后者虚拟化的加强则更有可能使这种个体误判发生，并通过网络迅速被放大，产生网络扩散的群体效应。

最后是市场行为群体干预。传统交易方式由于在交易现场进行，因而交易人往往会更多受到现场其他交易人市场行为的影响，这种影响可能是个体影响，更有可能是一种群体化的影响。在拥有一定数量的现场交易市场中，由于趋利避害的人类天性以及社会群体心理复杂微妙的共同作用，交易人在采取市场交易行为时往往会自觉或不自觉地参考和借鉴其他交易人的相同交易行为，从而强化或减弱自己的交易动机与冲动来保障自己的利益。这就使得在既定市场中，绝大部分的交易人通常都会采取跟随策略来进行市场交易。即便是那些采取领先策略进行交易的交易人，其行为也会受到跟随者群体的制约，即所谓"市场行为的群体干预"。这种群体干预是一种真实客观的存在，它通常会伴随于传统现场交易的全过程，并视个体交易人的交易能力大小而对其施加程度不一的相关影响。互联网的出现则在很大程度上改变了这种传统交易方式和群体影响。互联网金融的绝大部分业务通常是在互联网上进行和完成的，这就使得传统现场交易中的群体发生了分散化的趋势，由现场的集中多头交易变成了网络上的分散多端交易，网络平台的交易人所面对的不再是现场的交易人群体，其影响也由传统现场的"多对一"变成了网络平台上的"一对一"。因而，对于互联网金融业务的交易人来说，他所面对的其他交易人由"面对面"变成了"屏对屏"，其他交易人的存在由真实的客观存在变成了虚拟的电子形态存在，因而这种影响就变得更为间接了。在这种情况下，网络交易人往往更依靠自己的独有判断来作出决策并加以实施，使得以往的这种群体干预作用被弱化和虚拟了。于是，传统现场交易存在着的交易风险被很多个体共同承担的情况就在很大程度上转变为网络交易风险更多由交易人个体来承担，如果交易人个体承担风险的能力偏弱，那么，他或她所承担的风险就会高于传统现场交易分散化的承担方式。同时，市场群体干预行为的虚拟与缺失也有利于互联网个体交易人或交易平台进行故意欺诈等交易行为，从而蕴含

着极大的交易风险。

《巴塞尔新资本协议》中对上述这些金融风险作出了十分详细的分类：

■ 包括未经授权，故意和恶意伪造、盗用、挪用账户资金，从事内幕交易等在内的金融交易活动或项目，均存在内部欺诈风险；

■ 包括未经授权，故意和恶意伪造、盗用、挪用账户资金等在内的金融交易活动或项目，均存在外部欺诈风险；

■ 包括未经授权，进行不良交易、操纵市场等在内的客户交易业务操作，均为业务操作风险；

■ 包括非客户对手方的失误、与非客户对手方的纠纷等在内的客户交易对手方交易处理，均存在交易风险；等等。

同样可以看出，《巴塞尔新资本协议》的上述规定中的前两类均可归为系统风险，而其余两类则可归于局部风险（或区域风险）。它们都是现实中常见的金融风险类别。2012 年以来，淘金贷、优易网、众贷网等 P2P 平台相继发生资金挪用、线下私自放贷、卷款跑路等现象，引起舆论关注。P2P 行业已成为中国金融风险高发领域。

0.5.2.2 基本属性

0.5.2.2.1 瞬时性

相对于传统金融来说，技术进步使得互联网金融在很多方面更富于时间效率，也就是具有较高的时效性。而能够较好反映其时效性的就是它的瞬时性（Instancy）。

瞬时性是指在互联网金融的资金融通过程中，由于采取交易电子化而呈现出的交易时间被极度压缩和节省而表现为瞬间传递与完成的现象或趋势。

现代信息技术与金融产业在其各个细分领域广泛而深入的结合，使得传统金融的交易模式发生深刻变化，金融交易更多依靠电子信息技术来得以实施，而电子信息技术的一大特征就是作为信息载体和媒介物的电子具有极快的传输速度。理论上，电磁波传输几乎可以与秒均 299792.458 公里（通常表示为 30 万公里／秒）的真空光速（lightspeed／velocity of light）无误差接近，现实中由于受到各种因素影响（这些因素主要包括电磁波的发射强度、传输距离及传输损耗，传播介质的质量和纯度等），其速度会较低于光速，但仍然是基本接近光速的。这与之前的信息传输相比，信息传输时间被极大压缩了，几乎在瞬间就可以完成，同时信息的传播范围也因此得以飞速的扩张。以前遥远偏僻的地区，信息的有效获得通常以有形可视传输（如通过驿马、汽车、轮船和飞机航邮等传递信件）为主，往往需要事先大规模建设交通道路和邮政设施，即使建成，信息传输难度也比较大，容易中断，花费时间较长。而信息电子化时代，虽然同样需要大规模建设通信设施，但一旦建成后，只要配备必需的传输与接收设备装置，信息传输即可在十分短暂的时间内就能够达到偏远的地区，由此而产生的时间效率是极为显著的。

1966 年，美国国际电话电报公司（International Telephone & TelegraphCorporation ／ ITT）旗下英国子公司标准电话与电缆有限公司（Standard Telephones and Cables Ltd.）华裔工程师高锟（Charles Kuen Gao）在世界上率先发现"光频率介质纤维表面波导"效应，从而开创了超高速率和超低损耗的"光通信时代"，并因此获得 2009 年度诺贝尔物理学奖，被誉为"世界光纤之父"。1976 年，美国贝尔实验室（Bell Laboratories）在佐治亚州首府亚特兰大（Atlanta）建成并开通了世界首条多模光导纤维通信线路，传输距离 10 公里，传输速率达到每秒 4473.6 万字节（bytes）。一年后，世界第一条商用光纤通信线路在美国芝加哥市投入运营使用，传输速率稳定在每秒4500 万字节。电子信息传输与存储单位容量已从 MB（兆字节，即 220 字节），逐步升级为 PB（拍字节，即 250 字节）、EB（艾字节，即 260 字节）和 ZB（泽字节，即 270 字节）。到目前为止，包括光纤技术在内的光纤通信（fiber communications）在世界范围内特别是信息技术基础较好的地区已经得到比较广泛的应用，成为全球通信的主要方式之一，并成为互联网技术群的主要核心技术之一。它使得通信效率得以极大提高，通信损耗被大大节省，通信范围得以飞速扩大。据估计，互联网日均可处理电子信息达 800EB，相当于 10 万个 TB 和100 万个 GB（吴晓求课题组，2014）。2008 年，美国芝加哥商品交易集团日均达成的合约量约 1000 万笔，年合约量达到 33 亿笔。芝加哥商品交易所（CME）前总裁利奥梅拉米德说："我们由开放式的场地交易过渡到电子屏幕，使市场容量比以前大了许多。"

包括光导纤维技术在内的信息技术的应用，极大改变了金融交易的传统方式，使其体现出充分的瞬时性特征，特别是表现在交易信息搜索、交易行为发生或交易活动结束、交易结果产生等方面。

0.5.2.2.2 便捷性

便捷性（Convenience）是指互联网金融在交易场所出入（跨地区交易、跨国交易）、交易信息搜索、交易行为发生或交易活动过程进展、交易资格认证和交易结果获得等方面具有便捷性。互联网金融业务主要由计算机处理，操作流程完全标准化，客户不需要排队等候，业务处理速度更快，用户体验更好。如：阿里小贷（Ali Small Credit，"阿里巴巴小额贷款公司"的通用简称）依托电商积累的信用数据库，经过数据挖掘和分析，引入风险分析和资信调查模型，商户从申请贷款到发放只需要几秒钟，日均可以完成贷款 1 万笔，成为真正的"信贷工厂"。

0.5.2.2.3 扩散性

互联网金融以国际互联网、社交网络平台和移动互联网为基本依托，电子信息流的瞬时传播以及网络的多维扩散结构，使得互联网金融不可避免地带有扩散性（Dissemination）。它主要表现在：交易场所进出（跨地区交易、跨国交易）的扩散性（无边界、无国界）；交易信息传输的扩散性；示范性交易结果通过互联网传输的扩散性等。扩散性使得互联网金融的风险存在被放大的可能。

0.5.3 互联网金融的特点

0.5.3.1 低交易成本

交易成本（Transactional Costs）又称"交易费用"，是指企业在价格竞争机制作用下从事市场交易活动所需内外部各种支付费用，简言之，交易成本就是企业交易活动的各种费用，它主要包括市场交易所需的信息搜索成本、信息匹配成本和交易合约成本等（罗纳德·哈里·科斯，1937）。

建立在现代信息通信技术和互联网平台条件下的互联网金融具有虚拟性、瞬时性、便捷性、扩散性等属性，能够最大规模搜集更多来源的海量信息数据，并进行瞬时处理、深度挖掘、对称匹配和迅即扩散，这就使得每新增一个用户所增加的边际成本基本为零，市场交易所需的信息搜索成本、信息匹配成本、交易合约成本等交易成本得以极大降低。互联网金融机构可以避免开设营业网点的资金投入和运营成本。消费者可以在开放透明的平台上快速找到适合自己的金融产品，削弱了信息不对称（Information Asymmetry）程度，更省时省力。资金提供者与资金使用者之间的信息不对称得以极大缓解，企业融资成本进而得以极大降低，从而使互联网金融具有超越于传统金融的范围经济优势、规模经济优势和成本领先优势。据《中华工商时报》2014 年 12 月 09 日报道，阿里金融单笔小微信贷的操作成本为 2.3 元人民币，而银行的单笔信贷操作成本在 2000 元人民币左右。弗雷德里克·斯坦利·米什金（Frederic StanleyMishkin，2009）指出，规模经济和专门技术能够降低资金融通的交易成本。

0.5.3.2 去中心化

去中心化（Decentralization）来自于互联网金融的虚拟本质属性。相比较传统金融来说，互联网金融在支付手段和支付工具等方面的虚拟化演变导致传统金融中心体系功能的弱化，互联网的网络层次结构更加趋向扁平化，点对点、端到端、个人对个人的新型金融业务模式逐渐形成，个体网络客户对金融业务的参与度和支配被无形中强化。

0.5.3.3 再中介化

相对于传统金融，互联网金融具有范围经济、规模经济和成本领先的优势，资金供求双方可以通过网络平台自行完成信息甄别、匹配、定价和交易，无需传统中介参与，因而产生了互联网金融机构对传统金融机构作为金融中介的替代性，即"再中介化"（Reintermediation）。

0.5.3.4 普惠化

互联网金融模式下，客户能够突破时间和地域的约束，在互联网上寻找需要的金融资源，金融服务更直接，客户基础更广泛。互联网金融平台可接受海量客户信息，准入限制较少，有利于小额资金参与资金融通，其客户以小微企业为主，覆盖部分传统金融业的金融服务盲区，有利于提升资源配置效率，实现金融

普惠，促进实体经济发展。

0.6 互联网金融的模式

0.6.1 互联网金融模式的分类标准

互联网金融处于不断发展之中，新生业务不断形成，要素组合不断重组，要想"界限清"、"全覆盖"、"不重叠"和"无遗漏"地完全依照业务或要素来进行划分，十分不易。如果按照传统金融互联网化和互联网金融化来划分，同样会面临多重限制，比如二者融合产生的形态如何分类等难题。

根据之前对互联网金融的定义，本书以下提出互联网金融模式划分的新标准：

■金融业务：即目标业态或模式是否从事金融业务（即实现以资金融通为主要目的的业务，而非金融信息服务、单一中介服务等外围相关业务），即相关业态或模式是否从事单一化金融业务（即金融产品和服务），或者它们在从事多元化业务中是否以金融业务为主；

■互联网工具：即目标业态或模式的业务手段是否完全借助互联网工具（包括应用互联网技术和构建互联网平台等），或者在其多种业务工具中主要借助互联网工具来开展业务；

■新型业务单元：即目标业态或模式是否属于新出现的新型业务单元（国际通常是 1994 年之后，国内通常是 2004 年之后）

■独立业务单元：即目标业态或模式是否可以形成独立业务单元（Independent Business Units，IBU）或者具有独立的商业模式等。

0.6.2 互联网金融模式的具体分类

根据上述分类标准，本课题将互联网金融模式分为线上支付、P2P网贷、众筹、电子银行、网络小额贷款、互联网证券、互联网保险、虚拟货币、互联网征信和大数据金融共 10 类。前 8 类属于互联网金融的狭义定义范畴，而全部 10 类则属于其广义定义范畴,见图 0-3。

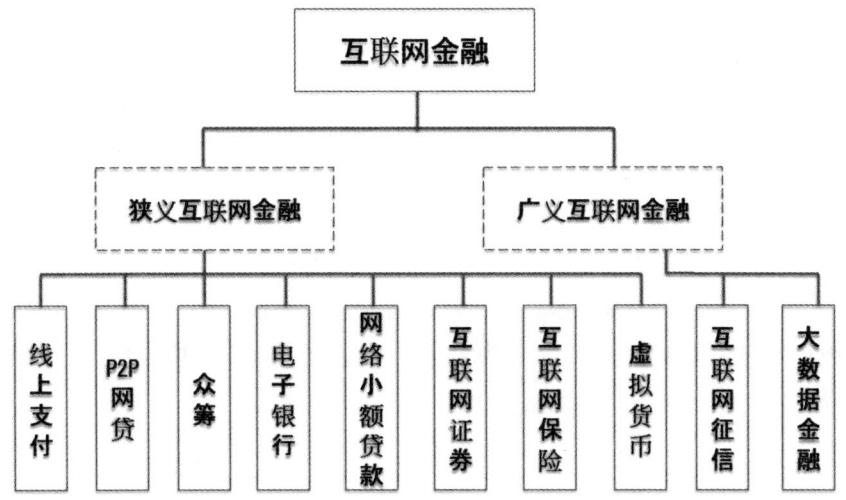

资料来源:北京大学互联网金融管控创新课题组,2015.

图0-3 互联网金融产业模式分类结构示意图

需要说明的是,互联网金融处于发展之中,新生业务模式不断形成,很多新模式都可能渗透和融合其他模式而不易清晰界定。比如,P2P 网贷、电子银行和网络小额贷款这三种模式虽然都涉及网络借贷,但它们各自又有不同特点,不宜笼统谈之,应加以区分。

0.6.2.1 线上支付

又称"互联网支付"、"网络支付"、"在线支付"、"电子支付"或"数字支付"等,包括通常意义上的"第三方支付"(Third-PartyPayment)和"移动支付"。它是指在现代信息通信技术和互联网平台条件下,非金融机构作为支付中介为付款方和收款方提供在线支付服务的金融形态。(中国人民银行,《非金融机构支付服务管理办法》,2010)

0.6.2.2 P2P 网贷

即"点对点信贷"(Peer-to-Peer Lending),又可称为"互联网信贷"或"互联网借贷"等。它是指通过第三方互联网平台进行资金借、贷双方的匹配,需要

借贷的人群（debtors，即债务人、借贷人）可以通过网站平台寻找到有出借能力并且愿意基于一定条件出借的人群，帮助贷款人（creditors，即债权人、放贷人）通过和其他贷款人一起分担一笔借款额度来分散风险，也帮助借款人在充分比较的信息中选择有吸引力的利率条件，比如山西新晋商电子商务股份有限公司的"晋商贷"（Jin-Shang-Dai）。

P2P的两种运营模式，一是纯线上模式，其特点是资金借贷活动都通过线上进行，不结合线下的审核。通常这些企业采取的审核借款人资质的措施有通过视频认证、查看银行流水账单、身份认证等。第二种是线上线下结合的模式，借款人在线上提交借款申请后，平台通过所在城市的代理商采取入户调查的方式审核借款人的资信、还款能力等情况。

0.6.2.3 众筹

即互联网投资，又可称"大众筹资"或"群众筹资"（Crowd Funding）。它是指用团购预购的形式，向网友募集项目资金的模式。众筹是利用互联网和SNS（Social Networking Services）传播的特性，让创业企业、艺术家或个人对公众展示他们的创意及项目，争取大家的关注和支持，进而获得所需要的资金援助。

众筹平台的运作模式大同小异：即需要资金的个人或团队将项目策划交给众筹平台，经过相关审核后，便可以在平台的网站上建立属于自己的页面，用来向公众介绍项目情况。

0.6.2.4 虚拟货币

又可称为"互联网货币"、"网络虚拟货币"、"电子货币"或"电子现金"等。尤以比特币和各种电子代用币为代表。

2008年，中本聪创立了名为"比特币"（Bitcoin）的互联网货币，它是一种基于互联网思想的网络支付尝试性工具，其核心要旨是去中心化。它的出现，标志着世界首个互联网货币的正式产生，也预示着金融支付工具的进一步虚拟化和去中心化趋势的加强。

0.6.2.5 电子银行

电子银行（e-banking）又可称为"电子化银行"等，主要是指传统银行在信息技术和互联网等相关软硬件条件支持下实现部分或全部业务的电子化和信息化。

目前来讲，电子银行的具体业务类别主要有自助银行（ATM）、电话银行、手机银行（移动银行）和网上银行等。实际运营中还出现了诸如"门户网银"（portal website banking，portal e-banking）、"金融产品超市"（the supermarkets of finance products）、"电商"（e-businesses）的"一拖三"（One-dragging-three）的金融电商创新服务模式。

0.6.2.6 网络贷款

网络贷款（Internet Lending／Internet Loans）是指互联网金融机构为不满足传统银行贷款条件的小额客户提供在线借贷服务。

国内外知名网络贷款企业主要有美国的 Kabbage 等，中国的阿里小贷等。

0.6.2.7 互联网证券

网络证券主要是指传统证券机构利用信息技术和互联网，实现其证券业务的在线服务。

1992 年，美国 E-Trade 公司率先推出了网络证券交易，成为世界首家网络证券服务商。1997 年，华融信托投资公司湛江市营业部在中国率先推出证券网上交易系统，标志着中国传统证券市场交易进入了互联网时代。目前，世界证券业已经基本实现了由集中交易向网络交易的转变，并正在向移动互联网交易转变之中，也就是说，世界证券业开始进入移动互联网时代。

网络证券的细分业务类别主要包括单一型和综合型等。其代表性机构主要有美国的美林证券集团等。

0.6.2.8 互联网保险

网络保险主要是指传统保险机构（包括其代理机构等）利用信息技术和互联网，实现其保险和理赔等项业务的在线服务。

张劲松等人（2007）将网络保险又分成狭义网络保险和广义网络保险两类。前者主要是指传统保险机构借助互联网平台实现部分或全部保险业务（含保险产品与服务等）的在线营销。而后者则主要是指除前者范围外，还包括传统保险机构之间、传统保险机构与社会和公共管理部门之间的各种涉及网络保险业务的经营管理活动。

1999年，日本电信公司（NTT）与美国家庭人寿保险公司（AFLAC）共同成立网络保险公司，这是世界首家保险业务在线销售企业。一年以后，中国平安保险公司在国内率先推出了货运保险网络交易系统，这是中国传统保险机构实现互联网化的开端。

目前，网络保险主要有传统保险公司及其代理公司门户网站、网络保险超市两种细分类型，它们都是直接从事传统保险业务在线服务的。而像网络保险中介平台和网络保险支持服务平台等并不直接开展保险业务，而仅仅提供中介服务和信息服务等，因此根据之前关于互联网金融的再分类，它们均不属于网络保险的核心范畴，而属于网络保险的外围支持。

0.6.2.9 互联网征信

征信（Credit Reference）是指金融机构对其客户从事资金借贷和筹融资业务的现实或潜在能力进行商业信用调查和信用等级评估从而确定金融风险的业务模式。互联网征信（Internet Credit Reference）是指互联网金融机构对其客户的征信模式。目前国外互联网征信企业主要有美国的 ZestFinance、德国的 Kreditech 等，中国互联网征信企业主要有阿里巴巴征信系统等。

0.6.2.10 大数据金融

大数据金融（Big Data Finance / Big-Scale Data Finance / Mega Data Finance / Mass Data Finance / Massive Data Finance）又称为"巨量数据金融"或"海量数据金融"，它是指将超大规模（海量）非结构化信息数据处理技术应用于金融活动并使之产生超高效率和新的高价值知识成果的经营形态。

目前国内知名的大数据金融企业主要有阿里金融、百度金融、京东金融、苏宁金融等。

0.7 互联网金融管控的重要意义

0.7.1 推动产业发展

互联网金融是中国首倡的新兴商业业态或模式。它能够充分体现出"开放、平等、协作、分享"的互联网思想，在经营理念和商业模式等方面更富于灵活性、多样性，受惠市场主体面更广，市场主体参与性更强，市场交易成本更为低廉，从而具有较强的生命力和竞争力。对于当前中国保持中高速经济增长与结构战略转型来说，尤其具有较好的推动与促进作用，完全有条件可以发展成为新的经济增长点或增长极。它可以影响和形成新（经济）常态下的新兴产业新（产业）生态、新生态下新（企业）业态、新业态下新（商业）模式的有机经济链和新的金融产业生态系统。对互联网金融实施适度管控，有利于保护和发展互联网金融的正向促进作用，更有效地聚集产业资源，推动相关产业结构调整与转型。应该充分利用好管控，加快推动传统金融产业与互联网产业的融合，促进其协同发展。

0.7.2 促进市场竞争

对互联网金融产业实施适度管控，有利于促进金融市场竞争行为与过程的规范与有序。适度管控互联网金融产业，可以更有效地发挥市场调节机制的基础性作用，充分释放市场微观基础的活力，打破原有行业垄断格局，推动市场主体开展良性互动竞争，引导市场资源向更富有活力和效率的主体聚集，促进资源更加合理配置，在有序经营和稳定发展的同时更好促进新型金融市场的形成与成长。

0.7.3 防范金融风险

对互联网金融产业实施适度管控，有利于防范金融系统风险和衍生风险，保持金融稳定局面。应该认真汲取过往国内外历次金融危机和金融突发事件的经验教训，仔细分析这些危机中的关键影响因素和危机爆发点、可控点，大力健全

互联网金融行业的监管制度，最大限度地降低金融风险爆发的可能性，坚决维护互联网金融从业者、守法投资者和广大消费者的合法利益，为我国互联网金融行业有序、健康、可持续的发展提供良好保障。

0.7.4 健全管控体系

对互联网金融产业实施适度管控，有利于管控制度体系进一步健全与完善。应该通过实施适度有效的金融管控，进一步健全金融管控体系，以建立起一整套覆盖面全、体系完善、功能齐备、反应迅速、应急有效的长效管控制度体系。

0.7.5 探索管控机制

对互联网金融产业实施适度管控，有利于推行现代管控理念和探索出行之有效的管控机制。应该按照"科学、务实、严谨、高效"的原则，充分应用科技进步，进一步推进技术创新与管理创新，积极探索出一系列行之有效的管控机制。

0.7.6 建立信用社会

对互联网金融产业实施适度管控，有利于在我国建立和维护一个现代信用社会。在互联网金融的适度管控中，应该大力弘扬诚信守诺的传统商业道德，积极推广合规合法、权责明晰的现代经营规范，鼓励长远的投资价值取向，通过管控在全社会建立良好的商业信誉，为我国早日建成现代信用社会奠定坚实物质基础和文化基础。

第一章
海外互联网金融产业研究

1.1 海外互联网金融产业现状研究

1.1.1 海外互联网金融产业发展概述

　　海外虽然缺乏对互联网金融的整体认识，但互联网金融的具体业态与模式却发展较早，美欧等发达国家和地区成为世界范围内互联网金融产业的主要发源地。

　　海外互联网金融产业发展历程可分为萌芽期、初始期和成长期三个历史阶段。以1994年国际互联网实现商业化应用为标志，之前为萌芽期，之后为初始期，目前处于成长期。

　　20世纪60年代至1994年，受到电子信息科技革命和金融创新的影响，海外发达国家金融业出现了"电子现金汇兑系统"（EFTS）和"自动付款系统"（APS）等新型经营模式，逐步实现有限范围内的业务电子化。

　　1994年至2005年，国际互联网得到大规模应用，互联网革命产生深远影响，经济全球化格局逐渐形成，国际金融创新高潮来临，网络化新型业务模式成批出现。1995年，世界首家网络银行安全第一网络银行（SFNB）在美国成立。之后相继诞生了世界首家网络证券公司 E-Trade、世界首家手机银行 eBanka、世界首家互联网第三方支付公司 PayPal、世界首家网络保险公司 Aflac、世界首家洲

际互联网银行 UnoFirst 和世界首家 P2P 网贷公司 ArtistShare 等。

2005 年之后，海外互联网金融进入成长期。移动互联网兴起，金融业务品种类型多样化，从传统支付领域进入投融资领域。2005 年，海外首家募捐众筹平台 Zopa 在英国创立。其后，相继出现海外首个互联网货币比特币（Bitcoin）、海外首家奖励众筹平台 Kickstarter 和首家股权众筹平台 Crowdcube。2008 年世界金融危机爆发后，包括互联网金融在内的金融监管力度普遍加强，监管立法陆续出台。

海外互联网金融产业的发展经历了一个逐步成长、成熟和壮大的过程。在这个发展过程中，它不可避免地会受到其所处时代背景下诸多关键因素产生的影响与制约。从历史进程的普遍意义上来看，这种影响往往是多维度、多方面、广泛而深刻的：它既能催生、推动和促进新兴互联网金融产业业态的发展，使其对于传统金融产业业态产生较大冲击；它既可以表现为对金融产业及其相关产业的直接影响，比如商业模式、管理手段等，又可以表现为对这些产业及其从业人员、资本借贷者等的间接影响，比如投资理念、信息传递方式等；这种影响可能会在某一特定时期内表现得特别突出，也有可能它会一直贯穿于这些产业发展的全过程；它可能会影响到金融产业及其相关产业，使其形成的产业竞争格局产生显著改变，更有可能影响到整个经济而造成全局性的、全球性的影响，使区域经济乃至世界经济发生深刻变化。因此，从海外互联网金融产业发展的历史阶段入手，通过总结其发展的历程，分析影响其发展的关键因素，可对其发展产生比较完整和清晰的认识，从而会更加有利于对互联网金融产业制定适用的法律和政策，有的放矢地对其进行有效管控，促进其更好发展。

1.1.2 海外互联网金融产业发展的历史阶段

自 1994 年国际互联网在全球范围内建成并投入运行起算，迄今不过 20 多年。相比较传统金融约两个多世纪的发展历程来说，海外互联网金融的发展时期还相对较短。海外互联网金融产业发展的历史阶段可以细分为萌芽期、初始期和目前的成长期共三个历史时期。

1.1.2.1 萌芽期

20 世纪 60 年代至 1994 年世界互联网正式投入商业运营之前为海外互联网金融产业发展的萌芽期。

这一时期，电子信息科技革命推动信息技术产业快速成长，进而带动了包括金融服务业在内的整个经济实现增长。以运用现代信息技术为代表的金融创新在丰富金融产品和服务的同时，大大加快了传统金融服务业逐步向业务的电子化与信息化转型。海外发达国家银行或非银行金融机构自身内部、银行与银行之间、银行与主要关联企业或大企业之间普遍建立了系统内部的电子网络，可以在有限范围内通过电子计算机发布指令来开展部分财务信息交换、币种兑换以及一部分支付、抵押、担保的金融服务。美国多家银行建立了以"电子现金汇兑系统"（Electronic Funds Transfer System，EFTS）为代表的新型交易模式，通过电子网络联通国内银行、国外银行、签账卡中心和自动柜员机等，可以方便快捷地提供兑换与支付等项金融服务。美国波士顿州立信托银行的洲际"自动付款系统"（Automatic Payment System，APS）投入运营，可以在美国和欧洲之间实现跨国电子交易服务。这些新出现的金融电子交易模式是海外互联网金融产业的雏形，其实质是一种比较初级的电子银行（Electronic Bank），被誉为"支付制度中最为人所乐道的创新之一"（周大中，1994）。[①]

1.1.2.2 初始期

1994 年至 2005 年为初始期。这一时期的标志是：基于互联网的新兴金融业态开始成批涌现出来。

1995 年 10 月，美国网络银行服务商 SFNB（安全第一网络银行）成立，这是海外首家以"网络银行"（NB）冠名的金融组织。

1999 年，美国贝宝公司（PayPal）成立，这是海外首家互联网第三方支付服务商，它为用户提供基于互联网的货币市场基金（MMF）营销服务和第三方支付服务。

2000 年 7 月 3 日，西班牙的 Uno-E 公司与爱尔兰的互联网银行第一集团

---

① 周大中 . 现代金融学 [M]. 北京：北京大学出版社，1994：146-147.

（First-e Group）联合成立 Uno First Group，这是海外首家洲际互联网银行，也是海外第一家全球性的互联网金融企业。

其后陆续诞生了世界首家网络证券公司 E-Trade、世界首家手机银行 eBanka、世界首家网络保险公司 Aflac 等，见图 1-1。

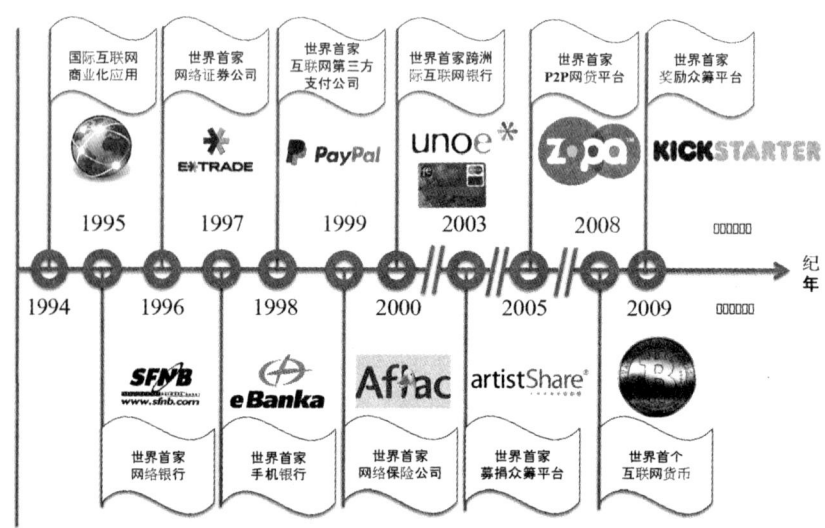

图 1-1 海外互联网金融产业发展历程示意图

资料来源：北京大学互联网金融管控创新课题组

这一阶段，世界互联网金融的新型业态主要包括网络银行（cyber banks）和第三方在线支付等，业态类型尚显单薄，业务类型多脱胎于传统金融服务特别是银行传统业务中的汇兑、支付、转账等功能，其达成的在线交易的规模还相对比较有限，还未对传统金融产业产生足够的冲击力。

1.1.2.3 成长期

2005 年至今为成长期。这一时期，涉及领域更多、更深层次的新兴互联网金融业态不断出现。

2005 年，世界首家 P2P 借贷平台 Zopa 在英国伦敦成立。它标志着真正意义上完全基于互联网的金融服务业态模式正式形成。

2006 年，美国 Prosper 公司成立，这是全美第一家个人对个人借贷业务（P2P）服务商。

2009 年，世界首家奖励式众筹网站平台 Kickstarter 成立，它也是世界目前规模最大的众筹网站运营商。

2011 年，英国众筹平台 Crowdcube 成立，成为英国本土最早获准开展直接股权融资的众筹平台。

Zopa 等互联网金融企业的相继诞生，标志着互联网金融的发展已经进入了深化发展的时期。

这一时期，海外互联网金融产业的发展较为迅速，并迅即进入个人贷款（personal loans）与企业融资（corporate financing）等传统领域，涌现出来 P2P 网贷、众筹等新兴业态，互联网金融的产品和服务种类增多，业务类型趋向多样化，业务交易量大幅度提高，影响面扩大，对传统金融产业造成了一定冲击。目前海外互联网金融产业正处于持续深化发展之中。

国际互联网的出现以及后来互联网技术的持续进展，新兴金融业态及其业务类型的形成，引发了世界传统金融服务产业的深度变革与进步，互联网金融产业应运而生，恰逢其时。

对于互联网产业来讲，互联网金融产业是其互联网技术新的应用领域，是其新捕捉到的商业机会，能够成为其发展所需的新的产业增长点或增长极。这无疑对互联网企业来说是具有极其重要的战略意义。

对于传统金融服务产业来讲，国际互联网为其传统金融业务提供了新的交易场所，为传统金融企业创造了新的市场机会和开辟了新的业务拓展空间[①]，而且还可加速其服务变革的进程，因此，互联网金融对于传统金融产业同样具有不可忽视的战略意义。

1.1.3 海外互联网金融产业发展的现状格局

1.1.3.1 产业规模

对于传统金融服务产业来讲，目前全球发达国家几乎所有的传统金融机构都

---

① 这里所说的"新的市场机会"和"新的业务拓展空间"即 W. 钱·金和勒妮·莫博涅（W. Chan Kim，Renée Mauborgne，2005）共同提出的"蓝海"（Blue Ocean）。——本书注

已依靠现代信息技术手段，实现了设施电子化、市场平台化、交易网络化、信息数据化等，并依托国际互联网等现代网络通信手段，实现了金融产品和服务的市场交易网络化和实时化，跨国公司全面实现了交易全球化与不间断。互联网技术和网络平台已经深入到了传统金融业几乎各个分支领域。传统金融业务结构中，应用互联网和信息技术的比例持续扩大。一些发展中国家在此方面也取得了长足进展。比如，菲律宾政府为鼓励金融创新，允许本国移动通信服务商开办传统银行业务。②

相比于积极应用互联网的传统金融服务业而言，在欧、美、日以及一些新兴工业化国家和地区，海外互联网金融产业的发展尤为迅速，规模不断扩大。互联网第三方支付起源于美国，随后迅速传播到世界各国。2003 年，世界第一大证券市场美国证券市场的市场交易总额中已有 30.8% 来自网上交易。2005 年，移动互联网兴起，成为互联网第三方支付发展最新趋势。特别是美国苹果公司于 2007 年 1 月推出第一代 iPhone 后，移动互联网金融进入高速发展期。2010 年，美国全国银行客户支付总额中已有超过三分之二来自网上支付。2012 年，海外电子支付市场规模达到 2.03 万亿美元，其中，移动支付市场规模为 1715 亿美元，见图 1-2。

单位：亿美元

图 1-2　2012 年海外第三方支付市场交易规模示意图

资料来源：Innopay；马梅等 . 支付革命：互联网时代的第三方支付 [M]. 北京：中信出版社，2014：19.

2014 年，苹果公司成立 Apple Pay，并获得美国联邦政府支付许可。沃尔玛、微软等美企纷纷进军移动支付市场。目前海外知名第三方支付机构主要有：美国的贝宝、CyberSource、Amazon Payments、Google Wallet、Square 和FirstData，德国的 ConCardis、B+S Card-Service、Giropay 和 SOFORT，法

① 世界银行 . 2014 世界发展报告：风险与机会 [R]. 世界银行出版，2013：29.

国的 Paylib，瑞典的 PayEX，日本的 NTT DoCoMo 等，见图 1-3。

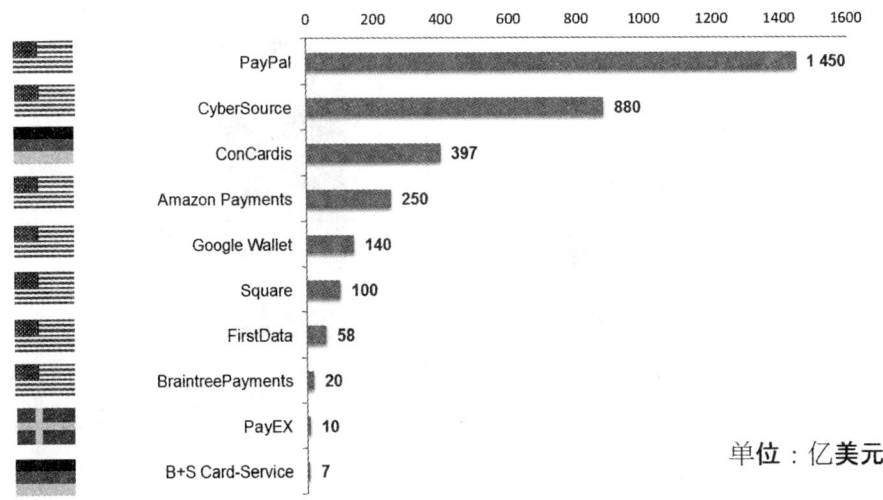

图 1-3 2012 年海外前 10 位第三方支付企业交易规模比较示意图

资料来源：Innopay；马梅等.支付革命：互联网时代的第三方支付 [M].北京：中信出版社，2014：21.

2003 年，布莱恩·卡梅利奥（Brian Camelio）创立了海外最早的众筹网站 ArtistShare。卡梅利奥希望通过 ArtistShare，能够创新性引领音乐行业服务模式由最初以传统音像制品零售为主转变成为粉丝提供参与创作机会为主。ArtistShare 第一个成功融资项目《Concert in the Garden》专辑获得 2005 年度格莱美"最佳大爵士乐团专辑"奖，卡梅利奥被誉为"音乐众筹之父"和"众筹金融的先驱者"。其后，海外众筹产业获得长足发展，逐步出现奖励制众筹、股份制众筹、借贷制众筹和募捐制众筹等多种模式，涌现出大量众筹平台，如美国的 Kickstarter、IndieGoGo，英国的 Crowdcube、Seedrs，德国的 Companisto、Seedmatch，荷兰的 Gambitious，阿根廷的 Idea.me，新加坡的 ToGather.Asia 等。其中，Kickstarter 是海外首家奖励众筹平台。2012 年，全球众筹平台筹资总额已经达到 28 亿美元。2013 年，海外众筹平台已有约 1500 多家，年交易规模已突破 50 亿美元，见图 1-4。由于海外众筹机构数目的不断增长，其平均市场交易规模反倒比之前有所降低，见图 1-5。2015 年，据 Kickstarter 官网最新数据，2014 年该机构已从网上募集资金累计超过 16 亿美元。

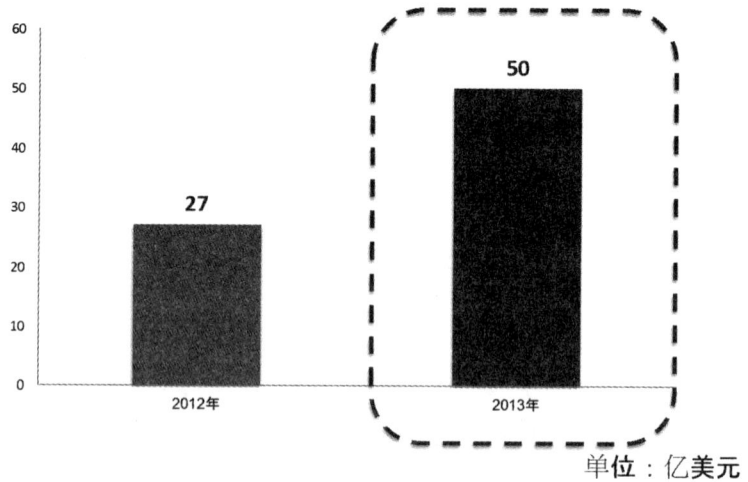

单位：亿美元

图 1-4　2012—2013 年海外众筹市场交易总体规模示意图

资料来源：Massolution；罗明雄，唐颖，刘勇 . 互联网金融 [M]. 北京：中国财政经济出版社，2013：219.

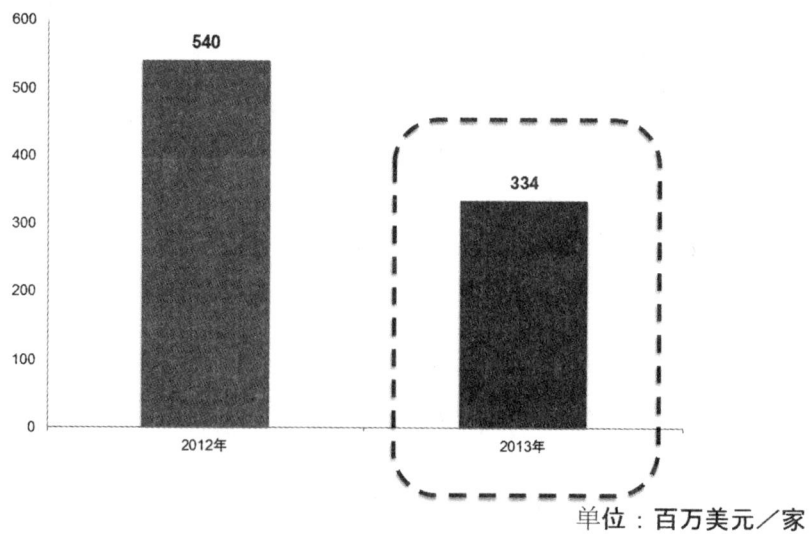

单位：百万美元／家

图 1-5　2012—2013 年海外众筹市场交易平均规模示意图

资料来源：Massolution；罗明雄，唐颖，刘勇 . 互联网金融 [M]. 北京：中国财政经济出版社，2013：219.

　　P2P 网贷起源于英国，后逐步向全欧和北美市场发展。目前英美 P2P 网贷市场规模较大，发展相对成熟，主要代表性企业有：英国的 Zopa、

Funding Circle、RateSetter、Market Invoice 和 Lending Works，美国的 Lending Club、Prosper 和 Kiva，法国的 Prêt-d'Union 和 Babyloan，德国的 Auxmoney 和 Smava，澳大利亚的 SocietyOne，日本的 Aqush，韩国的 Popfunding，南非的 RainFin，以及巴西的 Fairplace 等。

2009 年，中本聪（匿名者）借助"挖矿"复杂计算模式创造出世界首个互联网货币——比特币。目前海外互联网货币主要有：比特币（Bitcoins）、亚马逊币（Amazon Coins）、脸书信用币（Facebook Credits）、G 币（暴雪公司）、Q 币（腾讯公司）、Linden Dollars（Linden 实验室），以及比特币衍生币种 Litecoin、Peercoin、Primecoin 等。2013 年，世界首个互联网货币比特币已先后发行约 1200 万个，如果按 1 比特币兑换 900 美元价格计算，其市场总值超过 100 亿美元。

1.1.3.2 产业效益

海外互联网金融产业兴起之后发展较快，产业增长效益十分显著，达到了较高水平。见图 1-6。

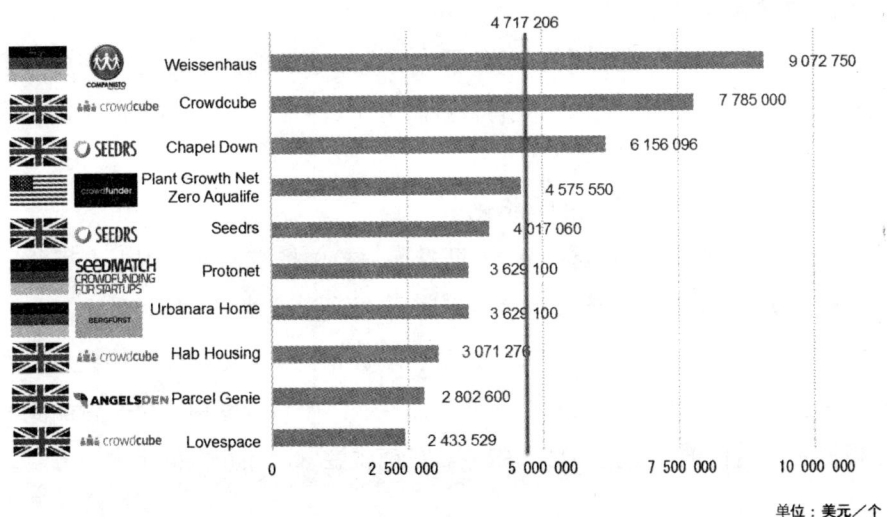

图 1-6　2014 年前 10 位股权众筹项目融资总额和平均融资额度示意图

数据来源：Angels Den；Bergfürst；Companisto；Crowdfunder；Crowdcube；Seedmatch；Seedrs；Wikipedia. List of highest funded equity crowdfunding projects [EB/OL]. http://en.wikipedia.org/wiki/List_of_highest_funded_equity_crowdfunding_projects，2015-03-28 更新，2015-03-28 查询. 本图数据经统一换算而得。

以英国为例，英国目前最大的第三方联合支付系统运营商 Bacs 公司开发出基于互联网支付的 Direct Debit 系统，该系统可联通英国、美国和欧洲其他国家的 16 家知名银行。Direct Debit 系统开通以来，已累计达成 960 多亿笔支付交易，年均达成支付交易 34 亿笔，仅 2012 年当年就达成交易 56.6 亿笔，支付金额超过 415 万兆英镑。英国全国约 67% 的家庭、约四分之三的英国成年人使用其支付系统。该系统月均支付 400 万份工资、2500 万份薪水，占据英国雇员支付市场超过 90%。英国另外一家知名第三方支付服务商 GoCardless 的年业务增长率更是达到惊人的 600%。①

除英国之外，美国等海外发达国家的互联网金融产业也取得了较好的增长效益。由 Renaud Laplanche 和 Soul Htite 共同创立的 Lending Club 是美国知名 P2P 平台，2007 年 9 月 24 日正式上线。上线后的第一个月就募集和发放了 37.3 万美元的网络贷款。之后的半年内，该公司贷款业务增长超过 1 000%，达到意想不到的 420 万美元。2012 年全年交易额累计超过 6.55 亿美元，年增长率实现 150%，取得了良好的增长效益。②

1.1.3.3 产品类别

互联网金融产品和服务既有来自于传统金融产业的产品，也有完全基于互联网开发的产品。在内容上，它既有直接服务于资金融通的金融产品，也有间接服务于金融市场交易的信息类产品。

1.1.3.3.1 传统金融产品的网络化

传统金融服务业主要包括银行、证券、保险、投资基金、担保、租赁融资和公司财务等分支领域，传统金融产品因之自然涵盖这些分支领域的产品，如存款、贷款、中间费用、股票、债券、投资、融资和金融衍生品等。传统金融产品的网络化主要是指上述这些金融产品通过公共网络平台或专用网络平台面向消费者和投资者来进行销售和提供相关服务。在销售金融产品和提供金融服务时，其

---

① 这里所列举的相关数据均来自于 Bacs 公司和 GoCardless 公司各自的官网（2015）。——本书注
② （美）彼得·瑞顿 . Lending Club 简史 [M]. 2012 年版 . 第一财经新金融研究中心译 . 北京：中国经济出版社，2013：25.

产品和服务提供的方式、交易场所和支付的形式等发生了一定程度的虚拟化改变，但它们来源于传统金融业务的实质基本并未改变。因而，它们属于广义的互联网金融，是传统金融产品和服务在互联网技术平台上的延伸和拓展。

1.1.3.3.2 基于互联网开发的金融产品

与上述传统金融产品的网络化有所不同，基于互联网开发的金融产品则在更大程度上脱离实体经营的束缚，表现出比较传统金融产品更多的虚拟性和再中介化的特征。它们不再是传统金融产品的延伸，而是一种互联网技术条件下的金融创新。因而，它们属于狭义的互联网金融，是一种与传统金融产品不同的新的金融市场业务空间。

狭义的互联网金融产品目前主要有：第三方在线支付、移动支付、众筹、P2P 网贷、网络小额贷款和互联网货币等，比如利用移动通信和即时通信技术工具来进行资金的支付与借贷等。

1.1.3.3.3 金融信息类产品

严格意义上来讲，金融信息类产品不属于金融产品，而属于以金融服务为内容的信息产品。它更多提供的是关于互联网金融的市场信息和法律信息，从而有助于信息使用者借助信息做出市场交易的决策。

1.1.4 海外互联网金融产业发展的关键影响因素

1.1.4.1 技术因素

历史证明，技术进步是促使社会生产力得以飞跃的根本源泉与推动力之一。持续的技术创新改变了传统生产要素的一般产出效能，带动了全社会的生产效率不断提高，新产品、新服务、新模式、新业态不断涌现，使得社会生产力能够获得长足和持续的发展，并带动了全社会历史性的进步。技术进步在很多时候都成为影响社会生产力发展的首要因素。孙晓云（2014）认为，计算机发展和信息技术革命的影响，"对推动金融行业的结构性变革起到了巨大的作用"。[①]

①孙晓云. 系统性风险管理和国际金融监管体系改革 [M]. 上海：世纪出版集团，格致出版社，上海人民出版社，2014：20.

海外互联网金融产业的兴起与发展首先得益于技术进步。信息技术的飞速发展和国际互联网的出现与普及，都极大推动了海外互联网金融产业的兴起，成为影响其发展的关键因素和基础性充分必要条件。以移动互联网为例，2005年，

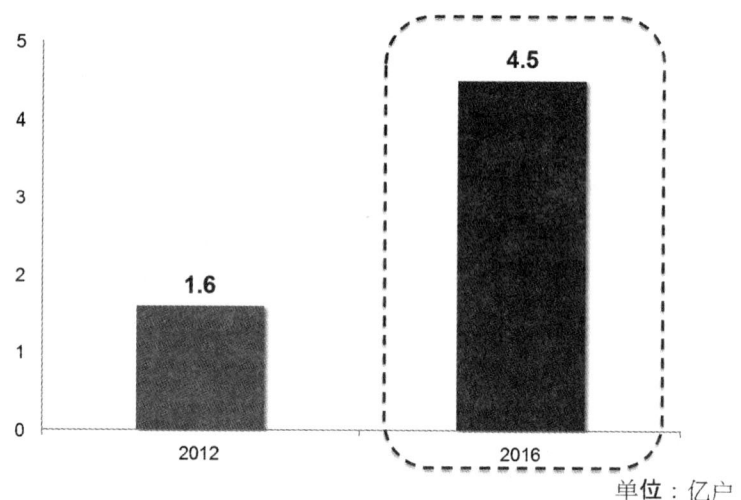

单位：亿户

图 1-7 2012、2016 年海外移动支付用户规模比较示意图

资料来源：Gartner；Goldman Sachs.Mobile Monetization. Does the Shift in Traffic Pay？[R].2012：28.

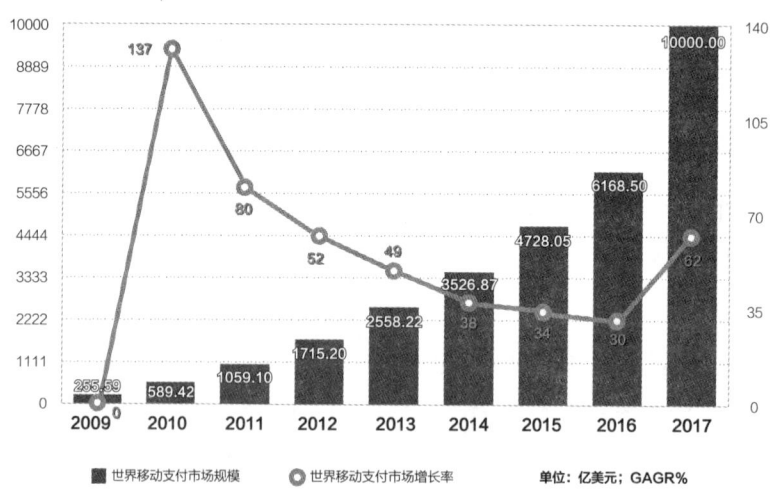

图 1-8 2012—2015 年海外移动支付市场规模发展趋势示意图

资料来源：Gartner；Juniper Research；

Goldman Sachs. Mobile Monetization. Does the Shift in Traffic Pay？[R].2012.39.

移动互联网兴起，它是现代通信技术与互联网技术的高度集成，代表着互联网第三方支付发展的主要趋势之一。2007年，移动互联网金融进入高速发展期。2012年，海外移动支付市场规模为1 715亿美元，已占海外电子支付市场总规模的8.43%，并呈逐步扩大之势。据美国Gartner市场调查公司和高盛公司数据，2016年，海外移动支付用户市场规模将增至4.5亿户，为2012年的约3倍，见图1-7。

另据美国多家专业市场机构研究，2015年，海外移动支付市场规模将超过4 700亿美元，年增长率达到34%；2016年，海外市场规模将超过6000亿美元，增长约30%；2017年则将跃上10000亿美元的历史性台阶，增长率将达到62%，与2012年持平，见图1-8。

1.1.4.2 经济因素

经济因素是海外互联网金融产业发展的基础性必要条件之一。这主要表现为以下两个方面。

1.1.4.2.1 全球经济一体化的深入影响

20世纪90年代开始，世界经济发展逐渐呈现出一体化趋势，全球经济资源的配置逐步跨越原有地域分界的自然阻碍和越来越多的人为阻碍而向更为广阔的空间扩散，商品、人员、信息、资本的流通日益频繁且更加地倾向于自由选择，企业不断开拓本土疆域以外的世界市场以满足更多需求，企业资源供应、设计、加工、制造的地理中心已逐渐脱离以原料、劳动力和生产为主要邻近依托，而越来越趋近于市场特别是那些新兴市场或潜在规模较大的全球市场。伴随信息技术的进步和全球化网络的互联互通，虚拟制造、业务外包、OEM制造等新兴业态或商业模式不断涌现，由此带动了包括金融服务业在内的经济领域发生显著改变。

进入21世纪后，全球化经济进一步深入发展，一体化格局基本形成，产业之间的原有边界被打破，产业对市场需求的捕获与挖掘能力更加提高，产业协作愈加广泛，产业融合日益加深，产业重心逐渐向价值高地聚集，并在更多维度上得以体现。A. Ciarione、P. Pisselli 和 G. Trebeschi（2009）总结到，"在全球化的市场和行业中，一个公司可以从一个国家获得金融资本，购买另一个国家的原材料，然后从第三个国家购买生产设备，将生产出来的产品再销售给第四个国

家。因此,全球化为公司在当前格局下的竞争提供了更多的机会。"[1]孙晓云(2014)认为,经济的全球化同样有力推动了金融行业的结构性变革。[2]

1.1.4.2.2 传统金融产业发展与改革的深入影响

20 世纪 70 年代起,传统金融理论研究获得了重大进展,日臻成熟的数理经济学和计量经济学方法被广泛应用于金融学领域,能够得到精确计算数值的资本定价模型被大量用于海外发达国家金融机构的市场估值与风险评价,浮动利率票据、外汇期货、住宅抵押贷款等多种金融新产品被陆续开发出来,占据了金融领域的新兴市场。20 世纪 80 年代之后,为适应全球化条件下的金融市场竞争,国际金融界掀起金融自由化和金融创新的浪潮,金融管控趋向宽松,货币掉期、期权交易、可变期限债券、资产证券化等大量金融衍生产品相继问世,对传统金融的经营模式产生了较大冲击。20 世纪 90 年代直至进入 21 世纪后,信息技术和互联网技术的普及,推动金融领域的创新持续进行。海外发达国家陆续出现了"全能型银行"、"一站式金融服务"、"金融混业经营"、"金融市场一体化"、"金融生态圈"等新型经营理念与业务模式,电子支付系统、电子交易平台大量用于金融市场。这些加速了传统金融在信息技术和互联网技术条件下的转型,同时也对海外互联网金融产业的产生起到积极的支持作用。

1.1.4.3 社会因素

社会因素同经济因素一样,是海外互联网金融产业发展的基础性必要条件之一。它主要表现在以下三个方面。

1.1.4.3.1 对互联网的社会需求增加

1994 年,国际互联网正式投入商业运营,从此开辟了人类历史上的互联网时代。20 多年来,互联网几乎触及人类生产和生活的所有领域,对人类社会产生了巨大的影响力。互联网已经成为人类与外界发生联系的最主要渠道和媒介,

---

[1] 迈克尔·A.希特,R.杜安·爱尔兰,罗伯特·E.霍斯基森.战略管理:概念与案例[M].第10版.刘刚等译.北京:中国人民大学出版社,2012:9.

[2] 孙晓云.系统性风险管理和国际金融监管体系改革[M].上海:世纪出版集团,格致出版社,上海人民出版社,2014:20.

而且是最为便捷和成本最低的。技术的更新换代，网络购物、支付与社交的方便与虚拟，人类对信息和资源占有的原始欲望，以及他们在搜索信息时的路径依赖，都会持久加剧对互联网的心理依赖性。这种心理依赖性自然反映到他们对金融的需求方面会呈现出稳定增加的趋势。在传统金融能够满足消费者对金融的需求时，他们并不会过多关注其他新出现的方式；而当传统金融不能满足消费者的金融需求时，他们中的一部分就会自然而然地将注意力转移到新兴的互联网金融上来。传统金融的制约性过强，对互联网的社会需求的增加，都会促发互联网金融产业的发展。杰夫·斯蒂贝尔（Jeff Stibel，2013）通过研究互联网金融产业发现，人们的参与愿望和对赠予的满足感，可以促使他们积极参加众筹网站的资金募集活动，无论是捐赠型众筹平台，还是股权型众筹平台。[1]

1.1.4.3.2 资本的社会流动

流动性是资本的基本属性之一。资本在循环流动中才能产生足够高的效益，才能保证资本的合理增值。缺乏流动性的资本一般很难产生较高的效益，它可以被看作是一种"闲置资金"。对这种"闲置资金"的利用，就会形成资本在一定范围内的流动，包括在一定的经济系统或者是社会系统中的流动，这里更多考察的是指资本在既定的社会系统中的流动，它是一种社会性的现象，而不完全是纯粹意义上的经济现象。

资本流动需要遵循资本流动的规律，资本流动的规律之一就是资本需求与资本供给的不完全匹配。具体来讲就是，资本总是趋向于配置在相对比较收益最高处，而不一定趋向于最需要资本的地方。由此，资本总是由相对过剩的地方向比较利益最大化的地方流动。这是由资本的攫利贪婪本性（profit-based greediness）所决定的。

如果传统金融能够满足社会系统中全部资本的攫利需要，则社会资本就会全部集中在传统金融产业去牟取最大化收益。现实中，传统金融对资本的约束性较强，不可能满足全部社会资本的攫利需要。一旦他处出现新的价值高地，则传统金融无法满足的那部分社会资本就会流向这些地方。互联网金融正是这样的所

---

[1] 杰夫·斯蒂贝尔. 断点：互联网进化启示录 [M]. 2013 年版. 师蓉译. 北京：中国人民大学出版社，2015：122–124.

在。它既可以满足那些传统金融的严格约束所不能得到资金的需求，又可以解决一部分社会闲置资金的利用问题。

1.1.4.3.3 现代信用社会的建立与完善

程民选和唐雪漫（2010）总结了海内外关于现代信用社会的相关认识。他们认为，现代信用社会是"从信用视角审视的现代社会"。他们提出了"现代信用社会"的定义，即现代信用社会是"以制度信任为基本支撑，以人际信任为交往基础，社会信用体系健全完善，信用文化建设卓有成效，实现社会成员互信互利的和谐社会"。[①]所谓"现代信用社会"实质上是相对于传统的"信义社会"而言的，它更强调基于平等、自由、守法的契约精神。在上面的定义中提到了"社会信用体系"，它包括金融信用、商业信用、企业信用和个人信用等诸方面。建立健全社会信用体系是建设现代信用社会的主要内容之一。社会信用体系是影响互联网金融产业发展的重要社会因素之一。社会信用体系不健全与不完善，都会影响互联网金融机构及其从业人员发生企业信义和个人信用的不足与缺失，进而引发各种信用风险。

海外发达国家历经长期发展，已经建立起比较健全与完善的社会信用体系，现代信用理念比较普及，法律制度规范比较严密，第三方征信行业较为发达，科技手段得以充分运用，信用基础设施建设比较齐备。即便如此，2008 年世界金融危机的教训仍然证明，海外发达国家包括金融信用、商业信用、企业信用和个人信用等在内的社会信用体系还需要进一步予以完善，并配以较为严格的外部管控。互联网金融产业也不例外。

一些新兴经济体国家和地区的社会信用体系正在建设之中，容易发生信用不足与信用缺失现象。国际货币基金组织（2014）指出，在像墨西哥、印度和巴西这样的新兴市场经济体国家，非银行金融机构为了提高融资可获得性，常常通过违规方式获得最高的信用评级。[②]

---

① 程民选，唐雪漫 . 现代信用社会的内涵及其与现代市场经济的关系 [J]. 天府新论，2010（01）：51-54.

② 国际货币基金组织 . 2014 全球金融稳定报告：风险承担、流动性和影子银行 [R]. 华盛顿特区：国际货币基金组织，2014 年 10 月版 . 杨承亮等译 . 北京：中国金融出版社，2015 年 4 月版：85.

1.1.4.4 文化因素

文化因素是影响海外互联网金融产业发展的充分条件之一，主要表现为以下两个方面。

1.1.4.4.1 商业文化制约企业经营

不同的商业文化对企业经营具有不同的影响作用。注重商业信用的企业文化是一种契约式商业文化，强调法律规范的完整与健全以及依法执业。而注重市场关系的企业文化则更多强调建立与客户密切的商业关系。单纯注重经济利益的企业文化大多看重企业现实利益，容易出现短期攫利现象，而注重经济利益与社会利益结合的企业文化则比较看重长远利益，将永续经营作为企业的发展目标。

商业文化对企业风险的管控也会起到重要的作用。Jesper B. Sorensen（2002）研究发现，金融服务领域易发、多发商业欺诈行为，其原因主要有：第一，对于很多金融机构的客户来说，金融服务专业性强，复杂难懂，金融产品价值评估难度较高，存在较多欺骗可能；第二，金融交易节奏过快，不端行为难以彻底监控；第三，金融领域的敏感业务如价格垄断等，容易激发不端行为。Sorensen认为，解决上述问题的关键是发挥公司文化的作用。他称，在规则缺失或规则模糊时，公司文化将在改善风险管理、减少不端行为、改善绩效、创造价值等方面发挥重要作用。[①]

1.1.4.4.2 互联网的信任文化

互联网是虚拟现实的信息技术平台，它在一定程度上屏蔽了网络使用者的真实身份，在形成"身份平等"、"广泛参与"的同时，也会产生信任不足与信任缺失等各种问题，互联网的信任文化建设成为影响互联网金融产业至关重要的内容之一。

很多海外互联网金融机构纷纷要求登录自己平台的借款人和贷款人都要负起对自己项目和资金的真正责任。美国知名众筹服务商 Kickstarter 明确提出，借款人必须诚实、负责，否则不能在自己的平台上进行资金借贷。

---

① Jesper B. Sorensen. The Strength of Corporate Culture and the Reliability of Firm Performance [J]. Administrative Science Quarterly，Vol.47（01），2002：70-91.

1.1.4.5 区域因素

区域因素与文化因素一样，是海外互联网金融产业发展的重要制约因素之一，可以列为其发展的充分条件之一。

通常地，那些信息技术应用较为先行和成熟的国家和地区，其互联网金融产业的发展通常也是较为迅速和普及的。信用评价体系建设、运行与监管等方面相对健全的国家和地区，其互联网金融产业的发展会得到较好的保障。世界银行研究发现，高收入国家和地区人口中至少使用一种现代金融工具的占60%以上，而低收入与中等收入国家和地区则为30%。[①]

1.1.4.6 管理因素

管理因素是影响海外互联网金融产业发展的必要条件之一。

管理理论的突破、管理方法的改进等，都会促使互联网金融产业的管理者积极引入新的管理理念，更新陈旧的管理思维，并在经营战略和管控制度上作出及时调整。

网络化管理的出现，减少了管控层次，增加了管控幅度，促使管理职能及其权限在企业管理各部门间得到重新分配。而信息技术在企业管理中的应用，又进一步提高了金融机构的海量信息获取能力、动态信息处理能力和敏感信息分析能力。

管理成本的内在递减趋势与外部需求压力传导增加之间的平衡，使得互联网金融产业的管控面临着更大的挑战。产业宏观调控与管控手段的增强，又需要在效率与秩序之间寻求动态平衡。

1.1.5 海外互联网金融产业的代表企业

1.1.5.1 美国贝宝公司（PayPal）

---

① 世界银行. 2014 世界发展报告：风险与机会 [R]. 世界银行出版，2013：27.

全名为 PayPal Inc.。eBay 全资子公司。世界首家互联网第三方支付服务商，世界首家货币市场基金（Money Market Fund，MMF）创建企业和平台运营商，世界目前最大的第三方在线支付平台系统运营商，纳斯达克上市公司（NASDAQ：PYPL）。主要提供基于互联网的第三方支付服务。

1998 年 12 月成立，由肯·豪厄利（Ken Howery）、马克斯·列夫琴（Max Levchin）、埃隆·马斯克（Elon Musk）、卢克·诺赛克（Luke Nosek）和彼得·泰尔（Peter Thiel）共同创立。总部设于美国加州圣荷西市（City of San José，California）。

1999 年，PayPal 创立世界第一支 MMF，成为世界首家 MMF 平台运营商。2000 年，PayPal 积极拓展业务，增加英镑、加元、澳元、日元、港元和新台币等美元以外的世界金融市场主要交易币种，并大力进行海外扩张，创下超过 5% 的年化收益率。2002 年，PayPal 在纳斯达克上市。同年 10 月，PayPal 被世界最大的互联网拍卖企业 eBay 以 15 亿美元全部收购，成为 eBay 的全资子公司，从此 PayPal 便成为 eBay 的互联网业务主要支付部门。2005 年，PayPal 进入中国。到 2007 年，PayPal 的 MMF 市场规模已达到 10 亿美元。2008 年美国金融危机时，美联储降息，PayPal 的 MMF 产品收益率暴跌，大幅亏本，被迫于 2011 年清盘，退出 MMF 市场，其提供的货币市场基金营销服务中止。

PayPal 要求其互联网用户在转移资金时使用电子邮件来标识其身份，以避免传统汇款和邮寄支票的经营方式。PayPal 也和一些电子商务网站合作，成为其支付渠道商，并收取 1.5%~5% 的不菲手续费，成为其收入的主要支撑。PayPal 采取严格管理来防范金融风险，其苛刻程度竟一度导致用户发起诉讼。

2012 年，PayPal 全球注册用户已达 2.5 亿个。2013 年，PayPal 支付业务遍及全球 193 个国家和地区，支付币种 26 种国际货币，实现在线支付交易总额达 1800 亿美元，实现利润总额 66 亿美元。PayPal 的母公司 eBay 当年的全年利润总额仅相当于其利润总额的 41%。有鉴于此，2014 年，eBay 宣布 2015 年将拆分 PayPal，使其成为独立企业。

1.1.5.2 美国市场繁荣公司（Prosper Marketplace）

全名为 Prosper Marketplace, Inc.，原名为 Prosper Loans Marketplace, Inc.，

简称 Prosper。美国互联网金融 P2P 网贷服务商，美国首家 P2P 企业。主要提供个人对个人借贷业务服务。

2005 年（一说 2006 年）成立，总部设于美国加州三藩市（即旧金山市）。现任董事会执行主席为斯蒂芬·沃姆特（Stephan Vermut），CEO 为其子艾伦·沃姆特（Aaron Vermut），总裁为罗恩·休伯尔（Ron Suber）。

2006 年，Prosper 开启个人对个人的互联网金融时代。截止到 2012 年底，Prosper 已完成 6.4 万多次互联网金融交易，涉及金额 4.2 亿美元，年均增长率超过 100%，利息浮动空间约为 5.6%~35.8%，违约率为 1.5%~10%。截止到 2014 年底，Prosper 拥有 220 多万名会员，发放在线筹资贷款总计 20 多亿美元，而 2013 年底，其会员已达 130 多万名，成功贷款总额 4 亿多美元。

借款人可从 Prosper 筹得所需款项，贷款人或投资者可任意选择投资项目，投资额从 2000 美元至 35000 美元不等。除了考察借款人的信用分值、风险级别和投资经历之外，投资者还可考虑其借款人对其个人贷款项目的描述、亲朋好友的意见及其社会关系。Prosper 会处理贷款业务，将贷款集中，然后分配给借款人，并向投资者支付利息。

2008 年，美国证监会（SEC）认为，Prosper 涉嫌"非法"投机买卖金融产品，勒令其关闭。2009 年，加州当局允许 Prosper 重新开业，从事 P2P 业务。此后，Prosper 建立了"信用评级"（Credit Grades）制度，将借款人风险分为 AA、A、B、C、D、E 和 HR（高风险）共 7 个等级，对借款人进行"损失率评估"（estimated loss rate）。Prosper 要求所有借款人和投资方必须是具有真实美国社会保险账号的美国公民，并且其个人信用等级评分必须大于 640 分，高于原来的 520 分，方可成为其用户。

2014 年 4 月，Prosper 被美国商业评级机构 the Better Business Bureau 评为"A+"信用企业。

1.1.5.3 美国活力启动者公司（Kickstarter）
美国互联网金融众筹平台运营商，世界首家也是世界目前规模最大的众筹网站平台。主要面向全球投资者和借款人提供基于互联网的奖励制众筹服务。

KICKSTARTER

2009年4月28日成立，陈佩里（Perry Chen）、扬西·斯特里克勒尔（Yancey Strickler）和查尔斯·阿德勒尔（Charles Adler）共同创立。总部设于美国纽约州纽约市（New York City）。

Kickstarter 不是美国最早的众筹模式服务商，但却是最早获得市场认可的。它曾被《时代周刊》（TIME Magazine）评为"最佳发明"和"最佳网站"，成为"众筹"模式的代名词。目前，Kickstarter 正加速其全球布局。

有报道称，2014年，Kickstarter 已筹集到的资金超过16亿美元。这些资金来自于世界各地的830万投资者，用以扶植20万个创新项目，包括电影、音乐、舞台剧、连环漫画、报刊杂志、视频节目和美食项目等。支持 Kickstarter 平台上创新项目的投资者都可以得到一份可观的回报和一份为他们的投入而努力的特殊经历。Kickstarter 的这种经营模式追根寻源就好比大众发起捐款来赞助艺术一样，只不过 Kickstarter 是通过让艺术家们和他们的观众直接接触来获取对自己艺术创作的资金支持。Kickstarter 对融资成功的项目收取5%的手续费。

Kickstarter 采用"达标入账"融资模式，借款人在未达到借款标的时可继续筹款直至全部款项筹集到为止。这种模式可以有效保护筹资双方权益。

据 Kickstarter 自己统计，2014年全年，世界各地大约有330万人通过 Kickstarter 平台为22 252个创新项目募集了5亿多美元，相当于每一分钟募集到1 000美元。所有募集到的资金都用于帮助这些创新项目变成现实，其中包括设计神话游戏、邻里共同制作墨西哥薄卷饼、制作一套最酷的万圣节晚会装、薛绍兰女士制作汉字教学教具等。

Kickstarter 很注重风险管理。它在自己的平台上发布内容十分详尽的安全通告，对投资者和借款人进行责任声明，要求他们对风险有清醒的认识，并能够做到自负其责。它要求借款人必须对自己的创意或项目进行十分详细的说明，特别要说明该项目存在或潜在的"风险与挑战"，供投资者了解。同时，Kickstarter 还对得到贷款的投资项目进行全程追踪，及时了解项目进展及其问题所在，并提出改进意见。Kickstarter 设有专业风险管理团队，称为"Integrity

team"。他们使用一套复杂算法和自动软件来识别和调查项目中的可疑行为。一旦发现和确证项目存在严重问题，Kickstarter 即可果断中止该项目。

Kickstarter 的企业使命是：帮助创新项目走向生活[1]。其在 2014 年形象宣传片中讲到："新的创意，无论大与小，都来自每一个地方的你我他。数以万计的人们一起努力，把它们变成现实。能够成为其中一分子，十分荣耀。我们等不及要看到下一个创新是什么。"[2]

1.2 海外互联网金融产业发展特点研究

1.2.1 海外互联网金融产业发展的主要特点

1.2.1.1 新兴互联网金融企业异军突起

1994 年，国际互联网正式投入使用并向世界开放，在所涉及的各个领域引发了全面的"互联网革命"浪潮。随着互联网技术应用的进一步加强，互联网与传统产业的融合更加紧密，诞生出许多新型业态，互联网金融产业就是其中之一。

从 1995 年起至今的短短 20 年中，世界互联网金融产业涌现出来无数创新型企业，像世界首家网络银行 SFNB、世界首家互联网第三方支付企业 PayPal、世界第一家全球性互联网金融企业 Uno First Group、世界首家 P2P 借贷平台 Zopa、世界首家奖励式众筹网站平台 Kickstarter 等等。这些企业从发展思路、经营理念、商业模式到企业文化等各方面都与过去传统金融业有所不同，它们成为世界互联网产业与世界金融产业最有效结合的典范。它们在取得较好发展业绩的同时，吸引了业界、媒体和民众的广泛关注，它们的创始人和管理精英被视为创新创业的领军人物，由此产生出来巨大的产业辐射力和社会影响力。

---

① 该句的英语原文是：to help bring creative projects to life。摘自 Kickstarter 官网（2015）。——本书注

② 该句的英语原文是：New ideas, big and small, came from people everywhere. And millions of people worked together to make them a reality. Thanks for letting us be a part of it. We can't wait to see what's next. 出处同①。——本书注

1.2.1.2 金融产品创新力度大大增强

金融产业是资本密集型、技术密集型与知识（智力）密集型相互交叉融合的服务性产业，具有高盈利和高风险，在竞争激烈的市场面前，向来对金融产品的创新保持着高度的敏感性与创造的热忱。世界性的电子信息科技革命又引领和推动着金融产业，将其推向产品与服务创新的前列。

自 20 世纪 70 年代以来，世界金融产业的产品创新就一直处于勃发旺盛的状态，新的金融业务纷纷涌现，金融衍生产品、金融再衍生产品、金融组合投资产品等相继问世，比如账户管理工具中的超级可转让支付命令账户、风险管理工具中的指数化货币选择权利票据、融资工具中的窗口贷款，以及电子资金转账系统、电子财务管理系统等等。国际互联网的出现，使得这种金融创新势头居高不下，新的金融产品陆续出现，如互联网货币市场基金、互联网第三方支付、奖励式众筹、股权式众筹等等，并日益体现出品种类型的多样化。可以说，互联网金融产品创新力度的增强，极大推进了互联网金融产业的整体发展，并使之不断趋向于更加成熟和更富有产业竞争力。（王松奇等《金融学》，中国金融出版社，1997；罗明雄课题组《互联网金融》，中国财政经济出版社，2013）

1.2.1.3 消费者对互联网金融大力追捧

从世界互联网金融产业的发展历程中可以看出，它的发展与信息技术的普遍应用、互联网的日益普及，还有传统金融产业不断改革与创新息息相关。此外，还有十分重要的一点就是，它的发展离不开人数众多的网民与网络投资者，离不开他们对此的关注与投入。

信息技术和国际互联网催生了网民阶层的产生，极大改变了人类信息传递与沟通的传统方式，使人们的交流从习惯于"面对面"变成了习惯于"屏对屏"，从"写一篇"变成了"点击几下"。这种日常交流方式的变化逐渐受到人们的认可，已经成为人们平时工作、学习和社交的一种常态。这就不可避免地会带到金融业务的处理过程之中，进而不仅使金融从业者，更使得广大投资者对于使用这种简便的方式产生偏好。

另外，传统金融尽管不断进行改革与创新，但其根深蒂固的模式使得它们

对于广大金融消费者和投资者来说，在很多方面仍不能满足他们的合理需求，比如对大客户、VIP 客户的重视而一定程度上忽略普通零散中小客户，严格的贷款审查制度等等。而这些恰恰都是互联网金融所能够在一定程度上加以弥补和完善的，因为互联网金融所倡导的理念之一就是："让大众投资给大众。"互联网金融所具有的一些特点比如较低的投资门槛、灵活的投资方向、交流沟通便捷直接等等，都有利于消费者对其产生不同程度上的青睐。

海外互联网金融产业的发展也证实了上述说法。海外首家也是目前最大的互联网第三方支付服务商 PayPal 2012 年全球用户达到 2.5 亿个，相当于世界上每一百个人中就起码有三个人成为 PayPal 的用户。世界首家 P2P 企业 Prosper 到 2014 年底已拥有 220 多万名会员。而对于世界首家也是世界目前规模最大的众筹网站平台 Kickstarter 来说，2014 年全年，世界各地大约有 330 万人通过其平台为 2 万多个创新项目募集了 5 亿多美元，相当于每一分钟募集到 1000 美元。其市场号召力可见一斑。可以说，世界各地的广大消费者对互联网金融的追捧蕴含着十分巨大的市场需求，这必将进一步激励海外互联网金融产业加快发展。

1.2.1.4 传统金融垄断企业积极利用互联网争取竞争优势

自现代金融业兴起以来的两个多世纪中，金融资本无休止的扩张，金融企业日趋规模化、大型化、集团化和巨人化，金融垄断企业诞生，出现了像美国花旗银行、日本三菱东京银行等超大规模的金融寡头。它们控制着国际金融市场的大部分资源，攫取着巨额垄断利润。国际互联网的问世，对于这些传统金融垄断企业来说既是进行新扩张的机遇，又是新竞争的挑战。而世界互联网金融产业的较快发展，则更加剧了它们的这种危机感。于是，它们全力应对，积极尝试利用互联网和信息技术手段，为自身争取更多更大的竞争优势，以巩固自己的产业垄断地位。

国际传统金融垄断企业首先大力改革自身体制机制，积极引进信息技术并加以实用，同时纷纷设立专门化机构，构建互联网平台，利用互联网推广自己具有一定优势的传统金融主打产品，大力开展网络金融服务。据报道，目前已有超过85% 的全球大型银行集团设立了独立的网络金融业务部门，其中不乏像花旗银行、英国汇丰银行和日本樱花银行等世界著名金融巨头。

除此以外，它们还积极利用自己已经拥有的强大资本优势，通过收购、兼并和重组新兴互联网金融企业，将其发展势头良好的业务纳入到自己的势力范围，充实和强化自己的国际金融市场竞争实力。2002 年，英国皇家苏格兰银行集团（The Royal Bank of Scotland Group，RBS）收购了英国互联网第三方支付服务商同时也是世界上最早成立的第三方支付企业 WorldPay，并改名为 RBS WorldPay。不仅如此，之后 5 年间，RBS WorldPay 还相继收购了英国的 Streamline、Streamline International、PaymentTrust，荷兰的 Bibit、RiskGuardian，以及美国的 Lynk 等多家可提供零售支付解决方案的行业领先企业。到 2007 年，WorldPay 已成为全欧最大的支付服务商和全球最大的同类企业之一，业务涵盖 40 多个国家、120 多个交易币种（transaction currencies）、14 个结算币种（settlement currencies）。2007 年，WorldPay 全球交易实现 44 亿笔。

1.2.1.5 世界金融竞争呈现新格局

第五次科学技术革命也被称为"互联网革命"，它构建出新的金融平台，从传统金融业务中衍生出新的金融业务，形成了新的商业模式，创造出新的金融业态，几乎重新塑造了世界金融产业的竞争格局。

由于国际互联网的出现，原先各自为政的传统金融产品可以被置于统一的金融平台之上，金融市场交易成本被极度压低，资本国际化、全球化的趋势被着力放大，资本的跨国流动更为迅捷便利，世界金融市场一体化的趋势明显被加强，国内金融市场、区域金融市场和国际金融市场的界限不再有那么多的限制和难以逾越的了。

互联网金融企业的纷纷涌现，使得国际金融市场被少数几家金融垄断寡头所控制的局面得以被打破。融合新老金融企业的垄断巨头正在逐步形成之中。

互联网金融进入的门槛较低，这为向来匮乏资本的发展中国家提供了一个其本国民族金融产业发展的大好机遇。

随着信息技术应用的进一步深入和互联网的更加普及，世界金融竞争格局将会处于进一步的调整变化之中，人们拭目以待。

1.2.1.6 各国纷纷加强立法与行政管控以防范互联网金融风险

传统金融是一个充满高风险的产业。世界多次金融危机的爆发促使人们认真思考其发生的原因、内在机理以及如何提早预防并使其危害降低到最小程度。2008年以来，世界各国的这种努力一直在进行着，特别是那些曾经引发金融海啸或金融风暴以及受到过它们严重侵害的国家和地区。美国是世界金融第一大国，拥有世界最大的金融交易市场。它同时也是多次金融危机的原发地。自2008年世界金融危机以来，美国明显加强了它的金融监管力度。2009年至今，美国先后制定和通过了《多德－弗兰克华尔街改革与消费者保护法案》（又称《金融监管改革法案》、《多德－弗兰克法案》，2010）、《创业企业融资法案》（又称《乔布斯法案》，2012）和《关于促进新兴成长企业公共资本市场融资审议〈乔布斯法案〉的规定》（2012）等多部法律和法案。特别是《多德－弗兰克法案》，对金融实行极为严格和全面的监管，被称为"自1933年以来最严格的法律"（路透社报道并评论，2009-03-26）。

2010年9月22日，欧洲议会通过了《泛欧金融监管改革法案》。这标志着全欧范围内最严格金融监管的开始。它可以有效防范跨国金融市场潜在的风险。

互联网金融是一个金融界诞生的新生事物，它的历史并不长，人们对其的认识还在不断加深和探索之中。互联网金融具有的虚拟性（Virtuality）、瞬时性（Instancy）、实时性（Real time）、便捷性（Convenience）、扩散性（Dissemination）和依赖性（Dependence）的基本属性，以及它作为多层次开放复杂系统所具有的开放性、多样性、复杂性、复合性等特点，都从根本上决定了互联网金融可能蕴含较高风险。因此，世界各国都纷纷出台相关法律法规，加强对互联网金融产业的管控，力求规避可能的金融风险。美国目前已有3部与互联网金融相关的法律制定完毕，正等待国会批准。它们是：《资本扩展法案》（Capital Expansion Act，2012）、《众筹法案》（CROWDFUND Act，2012）和《股权众筹促进法案》（Equity Crowdfunding Improvement Act，2014，H.R.4564）。

1.2.2 海外互联网金融产业发展的主要竞争优势

1.2.2.1 推动金融创新，开创蓝海金融

互联网技术是高度集成化、体系化的信息技术，是技术创新成果的集中荷载与体现，外向扩散与辐射带动能力极强，具有强大的数字化、网络化和智能化的优势，可以深度挖掘到市场潜在的客户需求，可以从多样化的客户需求中寻找到与企业相匹配的利润增长点，因而能够催生新兴业态和模式。"开放、平等、合作、共享"的互联网思想具有极大的激励与诱导作用，可以比较充分地调动互联网使用者创新创业的主观能动性与积极性，促使其摆脱已有金融市场"红海"的窠臼，主动探求和发现新的"蓝海"市场，从而能够深入推动金融产品与服务的创新，更加充分和有效地满足互联网时代金融市场的多样化客户需求。

1.2.2.2 降低交易成本，拓宽盈利空间

除了产品领先优势外，成本领先优势始终是最为有效的竞争优势之一，历来为企业战略决策者们所看重。互联网技术是新一代的信息技术，具有超大容量和超高速度的海量数据处理能力。这就使得在互联网技术条件下，每增加一个用户的边际成本趋向为零。美国哈佛大学前校长劳伦斯·亨利·萨默斯（Lawrence Henry Summers）等人预言（2001），新兴的信息技术和互联网通信革命可能使资本主义在未来几十年迎来近乎零边际成本（the Zero Marginal Cost, ZMC）时代。[①]因此，互联网具有极强的外部经济性，利于维护海量在线客户。此外，金融交易的电子化、无纸化等大大降低了传统物态基础的固定成本，搜索引擎工具的不断更新换代和大数据的广泛应用又减少了信息搜索成本，进而大大降低了市场交易成本。于是，作为依托信息技术和互联网的新型金融就具有无可争辩的成本优势。这必然会引起盈利空间的反向增加，从而为企业盈利创造良好条件。

---

① （美）杰里米·里夫金. 零边际成本社会 [M]. 北京：中信出版社，2014：7.

1.2.2.3 服务小微客户，促进金融普惠

通常来讲，传统金融的服务对象更多侧重于机构、大企业客户和高净值人士，而对于广大小微客户则往往难以兼顾。互联网具有"开放、平等、包容、共享"的普惠特征，互联网金融在处理海量小额交易方面具有快捷、便利和廉价的优势，更能契合广大小微客户的需求特点，因此，它比较适合将小微客户作为主要客户群，为小微客户提供更富针对性的金融普惠服务，弥补传统金融的不足。

第二章
中国（区）互联网金融产业研究

中国（区）互联网金融经过十多年的培育，已经呈现出蓬勃发展之势，并走在世界前列，推动着中国经济发展步伐，进而促进世界经济的发展。本章从中国（区）互联网金融的产业现状、产业政策与发展趋势三个方面进行系统性研究。

2.1 中国（区）互联网金融产业现状研究

2.1.1 中国（区）互联网金融产业发展的基本情况

2.1.1.1 中国（区）互联网金融产业的发展阶段

中国（区）互联网金融产业发展历经三个阶段。2005 年之前为中国（区）互联网金融产业发展的第一阶段。这一阶段的标志性事件是 2003 年支付宝前身淘宝支付的诞生。它标志着中国（区）互联网金融这一新生金融业态的形成。其主要体现是：互联网为金融机构提供技术支持，帮助金融机构"把业务搬到网上"。

2005—2012 年是中国（区）互联网金融产业发展的第二阶段。其标志性事件是 2007 年拍拍贷注册成立，以及 2011 年中国人民银行开始发放第三方支付牌照，第三方支付机构进入规范发展轨道。这一阶段，中国（区）网络借贷开始萌芽，第三方支付机构逐渐成长起来，从技术领域深入到金融业务领域，互联网与金融开始紧密融合。

2012 年至今为中国（区）互联网金融产业发展的第三阶段。2013 年 11 月 12 日，中共中央十八届三中全会正式提出"普惠金融战略"，作为普惠金融发展路线核心代表的互联网金融自此迎来了发展的历史机遇。P2P 网络借贷平台快速发展，众筹融资平台开始起步，第一家专业网络保险公司"众安在线"注册成立。部分银行、券商以互联网为依托，对业务模式进行重组改造，加速建设线上创新型平台。互联网金融发展进入新阶段。2013 年被业界普遍称为"互联网金融元年"。

2.1.1.2 中国（区）互联网金融产业的发展态势

中国（区）互联网金融产业是在互联网技术市场化普及应用的基础上发展起来的。互联网的渗透加速了金融"去管制化"进程，见图 2-1 和图 2-2。①

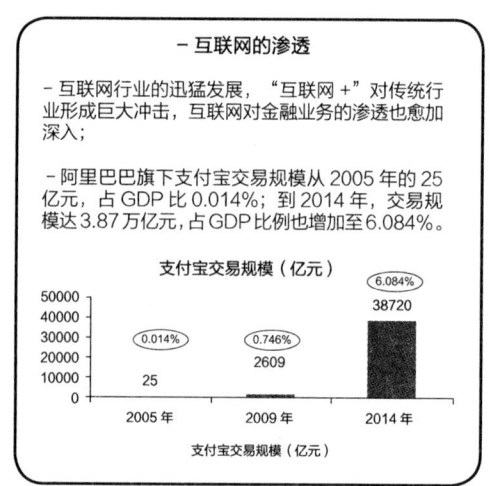

图 2-1 互联网的渗透与支付宝的交易规模示意图

从 2014 年开始，移动通信技术进入高速发展期。据工信部统计数据，截至 2014 年 10 月，中国（区）移动互联网用户总数达到 8.74 亿户。互联网金融开始呈现出"移动化"、"社交化"、"产业化"与"社会化"的发展趋势。这些趋势为互联网金融产业的发展创造了良好的基础环境。2015 年，移动支付、手机银行、移动理财、移动投资等都将获得快速发展，移动金融时代将全面到来。

另据央行数据显示，2014 年第三季度，全国银行机构共处理移动支付业务

---

① 清科研究中心 . 2015 年中国互联网金融行业投资研究报告 [EB/OL]. 2015-04-16.

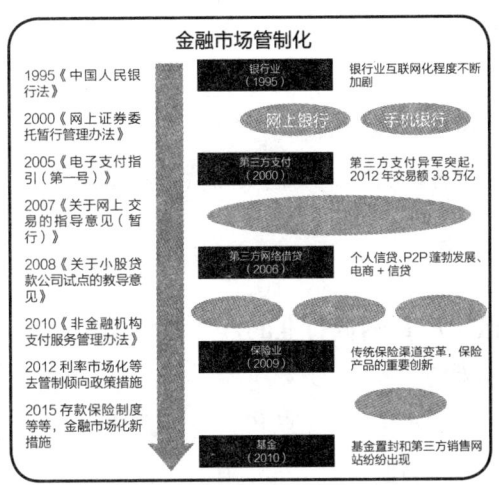

图 2-2 金融市场去管制化示意图

12.84 亿笔，金额为 6.16 万亿元人民币，同比分别增长 157.81% 和 112.70%。[①]

互联网金融作为当前最具创新活力和增长潜力的新兴业态，全国各地地方政府纷纷出台政策，支持互联网金融的发展。截至目前，广州市已发布《互联网金融支持意见》（征求意见稿），武汉出台支持指导意见，而北京、上海、天津、深圳、贵阳、南京等地也纷纷出台方案。

2.1.2 中国（区）P2P 网贷行业的基本情况

2.1.2.1 P2P 网贷行业的基本含义

P2P 网络借贷是指个体和个体之间通过互联网平台实现的直接借贷。P2P 网络借贷平台为借贷双方提供信息交流、撮合、资信评估、投资咨询、法律手续办理等中介服务，有些平台还可提供资金移转和结算、债务催收等项服务。典型的 P2P 网贷平台有宜信和人人贷等。

在传统的 P2P 网贷模式中，借贷双方直接签订借贷合同，平台只提供中介服务，不承诺放贷人的资金保障，不发生实质借贷关系。随着市场环境变化与借

---

① 中国报告大厅. 2015 年互联网金融产业整体发展趋势分析 [EB/OL]. 中国报告大厅官网：www.chinabgao.com. 2015-01-04.

贷双方的需求，P2P 网贷开始发生进化，演变出"类担保"、"类证券"、"类资产管理"等新模式。其中，"类担保"是指当借款人逾期未还款时，P2P 网贷平台或其合作机构垫付全部或部分本金和利息。垫付资金的来源包括 P2P 平台的收入、担保公司收取的担保费，或是从借款金额扣留一部分资金形成的"风险储备金"。

2.1.2.2 中国（区）P2P 网贷行业的发展态势

2.1.2.2.1 总体规模

中国（区）P2P 网贷诞生于 2007 年，第一家注册成立的网贷平台企业是拍拍贷。据不完全统计，截止到 2014 年底，中国（区）网贷运营平台已达 1575 家。相对于 2013 年的"爆发式"增长，2014 年由于问题平台不断涌现（12 月单月问题平台数量就高达 92 家），正常运营的网贷平台增长速度有所减缓，月均复合增长率为 5.43%，绝对增量已经超过 2013 年。

目前，这些运营平台主要分布在经济发达或者民间借贷活跃的地区，广东以 349 家平台位居首位，浙江、北京、山东、上海、江苏次之，前六位省份累计平台数量占全国总平台数量的 71.30%，见图 2-3。[①]

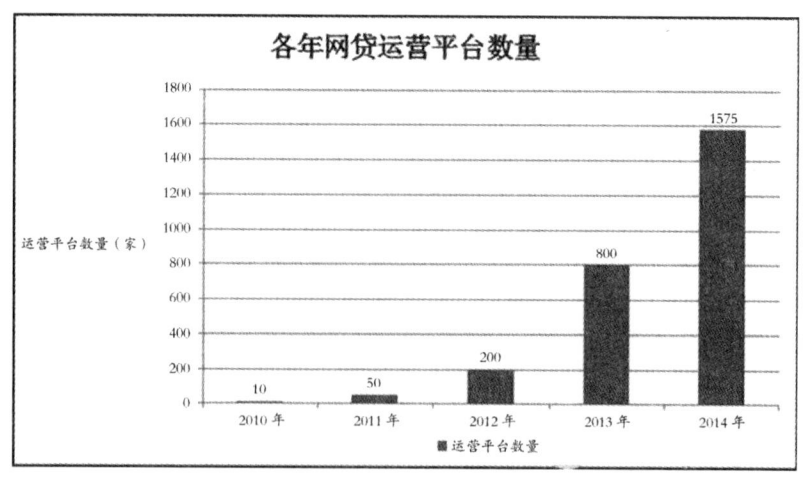

图 2-3 2010—2014 年中国（区）网贷运营平台数量增长示意图

---

① 网贷之家 . 2014 年中国网贷行业年报 [EB/OL]. 2015−01−07.

2014 年，新上线的网贷平台超过 900 家（含问题平台），平均注册资金约为 2784 万元人民币，与 2013 年 1357 万元人民币相比，增长 1 倍。2014 年，新上线平台的注册资金基本在 1000-5000 万元人民币之间，占总数的 61%，注册资金 1 亿元人民币以上的平台企业共计 48 家。[1][2]注册资金虽然不能完全代表一个平台的真实资本实力，但它的增加也表明了，行业隐形准入标准在提高，平台之间的竞争在加剧。

截止到 2014 年 12 月底，网贷行业总体贷款余额从年初的 308.71 亿元，上升到 1036 亿元人民币，是 2013 年的 3.87 倍。月复合增长率达 11.64%。截止到 2014 年 12 月底，北京、广东、上海、浙江、江苏、山东六省网贷贷款余额位于前六位，累计贷款余额达 903.21 亿元人民币，占全国的 87.18%。平台贷款余额在 5 亿元人民币以上的共计 36 家，全国占比 58.82%，其中陆金所、红岭创投、人人贷位居前三位，见图 2-4 和图 2-5。[2]

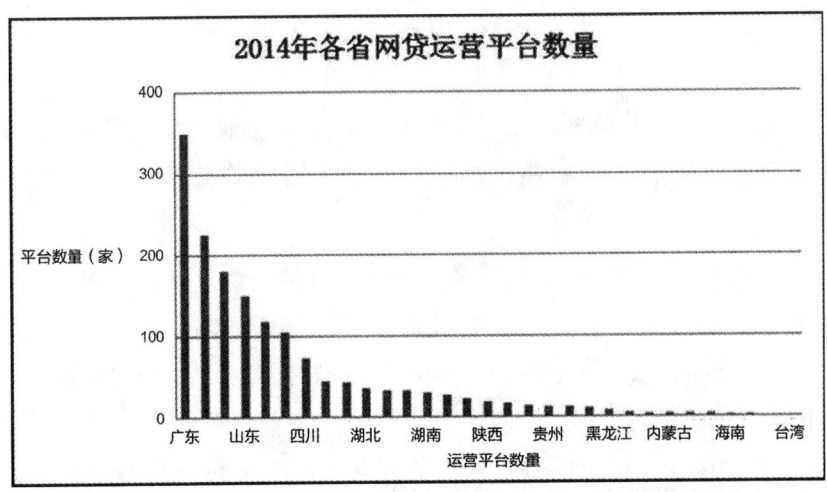

图 2-4 2014 年中国（区）各省网贷运营平台数量分布示意图

2.1.2.2.2 收益率

2014 年，中国（区）网贷行业综合收益率为 17.86%。行业综合收益率自 3 月份以来呈现持续下跌趋势，截至同年 12 月底，网贷综合收益率跌至 16.08%。收益率走低的原因主要有以下三点：

---

[1][2] 网贷之家 . 2014 年中国网贷行业年报 [EB/OL]. 2015-01-07.

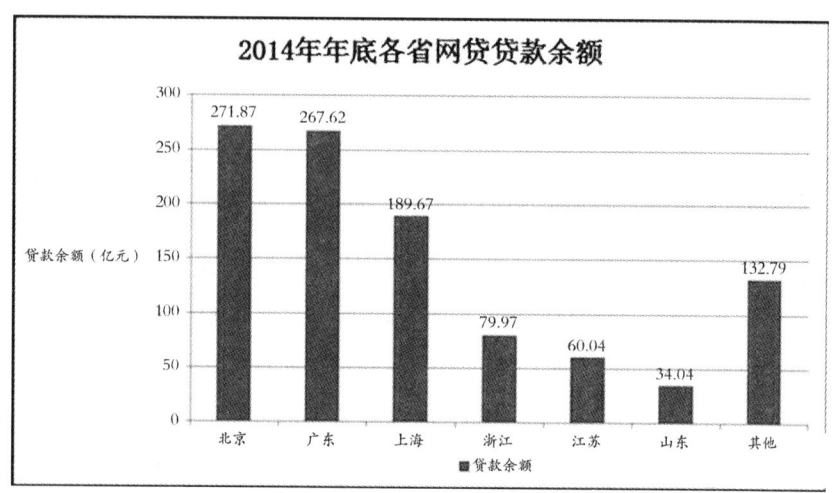

图 2-5 2014 年年底中国（区）各省网贷贷款余额分布示意图

第一，我国经济正处于结构调整阵痛期，经济下行压力较大。

第二，2014 年市场普遍预期 P2P 网贷行业监管的顶层设计即将出台，为了规避政策、法律方面的风险，P2P 网贷平台纷纷调低利率至合理区间。比如，百度 9 月下达"综合收益率超过年化率 18% 的平台将被下架"的通知，以翼龙贷等为代表的主流平台下调综合收益率，对网贷综合收益率下降也起到一定推动作用。

第三，随着问题平台曝光的增多，风险偏好低的投资者将资金转移至拥有更好安全性但收益率较低的平台，致使行业整体收益率出现下滑。

预计 2015 年，收益率下滑幅度将有所收窄，相对于其他投资渠道，P2P 网贷平台的收益率仍将具有很强的吸引力。

2014 年，中国（区）网贷行业主流综合收益率区间为 15%~20%，占比为 28.89%，并呈现扩大趋势；40% 以上收益率的平台占比为 6.22%，并逐渐下降；综合收益率 15% 以下的平台占比为 22.22%，出现快速增长。

各省市 P2P 网贷的综合收益率情况各有差别。收益较高的省份是甘肃（30.53%）、安徽（29.84%）和山东（29.29%），收益率较低的省市是北京（16.35%）、上海（13.52%）、重庆（12.93%）、辽宁（11.61%）和海南（10%）。

2.1.2.2.3 借款期限

2014 年，网贷行业平均借款期限为 6.12 个月，平均借款期限从 1 月份的

5.37 个月升至 12 月份的 6.88 个月，总体呈现上涨趋势，见图 2-6。[①]行业平均借款期限主要被一些成交量过亿元人民币且平均借款期限在半年以上的平台如陆金所、积木盒子、爱投资和人人贷等平台拉高。

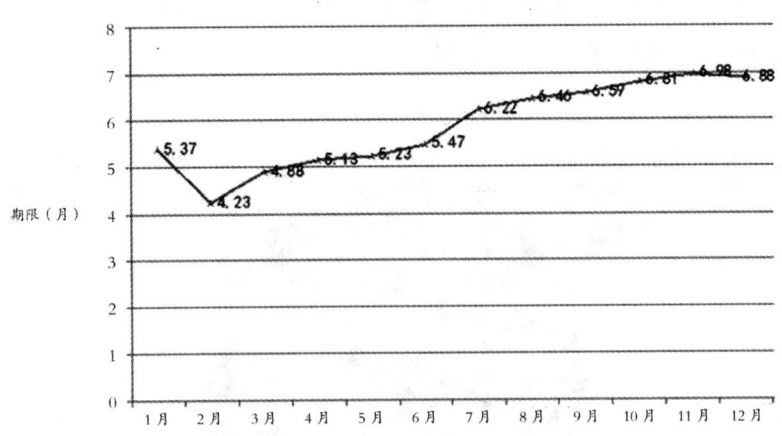

图 2-6 2014 年中国（区）网贷行业各月借款期限分布示意图

借款期限在 1~3 月区间的平台数量占比最多，达 59.17%；12 个月及以上借款期限的平台占比仅为 1.27%，主要是一些老牌平台及银行系、国资系背景平台。

分析各省市平均借款期限分布可以发现，借款期限超过 10 个月，领先其他省份的地区是上海、北京和辽宁，这些地区有很多成交量较大、借款期限较长的平台。平均借款期限均低于 2 个月的地区是海南、浙江和广西。其中，温州贷等以短期天标为主的平台，发标多为短期标，拉低了浙江指标。

通过对 90 家借款期限标分布较广的网贷平台 10-12 月各期限标的平均综合收益率分析发现，借款标的利率随着期限的增加，呈现"先上升、后下降"的结构。究其原因是由于，期限越长，不确定性越多，风险越大，风险溢价也越高。上述90 家平台中，发布 6 月以上标平台极少，个别实力雄厚、风控能力较强的平台，以自身背景信用和高额风控成本为手段，控制标的质量，降低投资人承担的风险，同时拉低了投资人的综合收益率。

2.1.2.2.4 投资额

2014 年，中国（区）网贷人均投资金额是 21.79 万元人民币、人均借款金额是 40.12 万元人民币。这主要是由于大户拉升了行业指标。通过对 216 家成交量活跃、运营相对稳健的网贷平台分析发现，网贷行业仍然以小额借贷为主。其中，2014 年单月单个平台投资金额介于 0~1 万元人民币的投资人数最多，占比达 63.74%，其次是投资金额在 1 万~10 万元人民币之间。单月单个平台投资金额在 100 万元人民币以上的投资人数占比仅为 0.36%，主要为红岭创投、陆金所、鑫合汇等平台，它们已经基本成为大额投资人业务平台，见图 2-7。①

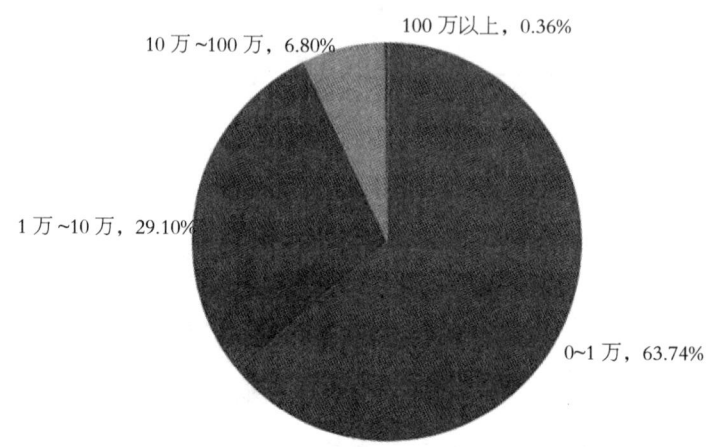

图 2-7　2014 年中国（区）网贷投资人投资金额分级示意图

2.1.2.2.5 投资人数与借款人数

2014 年，中国（区）网贷行业投资人数与借款人数分别达 116 万和 63 万人，较 2013 年分别增加 364% 和 320%，见图 2-8。②截止到 2014 年 12 月底，单月活跃投资人数和借款人数分别达 88.20 万人和 17.85 万人。这与各个平台增强媒体宣传力度密不可分。

2013 年至 2014 年 10 月 21 日，互联网金融领域共发生投融资案例 191 起，其中网贷、理财类及金融信息服务占总量的比例超过 60%。

---

① ② 网贷之家 . 2014 年中国网贷行业年报 [EB/OL]. 2015-01-07.

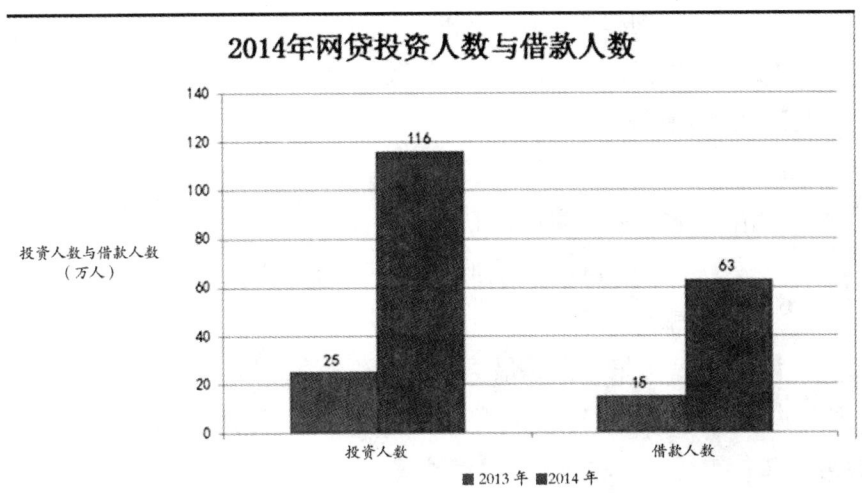

图 2-8　2014 年中国（区）网贷投资人数与借款人数对比示意图

2.1.2.3 中国（区）P2P 网贷行业的结构组成

2014 年以来，P2P 行业中具有投资银行背景的共计 12 家、上市公司 17 家、国资背景的 17 家。[①]它们已经基本形成中国（区）P2P 企业的五大阵营。

2.1.2.3.1 草根系

第一阵营是"草根系"，该阵营代表平台有：美冠创投、莱商贷和上咸BANK。

相对于其他阵营来说，草根系 P2P 平台的收益率较高，在近半年内收益率最高的前 20 家平台中，无一例外均是草根系平台，动辄 20%、30% 年化利率的平台也大多出自于草根小平台。与此同时，草根系 P2P 平台出身民营，没有大品牌的信用背书，因而"跑路"风险也相对较大，细数历来"跑路"的 100 多家 P2P 平台，皆出自于草根系 P2P，如粤利通、锦融运通等。

从眼下网贷市场的格局来看，草根系 P2P 占据市场主流，除了一些老牌的草根 P2P 平台以外（如拍拍贷），其他大多集中于 2012 年左右进入网贷市场。草根系"接地气"、重用户体验、在激烈竞争下不断创新，这些特点都赋予了其

---

① 中国报告大厅 . 2015 年互联网金融产业整体发展趋势分析 [EB/OL]. 中国报告大厅官网：www.chinabgao.com. 2015-01-04.

自身具有较强的生存力和竞争力，仍将在未来较长一段时间之内占据市场的主要份额。但鱼龙混杂的民营 P2P 当中，高坏账、诈骗、自融等现象亦在所难免。

2.1.2.3.2 金融机构系

第二阵营是"金融机构系"。金融机构系又可划分为银行系、保险系等。除此之外，坊间传闻多家券商对 P2P 网贷亦有涉猎之势。

"银行系"代表平台有：小马 bank（包商银行）、陆金所（平安集团）、小企业 e 家（招商银行）等。

银行涉足 P2P 由来已久，最早上线的银行系 P2P 是 2011 年 9 月面世的陆金所，由平安集团出资 8 亿重金打造，也是目前国内规模最大的 P2P 平台。2014 年，传统银行在互联网金融摩拳擦掌，继对抗余额宝的"宝宝"系产品推出之后，更多银行陆续涉足 P2P 网贷，不少平台都屡创佳绩。小马 bank 上线一个月，累计吸金 1000 万元人民币，民生易贷上线票据理财产品，又连着一口气推出四款"如意"项目。

据报道，目前银行系 P2P 平台主要有三种模式：一是银行自建 P2P 平台（如招行小企业 e 家）；二是由子公司投资入股新建独立的 P2P 公司（如开鑫贷）；三是银行所在集团设立的独立 P2P 公司（如陆金所）。尽管模式多样，但分析发现，银行系 P2P 平台的收益率普遍不高，以民生易贷为例，年化收益在 5.7%~6.0% 区间内，就连陆金所很多项目的实际收益也只能达到 4.6%。

保险系 P2P 平台酝酿已久，据相关机构的不完全统计，截至目前已经有中国人寿、太平保险、合众人寿、新华保险私家险企先后斥巨资成立了电商部门或者全资子公司，意图进军 P2P 网贷行业。2013 年 12 月，太平电商已发布与 P2P 网贷相关的招聘信息。合众人寿也参与发起 P2P 网贷平台武汉小贷。

传统金融机构进军 P2P，有其特殊的优势所在。第一，传统金融机构（如保险公司）在经过了长期的市场化发展过程中，积累了极为丰富的运营经验。第二，机构们在风险意识以及风控能力方面也有较强的实力。第三，品牌背书对投资者的吸引力也不可小觑。

2.1.2.3.3 国资系

第三阵营是"国资系"，该阵营代表平台有：众信金融、德众金融、蓝海众投等。

2014 年 3 月，由北京市海淀区国有资产投资经营有限公司联合投资的北京众信金融信息服务有限公司正式成立。2014 年 6 月，由安徽省供销社投资的专职运营管理金融板块的安徽新力投资有限公司控股的德众金融正式上线运营。2014 年 7 月，一家名为"京金联"的 P2P 网络信贷服务平台正式上线，被称为"武汉首个具有国资背景的 P2C 网络借贷平台"。2014 年 8 月，投宝网、蓝海众投等一批具有国资背景的企业进军 P2P 网贷行业。2014 年 9 月，海科金集团旗下控股企业海科创鑫推出了线上 P2P 平台"海金仓"。由此可见，地方性 P2P"国家队"正在越发壮大。

国资企业多以大集团为依托，其本身拥有大量稳定的客户群，在项目资源和行业资源上都具有得天独厚的条件。它们与行业协会、金融机构都保持紧密良好的合作关系，能够获得大量低风险的优质项目。同时，国资企业在政府及主管部门的严格监管之下，具有较强的风险管理意识。

另外，国资系 P2P 平台表现与其他平台尤其是草根系相比，仍有较大差距。由于国资 P2P 平台的生存压力较小，因此企业缺乏内在动力，同时作为国企先天的优越感又导致平台无法放下身段，换位思考。但在以用户需求为中心的互联网时代，民营草根系平台了解贴近消费者需求，也更接地气，具有极强的互联网基因。在此现状下，国家队 P2P 能否获得长足发展，还有待时间检验。

2.1.2.3.4 互联网系

第四阵营是"互联网系"，该阵营代表平台主要有：招财宝（阿里巴巴）与搜易贷（搜狐）等。

2014 年 9 月，互联网企业强势进军 P2P 网贷行业，先是阿里巴巴推出"招财宝"，随后搜狐宣布上线"搜易贷"，二者均专注于线上网贷。互联网系阵营以其得天独厚的流量优势、知名品牌的信誉保证、长期积累的大数据资源等，被外界普遍看做是可能"惊动"行业的一支队伍。从目前的形势来看，搜易贷推出的首款产品"焦点首付贷"专注于房地产细分市场领域，未来进军方向是房产、汽车、教育等领域的信贷产品。而招财宝依托自身优势，专注于中小企业贷。二者的行业野心看上去似乎并不像其他阵营那么强势，而更倾向专注于细分市场。除二者以外，一些房产电商网站同样做起了 P2P 网贷，如房天下（搜房网）等，同样在垂直领域精耕细作。

2.1.2.3.5 上市公司系

除此之外，其他互联网巨头也对 P2P 网贷蠢蠢欲动，多家上市公司抢滩 P2P。如京东金融进军 P2P，业绩最夺人眼球的当属熊猫烟花旗下的银湖网。银湖网 2014 年 7 月份上线后，短短两个月成交额即过 1 亿元人民币大关，其 12%-17% 的年化收益在市场上极具竞争力。除此之外，万好万家子公司打造出 P2P 平台黄河金融；凯恩股份、大连控股和中捷股份等共同推出前海理想金融平台，而鹏鼎创盈金融信息公司则是由 20 多家上市公司扎堆 P2P 网贷联合成立的机构。

与银行业和国资系相比，上市公司系 P2P 网贷平台在"活力"和"接地气"上大有文章可做，上市公司背景资源使他们在品牌背书、合作机构等方面具有优势。

一般来说，上市公司进入金融领域，优势有二：第一是自然资本优势；第二，因受到证监会监管，上市公司在开展 P2P 业务时也会更加正规。不过对于目前上市公司跨界参与 P2P 运营，究竟是意在转型，又或是概念炒作，舆论不一，投资者也要仔细甄别才是。据统计，目前已有 40 家左右上市公司跨界参与到 P2P 运营中来，总投入金额高达数十亿元人民币。这些公司中，熊猫烟花注资 1 亿元人民币打造银湖网，可谓是手笔最大的，其进军 P2P 产业的决心也可见一斑。

2.1.2.4 中国（区）P2P 网贷行业的代表性企业

以下遴选部分中国（区）P2P 网贷行业的代表性企业作为互联网金融研究案例介绍。

2.1.2.4.1 黄河金融

基本情况：上市公司浙江万好万家实业股份有限公司（股票代码：600576）旗下平台。2014 年 6 月正式上线运营。注册资金 2000 万元人民币。

运营情况：上线六个月，其官网数据显示累计成交额约 8800 万元人民币。

年化收益率：新手活期宝 12%~15%；定制活期宝 9%~12%；定期宝 10%~15%。

标的额：多为 100 万元人民币以下标。

标的期限：一般为 6 个月以下标，少数标的期限为 7~12 个月。

投资准入：1000 元人民币起投。普通投资标的单笔投资额不超过 5 万元人民币，但并未规定投资次数。

资金管理：第三方存管，合作机构分别是贝付和盛付通。

风险管理：该公司平台发布的每个项目的本息均由万好万家集团公司进行担保；引入商业保险机制，黄河金融与浙商保险合作，由第三方保险公司承保；设立"风险补偿基金"。

业务特点：设有"定期宝"、"活期宝"、"新手专区"、"债权转让"四类产品，其中"活期宝"可转让、可赎回。该公司为新手设定高收益、低起点的投资体验特权：（1）新手是指完成注册后尚未进行投资的新用户；新手专区仅供新手投资，其他用户不得投标。（2）新手标的：500元人民币起投，最高限额5000元人民币；年化收益率12%~15%；项目类型均为"活期宝"。活期宝专为投资期限不确定、追求收益与流动性兼顾的投资人定制。该产品第一是期限内可随时转让、随时赎回；第二是年化收益率为9%~12%；第三是一般期限为6个月，按日计息、按月付息、到期还本。而定期宝是专为投资期限确定、追求较高收益的投资人定制。该产品第一是年化收益率为10%~15%；第二是一般期限为6个月，按日计息、按月付息、到期还本；第三是不能赎回；第四是遇特殊情况，投资人可在持有债权60天后转让（需支付违约金）。另外该公司业务还设有转让区，所有债权需折价出让（最低折扣率由平台规定），受让人获相应的折让金；平台表示不收取交易手续费；定期宝用户转让债权需向平台支付违约金。

2.1.2.4.2 珠宝贷

基本情况：珠宝贷由深圳市中金创展金融控股股份有限公司、深圳市同心同德投资合伙企业（有限合伙）联合14家国内珠宝龙头企业共同投资成立，股东包括东方金钰、金一文化、萃华珠宝三大上市公司及雅诺信珠宝、国金珠宝、金大福珠宝等珠宝企业。

运营情况：2014年9月23日正式上线运营。目前累计成交额达到3.181亿元人民币，注册资本为4.3亿元人民币。

年化收益率：12%~15%。

标的额：10万元到1000万元人民币不等，多为100万元人民币以上的标。

标的期限：多为1个月到3个月，少数标的期限为1个月以下。

投资准入：100元人民币起投，费用是只收取收益的10%作为管理费，其

他费用免费。

资金管理：建设银行进行资金监管。

风险管理：该平台承诺永久保持不低于 4300 万元人民币的风险准备金；与 4 家行业融资性担保公司签订战略合作，附有连带责任担保。

2.1.2.4.3　友金所

基本情况：由用友软件（股票代码：600588）与深圳力合金控、北京用友创新、深圳合力成邦投资管理公司共同发起设立的。

运营情况：2014 年 10 月上线。目前累计成交额 3781 万元人民币，累计成交量 170 笔。

产品年化收益率：10%，相比多数上市公司系 P2P 平台 12%-15% 的年化收益率，该平台 P2P 产品不具优势。

标的额：多为 50 万元人民币以下标的，可以分散风险。该平台产品介绍中明确"每笔业务最高不超过 50 万元，平均每笔业务在 20 万元左右"。

标的期限：分为 1 年期、2 年期、3 年期三种期限标的，较为规范，与其他平台不同。

投资准入：目标客户为"小额贷款目标客户，主要客群是使用用友财务软件、ERP 软件的小微企业主客户，有房产的客户，有期缴 3 年以上的寿险保单客户，有车的客户等"。1000 元人民币起投。持有投资项目满 30 天即可进行债权转让，平台将收取出让人转让项目金额的 0.2% 作为手续费。

资金管理：由"富友支付"进行第三方资金托管。

风险管理：深圳用友力合投资非融资性担保公司提供全额担保，担保范围包括本金、利息和逾期罚息，对投资者来说较为有保障。

2.1.2.4.4　银湖网

基本情况：A 股上市公司熊猫烟花（600599.SH）投资 1 亿元人民币成立，并 100% 控股的 P2P 平台。

运营情况：2014 年 7 月 1 日正式上线。上线 4 个月累计成交量约 2.8 亿元，近一月平均满标用时为 1.87 小时。

年化收益率：12%~17%。

标的额：10 万元人民币以下标占 90%。

标的期限：多为 6 个月以上标。

投资准入：100 元人民币起。持有时间须足两个月，距离债权到期日须在三个月以上。

资金管理：由"汇付天下"进行第三方资金托管。

风险管理：熊猫烟花大股东提供无限责任担保，国有担保公司全额本息担保。

五大阵营各有优势，未来随着互联网金融监管政策出台，将促使行业发生变化，P2P 网贷行业洗牌细分已呈必然趋势。

2.1.2.5 中国（区）P2P 网贷行业的产业链

中国（区）P2P 网贷市场发展迅猛，基本形成产业链，影响此类业务未来发展的重点之一将是征信业务，见图 2-9 和图 2-10。[①]

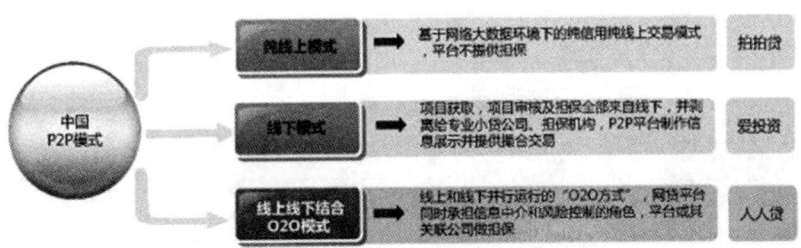

图 2-9　中国（区）P2P 模式分类示意图

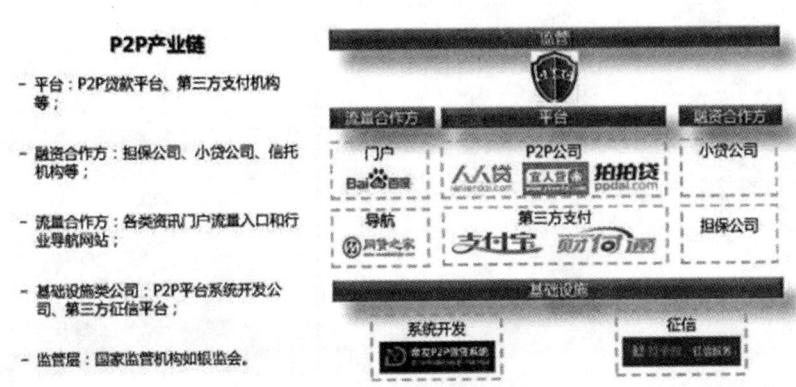

图 2-10　中国（区）P2P 产业链示意图

---

① 清科研究中心. 2015 年中国互联网金融行业投资研究报告 [EB/OL]. 2015-04-16.

2014年网贷平台发展评级表

排名	平台	成交(亿)	营收(万)	人气(万次)	舆论(次)	红伴(万)	流动性(亿)	分散度(次)	透明度(次)	品牌(万次)	发展指数
1	陆金所	98.72	92.74	100.00	34.42	37.67	45.80	82.92	26.03	88.57	72.63
2	人人贷	88.57	79.00	82.56	44.45	41.07	46.73	83.03	51.09	82.14	70.81
3	宜人贷	82.47	72.46	79.81	46.41	75.34	45.68	77.51	29.76	77.31	68.09
4	拍拍贷	72.13	66.60	82.31	38.43	59.29	79.14	66.34	38.48	70.20	65.07
5	招财宝	82.97	92.54	93.06	17.77	64.38	58.14	40.54	25.39	74.50	63.88
6	有利网	84.04	58.48	86.38	49.58	54.67	55.37	55.78	40.72	74.41	63.71
7	积木盒子	81.71	56.00	87.20	39.64	47.87	61.04	39.19	61.63	72.75	63.41
8	投哪网	71.95	53.90	72.66	46.85	54.83	91.19	48.99	59.71	70.24	63.04
9	微贷网	78.21	44.43	73.45	34.24	44.86	58.97	58.32	56.83	70.72	61.41
10	红岭创投	87.22	78.59	80.82	44.62	14.84	100.00	82.20	51.76	68.68	60.56
11	开鑫贷	74.05	50.73	52.79	39.57	90.63	30.78	35.35	47.39	86.03	59.05
12	保监贷	66.54	72.32	75.37	44.79	18.02	58.82	64.98	55.03	52.74	58.09
13	翼龙贷网	63.21	59.30	76.02	55.78	11.39	51.51	63.90	31.16	73.14	56.95
14	鑫合汇	77.45	46.26	72.38	41.48	57.02	100.00	28.05	54.77	55.84	56.69
15	PPmoney	77.67	47.21	80.68	47.40	27.47	81.41	36.07	48.19	65.95	56.59
16	聚宝贷	76.91	62.69	67.92	45.45	44.33	71.90	32.79	41.90	67.94	56.47
17	91旺财	63.86	39.47	58.89	37.99	60.88	89.07	28.58	47.87	69.55	54.05
18	和信贷	70.32	46.78	66.53	58.02	42.46	53.41	25.77	61.44	56.82	52.88
19	信融财富	68.49	47.22	69.43	55.55	42.05	81.57	35.63	44.61	52.92	52.86
20	小存在线	55.09	51.64	70.24	46.26	44.07	47.68	38.29	55.83	53.20	52.58
21	人人聚财	58.84	48.07	73.84	44.99	40.95	69.63	42.46	34.79	61.75	52.56
22	国诚金融	70.33	47.75	64.45	57.62	37.14	86.87	32.57	69.33	45.57	52.47
23	团贷网	58.26	58.10	71.12	51.06	34.95	65.62	34.83	47.29	52.09	51.89
24	排排网	62.85	43.67	64.36	46.13	37.49	61.42	35.97	50.13	64.53	51.46
25	合力贷	58.10	31.64	53.20	55.01	57.73	76.89	31.17	48.84	64.70	51.30
26	E速贷	65.76	44.82	68.97	51.22	45.68	68.57	28.99	47.79	49.21	51.08
27	翻番贷	72.66	57.96	55.69	51.56	34.70	67.52	45.54	44.21	46.77	50.99
28	融金所	68.34	45.74	53.38	58.56	43.71	51.69	46.51	48.77	47.53	50.24
29	口袋网	62.00	58.99	41.67	37.89	93.33	41.96	21.64	72.80	34.43	50.11
30	合拍在线	53.31	49.51	64.89	52.48	73.29	98.04	30.52	30.65	44.89	49.96
31	金开贷	60.61	42.59	45.06	37.88	94.17	31.26	30.55	34.24	64.99	49.88
32	爱投资	66.71	52.52	79.69	48.43	37.61	50.75	44.40	37.99	34.36	49.74
33	融消贷	51.44	58.45	67.70	51.12	26.97	100.00	24.68	54.96	47.25	49.63
34	汇通易贷	64.31	44.16	51.71	54.61	48.26	81.32	26.14	56.33	41.44	49.44
35	前海理想金融	53.23	41.71	53.43	49.52	59.33	48.20	31.49	64.02	49.84	49.20
36	理财范	54.68	40.03	59.04	54.01	74.31	16.91	24.91	53.19	42.30	49.03
37	诺诺镑客	51.90	44.43	62.93	44.95	45.26	58.96	61.05	24.19	47.19	48.97
38	银峰进	50.79	53.49	71.24	46.48	36.81	49.54	52.96	25.06	47.79	48.68
39	金海贷	51.89	42.59	63.45	46.01	76.89	30.40	48.45	43.03	48.36	
40	四达投贷	69.38	18.10	59.59	60.09	36.69	61.06	46.35	58.11	34.17	48.16
41	德众金融	52.91	37.01	48.94	44.22	69.74	63.16	25.53	54.10	49.76	48.03
42	掌豆网	61.49	35.49	54.79	51.04	74.89	41.35	35.09	61.95	47.79	
43	付财宝	64.28	39.30	59.47	43.99	48.43	77.47	34.22	39.87	41.13	47.18
44	广信贷	61.71	34.76	62.96	60.56	33.85	65.19	32.80	50.15	41.79	47.01
45	安心贷	54.49	52.45	71.59	48.87	36.21	60.57	36.49	23.21	47.34	46.91
46	永利宝	51.28	31.05	58.26	49.76	53.95	80.22	25.27	51.02	44.66	46.89
47	月月盈	37.96	20.34	52.84	64.15	43.59	93.91	52.64	54.63	34.05	46.83
48	九斗鱼	45.78	24.65	66.33	49.80	66.67	41.98	36.41	37.39	47.41	46.73
49	合盘贷	65.50	51.60	56.41	55.24	29.76	19.26	44.79	38.63	50.59	46.71
50	镇富网	69.12	43.26	50.47	49.83	49.65	5.00	36.92	40.98	60.13	46.67
51	通和贷	57.77	47.27	60.50	56.62	24.16	53.27	23.47	54.77	50.58	46.67
52	汇投资	64.04	36.72	69.10	52.87	52.95	38.68	32.39	30.96	44.53	46.37
53	一起梦	57.29	48.94	65.98	56.54	27.44	76.33	39.13	41.56	32.04	46.31
54	领袖在线	51.42	27.62	52.54	58.93	65.18	84.28	18.00	55.65	40.15	46.09
55	借信贷	44.32	22.72	49.19	64.43	44.51	96.13	42.23	48.29	41.32	46.05
56	礼德财富	58.19	41.47	65.74	49.20	31.73	48.00	33.69	44.16	43.63	45.95
57	365易贷	47.94	42.51	49.16	55.27	46.86	100.00	37.65	42.37	34.49	45.64
58	易九金融	77.92	53.65	59.20	36.86	46.36	38.05	30.19	15.73	54.20	45.51
59	合时代	66.75	34.98	61.14	56.65	45.48	60.99	20.56	42.45	43.54	45.31
60	钱多多	62.18	50.97	58.81	49.65	5.00	36.92	20.61	46.77	62.77	45.23
61	88财富网	58.47	60.96	60.16	31.71	49.46	81.40	12.86	17.50	56.20	45.17
62	企业在线	60.05	31.34	61.45	59.94	43.61	93.94	27.97	36.03	43.20	45.13
63	网利宝	50.24	30.60	56.28	46.68	73.77	36.59	25.68	26.80	57.43	45.10
64	钱铭谷	73.30	51.08	64.63	48.70	39.85	64.29	23.13	22.93	44.30	45.10
65	佳仁贷	51.38	34.66	58.30	42.61	77.11	59.08	26.57	33.44	53.87	44.47
66	珠宝贷	45.96	25.93	53.67	49.36	78.33	55.22	20.91	29.43	51.43	43.79
67	融都融	67.97	44.60	52.77	62.94	40.46	41.07	33.87	33.87	37.78	43.58
68	丁丁贷	45.66	28.99	44.95	60.43	32.29	79.79	41.73	56.98	32.93	43.45
69	微金互助	45.66	26.59	51.74	62.32	50.26	55.09	26.95	49.61	43.26	
70	翼上理财	46.78	20.38	49.35	76.05	49.14	90.77	30.61	29.96	43.09	
71	微金所	52.92	41.57	61.77	42.15	36.39	39.43	27.88	38.89	43.08	
72	通融易	56.34	34.97	49.48	58.28	42.90	66.77	30.78	36.32	43.06	
73	808信贷	57.07	47.49	60.15	58.55	17.13	52.26	31.22	42.28	37.31	42.77
74	玖融网	42.77	29.47	55.06	59.36	37.17	49.84	42.61	49.79	31.34	42.73
75	惠众金融	35.92	22.74	52.60	63.24	57.73	41.60	44.95	42.25	34.10	42.74
76	通网贷	42.71	25.18	57.52	56.70	46.59	52.99	35.98	41.90	35.20	42.71
77	紫操信息	57.07	36.13	54.97	59.14	11.29	40.45	32.59	58.87	39.63	42.33
78	小油菜	54.72	30.68	55.10	48.14	45.95	78.72	32.21	26.16	39.49	42.32
79	众佳金融（京）	67.14	43.30	48.56	43.79	40.08	66.15	14.20	27.36	54.39	42.28
80	趣赚网	43.73	26.46	42.97	48.71	62.66	57.16	23.72	36.49	53.55	42.26
81	福天贷	53.64	39.82	51.11	46.60	42.95	38.50	40.79	29.81	41.94	42.16
82	富操网	46.03	24.62	40.13	55.77	39.55	29.77	35.60	52.60	41.94	
83	易同贷	56.13	26.49	47.81	69.69	39.08	92.71	34.28	42.93	25.88	41.88
84	众赢贷	45.20	31.72	43.06	62.12	57.57	59.09	26.10	36.27	41.40	41.48
85	房金所	45.15	45.53	34.94	49.29	49.29	58.65	26.19	59.90	41.46	
86	蟹财网	52.53	34.63	42.42	59.24	44.85	64.38	33.76	41.31	31.35	41.36
87	融贷通	41.13	33.01	50.86	55.72	37.13	32.60	42.96	44.12	36.48	41.35
88	迎醇贷	50.76	54.76	62.02	50.92	5.00	26.26	57.44	10.01	44.26	41.30
89	小富金融	53.42	29.23	40.09	54.94	63.02	32.32	22.45	56.01	39.72	41.29
90	粤网贷	48.58	25.96	44.42	59.22	58.65	59.28	24.36	45.33	36.77	41.23
91	沃利贷	48.61	21.20	45.57	66.34	35.36	44.61	34.36	39.71	33.59	40.98
92	互谦网	68.45	50.93	45.49	48.57	37.13	23.12	42.13	37.64	40.96	
93	星月创投	42.74	19.55	47.26	77.00	57.45	59.50	18.91	53.91	31.16	40.88
94	金宝保	66.66	46.28	34.71	39.02	69.25	26.07	17.58	25.31	52.13	40.87
95	工商贷	49.47	42.47	50.99	50.36	44.17	48.01	19.56	37.66	41.43	40.86
96	上域BANK	45.35	28.03	55.25	71.75	41.87	64.37	38.18	26.83	29.07	40.26
97	存车贷	49.36	30.09	47.03	61.01	45.40	36.55	42.24	26.75	35.88	40.11
98	鹤金所	31.88	23.71	28.92	41.81	84.00	71.07	19.82	31.53	52.80	40.02
99	融资易	37.54	17.53	43.96	55.01	73.37	41.72	23.74	41.52	38.39	
100	万享兑	49.97	38.65	34.22	57.21	56.62	43.24	20.56	39.37	42.23	39.36

表 2-1 2014 年中国（区）网贷平台发展评级表

2.1.2.6 中国（区）P2P网贷行业的网贷平台发展指数评级

网贷平台发展指数评级是根据公开可查的信息、数据，依据一套公开透明的模型，进行量化计算得出的研究成果。目前评级模型选取反映平台综合实力和发展潜力的9个维度，即成交量、营收、人气、收益、杠杆、流动性、分散度、透明度、品牌，根据客观可查的数据对9个维度近60项指标进行线性和分组评分计算，并用层次分析法给予9个维度不同的权重，然后将9个维度得分加权平均得出发展指数。发展指数可以说明平台的综合影响力、综合实力以及发展潜力，见表2-1。

据新华社2015年5月4日电，P2P第三方资讯平台发布的《中国P2P网贷行业2015年4月月报》称，2015年4月，P2P网贷行业成交额达551.45亿元，环比3月上升了11.95%，是2014年同期的2.7倍，整体成交量再创历史。据盈灿咨询统计，共有19个省市相比3月成交量出现上升。红岭创投、PPmoney、陆金所仍然是领先网贷成交前三，而鑫合汇、投哪网、宜人贷、积木盒子等平台的成交量增长均超过10%。[①]另外，拍拍贷、积木盒子相继宣布获得C轮融资，行业融资并购依然热度不减。

2.1.2.7 中国（区）P2P网贷行业的网贷平台特点

2.1.2.7.1 平台引入战略投资，强背景平台诞生

2014年，近30家平台已经或即将获得资本青睐，在资本分羹的同时也将平台推向资本竞争的时代。风投入股分财务投资、战略投资，大部分风投为财务投资，而战略投资典型平台为积木盒子和翼龙贷。9月积木盒子获B轮风投，小米注资从业务和投资人流量角度为积木盒子带来利好作用。11月翼龙贷进入联想控股核心资产中，逐渐实现农业产业链价值。

2014年1月9日，人人贷宣布已完成总额为1.3亿美元的A轮融资，领投方为挚信资本，这是当时互联网金融行业最大单笔融资，也是世界上最大的一笔P2P风投。而后P2P融资热潮开启，不断有网贷平台获得风投青睐。风投的加码不仅为行业注入丰厚的资金，也增强了人们对P2P的信心。

---

① P2P网贷4月成交量超550亿再创新高 [N]. 北京商报 . 2015-05-05.

例如，2014 年 12 月，陆金所以百亿美元估值备受瞩目。数据显示，目前陆金所贷款余额占比行业最高，但仍不足 10%，估值 100 亿美元，可见主要是对陆金所发展前景的看好，如完备的基础设施、经验丰富的团队，平台背景资源和业务多样化的可能性。

2.1.2.7.2 领域细分凸显，不乏混业经营平台

2014 年，竞争加剧及自身资源特质的客观现实使得行业出现明显的领域细分。细分是多元的，包括用户群细分（如宜人贷的手机借款定位于持信用卡的白领）、业务细分（如专注信用贷款的宜人贷、专注车抵的微贷网等）、借款人行业细分（如钢贸、房产等）等。

虽领域细分现象广泛，但部分平台也采取相反的混业经营策略，走金融超市的路线，付融宝即属于这类平台，平台涵盖担保、票据、保理等诸多领域。据亚当·斯密的分工理论，领域细分、相互配合能够使得整个行业更好更快地发展，平台实现规模效应，成本降低，但网贷平台在业务分工的同时会带来风险集聚的问题，平台难以抵挡系统性风险。

所以，对于投资人来说，建议将资金分散到不同领域，且在抗系统性风险强的领域多投资，如基础设施、必需消费品、医药等防御性行业，在抗系统性风险弱的领域少投资，如地产、保险、机械、原材料等高杠杆行业，但具体情况也视当时市场环境而定。如面对像付融宝这类金融超市型平台，也建议做到多家平台分散。预计 2015 年平台将继续深耕所在领域，领域间和领域内将形成寡头的市场结构。

2.1.2.7.3 平台布局大数据风控

大数据风控是大家公认的行业的未来，目前有部分平台布局大数据风控。典型平台如拍拍贷，拍拍贷的大数据风控模型包括反欺诈系统、信用评级系统模式和风险定价模型三个系统，可以对借款人实现基础信息、社会关系、负债情况等多个维度的综合判断，实现整体评估、判定风险级别。

但以大数据的条件来看，目前行业大数据风控无疑存在至少五个难题：信用数据量不够、用户网络行为信息不够、完善精准模型的缺乏、网络用户特征具有片面性、模型适用范围有限。因此就现阶段来看，所谓的大数据风控多数是噱头，建议投资人切勿过于迷信大数据风控，选择平台以鉴别平台的传统风控方式

优劣为主。但不可否认，透过分析平台在布局大数据风控的投入情况，可以侧面看出一家平台违约成本的高低。

2.1.2.7.4 平台投资杠杆由高趋低

由网贷平台收益、安全、流动性三个角度可以看出，安全性较高的平台不全集中在低息的老牌平台，部分较高息的低杠杆新平台也有较高的安全性。投资人可将投资由老牌高杠杆平台扩展到新兴低杠杆平台。

2.1.2.7.5 新增多种传统业务种类

2014 年，新增了很多业务种类，多数为传统金融业务，目前存在的主要业务种类如下：

第一是信用贷款。信用贷款是一种无抵押无担保的贷款类型，额度一般不超过 10~20 万元人民币，借款期是 1~3 年不等。典型平台如拍拍贷、宜人贷、你我贷。这类贷款违约率较高，平台需要较大的业务规模覆盖违约损失。

第二是房产抵押贷款。房地产抵押贷款业务是借款人以自有房地产作为抵押物向出借人提供担保，在平台上发标借款的融资方式。典型平台如国诚金融、温商贷。这类贷款存在房价下降、变现难等风险。目前有很多平台存在二次房抵的现象，如融金所。二次房抵指当房屋目前评估值大于原评估值时，对房屋剩余价值进行抵押借款。二抵有效，但不同于一抵，二抵无法享受优先受偿权，因此风险较一抵稍大。

第三是车辆抵押贷款。车辆抵押贷款是指借款人通过将车辆作为抵押物来进行网络借贷的过程，通常用于解决短期资金周转的问题。典型平台如微贷网、好车贷，其中微贷网近两年来在各地复制车抵业务，目前已有很多分部，成交量也持续放大。在通常情况下，汽车抵押贷款只能借到估值的 70% 左右，目前也有部分平台开展二手车抵押业务。由于国内新车市场仍有很大的上升空间，车辆抵押业务前景空间还是比较大的。这类贷款存在车辆损毁、骗贷、折价等风险。

第四是股权质押贷款。股权质押贷款，是指股票持有人可以在不割售所持股票的情况下，通过持有公司股份质押给网贷平台提供反担保，从平台上发标借款的融资方式。发布过股权质押贷款的平台有 808 信贷等。这类贷款存在股权价值波动大，非上市公司股权变现难，股权价值与公司经营风险成同变动等风险。

第五是供应链金融。供应链金融是指平台基于核心企业的信用，根据贸易的真实背景和供应链核心企业的信用水平来评估中小借款企业的信贷资格，为核心企业及企业的上下游提供融资支持的信贷业务。典型平台如工商贷、前海理想金融、银湖网。主要包括采购阶段预付账款融资模式、运营阶段的动产质押融资模式、销售阶段的应收账款融资模式。这类贷款存在整个产业链的集中风险，核心企业风险，质押货物或企业资产的市场价格波动的风险，不完善或有问题的内部操作过程、人员、系统或外部事件而导致的直接或间接损失的风险。

第六是委托贷款。委托贷款指委托人（平台）提供合法来源的资金，委托业务银行根据委托人确定的贷款对象、用途、金额、期限、利率等代为发放、监督使用并协助收回的贷款业务，银行不对借款人还款与否承担责任的信贷业务。发布过委托贷款的平台如E速贷等。虽引入银行，对资金使用起到一定的监督作用，但借款人偿还能力及项目营收能力才是借款的核心。

第七是银行"过桥"或"赎楼"。"过桥"资金是一种短期资金的融通，期限以六个月为限，是一种与长期资金相对接的资金融通。提供"过桥"资金的目的是通过"过桥"资金的融通，使借款企业达到与长期资金对接的条件，尔后，可以长期资金替代"过桥"资金。典型平台如小牛在线、工商贷等。这类贷款的主要风险在于银行是否续贷。

第八是票据。网贷行业中涉及的票据业务主要是汇票，包括银行承兑汇票和商业汇票。平台业务模式包括票据贴现、票据质押、委托贸易付款、内保外贷等。其中较为典型的为票据贴现。票据贴现指借款人将银行承兑汇票质押给平台，为规避法律风险，票据一般由第三方支付公司或银行托管，随后平台发布借款标的，投资人进行投标。典型平台如金银猫、民生易贷。E票通、小企业e家、票据宝等。这类贷款存在假票、背书错误、兑付违约等风险。

第九是融资租赁。融资租赁指出租人根据承租人对租赁物件的特定要求和对供货人的选择，出资向供货人购买租赁物件，并租给承租人使用，承租人则分期向出租人支付租金，在租赁期内租赁物件的所有权属于出租人所有，承租人拥有租赁物件的使用权。目前很多平台与融资租赁公司合作开展此项业务。此类业务的风险在于承租人还款压力加大、承租人的经营风险、设备折旧变现风险。

第十是配资。配资指借款人在原有资金的基础上，通过一定的杠杆，在平台上发布借款标融资的过程，主要包括股票配资、期货配资、权证配资等。典型平台如广发证券战略合作伙伴投哪网。由于配资业务一直处于法律的"灰色地带"，存在较大的监管风险。同时也存在操盘和同时强行平仓的风险。

第十一是资产证券化。资产证券化指将线下非标准的企业债打包成线上标准化的小贷资产包，合作担保及小贷公司承诺溢价回购的业务。典型如PPmoney交易所模式的安稳盈。安稳盈的整个交易过程受交易所监管，交易所对资产包和投资者权益进行登记和托管，更加透明。但同时由于资产证券化下的借投双方并未实现资金直接对接，此模式已经脱离了P2P本质，期间有一定的"灰色地带"，除了借款人违约风险外，还容易引发管理及操作风险。

2.1.2.7.6 平台诈骗现象增多

因为2014年网贷越来越被大众所知晓，网贷投资人投龄不长，投资经验不足，所以平台诈骗现象增多，如科讯网，但其实这也是大社会环境的产物，投资人不必过于担心。预计2015年诈骗平台仍可见，投资人可通过以下几点初识诈骗平台，当然最为稳妥的还是投资人实地考察。

第一要查询平台是否备案，核对备案信息与公司工商信息是否基本一致，核对网站负责人与平台管理团队是否一致。

第二要核实网站所载企业基本信息。

第三要查询企业管理团队成员资质。如被执行记录、联系方式、管理人照片等。

第四要长期潜伏观察。如平台、投资交流群、社区等。

2.1.2.7.7 领头平台渐显，寡头竞争激烈

根据百家评级平台2014年度的投资端流量格局与借款端业务量格局可见，目前无论在投资端还是借款端，市场前8家领头平台已经出现，且平台间距离随着名次提高而拉大。其余平台间差异性不大，平台争夺寡头地位激烈，见图2-11和图2-12。预计2015年这部分平台可能出现因竞争而被淘汰的平台，投资人投资时需多关注平台的综合实力，谨慎投资。目前2014年行业投资人数前三位平台分别为陆金所、积木盒子、有利网，借款业务成交量前三位平台分别为陆金所、人人贷、红岭创投。

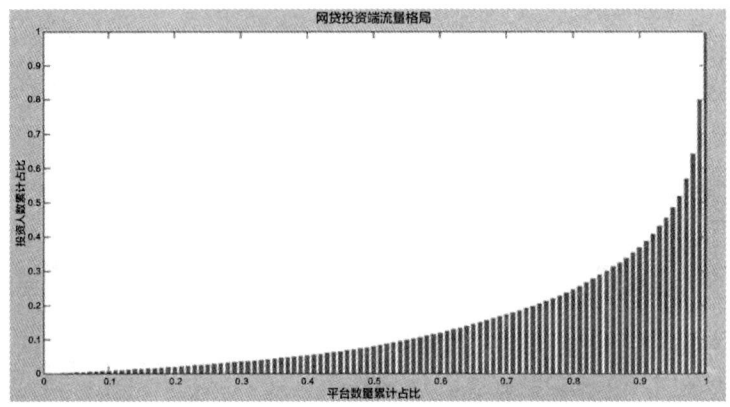

图 2-11　2014 年中国（区）投资端流量格局示意图

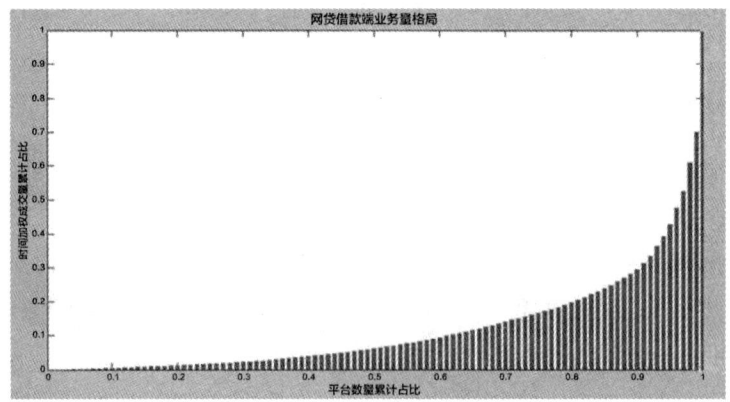

图 2-12　2014 年中国（区）借款端流量格局示意图

2.1.2.7.8　平台风险多发，风险管理紧迫

网贷草根平台抗风险性较弱，2014 年因逾期导致提现困难的平台逐渐增多，平台滞后风险爆发，且地域性风险渐显。滞后风险多由于随着平台业务量的不断扩大，逾期坏账积聚，当平台的风险损失触碰到平台实力可以承受的阈值时，平台提现困难。2014 年，浙江和山东两地出现地域性风险。投资人应多警惕上线时间较久，盘子较大，但平台风控和资金实力较弱的平台，同时多警惕浙江和山东的平台。

在平台承诺垫付的环境下，平台不可避免地会有部分自融和资金池，所以借款业务风控能力、平台风险管理能力是平台能够存活的基本条件。投资人应选择那些借款业务风控能力、平台风险管理能力较强的平台，这些可以通过平台从业人员是否有丰富的审贷经验、是否在银行等非民间借贷机构有风险管理经验等侧面推断出来。

2.1.2.7.9 P2N 模式受考验，大标模式受关注

2014 年，有很多平台采用了 P2N 模式，这些平台业务量拓展快，但同时也出现不少违约相关事件。P2N 存在的逻辑在于互联网时代为获取流量必须大量烧钱，而并不是所有线下担保或者小贷公司都愿意成立网贷平台来烧钱经营流量，即线下转线上成本费用会提升，所以这些线下担保或者小贷公司若有资金需求更多地采用找网贷平台合作的方式，最终形成平台为投资端，线下公司为借款端的合作模式。

上述模式对平台轻资产经营有利，但却也存在隐患。主要表现为：第一，担保公司提供的标多为大额标，平台业务分散度较差，一旦发生违约，风险损失率较高。此外，大额标一旦违约，若担保公司不能及时垫付，平台容易被担保公司绑架。第二，担保公司多平台发标现象广泛。第三，担保公司违约事件频发，担保公司自身风险加大。第四，P2N 涉及费用分配问题，平台营收减少。第五，担保公司给到平台业务质量普遍不是很高，若平台风控实力不够，担保公司存在很大的道德风险。

2014 年 8 月，"大标模式"因红岭创投广州亿元纸业项目违约而备受关注。"大标模式"以其快速提升成交增速和降低业务成本的优势受到很多平台青睐，但大标的逾期对平台的打击也是非常之大的，以目前草根网贷平台的资金实力来看，难以承担得起大标之重。

2.1.2.7.10 部分平台增长乏力

2014 年下半年，受股市好转资金回流股市的影响，行业翘楚人人贷也受到影响，出现满标时间增长、增长乏力的现象。

2.1.2.8 中国（区）P2P 网贷行业的发展趋势

研究结果显示，未来 P2P 平台将呈现出垂直化、超市化与征信数据化发展态势，见图 2-13。[①]

---

① 清科研究中心 . 2015 年中国互联网金融行业投资研究报告 [EB/OL]. 2015-04-16.

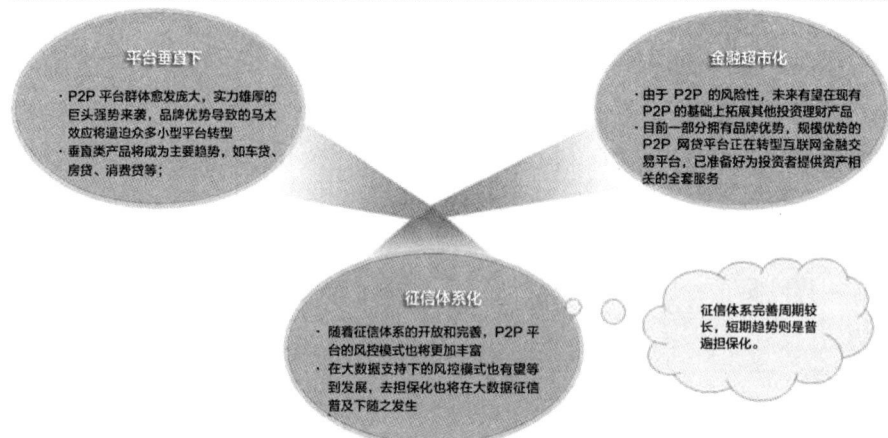

图 2-13　中国（区）P2P 行业未来趋势示意图

2.1.3 中国（区）众筹行业的基本情况

2.1.3.1 众筹的基本含义

众筹融资是指通过网络平台为项目发起人筹集从事某项创业或活动的小额资金，并由项目发起人向投资人提供一定回报的融资模式。典型代表如"天使汇"和"点名时间"。

众筹融资平台扮演了投资人和项目发起人之间的中介角色，使创业者从认可其创业或活动计划的资金供给者中直接筹集资金。

2.1.3.2 众筹的分类

按照回报方式不同，众筹融资可分为以下两类：首先是以投资对象的股权或未来利润作为回报，如"天使汇"；其次是以投资对象的产品或服务作为回报，如"点名时间"。

股权众筹是互联网金融的最高业态，能有效缓解创业企业的融资难问题，发展潜力最大。

2.1.3.3 众筹的作用

作为仅次于 P2P 网贷业务的众筹业务，对于促进国民经济发展、帮助中小微企业融资具有非常积极的作用，主要体现在以下四个方面：

一是众筹有利于缓解小微企业融资难的问题，鼓励创新创业；

二是有利于丰富投融资渠道，刺激金融创新；

三是有利于引导民间金融走向规范化，拓展和完善多层次资本市场；

四是有利于分散融资风险。

基于众筹具有的积极作用，股权众筹逐步得到社会认同，也开始成为各路资本的关注对象。特别是国务院总理李克强在 2014 年 11 月 19 日主持召开国务院常务会议时指出，要"抓紧出台股票发行注册制改革方案，取消股票发行的持续盈利条件，降低小微和创新型企业上市门槛。建立资本市场小额再融资快速机制，开展股权众筹融资试点"。

2.1.3.4 中国（区）众筹行业的发展阶段

众筹融资在我国起步时间较晚，分为三个阶段。

第一阶段是 2011 年到 2013 年。这一阶段的标志性事件是出生于台北的张佑取得 50 万美元天使资金，于 2011 年 7 月设立"点名时间"并担任 CEO。2011 年 11 月成立的"天使汇"自创立以来，"累计有 8000 个创业项目入驻，通过审核挂牌的企业超过 1000 家，创业者会员超过 20000 人，认证投资人达 840 人，融资总额超过 2.5 亿元。"

2013 年 4 月，百度宣布上线众筹频道，入手影视作品众筹。

2013 年"双十二"期间，阿里巴巴试探性推出众筹平台"淘星愿"（即淘宝众筹前身）。目前主要包含科技、农业、动漫、设计、影视、音乐、书籍等类别，科技类占比达 90%。

第二阶段是从 2014 年到 2015 年，这是众筹 2.0 时代。众筹平台与创业公司互相帮助，达成电商的本质。

2014 年 7 月，京东宣布上线旗下众筹业务"凑份子"。

2015 年 1 月，深交所通过旗下子公司深圳证券信息有限公司与天使汇合资成立北京天使汇国际传媒有限公司（以下简称"天使汇传媒"），天使汇传媒注册资本为 2000 万元，其中天使汇持股 51%，深圳证券信息有限公司持股 30%，剩下的 19% 将用作员工的股权激励。天使汇传媒是深交所首次与民营机构成立合资公司，这种联手创业行为，预示着深交所布局互联网业务的启动，该平台可能成为未来的网络交易所，好的股权众筹项目在成熟以后可以去深交所上市。

2015 年 3 月，京东上线股权众筹业务。

2015 年 4 月，苏宁众筹成立。

2014 年 10 月 31 日，由人人投、爱合投、大家投、贷帮、云筹及众投邦承办，爱创业、天使街、银杏果九家众筹平台协办的"中国（深圳）第一届股权众筹大会"在深圳举办。会议期间，各发起单位成立中国（区）众筹行业首个股权众筹联盟。

第三阶段开始于 2015 年 5 月，即众筹 3.0 时代。众筹 3.0 是指双方合作不限于电商阶段，进入到众筹平台的孵化阶段，包括对创业项目的天使轮、A 轮投资。

2.1.3.5 中国（区）众筹行业的发展现状

2.1.3.5.1 总体规模

零壹数据监测显示，截止到 2014 年底，国内已有 128 家众筹平台，有 84 家为 2014 年新成立，分布在 17 个省市（不含港台澳地区，下同），见图 2-14。

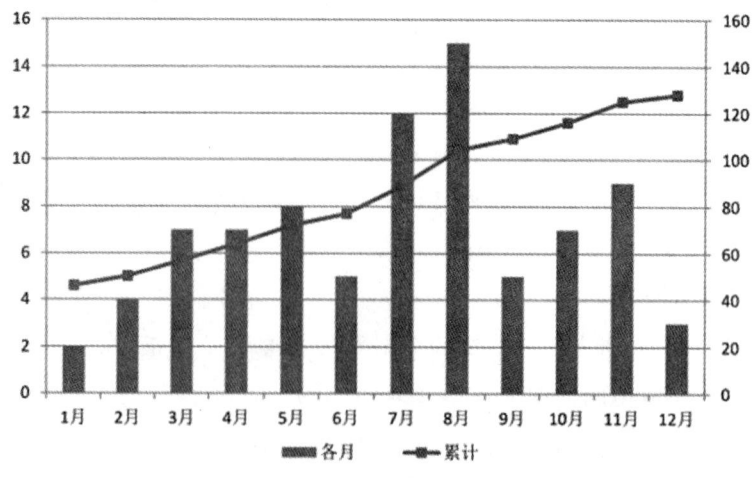

图 2-14 2014 年中国（区）众筹平台数量走势示意图

2014 年度，15 家主要商品众筹平台 [包括点名时间，追梦网，青橘众筹（原中国梦网），众筹网，淘梦网，乐童音乐，JUE.SO，淘宝众筹，京东众筹，摩点网，众投天地，梦立方，大家种，有机有利和益筹网] 成功完成筹资的项目总数为 3014 个，成功筹款金额约为 2.7 亿元人民币，活跃支持人数至少在 70 万人以上。

2.1.3.5.2 结构分布

2014 年，中国（区）128 家众筹平台中，股权众筹平台 32 家，商品众筹平台 78 家，纯公益众筹平台 4 家，另有 14 家"股权 + 商品"性质的混合型平台，见图 2-15。

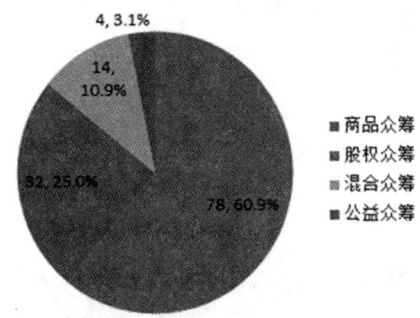

图 2-15 2014 年中国（区）众筹平台类型分布示意图

股权众筹方面，可获取的数据显示成功项目有 261 个，筹资总额 5.8 亿元人民币。考虑到第一梯队的天使汇、创投圈、原始会等平台未公开具体项目数据，预计筹资总额至少在 15 亿元人民币以上。

通过对国内 4 家股权类众筹平台数据进行统计，2014 年，中国（区）众筹领域内由于股权众筹的融资方均为初创期企业，因此从投资阶段来讲，种子期和初创期企业占比较高。总体来看，天使汇本年度发起项目 2607 个，为四家机构之首，已募集金额达 7.69 亿元人民币；原始会发起融资项目 281 个，已募金额 1.94 亿元人民币；大家投共发起 185 个融资项目，已募金额 3933 万元人民币；天使客仅有 18 个项目上线，但已募集的金额为 2875 万元人民币。

通过对国内 9 家奖励类众筹平台的项目数据进行统计，2014 年在奖励类众筹网站中，京东众筹、众筹网、淘宝众筹各项数据均领先于其他平台。在项目数量上，众筹网以 1964 的项目个数遥遥领先；支持人数低于淘宝众筹和京东众筹；

从已募资金额来看，众筹网占比 17.6%，众筹网在奖励类众筹平台中发展速度较快。在募集金额上，京东众筹于 2014 年 7 月上线，是继供应链金融、消费金融、支付业务及平台业务之后，京东金融推出的第五大业务板块。京东众筹在募资金额上独占鳌头，以 1.47 亿元人民币的募资金额远远领先于其他平台，上线项目 301 个，显示出强劲的发展势头。

2.1.3.5.3 筹资项目

据不完全统计数据显示，2014 年全年，共有 261 个项目合计完成 5.84 亿元人民币的融资，考虑到第一梯队的天使汇、创投圈、路演吧等平台未公开详细数据，估计 2014 年融资金额至少在 15 亿元人民币以上。

2014 年度，无论是上线项目还是成功项目的数量，均呈现明显的走高趋势，同时整体成功率有所下降。2014 当年年初的 1-2 月份，成功项目总数小于 100 个，7 月份后已经稳居在 300 个以上，月度平均增长率为 22.8%，见图 2-16。

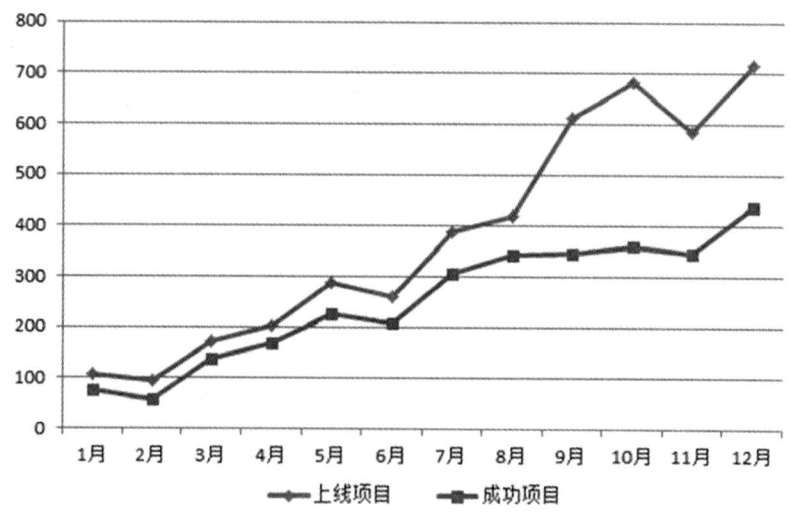

图 2-16　2014 年中国（区）众筹 15 家平台各月项目数量示意图

从项目完成数量上来看，众筹网遥遥领先，比其后的淘宝众筹整整多出 1000 个。排在后面的依次为点名时间、京东众筹、乐童音乐和追梦网，这 6 家平台合计占到项目总数的 91.6%。垂直于农业领域的有机有利和大家种以及专注于游戏的摩点网，其项目数量均在 20 个以下，表现惨淡。综合型众筹平台在项目数量上占据明显优势。见图 2-17。

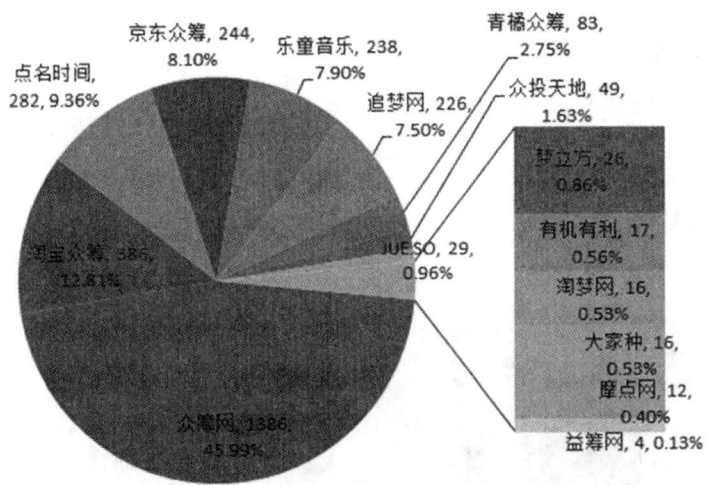

图 2-17　2014 年中国（区）众筹 15 家平台成功项目分布示意图

2.1.3.5.3 筹资数额

2014 年上半年内，各月成功筹款总额基本都在 1000 万元人民币以下，7 月开始迅猛增长，见图 2-18。究其原因，京东众筹上线后陆续出现了一些目标金额较低但实际筹款额高达千万元人民币的明星项目（图 2-18 显示，同期项目个数增长并不明显），从而抬高了红线的位置。

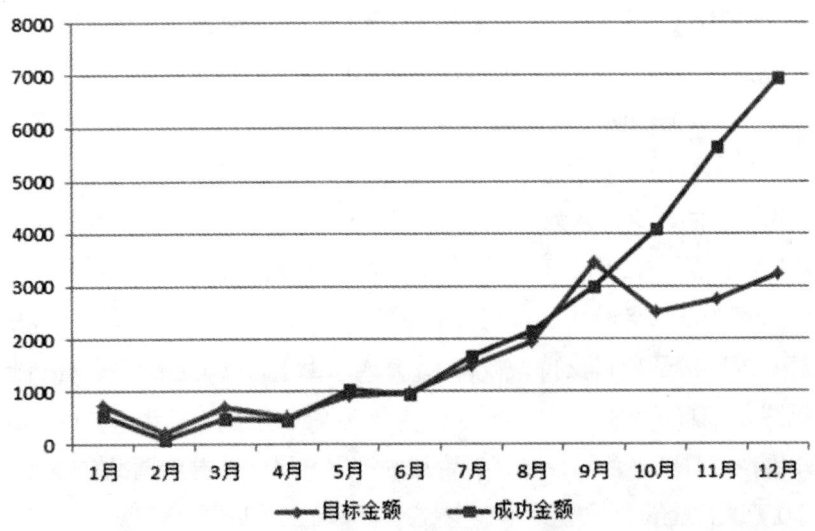

图 2-18　2014 年中国（区）众筹 15 家平台各月筹款金额示意图

从筹款成功率方面看，京东众筹一枝独秀，年度份额占到 45.23%，实际上其上线时间不足半年，2014 年 11—12 月份额均达到了 60% 上下。其次是众筹网、淘宝众筹和点名时间，三者份额也都在 12%~20% 之间，见图 2-19。

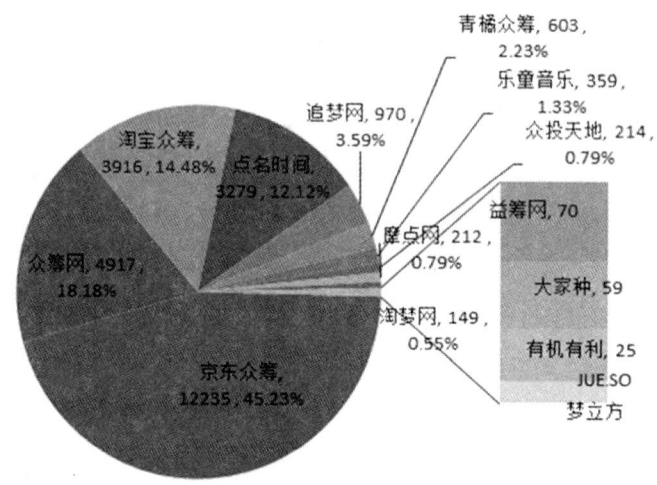

图 2-19　2014 年中国（区）众筹 15 家平台成功筹款金额分布示意图

据清科研究中心 2015 年 1 月发布的《2015 众筹行业报告》统计数据显示，股权类众筹项目融资金额占所有众筹融资金额的 74.7%，大大高于奖励众筹融资金额所占比重。但从预期募资金额上来看，股权众筹领域仍存在巨大资金缺口，其融资需求超 35 亿元人民币，但实际市场资金供给规模仅占资金需求的 29.4%，这一组数据也侧面反映出中国（区）中小企业融资难、融资渠道有限等问题。

2.1.3.5.4　活跃支持人数

2014 年 10 月份之前，商品众筹行业活跃支持者的增长并不特别显著，月度平均增长率为 25.6%。受京东众筹的影响，该数据在 11 月份猛增到 26.75 万人（房产众筹凑份子项目支持人数在 18 万人以上），2014 年底又回落到 13.42 万人，见图 2-20。

2014 年，15 家平台活跃支持者合计为 683 973 人，整个商品众筹行业人数至少在 70 万人以上，但主要集中在少数几个平台上，见图 2-21。

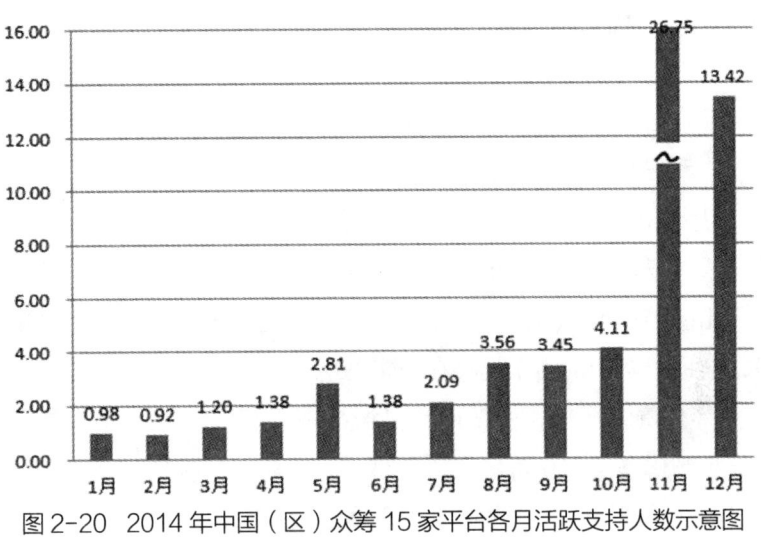

图 2-20　2014 年中国（区）众筹 15 家平台各月活跃支持人数示意图

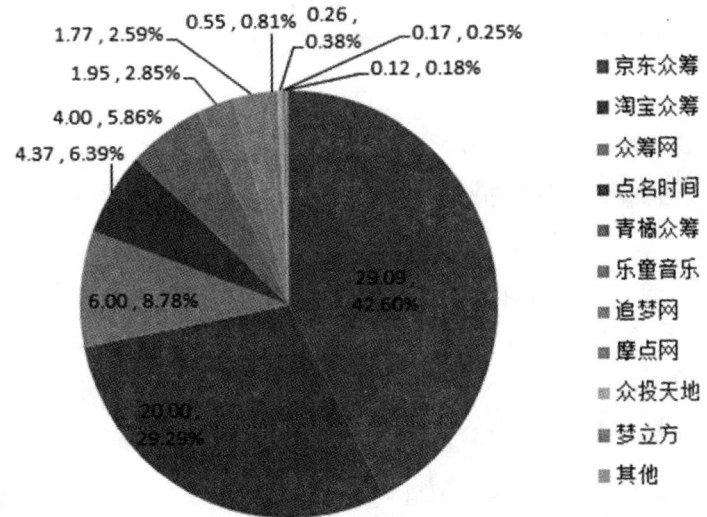

图 2-21　2014 年中国（区）众筹 15 家平台活跃支持人数分布示意图

2.1.3.5.5 总体评价

经过几年的初步发展，中国区众筹市场尚处于萌芽期，存在许多不足。众筹模式的市场认可度有所改善，即众筹行业需要回归众筹本质即资金众筹，而不只是借着众筹名义做市场营销。

由于中国区众筹行业融资规模与发展方式受资金供给方、需求方及监管层

的各方制约，其发展面临严峻的挑战。

首先，缺乏有效的监管机制。目前众筹市场一方面是导致筹资方的项目鱼龙混杂，优质项目难寻；另一方面是极大地削弱了资金供给方的投资热情，市场风险颇大，进而限制了行业的健康发展。

其次，退出机制不完善。目前市场上投资回报周期较长的众筹项目，因缺乏公开的交易市场，流动性很低。大部分众筹平台均未设定明确的退出机制，导致投资者退出困难。另一方面，由于不得承诺现金回报，无法有效弥补投资者的信用危机，对项目资金的安全性存在一定疑虑。

京东众筹负责人金麟接受《南方日报》采访时表示，从世界范围来看，走向平民化、市场化是股权众筹的大势所趋。股权众筹有前景、有潜力，但是投资者教育的过程任重道远。中国的投资者很多还没有意识把自己的一部分工资收入拿来做股权众筹，因为股权众筹是风险很高的行业，可能血本无归，也可能获得大额收益。"投资者教育完成之后，股权众筹市场才能爆发，目前更多的是小众项目。"[1]

国务院发展研究中心金融研究所所长张承惠日前指出，在股权众筹发展的过程中，有三个问题是不可回避的：一是法律问题；二是在众筹项目的运作过程中，怎么保证投资人的合法权益；三是股权众筹资产二次流转的问题。[2]

值得注意的是，目前有一部分具有前瞻性的风投资本家，基于以下因素开始关注甚至投资众筹平台。

第一，目前越来越多的创业公司和小企业开始在众筹平台集资。

传统的风投项目基本是通过关系渠道与各种网站获得项目信息，而众筹平台则可以为风投公司推荐更多的项目。另外，众筹平台对项目审核拥有较高效的审核机制，能快速与企业家沟通，促进项目投资决策过程。

第二，风投可利用众筹平台上的项目信息，决定一个项目是否值得花时间。

一般风投顾问由于日程时间有限，许多风险投资人都认为众筹平台可以帮助其节省了时间。风投每天都会收到数十份计划书，格式不同，有些还缺乏必要

---

① 南方日报.淘宝京东苏宁争入局 众筹进入大平台时代？[N].2015-04-27.

② 和讯网.股权众筹实务研讨会在京举行[N].2015-06-06.

的数据。另外众筹平台会对公司商业计划书进行分类，采取标准格式在平台发布，进而节省投资者大量时间。

第三，众筹平台使风险投资人的尽职审查过程更加便捷。

众筹平台一般要求公司提供必要的项目数据供投资者参考，以便帮助其决策。标准化的项目商业计划书使他们不必亲自搜索特定的信息。

从行业供需角度分析，众筹行业的发展前景无疑是广阔的。特别是随着个人征信市场化闸门的开启，互联网金融市场的信息透明度将有效提升，对建立可靠的众筹平台和筛选出优质的众筹项目均具有明确的机制性导向作用。

一系列政策信号的释放，对股权众筹行业是巨大利好。政府即将颁布新的《证券法》、以及即将推出的公募股权众筹管理办法，可能会对股权众筹进行相关的豁免，例如有望突破众筹人数限制，以及单个项目的融资额度限制等。

根据世界银行此前发布的报告预计，2025 年，全球众筹市场规模将达 3000 亿美元，该报告特别指出世界众筹市场的最大潜在机会在中国，规模预计为 500 亿美元。如果按 5% 佣金估算，行业盈利空间高达 25 亿美元。

据艾瑞咨询研究数据显示，2018 年，中国区权益众筹市场融资规模预计将突破 150 亿元人民币。

2.1.4 中国（区）在线支付行业的基本情况

2.1.4.1 在线支付的基本含义

互联网支付是指通过计算机、手机等设备，依托互联网发起支付指令、转移资金的服务，其实质是新兴支付机构作为中介，利用互联网技术在付款人和收款人之间提供的资金划转服务。典型的互联网支付机构是支付宝。

2.1.4.2 在线支付的分类

互联网支付主要分为三类：

一是客户通过支付机构链接到银行网银，或者在电脑、手机外接的刷卡器上刷卡，划转银行账户资金。资金仍存储在客户自身的银行账户中，第三方支付机构不直接参与资金划转。

二是客户在支付机构开立支付账户，将银行账户内的资金划转至支付账户，再向支付机构发出支付指令。支付账户是支付机构为客户开立的内部账务簿记，客户资金实际上存储在支付机构的银行账户中。

三是"快捷支付"模式，支付机构为客户开立支付账户，客户、支付机构与开户银行三方签订协议，将银行账户与支付账户进行绑定，客户登录支付账户后可直接管理银行账户内的资金。该模式中资金存储在客户的银行账户中，但是资金操作指令通过支付机构发出。

2.1.4.3 在线支付的优势

由于在线支付可以利用公共网络资源，不需设立物理的分支机构或营业网点，减少了人员费用。网上银行可以提供低成本、详尽的信息咨询，有效解决了营业网点难以提供全面信息服务的限制，网上股票债券买卖等为客户提供了更加合适的金融服务。这种在提高银行后台效率的同时，可以有效降低银行经营成本的新兴业务受到银行界欢迎。

另外，在线支付打破了传统银行业务的地域、时间限制，能在任何时候、任何地方、以任何方式为客户提供金融服务，这既有利于吸引和保留优质客户，又能主动扩大客户群，无疑给银行开辟出新的利润来源，提升银行的市场竞争力。

2.1.4.4 中国（区）在线支付的发展态势

2000年8月31日，中国工商银行与首信、8848、新浪、搜狐、联想、硅谷动力、华夏大地教育网和新润迅等8家本土企业联手推出了牡丹信用卡BtoC在线支付系统。作为中国区最大的本土国有商业银行，中国工商银行开通在线支付业务，对中国的电子商务发展具有里程碑意义。

目前，互联网支付发展迅速，截至2013年8月，在获得许可的250家第三方支付机构中，提供互联网支付服务的有97家。2013年，支付机构共处理互联网支付业务153.38亿笔，金额总计达到9.22万亿元人民币。[①]

另据《中国第三方电子支付行业投资前景预测分析报告》的研究数据显

---

① 中国人民银行金融稳定小组.中国金融稳定报告2014[R].北京：中国金融出版社，2014.

示，2014 年，中国（区）第三方互联网支付交易规模超 8 万亿元人民币，同比增长 50.3%；第三方移动支付交易规模近 6 万亿元人民币，同比 2013 年增长391%，约为 2011 年交易额的 80 倍。值得注意的是，第三方移动支付在 2013 年、2014 年两年爆发式增长，预计 2018 年移动支付的交易规模有望达到 18 万亿元人民币。[1]

互联网支付业务的应用范围也从网上购物、缴费等传统领域，逐步渗透到基金理财、航空旅游、教育、保险、社区服务、医疗卫生等。2014 年中国电子支付方式中，第三方互联网支付和第三方移动支付每月支付 4~8 次的用户占比最高，分别是 31.8% 和 33.5%。手机银行和网上银行每月支付 1~3 次的用户占比最高，占比分别是 32.2% 和 35.9%。见图 2-22。

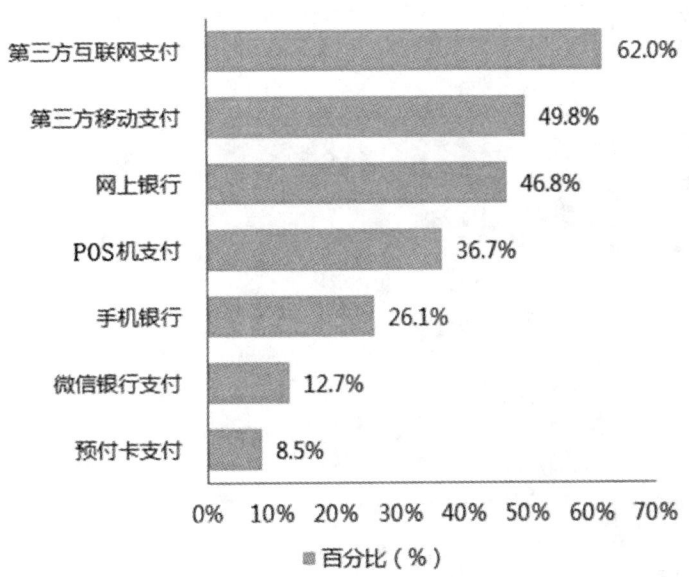

图 2-22　2014 年中国（区）网民经常使用的支付方式占比示意图

中国的网上银行方面，目前有建设银行"善融商务"、交通银行"交博汇"、招商银行"非常 e 购"以及华夏银行"电商快线"等在线业务平台。

---

① 《中国第三方电子支付行业投资前景预测分析报告》.

2014 年，中国（区）网上银行用户选择使用过的网上银行占比最高的是工商银行，超过一般用户使用过。超过 50% 用户使用过的银行除了工行外还有建设银行，除此之外农行等五家银行使用率超过 20.7%。网银用户最常用的网银分布和使用率有一定的相关性，工行（25.6%），建行（17.5%），农行（11.4%）排名前三。2014 年，中国（区）第三方互联网支付用户选择使用的支付产品渗透率最高的是支付宝，有 94% 的第三方互联网支付用户选择使用支付宝，用户渗透率遥遥领先。其余渗透率较高的还有银联在线（36.6%），财付通（36.3%）和快钱（33.1%）。有 87.6% 的用户最常用的第三方互联网支付产品是支付宝，位列第二位的银联在线只有 2.9%。见图 2-23、图 2-24 和图 2-25。①

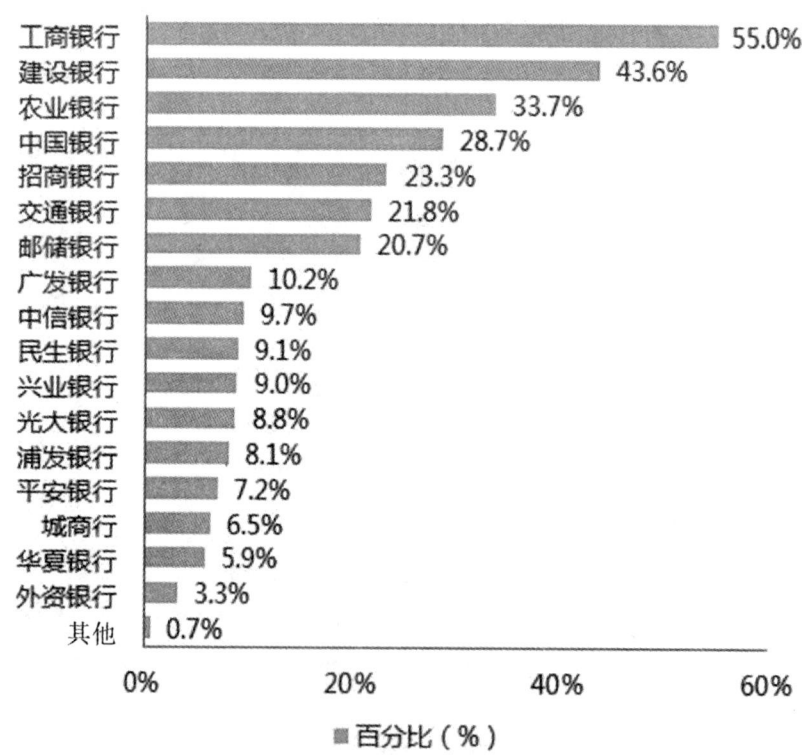

图 2-23 2014 年中国（区）使用过各网上银行的网民分布示意图

---

① 艾瑞咨询 . 2015 年中国电子支付用户分析报告 [EB/OL]. 2015.

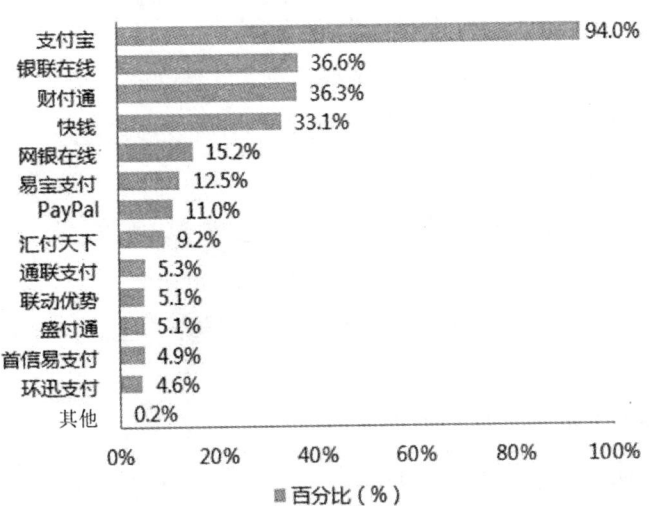

图 2-24　2014 年中国（区）网民使用过的第三方互联网支付产品分布示意图

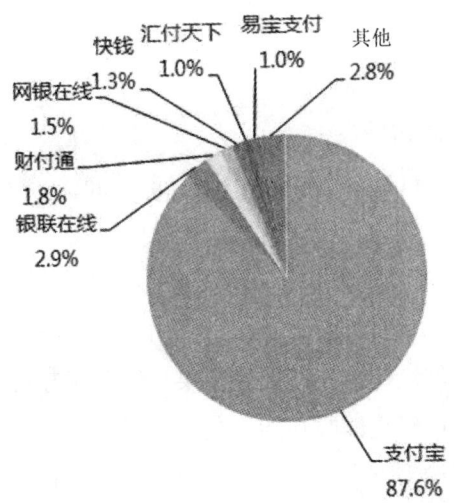

图 2-25　2014 年中国（区）网民最常使用的第三方互联网支付产品结构示意图

　　值得关注的是，由于第三方在线支付是付款人银行卡信息将暴露给第三方支付平台的，一旦这个第三方支付平台的信用度或保密手段欠佳，将给付款人带来一定风险。由于有大量资金寄存在支付平台账户内，而第三方平台是非金融机构，付款人的寄存资金将面临不确定性风险。

117

2.1.4.5 中国（区）在线支付的发展趋势

据 Digital River 公司高级副总裁兼全球支付部总经理 Souheil Badran 的分析，2015年，中国（区）支付行业将出现以下五种发展趋势。[1]

第一，虚拟钱包将成主流。

2015年，虚拟钱包将成为主流。支付宝、微信钱包等已激起人们对移动支付的兴趣，数字钱包就会成为零售商提升客户体验的重要工具。如果将传统的钱包比作一个收纳袋，那么虚拟钱包就是一个生态系统，它汇集了所有消费者互动形式。

第二，各种设备将成为支付媒介。

最近一些研究预测，未来将有成百上千亿的个人设备会连接到互联网上，从电脑、智能手机，到照明灯和冰箱。物联网将给产业和生活带来难以预料的巨大变化。互联设备激增将对人们的支付方式产生革命性影响。连接到互联网上的物体越多，可用支付方法就越多。未来一年，中国（区）消费者有可能用苹果手表或其他移动设备进行支付。

第三，虚拟支付创造更大价值。

"物联商务"将不仅为消费者提供新的购物方式，还能为商家提供新的途径，将商家与消费者间的支付交易行为，转变成真实有效的互动。

随着越来越多的设备连接到互联网，关于人们如何进行购物决策的数据也会越来越多。互联设备产生了丰富的背景数据，利用这些数据，零售商便能够以更加有意义的方式为消费者创造价值。例如：如果一位消费者用智能手表支付了一杯咖啡的费用，接着她有可能立即收到同一条街上一家健身馆的优惠券，她也许非常高兴，觉得这张优惠券来得很及时，因为她也在用智能手表记录自己的运动情况。

第四，尊重消费者权利很重要。

确保支付系统能提供可靠的消费者保护功能将变得前所未有的重要。

第五，消费者选择是王道。

---

[1] TechTarget 中国. 五大趋势左右 2015 中国在线支付市场 [EB/OL]. 2015-01-22.

随着新的支付方法甚至新的货币不断涌现和激增，消费者将掌管决定权。这意味着，商家必须寻找能响应消费者快速偏好变化的方法。

2.1.5 中国（区）互联网理财行业的基本情况

按照网络销售平台的不同，基于互联网的基金销售可以分为两类：一是基于自有网络平台的基金销售，实质是传统基金销售渠道的互联网化，即基金公司等基金销售机构通过互联网平台为投资人提供基金销售服务。二是基于非自有网络平台的基金销售，实质是基金销售机构借助其他互联网机构平台开展的基金销售行为，包括在第三方电子商务平台开设"网店"销售基金、基于第三方支付平台的基金销售等多种模式。其中，基金公司基于第三方支付平台的基金销售本质是基金公司通过第三方支付平台的直销行为，使客户可以方便地通过网络支付平台购买和赎回基金。以支付宝"余额宝"和腾讯"理财通"为例，截至 2014 年 1 月 15 日，"余额宝"规模突破 2500 亿元人民币，用户数超过 4900 万个；"理财通" 1 月 22 日登录微信平台，不到 10 天规模已突破 100 亿元人民币。

2.1.6 中国（区）互联网证券行业的基本情况

2014 年初，国金证券联合腾讯推出互联网产品"佣金宝"，一度将该渠道增量客户的交易佣金费率调降至 0.2‰，市场反应热烈。国金证券在 5 月份小幅上调佣金宝费率至 0.25‰（该费率仍然为行业最低水平之一）。

在 2014 年 9 月、11 月、12 月与 2015 年 3 月 2 日，中证协先后分五批公布了互联网证券试点券商名单，包括中信证券、国泰君安、长城证券、平安证券、华创证券等在内的 55 家券商取得互联网证券业务经营资格。

中山证券同腾讯开展合作推出移动金融平台"惠率通"，其佣金也为 0.25‰。

在证券牌照尚未向互联网公司开放的时期，互联网证券的发展模式将主要体现在经纪交易线上化、投融资产品线上化、证券移动支付以及互联网股权众筹四大方向。

另一个重点发展方向是投融资产品的线上化，包括资管计划、资产支持证券、券商的收益凭证等，这些理财产品线上化的想象空间很大。由于政策规定资管产品销售过程必须全程录像，以确保券商完成足够的风险揭示，这类产品线上化仍然需要相应的制度提供保障。

多数试点券商开始设立或拟设立专门的互联网金融部门适应发展需求。例如东方证券计划设立互联网金融总部，申万宏源证券正在筹备设立互联网金融办公室，国泰君安证券和国联证券则分别成立网络金融部和互联网金融部。

2.1.7 中国（区）互联网保险行业的基本情况

2.1.7.1 互联网保险的分类

中国（区）互联网保险主要分为三类，第一是由官网平台构成的直销渠道，第二是由专业代理平台如中民保险网、慧择网构成的专业代理渠道，第三是由携程旅行网等组成的兼业代理渠道。还有一种是由综合类平台、第三方平台等组成的第三方平台渠道。

2.1.7.2 互联网保险的优势

互联网企业做保险在两大方面具有明显优势。一方面，代理人渠道成本上升，互联网可有效降低保险公司获得客户的成本。另一方面，互联网特有的"噱头营销"以及巨大影响力也让保险公司获益匪浅。例如，中国（区）首家网络险企——众安在线财产保险有限公司于2013年11月6日正式成立，见图2-26。众安在线由中国平安、阿里巴巴和腾讯等筹资建立，仅从事互联网相关业务，通过自建网站和

图2-26　2013年11月6日，中国（区）首家网络保险公司众安在线财产保险有限公司正式成立

第三方电商平台销售保险产品。

保险行业向互联网转型已成潮流，目前已有 40 余家保险公司在官网开设网上商城，未来国内互联网保险市场的发展速度将十分惊人。除了第三方电商平台和网络保险公司外，传统保险公司自建的电商平台也做得风生水起，有多达 40 余家保险公司已在官网开设网上商城，希望分得一杯羹。

2.1.7.3 中国（区）互联网保险行业的发展态势

2007 年到 2013 年间，中国（区）整体保险收入增长放缓，由 2008 年的 39.1% 到 2011 年的 −1.3%。2013 年，中国（区）互联网保险规模保费达到 89.0 亿元人民币，相较 2012 年增长 124.6%，占中国（区）保险市场整体保费收入 0.5%。预计 2014 年到 2017 年，互联网保险会持续保持一个高速发展态势，年复合增长率 92.4%。2017 年，中国（区）互联网保险规模保费将达到 1218.8 亿元人民币，渗透率将达到 4.5%。见图 2-27 和图 2-28。①

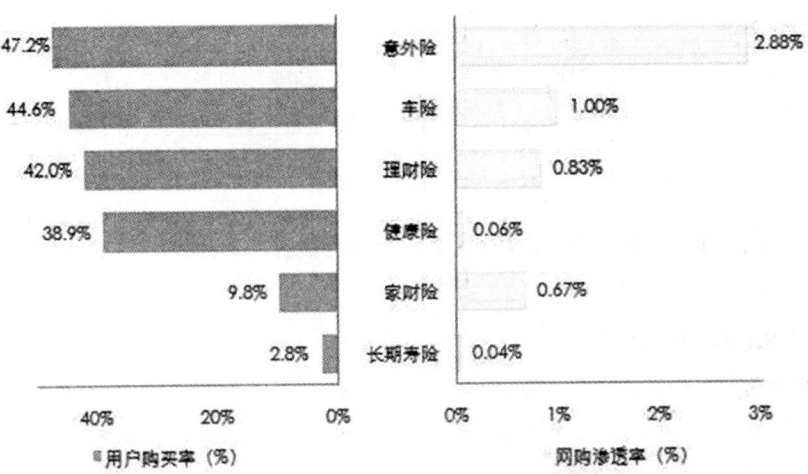

注释：网购渗透率指各险种网上实现规模保费占该险种该年整体保费的比例。用户购买率指已购买过互联网保险的网民购买过某一险种的比例。
来源：网购渗透率根据根据公开数据以及艾瑞统计模型估算。
样本：N=386；于2013年11月-2014年2月通过iUserSurvey在21家网站上联机调研获得。

图 2-27 中国（区）互联网保险各险种用户购买率及网购渗透率示意图

---

① 艾瑞咨询. 互联网保险业的发展趋势分析 [EB/OL]. 2014-09-18.

目前，中国（区）互联网保险的问题主要有：第一，民众对于网络保险渠道认知度不足；第二，互联网保险险种及产品的局限性；第三，目前的产品设计使互联网保险价格优势还没充分展现；第四，对于线上产品的产品介绍、产品展示没有线下渠道的清晰直接。

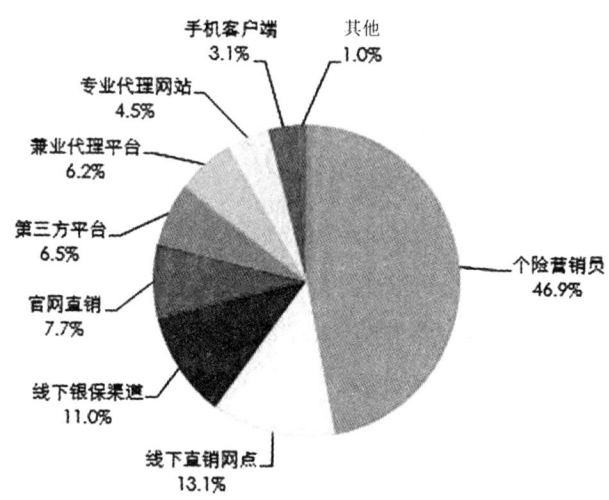

样本：N=921；于2013年11月-2014年2月通过iUserSurvey在21家网站上联机调研获得．

图 2-28　2013 年中国（区）网民购买保险最主要渠道及占比示意图

2.1.8 中国（区）互联网金融产业暴露的问题与风险

2.1.8.1 问题综述

据零壹研究院数据中心发布的统计数据显示，截至 2015 年 4 月 30 日，中国（区）市场的 P2P 借贷平台有 2508 家（仅包括有线上业务的平台），目前处于正常运营的平台有 1893 家。从 2014 年到 2015 年 4 月底，有问题的平台高达 615 家（不含港澳台地区），其中广东、山东、浙江三省问题平台数量共计 294 家，占全部问题平台的 47.8%，2015 年 4 月份新增问题平台数量为 45 家，其中山东 12 家，占比 26.67%；广东省为 8 家，问题平台仍然呈现上升势头。①

---

① 北京商报. 去年至今 P2P 问题平台已达 615 家 [EB/N]. 2015-05-05.

2.1.8.2 虚假宣传

监管的缺失，致使网贷行业野蛮发展。平台为获信任，想尽千方百计只为傍上大款，给自己营造一个"高富帅"的形象。例如，2014 年 8 月，爱投资涉嫌过度宣传，遭民政部点名。人人聚财称获博时子公司 1 亿元人民币融资，也遭博时基金否认。顿时，负面信息甚嚣尘上，平台老板不得不出面解释、致歉。

2.1.8.3 违规吸存

有媒体报道称，2014 年，P2P 网络借贷平台涉嫌非法集资发案数、涉案金额分别是 2013 年的 11 倍、16 倍。非法集资是行业红线，但是公安机关一旦查处起来却要面临难以界定的尴尬局面，而这背后的原因则来自非法集资被害者呈现了较为明显的"斯德哥尔摩症候群"。斯德哥尔摩症候群也称"人质情结"，即在犯罪的过程中，被害者对施害者产生情感，甚至反过来协助施害者进行犯罪。

投资者在明知道犯罪分子从事非法集资的情况下，依旧选择相信，原因在于他认为犯罪分子可以骗到更多的钱，并且自身可以在泡沫破灭之前逃出骗局。投资者为了个人的利益并不愿意指证犯罪分子。同时，在案件处理过程中更多转化为结果导向，即公安机关只有在该笔借款的返款日没有履约产生逾期的时候才会出面。例如涉案金额 1.2 亿元人民币的"东方创投案"，冻结在案的资金只能覆盖不足一半的未归还本金。在历时 9 个月的调查取证后于 2014 年 7 月做出一审判决，被告人邓亮、李泽明因非法吸收公众存款罪被分别判处有期徒刑和罚金，此次判决是司法体系对 P2P 平台自融案件的首次裁量。

2.1.8.4 涌现坏账

自从 2009 年红岭创投开创了平台承诺垫付的模式之后，中国（区）网络借贷行业才真正开始飞速发展。平台承诺垫付之后，其本身成为了信用主体，投资人在投资决策时只须对平台进行风险判断，而无需对平台的每个借款项目进行风控，这在一定程度上降低了投资决策的成本。

2014 年 8 月 28 日，红岭创投董事长周世平自曝 1 亿元人民币坏账消息，并称因为抵押物处理需要很长时间，全部到期借款将由红岭创投提前垫付。红岭亿元坏账在网贷圈引起了轩然大波，网贷行业的风险控制水平引发忧虑。而"大

标模式"也倍受争议,有专家指出,大额融资项目,风险集中,漏洞隐患较多。

2014年,老牌平台贷帮网出现超千万元人民币逾期业务贷款,但贷帮网却拒绝"兜底",宁愿走法律程序来承担相应责任。这种"拒不兜底"的做法在行业内掀起巨浪,从而使得潜行在P2P当中的"刚性兑付"神话被打破,成为P2P放弃"兜底"的第一例。

与贷帮网相向而行的是整个行业,老平台想继续做大做强,一旦出现坏账都会毫不犹豫先行垫付,因为放弃垫付相当于自毁前程。

2.1.8.5 跑路倒闭

P2P平台的高风险背后有几方面原因。第一,从2013年至今,互联网金融相关监管法规一直没有发布,出现政策空间。第二,投资人尚不成熟,对高收益平台的参与热情很高。即使部分投资人吃过亏,在大环境缺乏投资渠道的前提下,仍然选择这类项目。第三,从网贷平台角度分析,多数平台为追求收益均希望承揽大单业务,这就意味着将涉及吸引许多投资人参与。如果未来融资方出现还贷压力,市场风险即刻凸现。缺乏有效退出机制,就会导致多数平台老板被跑路。

例如,受"旺旺贷"跑路影响,百度于2014年4月28日宣布全面清理不良P2P网贷平台,并对在百度进行推广的P2P网贷平台"短期内全部下线",被百度下线的P2P网贷平台已经超过800多家。百度此次雷厉风行对P2P网贷行业"动刀",是在政府相关法律法规缺位的情况下主动为之,尤其清理P2P不良平台的动作,引发行业震荡。当然,百度这剂"猛药"也引起了巨大的争议。

2.1.8.6 网站技术漏洞

2015年4月9日,一则名为"芝麻金融P2P网站数据库泄露可导致用户千万级资金受影响"的漏洞,通过了国内互联网安全漏洞平台——乌云网——的后台审核,其中指出"造成逾8000名用户资料泄露,包括用户姓名、身份证号、手机号、邮箱、银行卡信息等",涉及金额高达3000多万元人民币。

对此,芝麻金融的客服人员坦承:"今早业内数家P2P机构后台均遭到攻击,很不幸芝麻金融成为了其中的一员。"随后,芝麻金融在官网发表声明称,"机构所有用户账户均已绑定第三方资金托管平台,未出现任何用户资金损失的情况。"

据不完全统计数据显示，中国（区）过半数的 P2P 网贷平台上线一年后需要重建其后台系统。P2P 行业遭遇黑客攻击的频次自 2013 年开始呈量级增加。2014 年起至今，中国（区）超过 150 家 P2P 平台因黑客攻击导致系统瘫痪或数据恶意篡改。仅仅在广州地区，2015 年第一季度就有 20 多家 P2P 平台遭遇不同程度黑客攻击。

2.1.8.7 其他问题

无边界性导致互联网金融诞生出新的行业问题。

2.1.8.7.1 互联网羊毛党

自 2014 年中后期开始，市场上诞生一种称为"羊毛党"的新风险。所谓的"P2P 羊毛党"，是指这一两年来活跃在各 P2P 平台上，有组织地专门参加各类如注册送 50 元等优惠活动，以此赚取小额奖励的投资群体。在平台成立早期，由于急需要聚拢人气，所以通常会以高比例的奖励回报吸引投资者，有一部分投资者就专门活动在该奖励期，一旦拿到奖励，随即抽身就走。

例如，在广州的民间财富平台上，自从公告显示的最早日期 2014 年 12 月份以来，就一直充斥着各种优惠活动，比如，《12 月份民间财富优惠活动》、《推荐人人有奖》、《2015 年 1 月民间财富优惠活动》、《2015 年 2 月民间财富优惠活动》、《注册送现金活动》……一直到 3 月 31 日最后一则公告，竟然也是《2014 年 4 月民间财富优惠活动》。而每一个活动公告里面，至少包括七八项奖励，例如《12 月份民间财富优惠活动》的奖励就包括：投标奖励、线下充值奖励、注册送红包、约标奖、续投奖励、幸运奖、满标奖、好友推荐奖励、开门利是奖……

这些奖励吸引羊毛党在平台上剪羊毛，但羊毛党并非客户黏性很高的正常投资者，一旦奖励拿到手，羊毛党就要抽身出去，而平台将面临缺乏投资者接盘的尴尬。

2.1.8.7.2 保险代理员推销 P2P

自 2014 年开始，市场中陆续出现保险代理人私下推销起 P2P 产品现象。由于这些专业销售人士不甘于保险并不算微薄的佣金，加之 P2P 公司或第三方理财公司看中的则是他们手里现成的客户资源，频频从险企挖角离职甚至在职业务员。普通人因为信赖保险公司，而轻信了与保险公司没有任何关系的"野鸡"P2P产品，一旦 P2P 人去楼空，最终将落得血本无归。例如，2014 年年初，数名离职业务员借着某保险公司名头，电话邀约多位老客户，并以保险公司名义组织了一场帕拉迪旅游产品说明会。并特意将上车集合出发点，"有心"地挑选在该保险公司某营销职场大楼底楼。拿着业务员印有该保险公司抬头的名片，整个过程中，投资者自始至终认为此产品为该保险公司所代理销售，虽然最终与之签订合同的是帕拉迪，但就此轻信购买还是出于对保险公司的信任。

而几乎是同一时段，保险公司方面则出现大量客户"异常退保"的现象。通常来说，由于退保将损失 20% 到 30% 的现金价值，客户一般会细细询问力求将损失减到最低。可这些异常退保客户，却对金额损失毫不在意。经过核查，近 20 位被骗投资者中，16 位在业务员的鼓动下进行退保转而将资金投给帕拉迪。事发后，这 20 位 50 岁以上的中老年客户共计损失金额 1000 多万元人民币。

这些被欺骗的老年人具有几项特征：一是有积蓄有闲钱；二是对类似 P2P 等新兴事物缺乏必备知识；三是容易被"高收益"所打动。这就使得一些 P2P 公司投机取巧，专将老年人拟定为目标客户群。老年人容易形成"圈子"，以老带新，一些打着 P2P 旗号进行"庞氏骗局"勾当的企业正是看中了这点。以高收益为诱饵，也许第一个十万投进去，确实本利都拿回来了，平台用这种"小甜头"的方式，让投资者放松心理戒备，实则放长线钓大鱼。

2.1.8.7.3 "僧多粥少"

数据显示，截至 2014 年上半年，参与 P2P 投资的人数是 44.26 万人，通过 P2P 借款的人数则仅为 18.9 万人，不足投资人数的二分之一。P2P 平台在吸引了大量投资者后，真有充足的优质项目来维持资金链的正常运作吗？实际情况是，优质贷款人的获取难度要大得多。例如，2014 年 3 月中旬，成立较早、规模较大的人人贷发布公告表示暂停发布优选计划（贷款项目打包而成），称"由于春节后贷款量恢复较慢，广大用户们的投资热情和投资需求又非常高涨，形成了显著的供求不平衡情形"。开鑫贷、有利网、积木盒子、新新贷等在内的 10 多家平台网站，也同一时间都属于项目全部满额的状态。既然投资者选择余地处于紧缺状态，受高收益刺激，他们便容易忽略平台项目的质量从而选择一些不规范、少人气的平台，导致行业风险上升。

2.2 中国（区）互联网金融产业政策研究

2.2.1 管理高层行业指示

2014年4月21日，中国银监会通过新闻发布会发布《关于办理非法集资刑事案件适用法律若干问题的意见》。处置非法集资部际联席会议办公室主任刘张君在发布会上表示，P2P网络借贷平台要明确四条红线，即一是要明确这个平台的中介性质；二是要明确平台本身不得提供担保；三是不得归集资金搞资金池；四是不得非法吸收公众资金。[①]

2014年9月27日，中国银监会创新监管部主任王岩岫在深圳召开的"2014中国互联网金融创新与发展论坛"上提出了P2P网贷行业监管的"十大原则"：一是P2P机构不能持有投资者的资金，不能建立资金池；二是落实实名制；三是强调P2P机构应是信息中介；四是P2P需要有行业准入；五是资金第三方托管，引进审计机制，避免非法集资；六是不得提供担保；七是明确收费机制，不盲目追求高利率融资项目；八是信息充分披露；九是加强行业自律；十是坚持小额化。[②]

2014年12月7日，国务院发展研究中心金融研究所所长张承惠在召开的"2014互联网金融创新与监管行业峰会"上表示，第一，要让P2P平台有足够的管理能力和风险控制能力，只有一定的资本金才能保证足够的软件和硬件的投入。第二，P2P平台要保证交易过程的公开、透明。第三，应统一行业标准，行业标准是由自律组织来做还是由监管部门来做，可做进一步商讨。第四，在风险控制方面，P2P平台要有管理约束机制，包括技术风险、信息风险，还有资金的风险。[③]

央行副行长潘功胜在2014年11月26日召开的"2014支付清算与互联网

---

① 刘张君. 警惕P2P借贷网站搞资金池 [EB/OL]. 人民网. 2014-04-21.

② 北京日报. http://news.ifeng.com/a/20140928/42102927_0.shtml，2014-09-28.

③ 中国证券报. http://www.cs.com.cn/sylm/jsbd/201412/t20141207_4582997.html，2014-12-07.

金融论坛"上提出，目前央行正在牵头制定促进互联网金融健康发展的指导意见，具体来说：一是在监管规则和监管框架的设计上坚持开放、包容的理念；二是坚持监管规则的公平性，加强协同监管，防止监管套利；三是市场主体要正确理解监管与行业自律的关系；四是需要监管部门与从业机构之间保持良好的沟通；五是坚守业务底线，合规经营、谨慎经营。互联网金融业务的多样性、差异性特征明显，但每项业务都要遵守一定的业务边界，如网络借贷领域，平台本身不能搞担保，不得归集资金搞资金池，不得非法集资和非法吸收公众存款。[1]

李克强总理2014年11月19日主持召开国务院常务会议时指出，要"建立资本市场小额再融资快速机制，开展股权众筹融资试点"。[2]

保监会副主席陈文辉2014年7月称，保监会正在抓紧起草制定互联网保险业务的监管办法。他指出，发展互联网保险，要处理好五个关系。第一个是要正确处理好互联网业务发展和规范经营之间的关系，要把握不同时期不同阶段不同条件下发展和规范的先后顺序和关系的尺度，监管要在该出手的时候果断出手，该叫停的就叫停。第二个是要处理好线上和线下的关系，线上线下监管既要有统一也要有差异性，防止监管套利。第三个是要处理好前端和后端的关系。第四个是要处理好原则性监管与规则性监管的关系。第五个是要处理好公开透明和客户信息隐私保护的关系。

2.2.2 行业指导意见

中国（区）法律、法规按照效力等级分为四个层次：一是全国人大或常委会制定颁布的法律，如《证券法》；二是由国务院制定并颁布的行政法规；三是由各监管部门和相关部门制定的部门规章和规范性文件（包括指导意见）；四是由各个证券交易所、行业协会和中国证券登记结算有限公司制定的自律性文件。

中国人民银行2014年4月发布了《中国金融稳定报告（2014）》。其中专题二提到，互联网金融创新必须坚持金融服务实体经济的本质要求，合理把握创

---

[1] 财新网. http://finance.caixin.com/2014-11-26/100755724.html，2014-11-26.

[2] 人民网. http://politics.people.cn/n/2014/1119/c1024-26056425.html，2014-11-19.

新的界限和力度。包括互联网金融在内的金融创新必须以市场为导向，以提高金融服务能力和效率、更好地服务实体经济为根本目的，不能脱离金融监管、脱离服务实体经济抽象地谈金融创新。互联网金融中的网络支付应始终坚持为电子商务发展服务和为社会提供小额、快捷、便民的小微支付服务的宗旨。P2P和众筹融资要坚持平台功能，不得变相搞资金池，不得以互联网金融名义进行非法吸收存款、非法集资、非法从事证券业务等非法金融活动。

在此基础上，该报告给互联网金融机构提出五点指导意见：一是互联网金融创新必须坚持金融服务实体经济的本质要求，合理把握创新的界限和力度。二是互联网金融创新应服从宏观调控和金融稳定的总体要求。三是要切实维护消费者的合法权益。四是要维护公平竞争的市场秩序。五是要处理好政府监管和自律管理的关系，充分发挥行业自律的作用。[①]

2014年初，中国人民银行发布《中国人民银行关于手机支付业务发展的指导意见》、《中国人民银行支付结算司关于暂停支付宝公司线下条码（二维码）支付等业务意见的函》。

2.2.3 行业管理与法规

2014年4月，由央行条法司牵头筹建，成员单位涵盖银行、证券、支付、互联网、P2P等多个领域、旨在对互联网金融行业进行自律管理的中国互联网金融协会正式获得国务院批复。从入会标准看，有四大准入条件：第一，从业人员中必须有3人以上在银行做过5年风控；第二，公司要具备自有资金；第三，公司注册资金要达到1000万元人民币，净资产要超过500万元人民币；第四，公司技术人员必须通过公安部的二级安全认证。

2015年3月11日，中证协互联网证券专业委员会在北京召开成立大会，分别来自BAT、京东金融等互联网金融企业中高层均出任该委员会的副主任委员、委员等职务。

保监会2014年4月成立了互联网保险监管领导小组，研究监管政策、鼓

---

① 中国人民银行金融稳定小组.中国金融稳定报告2014[R].北京：中国金融出版社，2014.

励创新发展等问题，保监会副主席陈文辉任组长，财产保险监管部主任刘峰任副组长。

2014年初，中国人民银行发布《支付机构网络支付业务管理办法》。

2014年4月，保监会发布《关于规范人身保险公司经营互联网保险有关问题的通知（征求意见稿）》。

2014年7月，中国人民银行就《促进互联网金融健康发展》开始征求意见。

2014年12月10日，保监会公布了《互联网保险业务监管暂行办法（征求意见稿）》，这是国内首份针对互联网金融领域的监管文件。

2014年12月18日，中国证券业协会发布《私募股权众筹融资管理办法（试行）（征求意见稿）》，向社会公开征求意见。《管理办法》规定股权众筹平台不得兼营个人网络借贷（即P2P网络借贷）或网络小额贷款业务，不得提供股权或其他形式的有价证券的转让服务，不得对众筹项目提供对外担保或进行股权代持。同时，《管理办法》明确证券经营机构可以直接提供股权众筹融资服务，在相关业务开展后5个工作日内向中国证券业协会报备。

2015年3月11日，国务院办公厅印发的《关于发展众创空间推进大众创新创业的指导意见》中明确，开展互联网股权众筹融资试点，增强众筹对大众创新创业的服务能力。

银监会2015年1月20日宣布机构调整，P2P网贷正式纳入惠普金融部管理。

随着上述一系列互联网金融监管办法的出台，监管职责分工意见将进一步

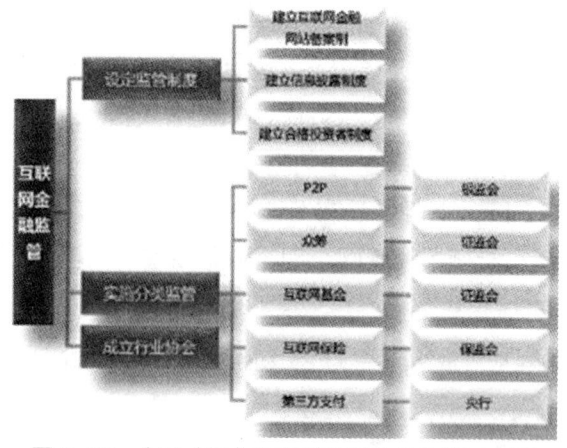

图2-29 中国（区）互联网金融分业监管示意图

明确为：银监会负责监管 P2P 业务，众筹与互联网基金业务由证监会监管，互联网保险业务由保监会监管，央行则负责互联网支付业务监管，见图 2-29。

央行目前正在牵头起草《非存款类放贷组织条例》，拟对不吸收存款的放贷业务实施牌照管理，明确非存款类放贷组织的法律定位和市场准入资格，规定业务规则和监管框架，明确地方政府的监督管理和风险处置职责。

2015 年 7 月 18 日中国人民银行等部委联合印发《关于促进互联网金融健康发展的指导意见》。

2.2.4 地方性政策

互联网金融的热潮引来地方政府的关注，全国各地地方政府纷纷出台政策，包括北京、上海、深圳、天津、南京、贵阳、广州等地均已有方案。

深圳出台《关于支持促进互联网金融创新发展的指导意见》。《意见》提出，促进传统金融依托互联网转型升级，鼓励金融机构利用互联网技术手段改变传统物理网点的营销模式和服务机制，全面提升服务广度和深度。深圳《意见》大体主要为：力争 3 年形成互联网金融和民营金融"聚集带"；支持互联网企业发起设立金融类机构；发展互联网金融产业链联盟；企业注册登记可使用"互联网金融信息服务"；完善互联网金融信用体系建设等。

天津开发区发布《推进互联网金融发展行动方案》，该《方案》是天津市首个推进互联网金融产业发展的行动方案。《方案》规定，开发区将按照"政府引导、市场运作、需求驱动、重点突破、促进转型"的思路，推动互联网金融发展。天津将设立 1 亿元人民币的互联网金融产业发展专项资金，用于支持互联网金融发展的相关云平台、网络设施等基础配套建设，力争在三年内聚集不少于 30 家的互联网金融企业，不少于 5 家的行业代表企业，营业收入不低于 100 亿元人民币，把开发区互联网金融产业基地建设成国内互联网金融创新和产业发展的核心区域之一。

南京出台多项扶持互联网金融政策：南京互联网金融中心揭牌；秦淮区设立了总额为 3 亿元人民币的互联网金融产业发展专项资金，重点用于载体建设、企业培育、人才引进和鼓励创新等。此外，对于引进机构和人才、设立研究培训机构、

鼓励投资机构为在地互联网金融企业投融资服务、搭建互联网金融云计算公共服务平台等方面也给予了极具吸引力的政策扶持。

广州公布支持互联网金融创新发展办法：落户广州的互联网金融企业如果缴纳所得税年度达500万元人民币以上，注册资本20亿元人民币以上的，可获得一次性奖励1200万元人民币的最高额度奖励。其他缴纳所得税年度达500万元人民币以上，注册资本在2000万元人民币至20亿元人民币的互联网金融企业，可以分6个等级获得一次性奖励100万元人民币至1000万元人民币不等。另外，对人员达100人以上、营业面积在2000平方米以上的互联网金融配套服务机构给予一次性奖励100万元人民币；对重点引进的特大型互联网金融配套服务机构给予最高不超过200万元人民币的一次性奖励。

武汉出台互联网金融13条《意见》：武汉模式的互联网金融产业发展意见将包含武汉市促进互联网金融健康发展的指导思想、政策措施、工作机制、行业基础设施建设和发展环境营造，以及武汉在引导互联网金融规范发展、防控相关领域金融风险方面的打算和举措。《意见》中提到，努力拓展互联网金融企业融资渠道，拿出财政资金作为引导资金，吸引社会资金注入。并鼓励有条件的互联网金融企业在新三板上市，进入股权交易市场进行交易。

2.3 中国（区）互联网金融产业发展趋势研究

2015年的P2P网贷行业经过自然淘汰、竞争淘汰、监管淘汰等大批出局者后，将从混乱的野蛮生长阶段过渡到行业逐渐规范发展的阶段。

2015年，P2P平台已从草根创业阶段到拼"爹"阶段。银行背景、证券背景、国资背景、上市公司背景的P2P平台将越来越多，注册资本数千万元人民币甚至上亿元人民币，金融机构及传统企业巨头纷纷进入或新建P2P平台，P2P行业创业准入条件提高，竞争加剧，已从互联网平民创业阶段发展到"高大上"创业阶段。

民营中小规模平台要如何在巨头的冲击中守住市场占有率？2015年，P2P平台将向垂直化、细分化、多样化发展。未来随着P2P平台数量迅速增长，网贷平台类型也将根据自身资源定位于不同的客户群体，从P2P，向O2O、P2N、

N2P、N2N 多种类型的创新发展，甚至在票据、股票配资、车贷、房贷等品类方面将逐渐走热。

例如，在国内 P2P 平台综合指数排名前十、车贷细分领域目前排名第一的微贷网，曾经是一家综合网贷平台。2011 年刚上线时，跟随市场上大部分平台做信用借贷。由于这种形式风险高盈利难，微贷网当时坏账率居高不下，导致运营举步维艰，企业陷入困境。后来通过市场调研，发觉细分领域没人做，机会更大，于是转型开始做车贷；目前国内车贷市场增长迅速，发展空间很大，这使得该企业成功转型金融蓝海市场。

监管层对于互联网金融保持了较为宽松和包容的态度，监管原则也是"适度监管、分类监管、协同监管、创新监管"，从风险防控的目的出发，明确红线、坚守底线，铸好高压线。其传递的明确信息是：P2P 网贷将由银监会负责监管，明令禁止的主要内容包括自担保、自融、资金池、非法吸存、洗钱等。

随着互联网金融监管办法的出台，监管职责分工将进一步明确，高层管理意见是：银监会负责监管 P2P 行业，众筹由证监会监管，央行则负责第三方支付的监管。

如果未来出台具体监管细则，届时将引发 P2P 格局洗牌，违规与经营不善的 P2P 网贷将被淘汰，优质 P2P 将高歌猛进。

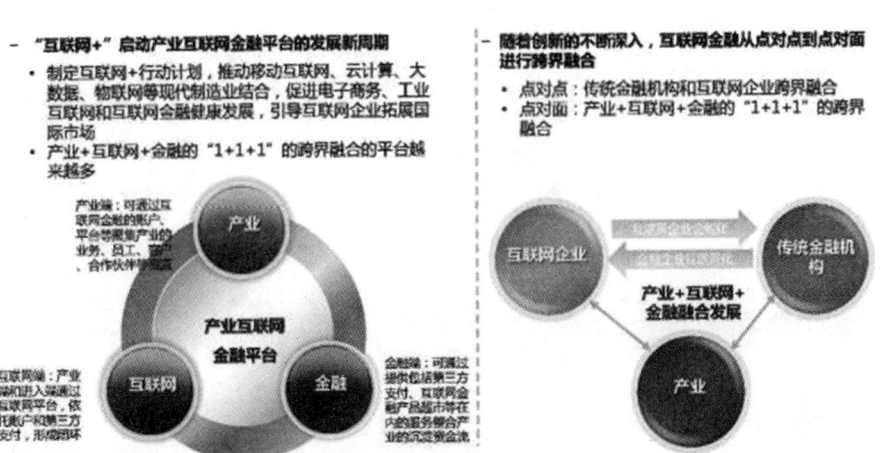

图 2-30　中国（区）互联网金融发展趋势示意图

未来 P2P 网贷的趋势主要有以下几点：

一是去担保化，风险存款准备金模式有可能成为主流。

二是第三方托管取代现在的通道模式、大账户模式、存管模式等。监管政策明确后，银行将加入到托管业务竞争中。

三是借款标的透明度提高，平台信息披露要求加大，或需要定期向监管方提交成交量、利率、逾期率、坏账率等运营数据。

四是规范化发展。主要包括平台网站备案；明确行业准入条件，如规定最低注册资本金要求；实行实名制；资金流水账目清晰等。

五是各地区行业自律协会的快速建设。

网络借贷行业联盟和行业自律组织出现，针对不同地区、不同贷款行业、不同运营模式等网贷平台将形成多维度的自律监管体系。

2015 年，"互联网金融＋"将在更多维度建立新模式，与更多领域、行业相加相融合，为行业发展带来无限新机遇。

如果 2013 年的余额宝等"宝宝时期"是互联网金融 1.0 时代，2014 年 P2P 平台及众筹发展定位互联网金融 2.0 时代，那么 2015 年及以后的"互联网＋"则将互联网金融带入成为互联网金融与各个产业深度融合的互联网金融 3.0 时代。预计未来的科技、农业、汽车、新能源、环保、房地产、文化、影视、现代服务业等产业在互联网金融推动下将获得迅速发展，成为传统产业升级转型、商业模式创新发展的战略性引擎。

第三章
互联网金融风险研究

3.1 互联网金融风险的基础研究

3.1.1 互联网金融风险的概念溯源

汉语"风险"一词的语义学释义是指"可能发生的危险"[《现代汉语词典》（修订本），1996]，其自然科学释义是"用数量表示的事先定义的意外事件发生的概率"（英国皇家协会，the Royal Society，1992），"风险"的经济学释义是指经济生活中的"不确定性"（Uncertainty）或"不完全信息"（Incomplete information）的现象（《新帕尔格雷夫经济学大辞典》，1987），"风险"的金融学释义是指资金融通过程中金融资产价值发生的不确定性改变（王松奇等，《金融学》，1997）。2009年11月15日，国际标准化组织（International Organization for Standardization，ISO）发布《风险管理原则与指南》，明确指出"风险"的管理学释义是"不确定性对主体目标的影响"（effect of uncertainty on objectives，ISO 31000，2009），这是迄今为止海外管理界对"风险"最通用和最权威的定义。

汉语"风险"的英语对应译法为"Risk"（《英汉大词典》全新版，2004）。它最早用于表示航海中的不测与损失，即所谓"风暴"或"风浪"带来的"危险"（百度百科，2015），后泛指造成伤害（hazard）与损失（loss）

的可能性（probability）（《韦氏英语词典》第9版，1983；维基百科，2015）。其经济学或金融学的英语通用释义是指"投资与借贷损失或其损失缺失的允许程度"（《大英百科全书》网络版，2015）。

"Risk"来源于古意大利语"Risco"或"Rischio"（公元17世纪前），另有说法是，它起源于古阿拉伯语"رزق"（QaafZaayRaa'，1621，维基百科，2015）。作为独立英语单词，"Risk"在英国的最早使用年代可溯及1655年（《牛津英语词典》第2版，1989），在北美的最早使用时间是1661年，其法语变式"Risqué"则迟至1687年才出现（《韦氏英语词典》第9版，1983）。19世纪，"Risk"被普遍用于保险业（维基百科，2015）。至今，它已成为金融领域的通用术语而被广泛使用。

本书统一使用汉语"互联网金融风险"、英语"Internet FinanceRisk"及其英语简称"IFR"的表述。

3.1.2 互联网金融风险研究的溯源

3.1.2.1 海外互联网金融风险研究的溯源

前文已述，目前海外关于"Internet Finance"的直接研究文献比较有限，可以推测，海外对"Internet Finance Risk"的直接研究文献很有可能较少，而实际检索查询结果也证实了这一判断。但这并非断言海外对"Risk"、"Finance Risk"抑或"Financial Risk"等的研究也会很少。恰恰相反，海外学界十分重视从所谓传统金融（或现代金融）的视角来研究"Risk"，诞生了多个学术分支，涌现出像F.H.奈特、J.M.凯恩斯、J.R.希克斯、K.J.阿罗、G.德布鲁、J.V.诺伊曼、O.莫根施特恩、J.E.斯蒂格利茨和J.杰斯珀森等很多知名学者，学术成果丰硕。

3.1.2.1.1 风险与不确定性

弗兰克·海尼曼·奈特（Frank Hyneman Knight）是海外较早专门研究产业与金融风险的学者之一，被誉为经济学"风险理论的创立者"（刘显龙，2014）。他（1921）首次将"不确定性"作为独立研究内容与"风险"相区分。奈特认为，"风险"与"不确定性"完全不同，它是可测量的（measurable），而后者则是不可测量的（immeasurable）。他分析到，世界复杂多变，人类对其认识十分有限，人们通常只能根据已掌握的现有知识（即"不完全信息"）去预知未来，因此存在较大不确定性。其中大多时候人们主要依靠直觉和估计的非定量化方式来指导自己的行为，这种无法定量化就是真实的不确定性，它只能依据人们判断失误的比率来证明，很难重复验证，不能分类比较，因此是不可测量的。不确定性之中能够用概率计算和证明的、可以重复验证的、能够分类比较的就是可测量的"风险"。奈特进而提出，不确定性是利润存在的原因与根据，保险是规避和补偿风险的有效手段，产品价格应包含保险费在内的生产成本。奈特的上述说法构成了他"不确定性利润论"的学理基础。

约翰·梅纳德·凯恩斯（John Maynard Keynes）是海外较早划分"风险"类别的学者之一。他（1936）将金融风险区分为三类，即：雇主或借者之风险（entrepreneur's or borrower's risk）、贷者之风险（lender's risk）与货币币值风险（risk of money value）。第一类风险是指借者"用其自有资金投资"得到"希望得到的未来收益"的"或然性"；第二类风险是指贷者依据借者提供的担保而放款产生损失的可能性；第三类风险则是指包含在持久性资产价格之中的币值变动造成对贷者不利的可能性。前两者属于投资类风险，第三者则属于市场类风险。凯恩斯分析了上述风险的成因：第一类风险缘自借者对其"预期收益与实际所得之差"的估计；第二类风险缘自借者的"道义不测"（即故意违约）或"担保品不足"（事实与预期不符）；第三类风险则缘自市场"持久性资产价格变动"。凯恩斯主张，可采用平摊风险成本、增强理性预期、扣除复计风险等办法来降低风险。与奈特相仿，凯恩斯的上述观点同样构成了他"资本（之）边际效率论"的理论支撑。

杰斯珀·杰斯珀森（Jesper Jespersen）提出的"风险三条件论"（2009）修正了奈特和凯恩斯对"风险"的认识。他指出，风险应该满足三项基本条件，即：所有可能的结果是已知的；结果发生的概率是已知的和恒定的；行为与结果之间是相互独立的。杰斯珀森对此解释到，如果上述条件不满足，人们就无法了解到结果分布区域（结果发生的范围），就无法知道结果概率（结果发生的可能性），就无法判定行为的选择与结果的主导（行为与结果不分主次的相互作用）。于是，人们就生活在一个完全不确定的世界，就无法依据过去预知未来，就无法作出合乎自己目标的预期判断与行为选择，就会陷入完全不可知的境地。

3.1.2.1.2 风险与一般均衡

约翰·理查德·希克斯（JohnRichardHicks）是海外最早运用数学模型来解释风险报酬（资本预期收益率与其无风险利率之差）的学者。他（1939，1946）建立了包括多项联立微分方程组在内的动态市场一般均衡模型，发展了一般均衡理论，并以此获得1972年度诺贝尔经济学奖。希克斯认为，市场交易各方对市场价格变动不确定性的预期通常并不一致，即存在"预期弹性"，它使得市场动态交易趋于不稳定状态而产生风险。要想获得这种风险条件下的预期收益（即风险报酬），就必须建立较为充分的生产要素和产品技术替代关系（边际替代率），促使生产和市场交易达到一般均衡，从而有效降低风险。希克斯的"动态一般均衡论"被评为"进一步完善原有消费和生产理论"而"具有多项创新"（瑞典皇家科学院，1972）。

肯尼思·约瑟夫·阿罗（Kenneth JosephArrow）是海外首先提出"道德风险"（Moral Hazard）的学者。他（1971）通过研究保险合同发现，合同当事人出于自身利益最大化目的，利用信息不对称和采取令其他合同当事人不易察觉的隐蔽活动（Hidden Actions），导致发生损人利己行为的风险即为道德风险，如保险合同中的故意隐瞒当事人事实等。阿罗认为，道德风险是一种随机和偶然的不确定性，是不可观察和不可证实的，无法全部转移。更为严重的是，道德风险极易导致"逆向选择"（Adverse Selection，即资源配置扭曲或劣币驱逐良币）发生。道德风险产生的关键在于不确定性条件下的信息获得是隐蔽的和不充分的。有效防范道德风险则需要改变信息获得的不可分割与独占现象，通过获得更多、更透明和更真实的信息来降低不确定性，减少风险，避免劣质产品逆向淘汰优质产品。从此，"道德风险"一词便成为金融领域的通用术语（Roger Guesnerie，1987），阿罗也因为"把它纳进一般均衡理论研究范围的首创之举"而与希克斯共膺1972年度诺贝尔经济学奖（瑞典皇家科学院，1972）。

杰拉尔德·德布鲁（GerardDebreu）是海外首位运用公理化方法研究不确定性的数理经济学家。他（1959）受阿罗（1953）"不确定性经济"思想的启发，采用集合论和拓扑学原理，在确定性的商品及其价格的变动集合中引入了不确定性，推导出"不确定性商品"和"不确定性消费"的概念，建立了生产者与消费者的一般均衡模型。其中，德布鲁采用"消费者偏好预次序关系"的概念来反映消费者对各种事件可能性的评价及其对待风险的态度。由于德布鲁采用严密的公理化证明来解释不确定性条件下的一般经济行为，从而创立出一种"不受任何概率概念的影响"的不确定性理论，他被授予1983年度诺贝尔经济学奖。哈尔·罗纳德·瓦里安（Hal RonaldVarian，1984）对此评价道：（德布鲁对）"不确定性的这种处理已经大大影响了金融市场、风险市场以及有关现象的研究。"

3.1.2.1.3 风险与资本主义生产方式

卡尔·亨利希·马克思（Karl Heinrich Marx）在海外首先运用其独创的剩余价值理论（The Theory of Surplus Value）来研究风险。他（1865，1870，1877）在其著《资本论》中多次暗含提到风险与资本主义生产方式之间的关系。马克思认为，风险是指"资本在生产和流通过程中可能遭遇到的危险"（《资本论》，1885；莫凡，谭爱国，2013）。他按来源、致因及其属性将资本的风险分为两类，即：具有自然属性的风险和具有社会属性的风险。前者是指由于火灾、水灾等自然灾害引起对资本"异乎寻常"的破坏（《资本论》第2卷，1972，第168、198、394页），它具有偶然性；而后者则是指由于资本家追求剩余价值引发过度竞争，进而导致对资本生产及其流通产生不利影响（《资本论》第2卷，1972，第203、397页），它具有必然性。在马克思看来，资本在从生产资本形态向商品资本形态循环转变的过程或周期中会遭遇上述两类风险。资本家对这两类风险通常采取两种办法予以补偿或减缓。一种是对资本实施保险，其实质是"剩余价值的一种扣除"或者是"剩余价值的一部分""充当保险基金"（《资本论》第2卷，1972，第198页；《资本论》第3卷，1974，第958页）；另一种是对资本实施联合，通过资本联合分摊和减缓风险（《资本论》第2卷，1972，第155页）。

实事求是地讲，马克思并未构建起独立的风险理论，他对风险的阐述贯穿于其对资本主义生产与竞争规律的整体分析之中。即便如此，马克思对资本的风险依然有其独到和深刻的理解与认识。他从资本形态转化过程和金融投机的本质来"为探寻风险根源提供了基本思路"，"为防范风险提供了基本方法"（莫凡，谭爱国，2013）。马克思关于风险的理论思想，成为他批判性阐述资本主义信用理论和创立资本主义经济危机理论的前提。

3.1.2.1.4 风险管理

风险管理（Risk Management，RM）是指个人或组织调动必要资源，使用一定技术手段，有效控制现实或预期风险，妥善处理损失后果，争取以最低代价获得最大安全保障的行为与过程。风险管理主要包括对风险的识别、测量、评价、决策、实施、反馈和评估等步骤环节。

风险管理的起源可溯及20世纪30年代"大萧条时期"的美国，当时美国企业主要依靠保险来防范与抵消风险。50年代（一说60年代），"Risk Management"一词得以广泛使用，风险管理学正式成为一门实用性较强的管理学分支学科，并引入科技手段。70年代，风险管理从北美传播到欧洲和亚洲，法国、英国、德国和日本等国先后建立了风险管理专业机构和协会组织。1983年，国际非营利性组织风险和保险管理协会（The Risk and Insurance Management Society，RIMS）在美国发布《风险管理准则101条》，成为风险管理规范化的标志。2008年世界金融危机的严重影响，使得风险管理成为海外学界近年新兴的研究热点之一，相关研究文献较多。

国际标准化组织（ISO）是风险管理最权威的跨国组织。2006、2007、2009年该组织先后多次发布风险管理标准，涉及通用术语标准、通用管理标准、行业管理标准等。该组织制定和颁布的《风险管理原则与指南》（ISO 31000，2009），对风险管理的术语、原则、框架、计划、过程、方法和工具等方面都作了明确详尽的规定和说明，是目前海外最权威的风险管理通用应用标准工具书。该组织与国际电工技术委员会（International Electrotechnical Commission，IEC）联合发布的《信息安全管理体系（要求）》（ISO 27001，2013）对涉及信息安全领域的风险管理以及信息安全管理体系建设等方面作出必要规定，成为该领域国际最权威的通用标准。

Torben G. Andersen、Tim Bollerslev、Peter F. Christoffersen 和 Francis X. Diebold（2011）运用动态金融经济计量方法（Dynamic financial econometric methods）研究金融市场期权交易中的波动率（volatility）。他们得出结论，修订后的GARCH模型（Generalized AutoRegressive Conditional Heteroskedasticity，广义自回归条件异方差模型，Tim Bollerslev，1986）可以使得证券市场短期和较长期高频回归数据更为精确，从而有利于投资者作出优化决策和实施风险管理。

Ana Maria Dinu（2013）设计了一个6要素的"金融不确定性风险决策模型"（Decision Model under Conditions of Financial Uncertainty and Risk，DMCFUR），其6要素依次为：鉴定决策目标（Identification of objectives）、决定行动方案（Determination of possible actions）、鉴别属性状态（Identification of states of nature）、提出可能结果（Setting up the possible results）、衡量风险价值（Measurement of the risk value）和选择最优方案（Choice of the optimal action）。它是一种较为简明的风险决策分析工具，可以用于银行、证券、保险等金融机构和金融市场的风险管理决策。

AnitaK. Pennathur（2001）是海外较早直接研究互联网金融风险的学者之一，他以电子银行市场营销战略转变为例来分析风险及其管理的变化趋势。他认为，银行客户对在线金融服务提出更高要求，促使电子银行通过建立全天候交易网站，采取"点击砌砖战略"（Clicks and Bricks' Strategy，即线上电子商务与线下实体分支营业网点相结合的市场营销战略）来替代传统的"墙砖抹灰战略"（Bricks and Mortar' Strategy，即以传统线下实体分支营业网点为主的市场营销战略）。这会造成网络虚拟空间的危险性扩大，导致风险增多，使得银行将会面临在线业务可能产生的操作风险、安全性风险、法律风险和声誉风险等多种风险。他建议，电子银行应及时调整原有风险管理方式，采取创新和更为积极主动的方法来规避风险。

3.1.2.2 中国（区）互联网金融风险研究的溯源

3.1.2.2.1 风险研究的起步

新中国学者对"风险"的研究要晚于海外近半个世纪。成平（1964）首先采用对策论和数理统计方法通过随机变量函数作出风险和损失决策的极值估计。程极泰（1978）率先运用随机控制理论讨论了确定性和随机性风险资产的优化控制。何良材（1988）较早采用最佳假设检验法来研究设备运营管理中的风险识别。侯合心（1988）较早提出将存款准备金制度作为银行调控手段能够有效防范金融风险。这一时期，中国（区）的风险研究尚且处于起步阶段，基本是推介海外理论成果并加以部分简化应用。

3.1.2.2.2 对风险基本认识的深化

20世纪末至今，伴随中国经济对外开放程度的进一步扩大和经济管理实践的日益丰富，中国（区）学界对风险的认识也在不断深化。

中国国务院国有资产监督管理委员会（2006）首次正式提出"企业风险"的概念，即：企业风险是指未来的不确定性对企业实现其经营目标的影响。这个定义与ISO对"Risk"的定义是比较接近的。

中国银行业监督管理委员会（2007）明确界定了"操作风险"的定义，即：操作风险是指由不完善或有问题的内部程序、员工和内部信息系统，以及外部事件所造成损失的风险。银监会特别强调，商业银行的操作风险定义包括法律风险，但不包括策略风险和声誉风险。可以看出，银监会的定义与巴塞尔委员会《巴塞尔协议Ⅲ》对"Operational Risk"（操作风险）的定义是几乎完全相同的。以上表明，中国对"风险"的认识已与海外通用规则接轨。

巴曙松、李要深等人（2014）以资产管理为例提出，金融风险控制除"产品风险"之外，还应包括"客户资产风险"和"交易对手风险"等。前者主要是指客户资产组合中集中或过多配置某一类或某几类资产所可能引发的风险，它可造成资产的真实损失，更易导致投资者的担忧甚至恐慌；后者则是指与单一交易对手合作规模过大所可能引发的风险。此外，巴曙松等人还对"信用风险"进行了解释，他们认为，信用风险通常应包括交易对手的违约风险、基础资产项目的收入风险和产品交易结构风险，其中尤以交易对手违约风险最为关键。

高立法和高蕊（2013）总结了中国（区）学者关于风险影响因素的3种代表性观点，即"风险客观决定论"、"风险主观决定论"和"风险因素综合决定论"。"风险客观决定论"认为，风险是一种客观存在，其不确定性可通过经验观察和概率统计来预测；"风险主观决定论"却认为，风险是一种主观认识，其不确定性依据主体主观意识各异及其影响因素不同而存在差异；"风险因素综合决定论"则认为，风险是各种因素综合作用的结果，其各种影响因素之间存在极其复杂的关系。

范文仲等人（2014）强调，金融的核心功能是对经济风险进行定价和交易，从而有效分配经济要素资源，实现社会效用的最大化。

3.1.2.2.3 风险管理的推广与应用

20世纪80年代，风险管理被引入中国，主要是对海外风险管理理论的评介，并少量应用于企业的安全生产与工程建设。随着风险管理的逐步推广，学界对其的关注逐渐加强。

王育宪（1985）认为，风险管理的研究包括风险分析、风险控制、风险财务和风险管理决策，它在中国刚刚开始，对提高企业经营稳定性和增强企业活力具有重要作用。

张旭初、魏华林和邓大松（1985）阐述到，风险是不可避免的客观存在，具有规律性。对其主动认识、积极管理和有效控制，是提高科学管理水平和取得较好社会经济效益的关键。

吕红梅（2010）提出，当代全球金融已进入"后金融危机时代"，应重视防范信用风险，加强虚拟金融风险管理。

汤吉军（2015）考察了传统金融的风险管理范式，指出了有效市场理论遍历性假设模型的局限性。他认为，实施后凯恩斯主义非遍历性理论的政府干预主张，能够有效降低金融市场的不确定性，可弥合经济理论与现实的差距，对完善我国金融市场制度具有重要指导意义。

风险管理同样受到管理部门的高度重视。2006年6月6日，国务院国有资产监督管理委员会制定和颁布了《中央企业全面风险管理指引》。该指引诠释了"企业风险"、"全面风险管理"和"内部控制系统"等概念，对中国中央企业风险管理的流程、总体目标、原则、信息搜集、风险评估、管理策略、解决方案、监督改进、组织体系、信息系统、管理文化和常用技术方法等均作了详尽规定，是我国企业风险管理领域较为权威的指导性政策文件。

2007年5月14日，中国银行业监督管理委员会对外发布《商业银行操作风险管理指引》。该指引针对商业银行的操作风险作出规定，涉及其风险管理体系的基本要素和主要职责、管理政策的主要内容、内部控制的主要措施、监管的重大事件与主要内容，以及其关键风险管理指标等方面，是我国金融领域专业风险管理的首份指导性政策文件。

3.1.2.2.4 互联网金融的风险

自谢平（2012）提出"互联网金融"的概念后，中国（区）学界对互联网金融的研究进入加速发展时期，关于互联网金融风险的研究成果大量涌现，其中有代表性的主要有：

杨群华（2013）认为，互联网金融的发展凸显其特有的技术风险、业务风险和法律风险，加大了金融管理部门调控监管难度，需要建立健全其安全体系、风险管理体系、法制体系和监管体系。

中国人民银行（2013）调研报告指出，我国互联网金融存在法律风险、制度风险、利率风险、流动性风险、信用风险和欺诈风险等。

谢平等人（2014）博鳌亚洲论坛报告中提出，互联网金融易发生投资非理性行为与欺诈行为，可引发流动性风险。在线第三方支付涉及支付清算等基础性金融业务，其破产会损害金融系统基础，构成系统性风险。

葛国青（2014）总结到，目前我国互联网金融存在法律风险、技术风险、道德风险、经营风险和信用风险，应完善法律法规，促进监管合作，解放思想，有效应对风险。

黄震和邓建鹏（2014）概述了互联网金融风险的3个特点，即：政策法规的高度不确定；金融安全与网络安全的双重叠加；以及信息被高度滥用。

苗文龙（2015）详细分析了在线第三方支付的风险。他认为，在线支付面临较大的技术风险、系统性风险、操作性风险、信用风险和法律风险，需要规范信息共享、明确分类监管、采用征信手段，防范各种内外风险。

3.1.3 互联网金融风险的定义

在前述互联网金融的广义定义以及风险管理文献综述的基础上，本书正式给出互联网金融风险的定义如下：

互联网金融风险是指互联网技术平台条件下的多种不确定性而造成金融资产现实或潜在损失的可能性。

（定义3.1）

定义3.1中的"互联网金融"参见前文定义0.2"互联网金融的广义定义"；

所说的"互联网技术平台"参见前文定义0.2"互联网金融的广义定义"；

所说的"不确定性"是指因信息不完全或信息不对称等因素而造成对资金融通的未来收益无法估算与测量的情况；

所说的"金融资产"是指可充当资金融通交易标的物的各种有形或无形财产，

如各类有价证券等;

所说的"现实或潜在损失"是指交易失败造成利益相关方金融资产价值现值部分降低或者预期收益的减少;

所说的"可能性"是指事件发生的机会多少或概率大小。

3.1.4 互联网金融风险的分类

3.1.4.1 互联网金融风险的多种分类

3.1.4.1.1 海外关于传统金融风险的分类

国际清算银行(The Bank for International Settlements, BIS)巴塞尔银行监管委员会(Basel Committee on Banking Supervision)在《巴塞尔新资本协议(第三版)》(The New Basel Capital Accord, 2012)中,将传统金融风险分为"Credit Risk"(信用风险)、"Market Risk"(市场风险)和"Operational Risk"(操作风险)等3类。同时,该协议也收录了"Systemic Risk"(系统性风险)和"Liquidity Risk"(流动性风险)的提法。这是迄今为止海外最权威、最通行和最简明的金融风险分类。

海外对传统金融风险的种类(Categories of Financial Risk)的综合分类如图3-1及附属图例所示:包括一级类别5类;二级类别24类;三级类别8类。其中一级类别最大,二级类别次之,三级类别最小。

3.1.4.1.2 中国(区)关于传统金融风险和互联网金融风险的分类

正如前文已述,中国(区)关于互联网金融风险的分类存在多种认识。

国务院国有资产监督管理委员会(2006)提出了"企业风险"的一般性分类,即战略风险、财务风险、市场风险、运营风险和法律风险共5类。国资委还提出了按盈利机会大小的分类方式,即纯粹风险(单一损失风险)和机会风险(损失与盈利并存的风险)共2类。

罗明雄等人(2013)列举了10类互联网金融风险,即系统性风险、流动性风险、信用风险、传统金融技术风险、操作性风险、市场风险、国别风险、法律风险、声誉风险和互联网技术风险,其中除最后一类外均属于传统金融风险范围。

谢平等人(2014)则举出8类互联网金融风险,即市场风险、信用风险、流动性风险、操作风险、声誉风险、法律合规风险、信息技术风险和"长尾风险"。他们解释到,前6类风险属于传统金融风险范围,其概念及其分析框架"依然适用"。他们特别强调,后两类风险是互联网金融风险最为突出的,其中,信息技术风险按来源又可细分为自然风险、系统风险、管理缺陷风险和人为违规操作风险等4类;按影响对象可分为数据风险、运行平台风险和物理环境风险等3类;按组织影响可分为安全风险、可用性风险、绩效风险和合规风险等4类。"长尾风险"来自于克里斯·安德森(Chris Anderson)的"长尾理论",它是指具有风险识别和承担能力弱、投资额小而分散、非理性、社会负外部性等长尾特征的风险。

范文仲等人(2014)认为,互联网金融风险主要有信用风险、委托代理风险和道德风险等3类。

杨云龙、何文虎(2014)总结出5类互联网金融风险,即法律不健全与监管缺失风险、技术安全风险、操作风险、运营风险和跨境风险。

许荣等人(2014)则总结了8类互联网金融风险,即战略风险、技术风险、信息风险、道德风险、信用风险、流动性风险、操作风险和法律风险。

苗文龙(2015)看重4类互联网金融风险,即信贷风险、委托代理风险、法律风险和操作风险。

上述分类大致可分为仍适用于互联网金融的传统金融风险类别以及专属互联网金融风险类别两大类。前者包括战略风险、财务风险、市场风险、运营风险、法律风险(包括法律合规风险与法律不健全与监管缺失风险)、系统性风险、流动性风险、信用风险、传统金融技术风险(包括技术安全风险)、操作风险(即操作性风险)、国别风险、跨境风险、声誉风险、委托代理风险、道德风险、信息风险、信贷风险等17类,后者则容纳互联网技术风险和"长尾风险"等2类。

上述中国(区)互联网金融风险分类与海外相同的有:市场风险、运营风险、法律风险、系统性风险、流动性风险、信用风险、操作风险、国别风险、声誉风险、道德风险、信贷风险等11种风险;不同的有:战略风险、财务风险、传统金融技术风险、跨境风险、委托代理风险、信息风险、互联网技术风险和"长尾风险"等8种风险。

从类别性质上看,"战略风险"、"财务风险"、"委托代理风险"和"跨境风险"可列入"操作(性)风险/经营风险"的范围;"传统金融技术风险"

和"互联网技术风险"可合并为"技术（性）风险"；其余的"信息风险"和"长尾风险"可列入"市场风险"范围。

3.1.4.1.2 海内外关于传统金融风险和互联网金融风险的综合分类

综合参考海外和中国（区）关于传统金融风险和互联网金融风险的上述多种分类，本书归纳出关于传统金融风险的明细分类，见图3-1及图例。

在图3-1中，传统金融风险共区分出5个一级风险，分别是：信用风险（Credit Risk）、流动性风险（Liquidity Risk）、市场风险（Market Risk）、操作风险（Operational Risk），以及系统性风险（Systematic Risk），均以"◆"表示；[①]二级风险共计24类，均以"◆◆"表示；三级风险共计25类，均以"◆◆◆"表示。一级风险级别最高，二级风险级别次之，三级风险级别最低。

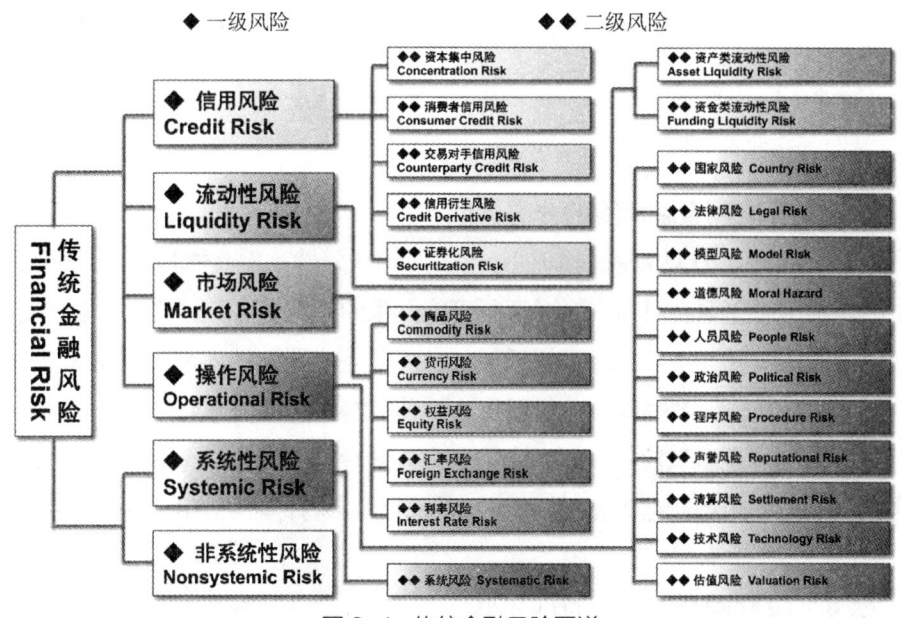

图3-1 传统金融风险图谱

资料来源：巴塞尔委员会《资本协议Ⅰ、Ⅱ、Ⅲ》（1988，1999，2010，2011）；[美]弗·S. 米什金. 货币金融学[M]. 第9版. 郑艳文等译. 北京：中国人民大学出版社，2011；[加]约·C. 赫尔. 风险管理与金融机构[M]. 第3版. 王勇等译. 北京：机械工业出版社，2014；北京大学市场经济研究中心互联网金融管控创新研究课题组，2015.

---

① 上述5个一级风险并非彼此之间具有完全可分割的清楚界限，信用风险、流动性风险、市场风险和操作风险均有交集，它们4个风险均可引发系统性风险。——本书注

图例

◆　　　　传统金融一级风险　　　　　　◆　　　　互联网金融一级（延伸）风险

◆◆　　　传统金融二级风险　　　　　　◆◆　　　互联网金融二级（延伸）风险

◆◆◆　　传统金融三级风险　　　　　　◆◆◆　　互联网金融三级（延伸）风险

◆◆◆◆　传统金融四级风险　　　　　　◆◆◆◆　互联网金融四级（延伸）风险

◆　　　互联网金融一级（变异）风险　　◆ 技术风险　　　◆ 流动性风险

◆◆　　互联网金融二级（变异）风险　　◆ 信用风险　　　◆ 系统性风险

◆◆◆　互联网金融三级（变异）风险　　◆ 市场风险　　　◆ 非系统性风险

◆◆◆◆ 互联网金融四级（变异）风险　　◆ 操作风险

3.1.4.2 互联网金融风险的分类标准

互联网金融尽管具有以虚拟性为代表的特殊属性，但其本质依然是资金融通，因而不可避免地会面临资金融通所可能发生的各类风险。这些风险有的是传统金融风险在互联网技术条件下的延伸，有的则是传统金融风险在互联网条件下的变异。区分互联网金融风险，需要将这两种基本类别做明显划分。

划分互联网金融风险的类别，应借鉴海外对金融风险的通行分类，同时也应结合中国（区）对金融风险的基本认识和重视程度来有针对性的进行。

3.1.4.3 互联网金融风险的再分类

本书依照互联网金融风险的主要来源、主要影响因素与主要的作用范围，在上述风险分类的基础上重新组合后分为以下类别，即：信用风险；市场风险；流动性风险；操作风险；技术性风险和系统性风险，共计6类一级风险，见图3-2及图例。

从图3-2中可以看出，在上述6类一级风险分类中，除第5项"技术性风险"外，其他5项均与巴塞尔委员会、世界银行、国际货币基金组织等现行通用国际

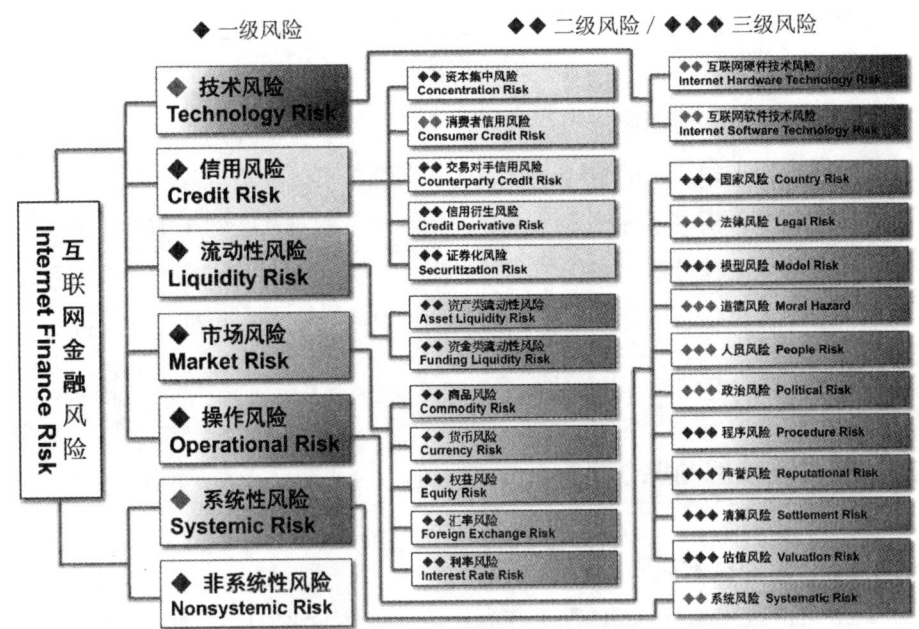

图 3-2　互联网金融风险图谱

资料来源：巴塞尔委员会《资本协议Ⅰ、Ⅱ、Ⅲ》（1988，1999，2010，2011）；罗明雄，唐颖，刘勇，互联网金融 [M]. 北京：中国财政经济出版社，2013.；阎庆民，谢妍达，骆絮发.银行业金融机构信息科技风险监管研究 [M]. 北京：中国金融出版社，2013.；谢平，邹传伟，刘海二.互联网金融手册 [M]. 北京：中国人民大学出版社，2014.；北京大学市场经济研究中心互联网金融管控创新研究课题组，2015.

金融风险类别划分保持一致。之所以将技术性风险单独列出，是因为本书认为，技术性风险是新兴互联网金融的主要风险之一，是衡量互联网金融与传统金融的根本区分标准之一，因此需要单列研究。

3.2　互联网金融技术风险研究

3.2.1　技术风险与互联网金融

技术风险（Technology Risk）又可称为"信息技术风险"或"信息科技风险"（Information Technology Risk）。互联网金融技术风险（Internet Finance Technology Risk）是互联网金融风险类别中的一级风险，也是互联网金融风险与传统金融风险的最大不同所在。

任何需要应用现代科学技术的领域在获取技术带来的利益时，都会不同程度地面临技术产生的风险。技术的收益与风险往往两者并存。互联网是由现代通信技术和网络技术构建而成的相互链接并跨越国界的信息平台，互联网金融是依托互联网技术和平台发展的新兴产业，互联网技术是区分传统金融与互联网金融的重要标志之一。相对于传统金融而言，互联网金融对互联网技术具有极高的依赖性，互联网金融在显示它与传统金融之间比较优势的同时，必然会面临互联网技术产生的种种风险。因此，防范和控制技术风险是互联网金融风险管控的首要分支领域。

3.2.2 技术风险的溯源

3.2.2.1 海外技术风险的溯源

Bernd Heigenhauser（1975）在海外较早涉及工业项目管理中的技术风险。他认为，过度追求节省项目所需时间可能导致财务风险和技术风险。

A. P. Rice（1986）以化学工业为例研究了依赖价值判断来处置技术不确定性。他指出，技术风险管理决策方案中系统噪音、干扰和信息误导的暴露可以降低风险评估的技术因素影响。技术风险管理的通常理解是选择适用的技术风险评估方法，它与其说是一种科学方法，不如说更是一种管理的艺术。

Karl-Yugo Andersson（1997）从技术创新全球化的视野来看待技术风险。他分析到，大型技术创新项目技术复杂度（technical complexity）较高，全球化趋势（globalization trends）和项目管理普遍采用的交钥匙工程（turnkey composite plant solutions）加剧了这种技术复杂度，技术风险概率因此提高，传统技术管理面临挑战。

P. González（2000）以未来欧洲太空交通运输调研项目（FESTIP）先期概念性研究为例说明，技术风险通常由多种技术性原因和程序性原因引起，并会导致项目绩效降低、成本增加、计划延迟、目的落空、财产损失、人员伤害和环境破坏等严重后果。评估技术风险是项目风险管理的重要方面。

Robin L. Dillon 和 M. Elisabeth Paté-Cornell（2005）采用模型来研究信息系统的风险管理。他们发现，信息系统网络化、可移动性和远程交换的不断发展，在提高经济产出的同时蕴含严重风险。超过系统资源限制的使用会使信息系统面临可靠性和安全性的风险，并导致技术失败和安全破坏。

3.2.2.2 中国（区）技术风险的溯源

中国（区）对技术风险的认识和研究正式起步于 20 世纪 80 年代。王惠文（1980）在评介美国得克萨斯仪器公司研制坦克热瞄准具上应用的激光测距仪时较早提及"技术风险"。王凤琛（1985）明确提出石油勘探具有技术风险。曹家瑞（1986）从国际贸易的角度分析了技术转移中的技术风险，他认为，技术引进中的技术风险来自于技术的引进方无法掌握技术的秘密性。罗晓燕（1989）从科学技术法学角度剖析了新技术研究开发中的技术风险，她认为，技术风险可分为资金财产等物质风险和非物质风险。

刘明康（1990）在中国（区）较早关注金融领域中的技术风险，他不仅指出技术风险是项目融资的基本金融风险之一，还提出了防范技术风险的措施。

陈威利（1995）以美国传统银行业为例说明，庞大、完整和可靠的信息数据源支撑的电脑辅助决策系统是金融风险管理的基础，数据源不足是中国（区）金融技术风险管理的突出矛盾。宋国祥（1997）明确将技术风险列为现代企业金融风险六大风险之一。

陈长征（2000）以网络银行为例探讨了网络技术的风险及其危害，他分析认为，由于计算机网络技术在 TCP/IP 协议、操作系统、防火墙等设计上存在安全漏洞，在防病毒软件和恶意控件以及网络监控等方面缺乏有效手段，网络技术具有较大技术风险。他还指出，网络技术除自身的技术风险以外，还会带来人为风险、法律风险、信用风险和客观存在的实体风险等一系列风险。

任永胜（2000）强调，使用计算机网络技术会给银行业务安全运行带来潜在技术风险。他分析到，网络技术是多学科、跨领域的交叉技术，容易出现完备性不足，而互联网运营又会发生可靠性与稳定性不足，某一环节的差错和故障将会直接影响业务交易正常进行。此外，包括网络技术人员在内的银行从业人员对计算机网络技术的熟悉与应用差异也会给银行带来较大风险。

张成虎和李淑彪（2002）指出，金融领域技术风险实质上就是信息技术风险。

郑晓晓（2014）提出，技术风险是制约互联网金融健康发展的基本风险之一，

技术风险防范应借鉴国外经验、开展互联网金融消费教育、完善互联网金融立法、构建互联网金融监管体系。

杨晨（2014）分析了移动金融服务的技术风险，他认为，信息系统、移动终端和无线通信信道等移动金融新载体的业务流程与运营管理具有传统金融没有的风险，应采取强化安全技术研究、综合运用防范技术、科学制订应急预案和构建管理防范体系等管控措施来防范移动金融技术风险。

李少君（2014）以美国网络电子环境下的监管为例说明，由于互联网技术在通信、设备和管理存在多种隐患，因而采用网络技术的互联网金融面临比传统金融更大的技术风险，在网络条件下易造成金融风险的放大效应。

姜茸、马自飞、李彤和张秋瑾（2015）以云计算为例探讨了互联网金融技术风险因素及安全应对策略。他们认为，虚拟化、数据加密、身份验证与访问控制、数据销毁、数据移植及接口、数据隔离、数据切分以及反病毒和入侵检测等项技术是导致互联网金融技术风险的主要技术安全因素，而物理设备管理、法律法规、内部员工管理和软件使用管理等构成了互联网金融技术风险的主要管理安全因素。姜茸等人提出，以云计算为代表的互联网金融技术风险防控应采取构建标准技术安全体系、制定通用技术标准、采用第三方机构评估、完善互联网金融法律法规、强化内部各项管理、择优选择适合的技术合作伙伴等项措施。

3.2.3 技术风险的定义

赵树宽、李建华和王伟（1995）从技术创新角度提出，技术风险是指高新技术开发过程中存在新产品能否开发出来的不确定性。

国际标准组织（ISO）给出了一个高度抽象的逻辑定义：技术风险是一个给定威胁对一项或者一组信息科技资产的弱点予以攻击，而对整个组织造成伤害的潜在可能性。从数学上讲，技术风险是给定威胁发生的可能性与其造成损失之积。该定义在标准化角度是迄今为止海外最为权威和最为通用的。

美国国家标准技术研究院（National Institute of Standards and Technology，NIST）在 ISO 的基础上给出了一个更为详细的定义：技术风险是指对信息系统脆弱部位进行的有意或无意攻击，而对组织可能造成的损失。它包括非授权的信息披露、验证和信息损坏，故意或非故意的信息泄露，以及其他人为或自然因素导致的信息安全风险。

国际信息系统审计协会（ISACA）则从管理的角度给出了一个简明的定义：技术风险是指组织内部使用、获取、操作、参与和应用信息技术而导致的业务风险。

中国银行业监督管理委员会从传统银行业角度出发认为，技术风险是指信息科技在商业银行运用过程中，由于自然因素、人为因素、技术漏洞和管理缺陷产生的操作、法律和声誉等风险。该定义将技术风险涵盖所有基于技术因素的操作风险、法律风险和声誉风险，是一种相对宽泛的定义。

由此，本书试给出互联网金融条件下技术风险的定义：

互联网金融技术风险（Internet Finance Technology Risk）是指互联网平台信息系统设计和运行等技术因素或技术事件的有问题或不完善，引发技术的不确定性，而导致互联网金融机构商业目的未能全部实现或金融资产价值损失的风险。

（定义 3.2）

定义 3.2 中的"互联网平台信息系统"是指依托现代通信技术和网络技术构建的相互链接的网络站点所需各种电子工程技术和设备集成的总称，它通常包括主站、基站、服务器、信息终端、系统程序、应用程序等各种软硬件设备；

"技术因素"是指来自技术本身、可对互联网金融产生重要影响的因子或要素，如信息软硬件产品设计上的功能缺失或功能偏重等；

"技术事件"是指互联网信息技术系统在开发、使用和维护中，受到来自内外部的主观恶意或主观非恶意行为而造成不良后果的事例；

"有问题或不完善"是指互联网金融在线资金融通业务所依托的互联网技术平台和信息处理系统在设计与运营上存在足以引发风险的严重欠缺或不完备；

"技术的不确定性"是指互联网技术不能充分满足需要而导致影响其正常发挥功效的可能性。

3.2.4 技术风险的本质

乌尔里希·贝克（Ulrich Beck，1986）是"风险社会理论"的创立人，他从社会制度演变角度阐述了社会现代化进程中的技术风险。贝克认为，现代技术

风险的本质是一种"人为制造的风险",是"有组织的不负责任"的结果,有深刻的制度成因。机构设计的缺陷、技术决策的失误、技术专家的霸权以及技术王国的形成是现代技术风险产生的重要制度成因。因此,规避现代技术风险,需要借助于风险编排(Risk Layout)、政治再造、技术民主化和全球治理等制度措施。

技术风险的本质与技术的本质相关,互联网金融技术风险的本质来自于互联网技术的本质,而后者是一种近乎虚拟化的平台式信息技术,因此,互联网金融技术风险的本质是一种通过网络放大的虚拟化人为风险。

从金融业风险管理的角度来看,技术风险的本质是一种操作风险。巴塞尔委员会《新资本协议Ⅲ》即持此种观点。

3.2.5 技术风险的类别

3.2.5.1 技术风险的不同分类

根据不同的分类标准,技术风险可以分为不同类别。根据技术的来源不同,技术风险可分为自然因素风险、系统风险、管理风险和操作风险等4类。根据技术的作用对象不同,技术风险可分为数据风险、运行平台风险和物理环境风险等3类。根据技术的流程和环节不同,技术风险可分为技术研发风险、技术运营与维护风险、信息安全风险、外包风险和业务持续性风险等5类。根据技术的作用不同,技术风险可分为安全风险、可用性风险、绩效风险和合规风险等4类。

本书以研究互联网金融所需的信息技术为主,因此,本书关于互联网金融技术风险的分类根据技术的载体不同,将技术风险分为互联网硬件技术风险(Internet Hardware Technology Risk)和互联网软件技术风险(Internet Software Technology Risk)两类二级风险,其中,前者可进一步细分为自然物理安全风险(Natural Physical Security Risk)、人为破坏风险(Artificial Vandalism Risk)和知识产权风险(Intellectual Property Right Risk)共3个三级风险;后者又可分为稳定性风险(Software Stability Risk)、兼容性风险(Software Compatibility Risk)和病毒软件风险(Virus Software Risk)共3个三级风险。以上见图3-3。

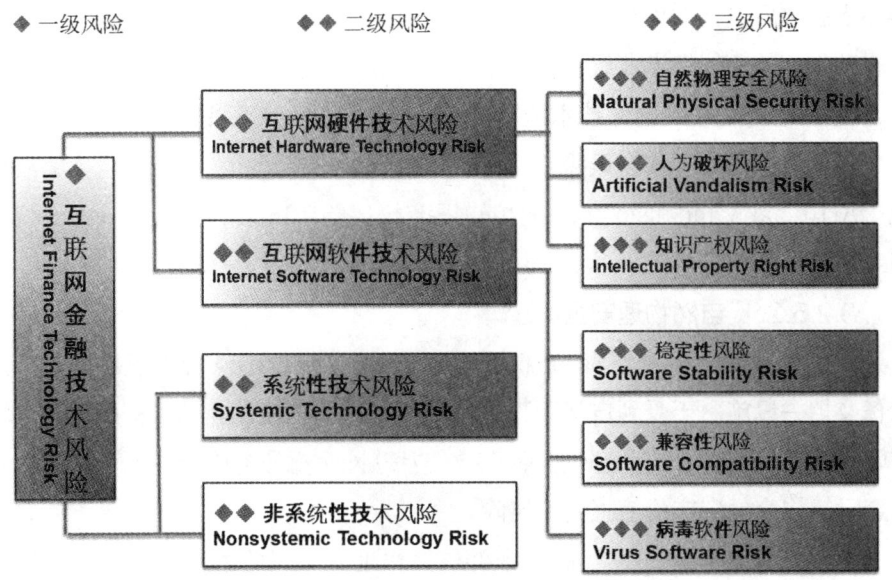

图 3-3　互联网金融技术风险图谱

资料来源：巴塞尔委员会《资本协议Ⅰ、Ⅱ、Ⅲ》（1988，1999，2010，2011）；罗明雄，唐颖，刘勇，互联网金融 [M]. 北京：中国财政经济出版社，2013.；阎庆民，谢朊达，骆絮发. 银行业金融机构信息科技风险监管研究 [M]. 北京：中国金融出版社，2013.；杨群华. 我国互联网金融的特殊风险及防范研究 [J]. 金融科技出版社，2013（7）：100-103.；北京大学市场经济研究中心互联网金融管控创新研究课题组，2015.

3.2.5.2 互联网硬件技术风险

互联网条件下的硬件风险（Internet Hardware Technology Risk）主要是指由于人为因素和自然因素的不可确定性，使得互联网技术硬件设备在设计、制造和运行等方面存在人为缺陷和机械自然缺陷而导致金融信息和交易产生失真或阻断，进而导致金融资产价值可能受到损失的风险。

导致互联网硬件技术风险的常见自然因素主要有：硬件设备的自然老化与使用损耗；硬件设备正常运行与维护的物理环境条件无法满足或受到自然灾害破坏等。常见的人为因素主要有：超过硬件系统能力的过度使用；硬件设备使用中受到人为干扰而功能受限或中断；硬件设备的维护与零部件供应不能及时提供等。特别地，移动互联网的兴起促使以移动终端设备为主要代表的硬件设备得到日益广泛的使用，因此，移动终端设备的物理安全便成为互联网硬件技术风险的新关注点之一。此外，企业级别专用终端的硬件成本通常远远高于个人终端成本，这

容易引起金融机构对使用更为专业的企业级别终端设备会因成本领先优势丧失而失去动力，从而促发专业级别或企业级别终端趋向于被个人终端取代。

通常地，互联网硬件技术风险（Internet Hardware Technology Risk）可进一步分为自然物理安全风险（Natural Physical Security Risk）、人为破坏风险（Artificial Vandalism Risk）和知识产权风险（Intellectual Property Right Risk）共3个三级风险。

3.2.5.2.1 自然物理安全风险

自然物理安全风险（Natural Physical Security Risk）是指互联网硬件技术设备及相关设施由于受到自然因素或自然事件影响，使得其基本构成受到破坏或伤害以及其功能部分或全部丧失，而致使互联网金融业务中断或不可恢复、互联网金融机构金融资产价值损失的风险。

之前已述，可以引发互联网硬件自然物理安全风险的自然因素和自然事件主要有：硬件设备的自然老化与使用损耗；硬件设备正常运行与维护的物理环境条件无法满足或受到自然灾害破坏等。巴塞尔委员会（2010，2012）《新资本协议Ⅲ》中明确规定了由硬件系统自身原因或自然灾害引发的业务中断或系统失败导致损失即为操作风险，也就是本书所说的基于互联网硬件技术的自然物理安全风险。

3.2.5.2.2 人为破坏风险

人为破坏风险（Artificial Vandalism Risk）是指互联网硬件技术设备及相关设施由于受到人为因素或人为事件影响，使得其基本构成受到破坏或伤害以及其功能部分或全部丧失，而致使互联网金融业务中断或不可恢复、互联网金融机构金融资产价值损失的风险。

引发人为破坏风险的人为因素通常主要有：超过硬件系统能力的过度使用；硬件设备使用中受到人为干扰而功能受限或中断等。巴塞尔委员会（2010，2012）《新资本协议Ⅲ》同样对此作出了明确规定：由人为因素等引发的业务中断或系统失败导致损失亦为操作风险，即本书所说的基于互联网硬件技术的人为破坏风险。

3.2.5.2.3 知识产权风险

知识产权风险（Intellectual Property Right Risk）是指互联网硬件技术设备、

关键零部件和支持系统等由于受到知识产权授权限制，使得其必要功能、零部件供应、维护和更新等受到影响，而致使互联网金融业务中断或不可恢复、互联网金融机构金融资产价值损失的风险。

引发互联网硬件技术知识产权风险的因素或事件主要有：互联网硬件技术专利及相关知识产权的授权使用限制；技术贸易壁垒；硬件设备的维护与零部件供应不能及时提供等。

3.2.5.3 互联网软件技术风险

互联网条件下的软件技术风险（Internet Software Technology Risk）是指互联网技术所需各类系统软件和应用软件由于在设计、制造和运行等方面存在人为缺陷和机械自然缺陷而导致金融信息和交易产生失真、误导或阻断，进而导致金融资产可能受到损失的风险。

互联网软件技术风险又可分为稳定性风险、兼容性风险和病毒软件风险等3个三级风险。

3.2.5.3.1 软件稳定性技术风险

互联网条件下的软件兼容性风险（Internet-based Software Stability Risk）是指金融机构使用的软件工具功能不完备或受外部事件影响，引发运行不稳定而导致金融信息、金融交易及金融资产价值可能损失的风险。

2012年6月20日，美国雅虎公司（Yahoo Corporation）日本分公司服务器发生系统故障，导致5 700家客户数据丢失，除小林制药（KOBAYASHI Corporation）等少数企业自备数据备份可以恢复外，其他企业数据均不可恢复，造成极为严重的损失。

3.2.5.3.2 软件兼容性技术风险

互联网条件下的软件稳定性风险（Internet-based Software Compatibility Risk）是指金融机构使用的某一分系统软件工具与其他分系统软件工具在功能设计与运行上可相互容纳使用或不可相互容纳使用，而导致金融信息、金融交易及金融资产价值可能损失的风险。

3.2.5.3.3 病毒软件技术风险

互联网条件下的病毒软件风险（Internet-based VirusSoftware Risk）是

指金融机构使用的软件工具由于受到病毒软件侵害而导致软件运行中断、金融信息泄露、金融交易被阻断，最终导致金融资产价值可能损失的风险。

比较多见的病毒软件侵害事件有：钓鱼网站非法链接、木马病毒软件植入等。2012年8月11日，中国互联网第三方支付企业捷银支付（Smartpay）遭受病毒软件侵入。攻击者利用信息系统漏洞植入木马病毒软件，绑定该系统的代扣功能，致使南京储户程腊平女士个人银行卡账户信息泄漏、3.35万元人民币账户资金被非法转移。

3.2.6 技术风险的产生

毛明芳（2010）提出，现代技术风险是一种客观风险与主观风险的集合体，它的产生既有技术本身发展的内在原因，又有社会制度、文化以及个人心理等外在原因。其中，技术自身发展不足是现代技术风险产生的根本原因，技术的不确定性是技术风险产生的内在根源，技术的"逆逻辑性"是技术风险产生的重要原因，技术的复杂性是技术风险产生的时代诱因。

阎庆民、谢翀达和骆絮飞（2013）认为，技术风险缘自于人员、流程和系统等内部风险因素以及自然、社会和法规等外部因素的共同作用。

巴塞尔委员会（2006，2010，2012）列举了可以导致技术风险的主要技术因素和技术事件，包括自然灾害、电力输送中断、来自外部的主观恶意破坏等外部因素或外部事件，以及人员人为违规操作、来自内部的主观恶意破坏等内部因素或内部事件。这些内外部技术因素和技术事件可能导致信息技术系统的实体资产损坏、正常金融业务中断和难以恢复等恶性结果，具有严重危害性。

3.2.7 技术风险的衡量

风险衡量即通常所提及的"风险资本计量"。巴塞尔委员会（2006，2010，2012）提出，应将资本计量作为衡量金融风险损失的工具与手段。由于巴塞尔委员会将技术风险归为操作风险类别，因此，巴塞尔委员会对操作风险的规定适用于技术风险。同时，由于互联网技术的通用性，《新巴塞尔协议》适用于互联网金融的技术风险。

实践中，衡量互联网金融技术风险的具体指标主要有：

●技术故障率[信息系统故障率（1- 信息系统可使用率；或：1- 在用率）]；

● 安全事件数[包括信息（系统）安全事故统计数、重大信息（系统）安全事故统计数等]；

● 客户投诉率（因技术事件引发的客户投诉业务量与同期总业务量之比）；

● 技术风险损失率[信息系统设备（软件）净损失额与信息系统设备（软件）购买价格或重置费用之比]等。

3.2.8 技术风险的管控

3.2.8.1 强化技术风险源管控

技术风险源又称"技术风险点"，它主要是指可引发技术风险的内外部技术因素或技术事件的具体载体及作用方式，也就是技术因素或技术事件与技术系统的结合点。

技术风险防范需要对技术风险源进行有效管控。互联网金融的技术风险源主要是各种外来技术威胁与包括相关软硬件在内的内部信息系统的功能设计与运营管理缺陷的结合点，如软件程序漏洞等。

3.2.8.2 强化技术风险网络扩散的管控

风险通常具有传导性（又可称为"传染性"或"扩散性"）。一个独立系统的技术风险通常仅在本系统内进行传导，对本系统之外的影响是有限的，通常不会构成系统外的风险。而一个相互链接的复杂系统则通常会具有对本系统之外的传导作用，因而这种系统所产生的风险可以传递到该系统之外。互联网是几乎无物理疆域和边界的虚拟网络，其传导扩散的单位成本较低，传递速度较快，因此，互联网金融技术风险在很大程度上是一种能够扩散的操作风险。

强化技术风险网络扩散的管控，可以有效防止互联网金融的技术风险传播。这种管控可以体现在对信息系统中的独立子系统与可同它进行物理链接的其他子系统之间设立隔离区，以防止某一子系统的风险扩散到其他子系统。同时，在整

个信息系统与外部各类信息系统的链接部分同样设置隔离功能，既可防止信息系统的风险对外扩散，又可防止外部系统风险的对内扩散。这种物理隔绝可以通过硬件集成和软件程序设计来实现。

3.3 互联网金融信用风险研究

3.3.1 互联网金融中的信用风险

信用风险（Credit Risk）又可称为"信贷风险"（英语表达法同信用风险）、"信用违约风险"（Credit Default Risk）或"违约风险"（英语表达法同信用违约风险）等。信用风险是金融机构和信用提供者经常遭遇的最大金融风险之一，它同技术风险一样，都是互联网金融风险中的一级风险。信用风险是"金融机构和信用提供者所面临的最大风险"（乔埃塔·科尔基特，2007）。

信用风险与信用违约风险有细微差别。二者在狭义的信用风险范围内是一致的，均可表示承诺方因主观恶意或非主观恶意未能实现原来承诺而造成损失的可能性。广义的信用风险范围通常大于信用违约风险。

在互联网技术条件下，互联网金融机构在线交易除具有传统金融的信用风险（如信用违约风险等）之外，还会因为互联网金融的特点而具有其特别的信用风险（如虚拟交易信息失真等）。互联网金融信用风险的这些变化可以被看作是传统金融信用风险在互联网条件下的风险延伸与风险变异。

3.3.2 信用风险的溯源

3.3.2.1 海外信用风险的溯源

W. Bedgood（1981）在海外较早提及"Credit Risk"，他主要关注美国医疗违约事件引发的信用风险。

Suzanne Pinson（1989）通过建立多专家决策元模型（multi-expert meta-model），从管理决策的角度来评估银行借款人的信用风险。她认为，常规信用风险评估很难解决非确定性因素引发的复杂风险识别程序决策问题，采用更为精确与可行的多专家决策系统更有助于银行评估商业贷款信用风险。

20世纪末，海外金融界和学术界开始建立更为精确化的数学模型来评估信用风险损失。Jose A. Lopez 和 Marc R. Saidenberg（1999）通过建立基于时间序列—横截面数据（panel data）交叉模拟（cross-sectional simulation）的信用风险模型，来精确分析各种依据时序或给定时间截点模拟产生的信用风险组合。

Riza Emekter、Yanbin Tu、Benjiamas Jirasakuldech 和 Min Lu（2015）以 Lending Club 为例探讨了以 P2P 网贷为代表的小额贷款市场的特点、绩效及其信用风险评估方法。他们发现，采用信用级别、借款人负债收入比（Debt-To-Income ratio，DTI）、SAP 财务会计及管理评分法（SAPFinance Controlling Score／FICO Score）、循环信用额度利用率（revolving line utilization）等指标有助于确定信用风险，而高利率通常不足以补偿贷款违约的高风险，FICO Score 评分较高或 DTI 较低的借款人则通常信用风险较低。

3.3.2.2 中国（区）信用风险的溯源

中国（区）对"信用风险"的研究主要兴起于20世纪80年代中后期，之前仅有少量文献提及"风险型信贷"（张照先，1985）、"风险信用"（许文卿，1986）、"信贷风险"（张鉴，1987）和"信贷的风险管理"（汤中明，1987）等。黄绍经（1988）明确提及"信用风险"并阐明它与提高信贷经济效益的关系。

罗哲夫和宋先平（1991）提出，信用风险和流动性风险共同构成信贷资金风险，信贷资金风险上升需要加强信贷资金风险管理。

吴新光（1992）强调，信用风险是专业银行经营风险的主要表现形式，信贷超经济发放导致信用风险居高不下。

谢永康（1992）提出，专业银行自有资本比例下降可造成信贷资产质量不高和风险损失，应借鉴巴塞尔协议，通过统一专业银行自有资本比例标准和提高资本比例，来增强银行自身积累能力和控制银行信用风险。

李国鹏和刘国辉（2000）从金融系统内外两个方面探讨了信用风险的生成机理。他们发现，金融系统信用风险发生的内部因素主要有信贷资金过度承担财政职能、商业银行风险管理长期缺位、银行业务扩张中的违规违章操作、银行人员业务素质不高和中央银行监管不足等，而金融系统信用风险的外部因素则包括企

业高负债的风险转化、政府主导投资体制效益不佳、企业转制导致银行贷款悬空以及法律保障缺失导致道德风险扩散等。

陈雪芬（2015）探讨了当前 P2P 网贷存在的信用风险及其防范对策。她分析到，当前传统银行个人征信系统对 P2P 网贷平台不开放，全国性 P2P 个人征信系统尚未建立，P2P 网贷平台自建个人信用评级系统功能有限，借款人错报、误导、隐瞒必要信息造成信用风险。她建议，规避 P2P 网贷信用风险应采取明确法律地位、引导规范经营、构建监管体系、强化内部管理、建立风险准备金、开放征信系统、提高 P2P 网贷平台盈利能力等多项措施。

3.3.3 信用风险的定义

巴塞尔委员会（1988）对信用风险作出了定义：信用风险是指债务人或交易对手未能履行合同所规定的义务或信用质量发生变化，影响金融产品价值，从而给债权人或金融产品持有人造成经济损失的风险。

罗哲夫和宋先平（1991）简述到，信用风险是借款者违约拖欠贷款的可能性。

乔埃塔·科尔基特（2007）提出，信用风险是借款人、交易对手或债务人未能履行合同而使贷款人可能蒙受的损失。

陈雪芬（2015）提出，P2P 网贷中的个人信用风险是指借款人未能履行合同，无法按期偿还本息，而给 P2P 网贷平台和借出人经济利益带来损失的风险。

由此，可以得到互联网条件下的信用风险定义：

互联网条件下的信用风险（Internet-based Credit Risk）是指互联网金融在线交易中由于资金使用者或服务提供者出于主观故意或非主观故意原因，未能履行约定或承诺，引发信用不足或信用缺失，而导致资金提供方商业目的未能全部实现或金融资产价值损失的风险。

（定义 3.3）

定义 3.3 中的"资金使用者"是指在线金融业务中具有资金使用需求的借款人、债务人、交易对手或使用资金的互联网金融平台等；

"服务提供者"是指在线提供金融服务或信息中介服务的个人或机构，包括互联网金融平台和其他互联网信息服务机构等；

"主观故意"是指行为人明知某种行为会对他人造成危害性结果却采取该种行动，或者明知后果不利于他人却采取希望和放任的态度不去制止这种危害性行为发生；

"非主观故意"是指行为人完全不知某种行为会对他人造成危害性结果却采取该种行动，或者在已知后果不利于他人后，主动采取力所能及的行动，制止这种危害性行为发生，或者尽力减轻这种行为对他人造成的危害性；

"信用不足"是指金融交易过程中一方或多方因未能按事先约定履行而导致自己信用质量等级降低；

"信用缺失"是指金融交易过程中一方或多方因严重违约而导致自己信用质量基本丧失或彻底丧失。信用缺失是信用不足的负面效应的最大化，是信用不足的一种极端特例。

"资金提供者"是指在线金融业务中提供资金的一方，多数情况下为贷款人、债权人或提供资金的互联网金融平台等。

3.3.4 信用风险的本质

乔埃塔·科尔基特（2007）认为，信用风险是源自于金融信贷业务本身的一种固有风险，"信用风险是金融机构和信用提供者所面临的最大风险"。他断言，信用风险存在于信贷产品市场的全部商业活动之中。

赵建芬（2011）在乌尔里希·贝克的"风险社会论"基础上将信用风险的本质总结为现代技术条件下普遍发生的一种社会性风险，社会发展的复杂性和偶然性是其产生的哲学根源。

究其本质，信用风险是一种内部风险，即它是基于金融功能本身和金融利益关联方自身产生的信用缺失或信用不足而发生的风险。以P2P网贷和互联网小额贷款等为代表的互联网金融同样面临着信用风险。

3.3.5 信用风险的类别

根据风险的来源、作用对象与形式不同，信用风险通常可分为资本集中风

险（Concentration Risk）、消费者信用风险（Consumer Credit Risk）、交易对手信用风险（Counterparty Credit Risk）、信用衍生（产品）风险（Credit Derivative Risk）和证券化风险（Securitization Risk）等，共计5项二级风险子类，见图3-4-1。

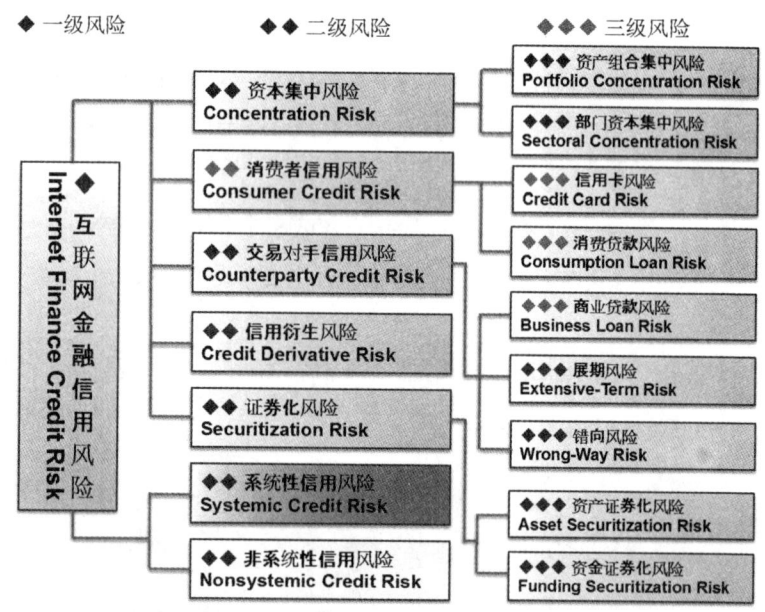

图 3-4-1　互联网金融信用风险图谱

资料来源：巴塞尔委员会《资本协议Ⅰ、Ⅱ、Ⅲ》（1988，1999，2010，2011）；[美] 乔埃塔·科尔基特. 信用风险管理 [M]. 第 3 版. 杨农等译. 北京：清华大学出版社，2014.[美] 弗·S. 米什金. 货币金融学 [M]. 第 9 版. 郑艳文等译. 北京：中国人民大学出版社，2011；[加] 约·C. 赫尔. 风险管理与金融机构 [M]. 第 3 版王勇等译. 北京：机械工业出版社，2014；罗明雄，唐颖，刘勇. 互联网金融 [M]. 北京：中国财政经济出版社，2013；北京大学市场经济研究中心互联网金融管控创新研究课题组，2015.

3.3.5.1 资本集中风险

资本集中风险（Capital Concentration Risk）通常简称为"集中风险"，其概念中的"集中"（concentration）是指金融资产（组合）配置呈现集中化特征，相对于"多样化"和"分散化"（diversification）而言。资本集中风险主要是指金融机构对金融资产（或资本）集中配置形成不均衡而可能造成损失的风险。

集中风险通常又可分为名义资本集中风险（Name Concentration risk）和部门资本集中风险（Sectorial Concentration risk）等两项三级风险子类（Visible

Equity，2009），见图 3-4-2。

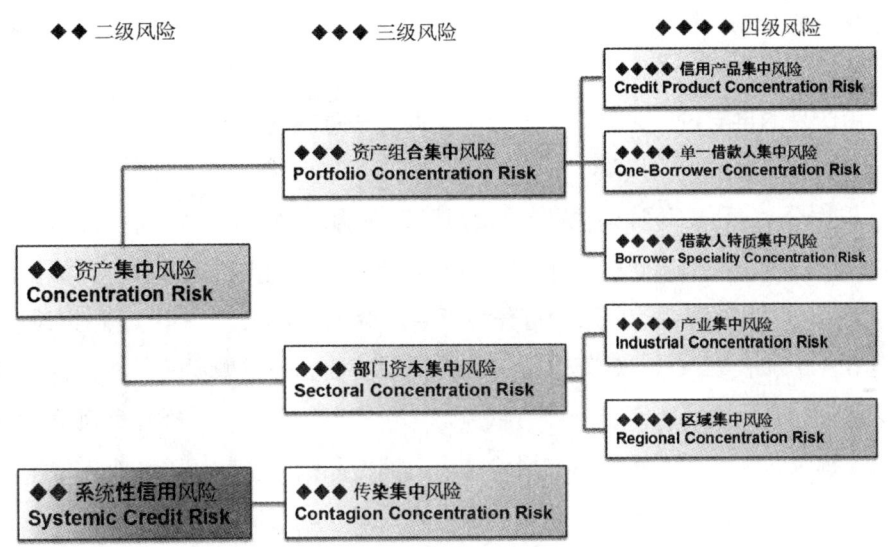

图 3-4-2　互联网金融资本集中风险图谱

资料来源：巴塞尔委员会《资本协议Ⅰ、Ⅱ、Ⅲ》（1988，1999，2010，2011）；[美] 乔埃塔·科尔基特 . 信用风险管理 [M]. 第 3 版 . 杨农等译 . 北京：清华大学出版社，2014.[加] 约·C. 赫尔 . 风险管理与金融机构 [M]. 第 3 版王勇等译 . 北京：机械工业出版社，2014；徐少君，金雪军 . 信用集中风险研究新进展 [J]. 金融理论与实践，2010（7）：3-8.罗明雄，唐颖，刘勇 . 互联网金融 [M]. 北京：中国财政经济出版社，2013；北京大学市场经济研究中心互联网金融管控创新研究课题组，2015.

3.3.5.1.1　名义资本集中风险

名义资本集中风险（Nominal Concentration Risk）主要是指贷款人向借款人提供的资本配置结构中过度依赖单一或某几种资本形成不均衡而可能导致损失的风险。

在狭义的范围上，名义资本集中风险与资本集中风险是几乎一致的，在不具体指明的前提下，二者可互换使用。而在广义上，后者的范围要大于前者。

通常地，金融信用产品组合中类别越少，某类信用产品客户关注度过高，或者同一类信用产品客户越少，信用风险就越容易集中产生。

3.3.5.1.2　部门资本集中风险

部门资本集中风险（Sectorial Concentration Risk）主要是指贷款人向借款人所提供的资本配置结构中过度依赖特定部门、区域、产业或产品形成不均衡而可能导致损失的风险。

3.3.5.2 消费者信用风险

消费者信用风险（Consumer Credit Risk）通常又可称为"消费信贷风险"和"零售信用风险"（Retail Credit Risk）等。它主要是指由于消费者对个人消费信用产品的再支付能力欠缺、未合规担保或恶意主观欺诈等可能导致其无法偿还消费信贷造成损失的风险。

根据分类标准不同，消费者信用风险可分为不同类别。根据消费信用工具不同，消费者信用风险可分为个人信用卡风险和消费抵押贷款风险等；根据消费信用期限不同，消费者信用风险可分为短期风险（1年及1年以下）、中期风险（1年至5年）和长期风险（5年以上）等；根据消费业务类型不同，消费者信用风险又可分为个人住房购买及维修贷款风险（包括自营型风险、委托型风险和组合型风险等）、个人汽车购买贷款风险、个人消费品购买贷款风险、个人旅游消费贷款风险、个人助学金贷款风险等。因内容较多，本书此处不再一一列举。消费者信用风险图谱见图3-4-3。

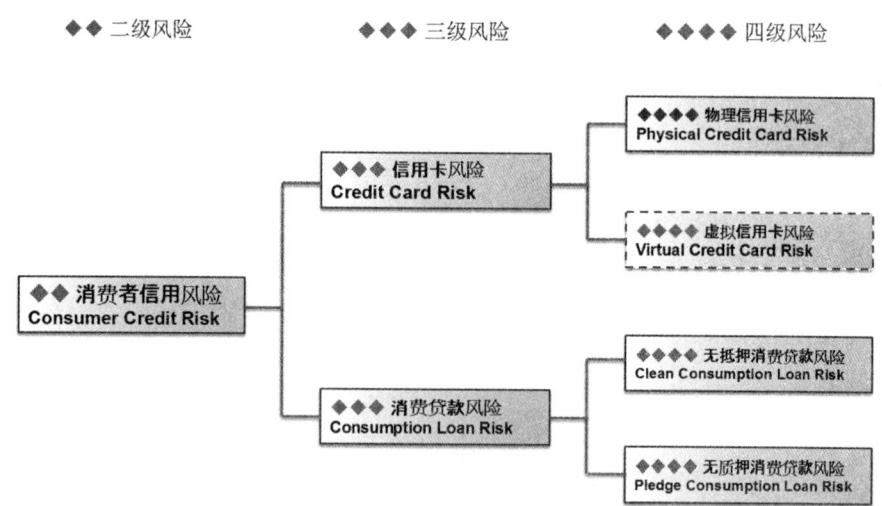

图 3-4-2 互联网金融资本集中风险图谱

资料来源：巴塞尔委员会《资本协议 I、II、III》（1988，1999，2010，2011）；[美]乔埃塔·科尔基特.信用风险管理[M].第3版.杨农等译.北京：清华大学出版社，2014.[加]约·C.赫尔.风险管理与金融机构[M].第3版王勇等译.北京：机械工业出版社，2014；罗明雄，唐颖，刘勇.互联网金融[M].北京：中国财政经济出版社，2013；李海静.我国信用卡风险及管理策略研究[J].经营管理者，2012（8）：132-133.；刘可夫.浅析个人消费贷款的风险控制[J].商业经济，2012（1）：105-107.；北京大学市场经济研究中心互联网金融管控创新研究课题组，2015.

3.3.5.3 交易对手信用风险

交易对手信用风险（Counterparty Credit Risk）可简称为"对手风险"（Counterparty Risk），它主要是指交易对手未能履行约定契约中的义务而可能造成损失的风险（巴塞尔委员会，2012），或者是指交易对手在交易现金流结算之前可能违约导致的风险（香港金融管理局，2009）。交易对手信用风险通常涉及流动性风险（Liquidity Risk）、市场风险（Market Risk）和操作风险（Operational Risk）等。

交易对手信用风险通常又可分为展期风险（Rollover Risk ／ Extensive-Term Risk）和错向风险（Wrong-way Risk ／ Error Risk）两类三级风险。后者通常又可称为"错向暴露"或"错向敞口"（Wrong-way Exposure ／ Error Exposure），主要是指交易对手暴露与其信用质量反向相关时可导致的风险（国际互换与衍生品协会，ISDA，2001）。

错向风险进而又可分为一般错向风险（General Wrong-way Risk ／

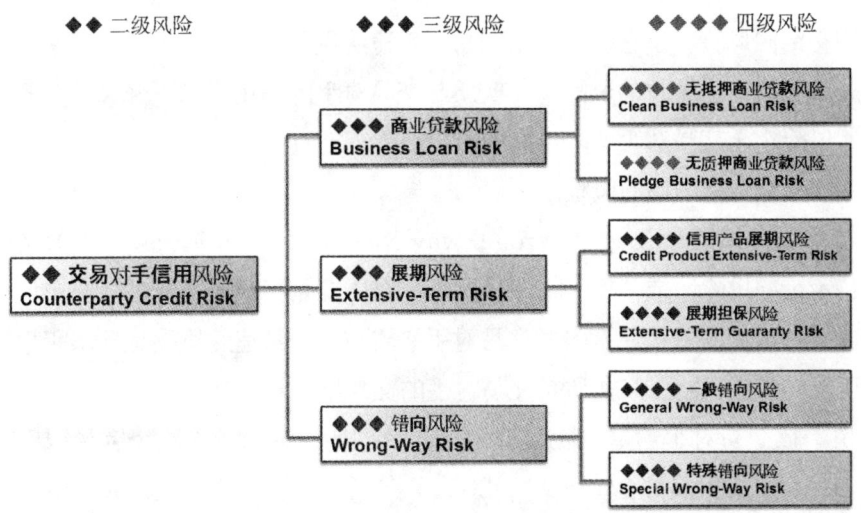

图 3-4-4 互联网金融交易对手信用风险图谱

资料来源：巴塞尔委员会《资本协议 I、II、III》（1988，1999，2010，2011）；[美] 乔埃塔·科尔基特. 信用风险管理 [M]. 第 3 版. 杨农等译. 北京：清华大学出版社，2014.[加] 约·C. 赫尔. 风险管理与金融机构 [M]. 第 3 版王勇等译. 北京：机械工业出版社，2014；罗明雄，唐颖，刘勇. 互联网金融 [M]. 北京：中国财政经济出版社，2013；鲁皓，程鹏. 基于展期风险模型的系统性风险分析 [J]. 鞍山师范学院学报，2012（4）：12-15：北京大学市场经济研究中心互联网金融管控创新研究课题组，2015.

General Error Risk）和特殊错向风险（Special Wrong-way Risk ／ Special Error Risk，又称"特定错向风险"）等。以上均见图 3-4-4。

3.3.5.3.1 展期风险

展期（Extensive Terms）是指顺时往后延期的时间期限。在金融领域，展期主要是指合约方未按原约定如期履约而将原约定或修订后的新约定延期履行的期限，它可分为投资展期和贷款展期（或称借贷展期）两种主要类别。

展期风险是指合约方延期履行约定可能导致损失的风险，其实质是先期交易中发生的交易对手风险（可预计的正暴露风险）与展期交易中新增的额外交易对手风险（可预计的额外暴露风险和不可预计的暴露风险）双重风险的叠加。

3.3.5.3.2 一般错向风险

"错向"的语义学释义是指"方向相反"，它的通用释义是"某一事物运行发展方向与另一事物刚好相反"，而其经济学或金融学的释义是某一经济变量的运行与其他经济变量恰好呈现出负相关关系。

一般错向风险（General Wrong-way Risk ／ General Error Risk）又可称为"广义错向风险"，它主要是指交易对手违约风险与一般市场风险因素呈现出正相关关系时可能导致的风险。其实质是交易对手的信用质量下降导致可预计的正暴露风险小于交易对手实际暴露的风险。

3.3.5.3.3 特殊错向风险

特殊错向风险（Special Wrong-way Risk ／ Special Error Risk）又可称为"特定错向风险"或"狭义错向风险"，它主要是指某一类或某几类市场交易因其性质与结构的特殊性，引发交易对手暴露与其交易违约概率呈现出正相关关系时可能导致的风险。其实质是交易对手的交易结构不合理。

由于在交易对手信用风险管理中，大多数特殊错向风险比较容易识别，因此国际互换与衍生品协会（ISDA，2001）向巴塞尔委员会建议，此后错向风险定义仅限于特殊错向风险。

3.3.5.4 信用衍生风险

信用衍生产品（Credit Derivative Products）是 20 世纪 90 年代后出现的信用风险管理工具，它是指以贷款信用级别为衍生价值的金融产品（田玲，

2002）。

信用衍生风险（Credit Derivative Risk）又可称为"信用衍生产品风险"（Credit Derivative Product Risk），它是指信用衍生产品交易中，合约各方预计未来期限内发生可观察到的违约事件的可能性，并使合约方信用等级下降和受到损失的风险。

信用衍生风险的实质是将信用风险从资产配置的所有风险中剥离出来，以市场公允价格转嫁给其他机构，从而达到降低自己风险的目的。

3.3.5.5 证券化风险

证券化（Securitization）是指金融机构将可变现资产通过重新组合转换为可流通证券的融资行为与过程。

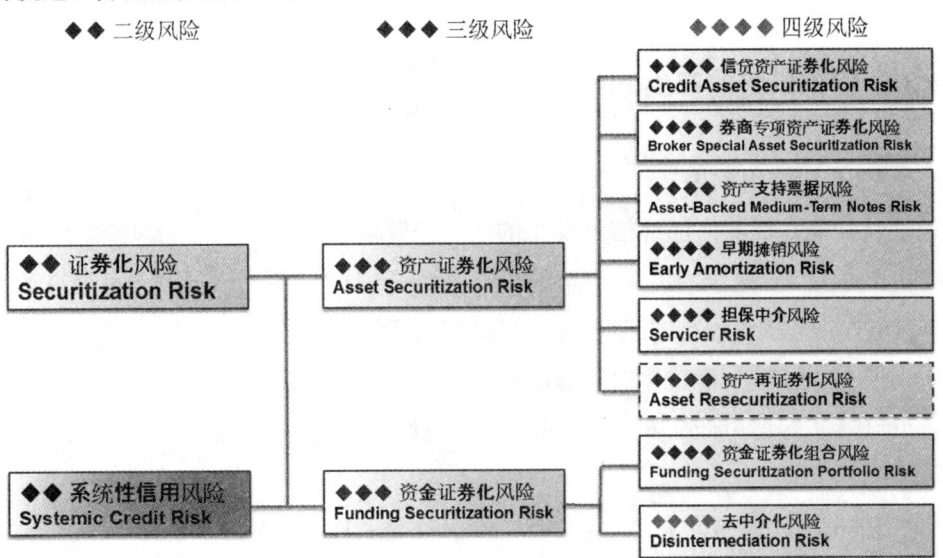

图 3-4-5 互联网金融证券化风险图谱

资料来源：[美] 乔埃塔·科尔基特. 信用风险管理 [M]. 第 3 版. 杨农等译. 北京：清华大学出版社，2014.；罗明雄，唐颖，刘勇. 互联网金融 [M]. 北京：中国财政经济出版社，2013.；胡威. 资产证券化的运行机理及其经济效应 [J]. 浙江金融，2012（1）：62-66，72.；张明，邹晓梅，高蓓. 中国的资产证券化实践：发展现状与前景展望 [J]. 上海金融，2013（11）：31-36.；薛敬孝，曾令波. 论金融证券化 [J]. 南开经济研究，2000（3）：49-54.；郝一众，刘从军. 融资证券化过程中的系统风险防范 [J]. 日本问题研究，2004（2）：20-22.；马树杰. 浅谈融资证券化的危害及对我国经济的影响 [J]. 现代经济（现代物业下半月刊），2009（8）：123-124.；北京大学市场经济研究中心互联网金融管控创新研究课题组，2015.

证券化可分为资产证券化（Asset Securitization）和融资证券化（Funding Securitization，又可称为"资金证券化"）两类。前者是指将应收账款、长期贷款等缺乏流动性的资产转化为债券等可流通的证券产品；后者则是指在资产组合配置中降低借贷比重，提高股票、商业票据等有价证券比重的融资行为与过程。融资证券化实际上就是金融的"去中介化"或"脱媒（化）"（Disintermediation）。

简言之，证券化风险（Securitization Risk）就是金融资产证券化可能造成的风险。它主要包括早期摊销风险（Early Amortization Risk）和担保中介风险（Servicer Risk）等，并涉及流动性风险（Liquidity Risk）、货币利率风险（Currency Interest Rate Risk）、道德风险（Moral Hazard）和法律诉讼风险（Lawsuits Risk）等。赵胜来和陈俊芳（2005）提出，资产证券化风险主要由交易结构风险、信用风险、提前偿还风险和利率风险构成。

3.3.6 信用风险的产生

3.3.6.1 信用损失
通常地，贷款人围绕信贷发生的所有经营活动都会产生信用风险。信用风险的产生，主要是因为出现了信用损失。信用损失的出现是指借款人、交易对手或债务人未能按约履行的违约，致使贷款人受到损失。

通常地，小额贷款（small loans）、抵押担保证券（mortgage back securities）等信用产品多为信用风险的高发区，需要特别加以防范。

3.3.6.2 危害与损失
信用风险是一种常见的多发性的金融风险，对金融机构的危害性较大。它通常会导致金融机构未能获取预期收益、经营亏损、客户流失等发生，比较严重的可造成金融机构业务中断，最为严重的可致使金融机构面临破产。

3.3.7 信用风险的衡量

衡量信用风险实际上是确定信用风险安全阈值（Credit Risk

Thresholds）。信用风险阈值是指信用风险发生概率的区间边界，即信用风险通常发生的范围边界。

信用风险通常是可分为若干级别的，级别不同，其阈值相应不同。

信用风险的衡量指标主要有资产组合比例（portfolio proportions or percentages）、资产净值（asset net worth）等。这些指标应是可衡量的、可比较的或可追踪到的。

3.3.8 信用风险的管控

3.3.8.1 信用风险管理

信用风险管控实际上就是信用风险的管理。信用风险管理（Credit Risk Management）是指有效防范信贷业务中的信用风险，以保障金融机构预期合理收益的管理行为与过程。

互联网金融机构应将信用风险纳入其发展战略和业务管理规范之中，将防范和管控信用风险作为其风险管理中不可或缺的主要政策措施。

3.3.8.2 信用风险聚集

实践中，规避信用风险常见的传统管理手段之一是信用风险聚集（Credit Risk Aggregation）。信用风险聚集是指尽可能地将不同的金融信用产品组合在一起，实现多元化配置，通过缩小单个信用产品的违约概率，进而降低整个组合的集中违约概率，来缓解单一金融资产配置可能导致的信用风险集中产生。

3.3.8.3 信用风险分解

信用风险分解（Credit Risk Decomposition）是指尽可能地对所涉及的每一种信用产品的风险都进行识别，在此基础上对其进行个别的单独管理，以最大限度地缩小每一个信用产品的违约概率，以分散和化解风险。

3.3.8.4 信用风险的识别

识别风险是实施有效风险管理的先行步骤与程序。为了做到有效识别信用

风险，首先应建立并完善一个风险识别的信息系统。该信息系统应能随时输入和存储识别风险所需的各类信息和数据，并应配置必要技术手段保障这些信息和数据的真实与可靠。

用于识别信用风险的信息和数据应包括金融机构贷款的种类、贷款余额、贷款约束条件、利率、日期、借款人必要信息及其信用评级等。有些贷款项目还需要详细了解借款人抵押物的地址、估值和抵押优先留置权（liens）等必要信息，用于作为评定借款人资信的依据。

信用风险的识别应采取必要的基本信用分析技术，它们应与金融机构的规模、信用产品的种类及其组合方式、信用内在的集中水平，以及金融机构业务特性等相适应。

如果金融机构自身不具备上述信用风险的识别条件与能力，则它应选择有资质的和信誉良好的第三方专业风险管理机构，就信用风险识别的信息服务进行洽谈与合作。

3.3.8.5 信用风险的监控

同样以集中风险的管理为例，积极有效的信用风险管理是形成一整套监控制度，开展日常性的规范风险监控，通过畅通的信息渠道及时掌握风险动态。

设定安全阈值（Setting Security Thresholds）是信用风险监控的有效手段之一。所谓安全阈值是指信用风险发生与未发生，或者是较低一级风险与较高一级风险相区别的临界估计值。金融机构应为其涉及的所有可能发生的信用风险预先设定安全阈值，安全阈值应能覆盖所有信用风险类别及其各个级别。安全阈值的精确化与准确性，决定了信用风险监控的实施效果。应在足够的经验数据分析基础上综合运用定量分析与定性分析，来保障安全阈值的科学性与可靠性。

金融机构应设立随时监控与及时报告制度，一俟监控数据超过安全阈值并确定风险级别，则立即向主管部门汇报，并发出风险预警信号，不可以任何借口拖延时间。监控数据达到具有危害性的各级风险级别时，可按规定在本系统范围内发出相应级别的风险警报。如果监控数据降低直至不可发生风险的级别时，可发出相应级别的风险解除信号。

实践中，不少金融机构都成立专门化部门，随时监控和报告那些可作为信用风险源的信用风险事件甚至是重大信用风险事件以及超过安全阈值的信用风险，以便管理层在第一时间作出必要应急反应和处置。

3.3.8.6 信用风险的防范与控制

一旦锁定信用风险的风险源并确定风险等级超过安全阈值，则金融机构应该立即采取有效手段和措施，来防控信用风险，并视其具体情形将其依次置于可消除、可减缓、可承受的相应范围，以尽可能地降低风险和减少损失。

金融机构可采取的有效手段和措施主要有：

● 削减市场营销活动；

● 抬高利率和 / 或提高审核标准；

● 减少相关政策限制；

● 转移风险至其他关联方；

● 放弃该产品直至其信用风险降低到安全阈值。

3.3.9 互联网金融信用风险的延伸与变异

3.3.9.1 互联网金融信用风险的延伸

互联网金融信用风险的延伸是指在互联网技术条件下，传统金融信用风险向新兴互联网金融扩散，致使互联网金融发生与传统金融基本相同或完全相同的信用风险。互联网金融信用延伸风险强调的是信用风险作用范围的延伸与扩展，而其作用机理并未发生性质转变。以 P2P 网贷和众筹为例，这两种新兴互联网金融业务模式的信用风险在作用机理上与传统银行借贷和投资银行等的投融资所产生的信用风险并无本质区别。由于 P2P 网贷平台和众筹平台作为互联网金融服务提供者，其往往更多出自于互联网企业而非传统金融机构，其金融风险管理业务素质和能力在专业性和职业化角度与传统金融风险管理尚有一定差距，其风险控制团队对信用风险的识别和认定能力尚且不足，加之 P2P 网贷平台和众筹平台主要面向中小客户群，客户群的信用质量与传统金融客户相比存在更多的不足与缺失，因而使得传统金融的信用风险在互联网技术条件下进一步向互联网金融机构延伸。

3.3.9.2 互联网金融信用风险的变异

互联网金融信用风险的变异是指在互联网技术条件下，源于传统金融信用风险的互联网金融信用风险在表现方式和作用机理等方面发生与传统金融信用风险不同的变化。其代表性表现形式之一就是虚拟信用卡。

虚拟信用卡又称为"网络信用卡"或"网上信用卡"，它是与物理信用卡相比较而言的。目前，美国银行、花旗银行、维萨集团都纷纷推出了各自的虚拟信用卡。世界首家互联网支付企业美国贝宝公司（PayPal）也与万事达集团合作推出"贝宝虚拟信用卡"，以方便其用户在不使用贝宝支付工具时仍可进行网上交易。2012 年 10 月 31 日，阿里巴巴旗下的外贸服务公司一达通与中国银行和中国出口信用保险公司合作推出"阿里巴巴虚拟信用卡"业务，主要面向海外中小买家提供数外直至千万元人民币的授信额度，账期为 180 天。2014 年 3 月 11 日，阿里巴巴集团宣布与中信银行合作，面向 8 000 万支付宝用户正式推出中国首张虚拟信用卡，首批发行规模 100 万张，最低授信额度每张 200 元人民币。腾讯公司几乎同时宣布也将与中信用户合作发行"腾讯微信信用卡"，首批发行量也为 100 万张，授信额度分为 50 元、200 元、1000 元和 5000 元人民币。2014 年 3 月 14 日，中国人民银行支付结算司向人行杭州中心支行支付结算处下发银支付［2014］第 59 号意见函。该函指出，"线下条码（二维码）支付突破了传统受理终端的业务模式，其风险控制水平直接关系到客户的信息安全和资金安全。目前，将条码（二维码）应用于支付领域有关技术，终端的安全标准尚不明确。相关支付撮合验证方式的安全性尚存质疑，存在一定的支付风险隐患。虚拟信用卡突破了现有信用卡业务模式，在落实客户身份识别义务、保障客户信息安全等方面尚待进一步研究。"该函要求立即暂停线下条码（二维码）支付和虚拟信用卡有关业务。

3.4 互联网金融流动性风险研究

3.4.1 流动性与流动性风险

流动性（Liquidity）又称为"市场流动性"（Market Liquidity），它主要

是指金融资产的市场变现能力。

· 流动性面临的语境不同，其释义相应各异。在国家层面的宏观经济中，流动性可指既定经济体系中货币投放量与货币总需求量的比例；在证券市场，流动性泛指有价证券的市场交易量与交易频率（即换手率）。Roger Clews 和 David Lodge（2003）提出，流动性是一种金融工具或金融资产转换为其他金融工具或金融资产的能力。

流动性风险（Liquidity Risk）又可称为"流动风险"，简言之就是流动性带来的风险。它通常会受到足以产生风险的各种流动性因素或流动性事件的影响。

3.4.2 流动性风险与互联网金融

银行、证券、基金和保险等传统金融业务模式因从事融资业务产生流动性，通常具有一定流动性风险，流动性风险是传统金融的常见风险之一。互联网条件下，具有传统金融融资业务性质的领域如互联网银行、互联网证券、互联网保险、互联网基金等因而也会相应具有一定流动性风险，这种流动性属于传统金融流动性在互联网条件下的延伸。新兴互联网金融业态或模式如互联网货币等也具有一定流动性，这种流动性属于传统金融货币流动性在互联网条件下的一种变异。像其他的互联网金融业务模式如 P2P 网贷、众筹、大数据和互联网征信等从其本质来看，并不具有明显的流动性特征。

3.4.3 流动性风险的溯源

3.4.3.1 海外流动性风险的溯源

McKinney（1977）在海外较早提及商业银行的流动性风险，他建立了流动性线性规划模型来评估中小商业银行的流动性需求。

Douglas W. Diamond 和 Philip H. Dybvig（1983）通过建立 DD 模型分析了商业银行流动性风险的产生机理。他们研究发现，商业银行作为中介转换中心，通过向借款人提供长期贷款，将储户高流动性的短期存款转换为长期非流动性资产，在为金融市场创造流动性的同时也承担了相应的流动性风险。

Darrell Duffle 和 Alexandre（2001）通过建立流动性风险模型来研究商业银行交易成本与流动性风险的关系。他们认为，无论商业银行是以保持一定流动性为目的，还是以追求最小交易成本为目的，都需要首先处置非流动性资产。

国际清算银行（ISB，2003）提出，流动性风险是指金融资产流动性存在不确定性而导致可能损失的风险。其中的不确定性包括金融资产变现受阻、未能以预期价格交易等。它也指合约方未能如约实现全部资产价值。

3.4.3.2 中国（区）流动性风险的溯源

20世纪80年代末，中国（区）学界开始关注现代金融的流动性。朱从玖（1988）在中国（区）较早提及现代金融的流动性并论述了流动性与风险和盈利之间的关系。他提出，银行业经营的实质是在资产与负债之间调节流动性、盈利性和风险性并使其达到均衡，其调节目标是在保证一定流动性的基础上，达到盈利最大和风险最小。他认为，流动性通常与风险及盈利均成反比，即流动性越高，盈利越少，风险越小；反之，流动性越低，则盈利越多，风险越大。

余紫秋（1989）将流动性风险与违约风险、利率风险、汇率风险和国家风险一同列为西方国家金融机构的主要金融风险。他阐述到，上述风险是由利率、汇率等金融市场波动以及经济周期等外部经济因素的不确定而产生的，一旦形成，便会给金融机构正常业务经营带来巨大冲击。

常臻旺和朱建洲（1993）以中国（区）专业银行为例分析了流动性风险的主要表现和危害。他们认为，资产负债总量与其结构的失衡可引发流动性风险，流动性风险对于微观金融实体经营和宏观金融经济发展都具有危害，应从强化专业银行自我约束机制、制度创新、提高流动性管理水平、强化系统调控机制等方面防范和控制流动性风险。

姚长辉（1997）探讨了商业银行流动性风险的主要表现形式、产生机理和影响因素。他指出，信贷资金不足、投资萎缩、资产变现能力差和资产债务结构不合理等现象是流动性风险的主要表现形式，流动性风险产生的表面原因是商业银行资金来源与资金使用的不确定与不规则，其深层原因是商业银行资产负债盈利性与流动性的矛盾。他认为，影响商业银行流动性风险的主要因素有商业银行资产负债结构、中央银行货币政策、金融市场发育程度、商业银行信用风险管理和商业银行的利率变动等。

3.4.4 流动性风险的定义

罗哲夫和宋先平（1991）认为，流动性风险是银行不能如约支付负债和满足顾客正常贷款需求的可能性。

常臻旺和朱建洲（1993）提到，流动性风险是指由于银行流动性资产不能确保适当的数量，从而易于引起信用不稳定和收益恶化的风险。

姚长辉（1997）总结到，流动性风险是指商业银行因没有足够的现金来清偿债务，保证客户提取存款和满足贷款需求，从而给银行的盈利带来损失，给生存带来威胁的可能性。

国际清算银行（ISB，2003）给出的定义是，流动性风险是指金融资产流动性存在不确定性而导致可能损失的风险。

罗明雄、唐颖和刘勇（2013）提出，流动性风险是指金融机构无法提供足额资金来应付资产增加需求，或履行到期债务的风险。

参照定义 3.2 及 3.3 的格式，同样可以得到互联网条件下的流动性风险定义：

互联网条件下的流动性风险（Internet-based Liquidity Risk）是指互联网金融机构金融资产市场变现能力存在的多种不确定性，引发流动性不足或流动性过剩，而导致互联网金融机构金融资产价值损失的风险。

（定义 3.4）

定义 3.4 中所指的"金融资产市场变现能力"是指互联网金融机构所拥有的金融资产中流动性资产及债务的保有能力以及非流动性资产及债务转换为流动性资产及债务的能力，这里的"流动性资产"是指现金、银行存款、流通型股票、流通型债券和其他可流通的有价证券或商业票据等；"非流动性资产"是指固定资产、不可流通或受到流通严格限制的有价证券或商业票据等；"流动性债务"是指偿还期限为 1 年或 1 年以下的、转让限制较少的短期债务；"非流动性债务"是指偿还期限为 1 年以上的、转让限制较多的长期债务；

"多种不确定性"是指互联网金融机构资产及债务处置受到金融机构自身资产负债结构、资产负债变现能力、金融机构对盈利的追求、金融市场的整体流

动性、中央银行货币政策以及监管措施等多种因素制约和影响而产生的不可预计性或不可量化性；

"流动性不足"也可称为"流动性欠缺"，它是指互联网金融机构资产负债结构不合理导致其持有的流动性金融资产或负债余额无法满足正常经营需要的现象；

"流动性过剩"又可称为"资金周转过度"，它是指互联网金融机构资产负债结构不合理导致其持有的流动性金融资产或负债余额超过正常经营需要的现象。

3.4.5 流动性风险的本质

Roger Clews 和 David Lodge（2003）认为，流动性风险从根本上反映了将一种既定的金融工具或金融资产转换为其他金融工具或金融资产的难易程度。

流动性风险是金融资产在获得预期收益以实现价值增值的过程中产生的，它是一种综合性风险，通常会受到信用风险、市场风险和操作风险等多重风险的综合作用。

3.4.6 流动性风险的类别

金融流动性风险可分为资产类流动性风险和资金类流动性风险两种基本类型，它们均为二级风险，见图3-5。

3.4.6.1 资产类流动性风险

资产类流动性风险（Asset Liquidity Risk，ALR）又可称为"市场交易流动性风险"或"交易流动性风险"（Liquidity Trading Risk）。它主要是指金融资产交易到期未能按约获得足额收益及收回本金，致使无法偿还到期负债和追加新融资资本而导致可能受到损失的风险。

◆ 一级风险　　　◆◆ 二级风险　　　　　　◆◆◆ 三级风险

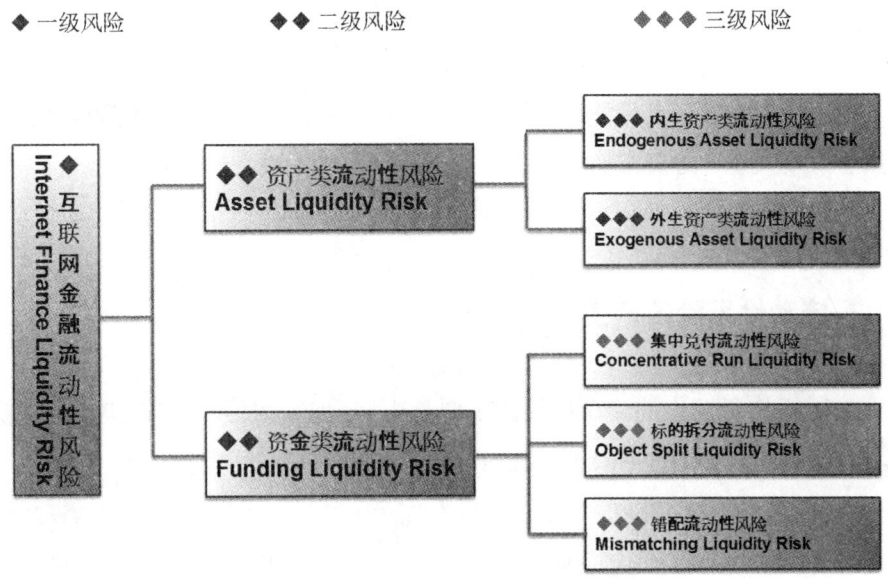

图 3-5　互联网金融流动性风险图谱

资料来源：巴塞尔委员会《资本协议 I、II、III》（1988，1999，2010，2011）；[加]约·C. 赫尔. 风险管理与金融机构 [M]. 第 3 版. 王勇等译. 北京：机械工业出版社，2014；罗明雄，唐颖，刘勇. 互联网金融 [M]. 北京：中国财政经济出版社，2013；窦玉龙. 我国商业银行流动性风险管理文献综述 [J].2013（13）：172，162.；邹小芃，黄峰，杨朝军. 流动性风险、投资者流动性需求与资产定价 [J]. 管理科学学报，vol.12（6），2009（12）：139-149.；北京大学市场经济研究中心互联网金融管控创新研究课题组，2015.

3.4.6.2 资金类流动性风险

资金类流动性风险（FundingLiquidity Risk，FLR）又称为"负债类流动性风险"（LiabilitiesLiquidity Risk）或"融资流动性风险"（Liquidity Funding Risk）。它是指可用以偿还负债或再融资的流动性资金受内外不确定性因素影响而导致可能受到损失的风险。

再融资风险（Refinancing Risk）是资金类流动性风险的一种特例。了解再融资风险，需要先了解融资风险。

融资风险（Financing Risk）是指筹资过程中由于筹资规划变动引发融资产生不确定性，或者是由于筹资人本身筹资结构不合理致使融资发生困难、未能如期完成而导致预期收益可能受到损失的风险。

融资风险通常会受到信用风险、市场风险、操作风险和法律风险等多重风险的联合影响。项目融资还会受到完工风险、生产风险、经营风险、财务风险、

利率风险、汇率风险、政治风险和环境保护风险等诸多风险共同影响。

再融资风险是资金类流动性风险的特例，是一种后发金融风险。它是指由于金融市场上金融工具品种或融资方式的变动引发再次融资产生不确定性，或者是由于筹资人本身筹资结构不合理致使再融资发生困难、未能如期完成而导致可能受到损失的风险。

3.4.7 流动性风险的产生

金融机构所发生的流动性风险主要是由资金融通业务中资产类项目和负债类项目资金差额及支付期限不匹配而产生。

互联网金融流动性风险多发于 P2P 网贷平台。P2P 网贷平台流动性风险的产生主要缘自于其业务经营模式，因此，对于 P2P 网贷平台来讲，流动性风险可以说是一种与其业务模式相伴生的内生性金融风险。

从资金流动特点来看，当前 P2P 网贷平台的业务模式可以分为保本付息类、标的分拆类和债权转让类 3 种。其中，保本付息类是指 P2P 网贷平台为吸引资金向贷款人作出保本付息违约承诺，并以自有资金先行垫付贷款人本金或本息的业务模式；标的分拆类是指 P2P 网贷平台为吸引资金投入，通过将借贷标的按期限或金额分拆为若干短期或小额项目，并以自有资金作为垫付的业务模式；债权转让类是指 P2P 网贷平台自行或通过第三方专业放款人，以自有资金先期放贷，后将放贷形成的债权转让给第三方，以收回资金后循环放贷的业务模式。前两者的共同特点是 P2P 网贷平台利用自有资金先行垫付并形成资金链，后者则是其利用自有资金先期放贷并形成资金链。由于上述业务模式都涉及 P2P 网贷平台自有资金的使用，因此，它们的资金流动具有极大不确定性，一旦自有资金不足，资金链断裂，就会引发流动性风险。严重的流动性风险可导致 P2P 网贷平台无法偿债最终或因资不抵债而清算破产。

2013 年 7 月 11 日，中国（区）较早成立的 P2P 网贷平台之一中财在线因挤兑造成资金紧缺而发生流动性风险。由于遭遇网络黑客非法侵入，造成用户数据泄露，引发贷款人恐慌，加之大量标的到期日过度集中，造成贷款人挤兑现象发生。中财在线先后垫付自有资金 600 多万元人民币，仍未缓解资金紧张。中财在线总经理甘昌武只得被迫抵押自有房产，四处筹集资金，除发动亲朋好友借钱外，还借了部分高利贷以暂缓资金链断裂。

3.4.8 流动性风险的衡量

衡量金融机构流动性风险的主要方法有流动性覆盖法、稳定资金法和流动性风险价值法等 3 类。前两种方法是巴塞尔委员会面向所有商业银行推荐的流动性风险衡量法，也可供互联网金融机构特别是 P2P 网贷平台参考和借鉴。

流动性覆盖法是指金融机构采用流动性覆盖率指标来衡量其金融业务中流动性风险的定量方法。流动性覆盖率（Liquidity Coverage Ratio，LCR）是指金融机构流动性资产中的高质量流动性资产（或称"优质流动性资产储备"，如现金、银行存款等）与其未来 30 天期限内的净流出资金（或称"净资金流出量"）之比。若 LCR 小于 1（即低于 100%），表明存在流动性风险；LCR 越趋向于 0，表明流动性风险越大；LCR 大于或等于 1，则不存在流动性风险或不足以构成流动性风险。流动性覆盖率被用以衡量金融机构短期内市场流动性风险的发生范围。巴塞尔委员会（2009）要求所有商业银行自 2015 年 1 月 1 日起采用流动性覆盖率指标来衡量自身的市场流动性风险。2014 年，中国银监会颁布《商业银行流动性风险管理办法》（2014 年 2 号令），明确规定商业银行流动性覆盖率不得低于 100%。

稳定资金法是指金融机构采取净稳定资金率指标来衡量其金融业务中融资类流动性风险的定量方法。净稳定资金率（Net Stable Finding Ratio，NSFR，又称"净稳定融资比例"）是指金融机构流动性资金中的可获得稳定支持的资金（Available Stable Finding Rate，ASFR，如资本金、银行存款等）与其融资业务所必需的稳定支持资金（Stability Finding Rate，SFR）之比。净稳定资金率被用以衡量金融机构短期内融资类流动性风险的发生范围与力度，反映出融资资金使用的稳定性。中国银监会（2011）要求将净稳定资金率作为新的金融监管标准来实施。

流动性风险价值法是指采用调整后的风险价值来衡量金融机构市场交易流动性风险的定量方法。风险价值（Value at Risk，VaR，亦称"风险价值度"）

是指金融机构单一或组合金融资产（产品）在既定置信区间内预期发生的最大可能损失。流动性风险价值法是一种复合的风险价值测定方法，它通过将某一类或某几类金融资产（产品）的基期（或常规或市场平均）的流动性风险价值与其市场交易预期的风险价值进行加权平均，后求和得到此类或组合的金融资产（产品）市场风险总价值。流动性风险价值法是一种统计方法，目前主要供流动性风险的研究使用，也可作为互联网金融机构衡量流动性风险的参考指标。

3.4.9 流动性风险的管控

3.4.9.1 实行行业准入制

鉴于当前 P2P 网贷平台是流动性风险高发地带，因此有必要参考海外及传统金融通行管控做法，对 P2P 网贷平台实行行业准入制。

行业准入制是指某一行业的主管部门或监管部门对于想要进入该行业的金融机构或准金融机构按照一定限制标准实行市场准入的管控制度。行业准入制是海外传统金融服务业、国际贸易以及需要特别管制的行业通行的管控做法，是规避流动性风险的有效管控手段之一。

实行行业准入制，在管控主体上，既可以由行业主管部门或监管部门来实施，又可以通过行业协会或符合资质要求的中介服务机构来具体操作；在管控方式上，既可以采取注册登记制，也可以采取备案制，必要时还可采取强制审核制；在准入限制上，可根据 P2P 网贷平台的具体情况分别采用相应的准入限制标准或附加条件，这些标准或条件通常包括注册资本金最低限额、P2P 网贷平台从业人员专业资质及从业资历最少年限、P2P 网贷平台流动性风险管理制度基本内容及责任落实情况等。

3.4.9.2 建立第三方资金托管制

实践中，为鼓励外来资金，很多 P2P 网贷平台通常采用自有资金进行先期垫付或循环借贷，因而蕴含较大流动性风险。因此有必要建立第三方的资金托管制度来最大限度防范 P2P 网贷平台自有资金可能发生的流动性风险。

建立第三方资金托管制，主要是通过增加必要的资金支付环节来降低 P2P 网贷平台支付的流动性风险。由于资金支付环节增加，P2P 网贷平台以及贷款人作为资金提供方进行资金支付就会增加难度，不能根据自己意愿随意和未加任何约束地进行资金支付和转移。在 P2P 网贷平台上的整个交易过程中，P2P 网贷平台负责交易信息提供与匹配，以及交易达成后的资金清算（债务债权关系不一定转移），而第三方专业机构负责交易资金的结算（债务债权关系转移），由其与 P2P 网贷平台相互独立的结算系统来完成。这样，P2P 网贷平台上的资金借贷往来活动就会实现资金的清算和结算的功能分离，以及信息流和资金流的时限分离，也就在很大程度上防止了流动性风险的产生，还可制约资金池的形成。

第三方托管机构应是具有必要行业资质的，并符合 P2P 网贷平台具体业务需求的中介服务机构。对于第三方托管机构同样需要进行有效监管。实践中，P2P 网贷平台的第三方托管机构多为经过行业主管部门严格审核过的传统金融机构或符合资质的第三方支付企业。

3.4.9.3 实行行业动态监管

对于互联网金融机构特别是 P2P 网贷平台实行行业动态监管，是防范流动性风险的有效措施之一。

当前对 P2P 网贷平台的行业动态监管主要是指非现场检查。非现场检查（Off-site Inspection）又称为"非现场稽核"（Off-site Surveillance），它是指金融监管部门在监管对象（被监管人）实地之外进行的金融事项审核与检查。非现场检查通常包括：要求监管对象提供必要的市场交易重大事项记录和汇总资料；要求其提供完整真实并符合规范的财务报表；根据事先制定的风险审核标准和评价指标，对监管对象的业务交易和风险级别进行判定和评价，对可能存在的流动性风险发出早期风险预警信号等。

实践中，出于各种条件所限，金融监管部门通常会先采用非现场检查。一旦核实金融机构存在重大问题，金融监管部门才会考虑上门进行专项或重点的现场检查。

3.5 互联网金融市场风险研究

3.5.1 市场风险与互联网金融

市场风险（Market Risk）又称为"Market Exposure"（通常译为"市场暴露"或"市场敞口"）或者"产业市场风险"（Industrial Market Risk）。市场风险是金融风险的常见多发风险，是互联网金融的一级风险之一。

互联网金融是现代通信技术和网络技术条件下金融市场交易新兴的业务模式。无论传统金融抑或互联网金融，只要从事市场交易就必然存在一定的市场交易风险。由于互联网金融的市场交易多为基于网络联通的在线交易，其交易行为及过程相比传统金融具有更多的虚拟性，其对网络技术的依赖使得交易受市场因素或市场事件等影响而产生的市场风险在传播与扩散的速度和范围都远远超过传统金融，因此，互联网金融具有比传统金融更大的市场风险，或者说，在互联网技术条件下，互联网金融的市场风险是传统金融市场风险的延伸或变异。

3.5.2 市场风险的溯源

3.5.2.1 海外市场风险的溯源

George C. Philippatos 和 Charles J.Wilson（1972）在海外较早提及"Market Risk"，他们使用"熵"（Entropy）的概念来诠释和衡量金融资产组合的市场风险。之后，海外学者相继采用"模糊熵原理"（the Fuzzy Entropy Principle）来研究证券市场投资组合中的市场风险（J. M. Cozzolino，M. J. Zahner，1973；D. J. White，1974；K. Smimou，Cee R. Bector，Gady Jacoby，2007；Anil K. Beta，Sung Y. Park，2008）。

1996年1月，巴塞尔委员会（BCBS）发布《关于将市场协议加入资本协议的修订案》（Overview of the Amendment to the Capital Accord to Incorporate Market Risks）。从此，市场风险正式成为和信用风险同样重要的金融风险之一。

Torun Fretheima 和 Glenn Kristiansen（2015）采用"广义极值分布法"（the

Generalized Extreme Value Distribution）来研究农产品市场价格波动引发的市场风险。

3.5.2.2 中国（区）市场风险的溯源

中国（区）最初并无"市场风险"的概念，而是出现"经济风险"的概念。随着中国（区）市场导向的经济体制改革不断深入，"市场风险"开始进入研究领域。

甘民重（1988）和赵传君（1989）在中国（区）均较早提及"市场风险"，他们不约而同将其归为经济风险之中。

潘涛（2004）提出，20世纪90年代以来全球化证券市场发展促使金融衍生品市场主要风险从信用风险转为市场风险。他认为，评估和度量市场风险是市场风险管理的基础，金融衍生品市场风险应综合评估和度量。

当前，中国（区）学界越来越多地采用定量分析方法来研究金融领域的市场风险。余建干和吴冲锋（2015）采用多重分形测度模型研究沪深300股指期货和恒生股指期货的市场风险。蒋晶晶、叶斌和马晓明（2015）采用GARCH-EVT-VaR模型对碳排放市场风险进行实证研究。

2004年12月29日，中国银行业监督管理委员会发布《商业银行市场风险管理指引》。该指引是中国首次正式认同市场风险的权威行政管理文件，不仅首次正式提出了市场风险的定义，而且还比较详细地提出了市场风险管理规定。

3.5.3 市场风险的定义

中国银监会（2004）在《商业银行市场风险管理指引》中正式提出商业银行市场风险的定义：商业银行的市场风险是指因市场价格（利率、汇率、股票价格和商品价格）的不利变动而使银行表内和表外业务发生损失的风险。王大威（2013）在概括海内外市场风险多种定义的基础上支持上述定义。

罗明雄、唐颖和刘勇（2013）提出，互联网金融的市场风险是指由于利率、汇率、股票和大宗商品等的市场价格波动，而导致金融机构资产价值损失的风险。

简单来讲，互联网金融条件下的市场风险是指互联网金融市场上由于互联

网金融产品价格、利率、汇率等市场因素变动引发不确定性而导致互联网金融资产价值可能受到损失的风险。

3.5.4 市场风险的本质

中国银监会（2004）认为，市场风险存在于商业银行的市场交易与非交易业务中。金融市场的市场交易行为及过程通常会受到多种内外部因素的共同作用，这些内外部因素的共同作用使得金融市场的市场风险呈现出多样性和复杂性的特征，因此，金融市场的市场风险本质应是一种综合性风险或多种因素叠加的风险。

在互联网条件下，通过在线平台进行的金融市场交易获得了较多比较优势，但同时也蕴含着多种风险，而且这些风险会在互联网的网络辐射效应与放大效应的联合作用下，被进一步传递和扩散，使风险影响的范围可在瞬间达到最大化程度。因此，互联网金融的市场风险是传统金融市场风险在互联网条件下的一种延伸和变异。

3.5.5 市场风险的类别

市场风险通常包括商品风险（Commodity Risk）、货币风险（Currency Risk）、权益风险（Equity Risk）、汇率风险（Foreign Exchange Risk）和利率风险（Interest Rate Risk）等5类二级风险。另外，它还可包括利润风险（Profit Risk）和波动率风险（Volatility Risk）等，见图3-6。

3.5.5.1 商品风险

商品风险（Commodity Risk）又可称为"Bulk Commodity Risk"（大宗商品风险），它是指商品市场上由于商品价格变动引发未来市场价值的不确定性而导致包括预期收益在内的商品合约价值可能受到损失的风险。其中的"商品"是指谷物等农产品、石油和天然气以及电力等能源产品、金属或贵金属等矿产品之类的大宗贸易产品，"市场"包括商品交易市场和商品金融衍生品交易市场。

细分起来，商品风险（Commodity Risk）和通常所说的"产品风险"（Product

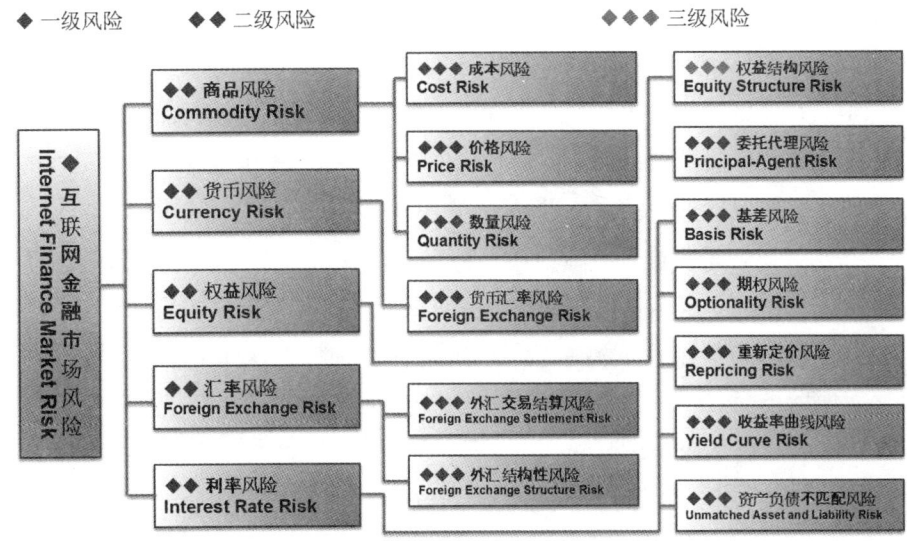

◆ 一级风险　　◆◆ 二级风险　　　　　　　　　◆◆◆ 三级风险

图 3-6　互联网金融市场风险图谱

资料来源: 巴塞尔委员会《资本协议Ⅰ、Ⅱ、Ⅲ》（1988，1999，2010，2011）；十国集团. 资本协议关于市场风险的补充规定 [M].1996.：[加] 约·C. 赫尔. 风险管理与金融机构 [M]. 第 3 版. 王勇等译. 北京：机械工业出版社，2014；罗明雄，唐颖，刘勇. 互联网金融 [M]. 北京: 中国财政经济出版社，2013；王大威. 系统性金融风险的传导、监管与防范研究 [M]. 北京中国金融出版社，2013.：王国贞. 互联网金融风险及防范对策 [J]. 河北企业，2013（11）：40-42.：北京大学市场经济研究中心互联网金融管控创新研究课题组，2015.

Risk）有所不同。前者多指经采集或加工制造而具有使用价值和交换价值并用于市场交易的有形物态品，而后者则专指经设计而具有使用价值和交换价值用于市场交易的金融服务具体类别。实践中，二者存在很多混用情况。

商品风险通常又可细分为成本风险（Cost Risk）、价格风险（Price Risk）和数量风险（Quantity Risk）等 3 类三级风险，见图 3-6。

3.5.5.1.1 成本风险

成本风险（Cost Risk）是指提高产品成本引发不确定性而导致产品市场收益可能受到损失的风险。简单来说，成本风险就是指提高成本情况的发生所带来的危险（CCA2101 标准第 2.9.2 条，2005），它包括某种可预见的危险情况发生的概率及其后果的严重程度两项指标，是对危险和后果的综合性认识。

3.5.5.1.2 价格风险

价格风险（Price Risk）是指金融市场上，由于基础资产市场价格变动，引发未来市场价值的不确定性，而导致金融衍生品价格变动或合约价值可能受到损失的风险。某一区域商品价格变动引起周边区域或关联区域该商品价格随之发生变动也属于此类风险范围。而不同货币币值比率（即汇率）的相关变动引发的风险则应归于汇率风险的范围。

"价格风险"与"市场风险"在"风险"的狭义范围内几乎是完全相同的，它们均表示一种或多种商品价格变动引发其他商品价格发生变动的风险。通常地，市场风险的影响因素要远远多于价格风险的影响因素，而且它的涵盖范围要比价格风险更为宽广。

3.5.5.1.3 数量风险

数量风险（Quantity Risk）是指金融市场上，由于资产套期保值数量变动，引发未来市场价值的不确定性，而导致资产价值可能受到损失的风险（纳斯达克，2011）。

3.5.5.2 货币风险

货币风险（Currency Risk）又可称为"通货风险"。在外汇市场上，货币风险是指由于汇率反向变动，引发未来市场价值的不确定性，而导致货币兑换收益可能受到损失的风险。简言之，外汇市场上的货币风险是由于货币汇率波动而造成的风险。

从汇率上来看待货币风险，是对它的一种狭义理解。这种看法更侧重于衡量一种货币与其他货币之间的汇率关系。货币风险（Currency Risk）的狭义定义与 Foreign Exchange Risk、Exchange Rate Risk 等几乎是完全相同的，它同另外几种风险均应属于市场风险。而对 Currency Risk（通货风险）的广义理解则应从通货膨胀（Inflation）和通货紧缩（Deflation）的角度来看待，其着眼点在于衡量一种货币的发行和流通与经济财富增长和分配之间的关系，它不限于市场风险的范围。

3.5.5.3 权益风险

权益风险（Equity Risk）通常又可称为"股票风险"、"股权风险"和"权益类证券风险"等。它主要是指由于占有股份的产权主体（个人或机构）利用股份权益在金融市场上进行投融资，引发不确定性而导致该主体及相关利益关联方权益可能受到损失的风险。

权益风险通常可涉及财务风险和经营风险，即操作风险。其中，财务风险又可按资金来源和用途分为筹资风险和负债风险。

3.5.5.4 汇率风险

汇率风险（Foreign Exchange Risk）通常又称为"外汇风险"、"外汇汇率风险"和"汇兑风险"等。它是指外汇市场上由于汇率的不利变动引发不确定性，而导致外汇资产价值可能受到损失的风险。

汇率风险通常包括外汇交易结算风险（Foreign Exchange Settlement Risk）和外汇结构性风险（Foreign Exchange Structural Risk）两类风险。

3.5.5.4.1 外汇交易结算风险

外汇交易结算风险（Foreign Exchange Settlement Risk）又可称为"跨币种结算风险"（Cross-Currency Settlement Risk）、"本金风险"（Principal Risk）或"赫斯塔特风险"（Herstatt Risk）。它是指外汇市场上由于不同国家和地区跨境结算体系有别引发汇率不确定性而导致外汇资产价值可能受到损失的风险。其突出表现为"已付本币却未得外币"（BIS，2003）。

在外汇汇率与支付结算方面，外汇交易结算风险与跨境风险（Cross-BorderRisk）的理解是几乎完全相同的。

3.5.5.4.2 外汇结构性风险

外汇结构性风险（Foreign Exchange Structural Risk）是指外汇市场上由于外汇结构性产品利率变动引发不确定性，而导致其他外汇结构性产品收益可能受到损失的风险。

外汇结构性产品是指与银行间同业拆借利率（Interbank Offered Rates，IBOR）联结的外汇金融产品，如半年期至1年期的外汇存款等。目前海外市场最通行的IBOR有：伦敦银行间隔夜同业拆借利率（LIBOR）、纽约同业拆借利率（NIBOR）、新加坡同业拆借利率（SIBOR）、香港银行间隔夜同业拆借利率（HIBOR）；中国（区）最通行的IBOR有：上海银行间同业拆放利率（SHIBOR）、

中国银行间同业拆借利率（CHIBOR）和 HIBOR 等。

3.5.5.5 利率风险

利率风险（Interest Rate Risk）是指金融市场上由于金融产品利率变动引发不确定性，而导致金融产品收益可能受到损失的风险。或者说，它是指由于利率变动致使金融机构实际收益或实际成本背离预期收益和预期成本，而导致金融机构遭受损失的可能性（巴塞尔委员会，《利率风险管理原则》，1997）。

作为寿险公司的主要风险，利率风险通常包括基差风险（Basis Risk）、期权风险（Optionality Risk）、重新定价风险（Repricing Risk）和收益率曲线风险（Yield Curve Risk）等三级风险。此外，它还包括资产负债不匹配风险（Unmatched Asset and Liability Risk）等。

3.5.5.5.1 基差风险

基差风险（Basis Risk）又称为利率定价的"基准风险"和"基础风险"。它是指金融市场上由于金融产品基本利率利差（利息收入与利息支出之差）变动引发不确定性，而导致金融产品现金流和收益可能受到损失的风险。通常地，利率市场化会促使基差风险加大。

3.5.5.5.2 期权风险

期权风险（Optionality Risk）又称为"选择权风险"。它是指金融市场上由于金融产品利率变动引发不确定性，而导致商业银行资产负债表内业务隐形期权使银行金融资产收益可能受到损失的风险，包括商业银行客户提前还贷和提前支取存款的选择权等给银行收益造成的利率风险。

3.5.5.5.3 重新定价风险

重新定价风险（Repricing Risk）又称为"期限错配风险"（Maturity Mismatch Risk）。它是指由于商业银行资产、负债和表外业务固定利率到期期限与其浮动利率重新定价期限之间存在不对称性差异，致使银行金融资产收益可能受到损失的风险。

重新定价风险是商业银行最为常见的一种利率风险。其实质是利率重新定价期限（风险缓释期限）短于利率到期期限（风险暴露期限）。

3.5.5.5.4 收益率曲线风险

收益率曲线（Yield Curve）是指短期、中期和长期债券的收益率连接形成的曲线。

收益率曲线风险（Yield Curve Risk）又称为"利率期限结构变化风险"。它是指由于商业银行收益率随国库券收益率变动而发生非平行移动，形成新的收益率曲线，致使出现较长期限债券收益率低于较短期限债券收益率，从而导致银行金融资产收益可能受到损失的风险。

通常地，国债余额越多，收益率曲线越移向负端，因而收益率曲线风险越高。

3.5.5.5.5 资产负债不匹配风险

资产负债不匹配风险（Unmatched Asset and Liability Risk）是指金融机构资产负债表内资产科目利率及其期限与负债科目利率及其期限之间不相对称和匹配，而导致金融资产价值可能受到损失的风险。

资产负债不匹配风险是资产负债管理（Asset and Liability Management，ALM）的重要内容之一。

3.5.5.5.6 利润风险

利润风险（Profit Risk）又可称为"收益风险"或"获利风险"。它是指能够带来利润或某种形式收益的产品或服务但同时也会产生不确定性的风险。

衡量利润风险的关键是对净利润和净收益的风险评估。

3.5.5.5.7 波动率风险

波动率（Volatility）是指价格、指数等波动体的变化程度。

波动率风险（Volatility Risk）是指金融资产组合价格变动引发风险因素波动率的变动，而导致可能造成损失的风险。它通常是对金融衍生产品而言。

3.5.6 市场风险的产生

金融市场产生市场风险主要是由于金融系统自身设计与运营上存在的不足或缺陷在外来市场因素或市场事件影响下对市场正常经营的冲击和破坏。

金融机构的市场风险通常与其所处金融市场的成熟度（Market Maturity）密切相关。金融市场越趋向成熟，市场风险发生的可能性就会越来越低。

3.5.7 市场风险的衡量

1996 年，以西方主要发达国家为主成立的十国集团 [Group-10，即"巴黎俱乐部"（Paris Club）前身] 正式签署《资本协议关于市场风险的补充规定》（即《巴塞尔资本协议Ⅰ》补充规定）。该规定要求商业银行必须通过资本计算来量化其市场风险。

目前，海外衡量市场风险的定量方法主要有：风险价值法（VaR）、敏感性分析（Sensitivity Analysis）和压力测试（Stress Test）等。这些方法均为巴塞尔委员会向各国商业银行推荐的方法，已被海外多数国家金融机构和监管部门普遍接受和使用。其中，风险价值法又可包括参数法、历史模拟法和蒙特卡罗模拟法等。

3.5.8 市场风险的管控

3.5.8.1 微观层面的市场风险管控

微观层面的市场风险管控主要是指金融机构或相关非公共管理部门进行业务操作层面的风险管控，它相对于基于公共政策的宏观层面市场风险管控而言，其主要执行人是银行、证券公司、投资银行、基金公司、保险公司等金融机构。当前微观市场风险管控主要是实施以资产负债管理为代表的全面风险管理。余紫秋（1991）参照西方国家商业银行风险管理提出，金融机构有效管控市场风险比较成功的经验是实施资产负债管理。

资产负债管理（AssetandLiabilityManagement，ALM）是 20 世纪 60 年代美国针对利率风险实施的风险管理模式，后逐步推广到对其他市场风险的防范。北美精算师协会（Society of Actuaries／SOA）对其的定义是：ALM 是管理企业的一种活动，用来协调企业对资产与负债所做出的决策；它是在给定的风险承受能力和约束下，为实现企业财务目标而制定、实施、监督和修正企业资产和负债的有关决策的过程。ALM 的实质是一种财务管理方法和工具。它强调通过协调银行、保险公司和基金公司等金融机构的各种业务，对其资产和负债实施全面风险管理，以最大限度地规避流动性风险和市场风险。由于它具有较强的适用性，因此，海外金融机构和监管部门都比较重视采用 ALM 来防范市场风险。

3.5.8.2 宏观层面的市场风险管控

相对于以资产负债管理为代表的微观市场风险管控来讲，宏观层面的市场风险管控主要是指公共管理部门采取的、减缓金融市场风险的操作行为，即制定、颁布和实施相关各类行政法令法规和政策措施等。

公共管理部门应通过制定和颁布各项法令法规和政策措施，规范市场正常合法经营秩序，打击恶意操纵市场的各种违规违法行为，建立和维护金融市场的公开、公平和公正。

3.6 互联网金融操作风险研究

3.6.1 操作风险与互联网金融

操作风险（Operational Risk）又可称为"操作性风险"、"运作风险"、"经营风险"和"经营管理风险"等，它在所有金融风险类别中内容最多，范围最为宽泛，使用时最难区分。在风险等级分类中，操作风险属于互联网金融的一级风险。

互联网金融对于现代信息技术具有高度依赖性，因而与之相关的互联网软硬件技术的操作就必然会产生一定风险。同时，互联网金融是尚处于发展之中的新型业态或模式，能够影响其业务操作的因素或事件较多，并具有较大不确定性。这些因素或事件的共同作用，就会使得互联网金融蕴含较大的操作风险。因此，对于互联网金融操作风险的管控就成为其风险管理中不可或缺的一项重要内容。

3.6.2 操作风险的溯源

3.6.2.1 海外操作风险的溯源

托尼·布伦登和约翰·瑟尔韦尔（Tony Blunden，John Thirlwell，2010）指出，操作风险作为正式术语，最早出现在20世纪90年代的金融服务业，成为金融风险管理的分支门类。

Anthony M. Santomero（1995）提出，操作风险与资金交易流程中的精确设计、安排、进行或交割发生的问题有关，它还会经由保管记录、系统错误处理和遵行各项规定引起。对于运转良好的组织（well-run organizations）来说，个人操作风险通常是小概率事件（small probability events），即便如此，这些操作风险也是代价高昂的，需要加以消除。

Michael Foot（2002）和 Michael Mainell（2002）都认为，商业银行除看重信用风险外，还应重视操作风险。后者还给出了包括操作风险在内的风险类别结构图。

Azamat Abdymomunova、Sharon Bleia 和 Bakhodir Ergashev（2015）采用风险价值法（VaR）进行历史数据分析，将压力测试（Stress Test）从信用风险和市场风险扩展到操作风险，证明其适用于评估金融机构的操作风险。

2004 年 6 月 26 日，十国集团（Group of Ten）正式批准和公布了《资本计量和资本标准的国际协议：修订框架》（又称《新资本充足率框架》，即《巴塞尔新资本协议》或《巴塞尔资本协议Ⅲ》）。该协议明确提出"操作风险"的定义及其衡量标准，并要求各国应将操作风险纳入商业银行资本要求。

3.6.2.2 中国（区）操作风险的溯源

王忠郴和甘筱青（1989）在中国（区）较早提及"操作风险"。黄聚河（1999）则较早直接论述商业银行操作风险产生的原因及其规避举措。他指出，造成操作风险的原因主要有管理制度、内部人员、技术、道德、信息技术系统以及物质等方面。

中国工商银行江苏省分行课题组（2005）借鉴巴塞尔资本协议来研究中国（区）商业银行所面临的主要操作风险，并将操作风险分为组织风险、执行风险、人员风险、技术风险和外部风险 5 类，其中，外部风险又分为政策风险、外部欺诈风险、外部竞争风险、法律风险和外部突发事件风险等。

杨隽萍、沈静、于晓宇和马晓辉（2006）以操作风险计量模型为代表，比较系统地整理归纳了商业银行操作风险研究文献，认为操作风险与信用风险、市场风险并列为商业银行的三大风险，民生银行自行披露操作损失成为中国（区）操作风险得到重视的开端。

吴建（2011）在肯定网上银行比较优势的同时指出，网上银行"消除了纸面交易产生的风险，但却进一步扩大了风险的范围"，操作风险可能成为网上银行的主要风险。他将操作风险分为技术风险、第三方风险、客户操作风险和内部操作风险等类别。

张松、史经伟和雷鼎（2013）直接对互联网金融条件下的操作风险管理展开研究。他们发现，金融信息化给商业银行带来新的风险，包括近场支付和远程支付安全、电子银行系统安全和运营安全、来自消费者使用新技术的风险、大数据条件下的消费者信息安全等多种安全风险。

张启鹏、周丹丹和张秋雪（2014）提出，互联网金融在面对传统金融风险的同时，还要面对计算机信息技术带来的技术安全威胁以及金融服务虚拟化后带来的信誉风险、选择市场风险和操作风险等多重风险。

姚国章和赵刚（2015）认为，互联网金融风险多样，主要包括技术风险、信用风险、运营风险、法律监管风险等，成因复杂，其风险评估方法通常有定性、定量和综合等。对互联网金融风险的科学评估和有效监控事关其未来发展。

2007年5月14日，中国银行业监督管理委员会发布《商业银行操作风险管理指引》。该指引明确给出了商业银行操作风险的定义，并对其风险管理作出了比较详细的规定。2012年6月8日，中国银监会发布《商业银行资本管理办法》。该办法第6章将操作风险正式纳入商业银行风险管理体系。

3.6.3 操作风险的定义

海外最早给出操作风险定义的是英国银行家协会（British Banker Association，BBA，1997）。该协会认为，操作风险是由技术缺陷和系统崩溃引发的人为操作失误、不完备的程序控制、欺诈和犯罪等活动。

美国国际机器制造有限公司英国分公司（IBM British，1998）认为，操作风险是指由于客户、设计不当的控制体系、控制系统失灵以及不可控事件导致的遭受潜在损失的各种可能。该公司解释到，操作风险是一种风险变动，它不包括信用风险、市场风险等，其造成的损失主要来自于内外部事件、宏观趋势，以及无法清楚了解的行政组织机构、内部控制体系、信息系统、道德准则、行业标准及其他控制手段。该定义获得了较多海外银行的认同。

巴塞尔银行监管委员会《巴塞尔新资本协议》（The New Basel Capital Accord，2012）提出新的定义。该委员会认为，操作风险是指由于不完善或有问题的内部操作过程、人员、系统或外部事件而导致的直接或间接损失的风险。该委员会强调，操作风险包含法律风险，但不包含策略性风险和声誉风险。该定义是迄今海外最权威、获得最多认同、使用最为广泛的定义。

2007年5月14日，中国银行业监督管理委员会发布《商业银行操作风险管理指引》。该指引第三条对商业银行的操作风险作出定义，即：商业银行的操作风险是指由不完善或有问题的内部程序、员工和信息科技系统，以及外部事件所造成损失的风险。银监会强调，该定义所指操作风险包括法律风险，但不包括策略风险和声誉风险。可以看出，银监会对操作风险的定义与巴塞尔委员会几乎完全相同。

在上述文献基础上，结合互联网金融实践，本书给出互联网金融条件下的操作风险定义如下：

互联网金融操作风险（Operational Risk of Internet Finance）是指作为互联网金融市场主体的个人或机构，在从事在线资金融通业务中，由于发生人为操作不当、存在业务程序缺陷、信息系统不完善、内部管理与监督缺失等问题或外部事件，导致利益关联方损失的风险。

（定义 3.10）

定义 3.10 中的"互联网金融市场主体"是指从事互联网金融市场交易的个人或机构。

"在线资金融通业务"是指互联网金融市场主体依托互联网从事的金融市场交易类别，包括主营业务和非主营业务等。

"人为操作不当"是指在互联网金融在线业务交易过程中，操作人员未按规定操作引发不良后果的行为。

"存在业务程序缺陷"是指互联网金融主体在从事在线资金融通业务中，其流程或步骤的设计与运营存在足以引发风险的严重欠缺或不完备。

"信息系统不完善"是指互联网金融在线资金融通业务所依托的互联网技术平台和信息处理系统在设计与运营上存在足以引发风险的严重欠缺或不完备。

"内部管理与监督缺失"是指在互联网金融在线资金融通市场交易中，由于存在对其交易活动足够和有效的计划、组织、协调、监督与控制，而导致足以引发风险的严重欠缺或不完备。

"外部事件"是指由互联网金融主体之外引发并可使该主体受到风险影响的各种活动或事项。

"利益关联方"是指与互联网金融主体存在利益关系并可能产生重大利害的相关主体。

3.6.4 操作风险的本质

事物的本质决定了人类对其的认识，也决定了事物的范围。对同一事物本质的认识不同，也就相应决定了人们对这一事物所涵盖范围的认识自然有所不同。操作风险即为这样的一类事物，无论是金融界还是风险管理界，关于操作风险本质的认识存在很大区别，主要有以下三种看法。

第一种看法认为，操作风险应是纯粹意义上的技术操作与业务流程中的风险，它仅限于日常操作的微观层次，是一种典型的来自于内部的风险（英国银行家协会，国际互换和衍生品协会，风险管理协会，普华永道，1999）。

第二种看法则从更为广泛的角度来审视操作风险。持此看法的金融界人士认为，操作风险主要来自于内部人员、程序和系统以及外部事件，因而它是一种内外兼有的、广义上的或者是偏向于宏观的金融风险。除了第一种看法中所包括的来自内部纯技术操作和业务流程的风险外，它还应该包括来自外部的政治风险、法律风险、自然灾害风险等多种外部风险，但不应包括战略风险 [Strategic Risk，同"策略（性）风险"] 和声誉风险（巴塞尔委员会，2006，2010，2012）。

第三种看法最为宽泛和最为宏观。赞同这种看法的人士认为，操作风险应该包括"那些不是信用风险或市场风险的风险"（普华永道，1999），所以，操作风险也被称为"余留风险"（Residual Risk）。有人提出，操作风险的本质是商业风险，因此它应涵盖所有微观治理和宏观治理的商业风险（T. 布伦登，J. 瑟尔韦尔，2010）。还有人指出，操作风险不仅包括战略风险，而且它还与信用风险、产品风险、市场风险、流动性风险、承包风险、集团风险等都是相互重

叠的，在对具体操作风险的考察中应扣除这些相关风险的因素（风险及保险管理协会，2009）。

3.6.5 操作风险的类别

3.6.5.1 操作风险的具体分类

操作风险的范围比较宽泛，类别十分庞杂，不易厘清。海内外对操作风险分类的看法经常出现不一致的情况。

美国国际机器制造有限公司英国分公司（IBM British，1998）提出，操作风险不包括信用风险、市场风险等，其造成的损失主要来自于内外部事件、宏观趋势，以及无法清楚了解的行政组织机构、内部控制体系、信息系统、道德准则、行业标准及其他控制手段。这种分类范围较广，它是一种包含政治风险、法律风险、技术性风险、道德风险等多种风险在内的广义的操作风险。

巴塞尔银行监管委员会（2006，2010，2012）认为，操作风险包含人员风险、程序风险、系统风险、业务流程风险等内部风险，以及政治风险、法律风险（Legal Risk）等外部风险，但不包含策略性风险（Strategic Risk）和声誉风险（Reputation Risk）。

中国银行业监督管理委员会（2007）认同巴塞尔委员会对操作风险的分类法，强调操作风险包括法律风险，但不包括策略风险和声誉风险。

布伦登和瑟尔韦尔（2010）则采用了最为宽泛的分类法。他们指出，操作风险"已经远远超出了操作和流程的范畴，它包括了商业风险的所有方面，既包括战略风险也包括声誉风险"，它应"包括所有内部和外部来源的操作风险。"他们认为，包括信用风险、流动性风险、市场风险甚至商品风险和价格风险等在内的风险类别属于"具体的金融风险"，是"可以从操作风险中分离出来的"。这里所说的"操作风险"显然是指最广义上的范围而言的。

综上所述，本书依照操作风险的不同本质和相应范围，给出其在一级风险之下的二级风险具体分类如下，共计10类，见图3-7-1。

■ **内部操作风险：**包括模型风险（Model Risk）、人员风险（People Risk）、程序风险（Procedure Risk）、清算风险（Settlement Risk）和估值风险（Valuation

◆ 一级风险　　　　◆◆ 二级风险　　　　◆◆◆ 三级风险

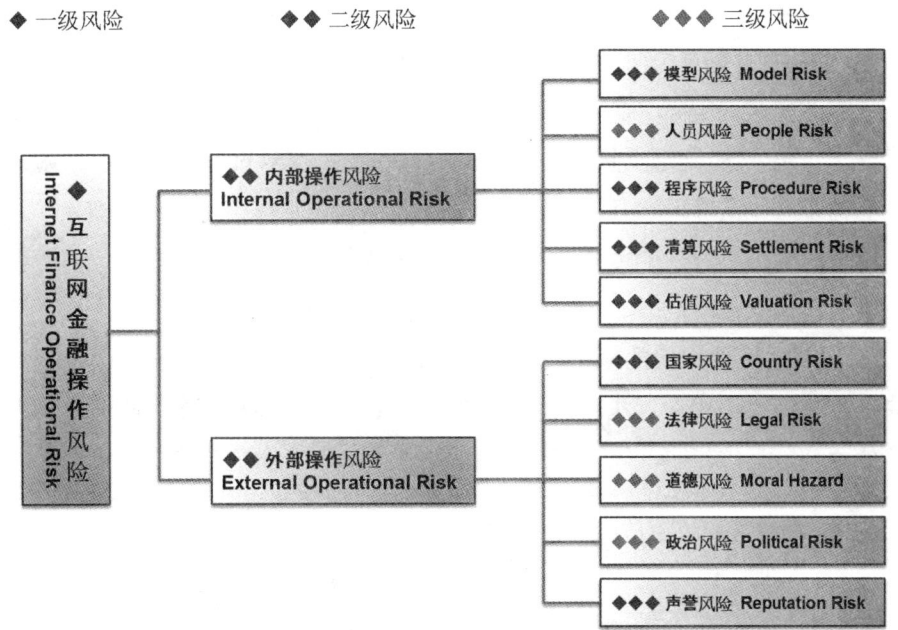

图 3-7-1　互联网金融操作风险图谱

资料来源：巴塞尔委员会《资本协议Ⅰ、Ⅱ、Ⅲ》（1988，1999，2010，2011）；[英]托尼·布伦登，约翰·瑟尔韦尔．精通操作风险：理解与管理操作风险实践指南 [M]．纽约：皮尔森教育出版公司，2010 年版．吴建刚译．北京：人民邮电出版社，2013．；[加]约·C. 赫尔．风险管理与金融机构 [M]．第 3 版．王勇等译．北京：机械工业出版社，2014；罗明雄，唐颖，刘勇．互联网金融 [M]．北京：中国财政经济出版社，2013；中国银行风险管理部课题组．商业银行实施巴塞尔协议Ⅲ高级法的模型风险及其管理 [J]．金融监管研究，2014（12）：24-36．；北京大学市场经济研究中心互联网金融管控创新研究课题组，2015．

Risk）等，共计 5 类；

　　■外部操作风险：包括国家风险（CountryRisk）、法律风险（Legal Risk）、道德风险（Moral Hazard）、政治风险（Political Risk）和声誉风险（Reputation Risk）等，同样共计 5 类。

　　上述互联网金融操作风险分类需要说明以下事项，即：

　　第一，巴塞尔委员会在《巴塞尔协议》中声明的内部操作风险包括人员、程序和系统共 3 类分支领域，分别对应可能产生的风险为人员风险、程序风险和系统风险。其中，系统风险因其明显特征可归于本书后文的"系统性风险"一节，以突出其重要性，此处不再赘述。

　　第二，上述内部操作风险中的模型风险和估值风险按其特性，均可归于技术风险的范畴。本书认为，互联网技术是互联网金融的主要特征，是互联网金融与传统金融的主要区分之一，需要提高其重要性，因此，本书专设"技术风险"一节加以专述，这里仅简单提到。

第三，上述内部操作风险中的清算风险是在市场交易过程中发生的风险，从行为主体来看，清算风险宜归为操作风险的范畴；可从作用对象和范围来看，清算风险宜归为市场风险的范畴。本书这里为强调行为主体的重要性，暂将清算风险归为操作风险范畴。

第四，根据风险因素的来源及其作用范围，在上述互联网金融操作风险的分类中，本书将政治风险、法律风险、国家风险、道德风险和声誉风险均归入外部风险的范畴。其中，政治风险包括涉及金融领域、对金融能够产生利害关系的军事风险。

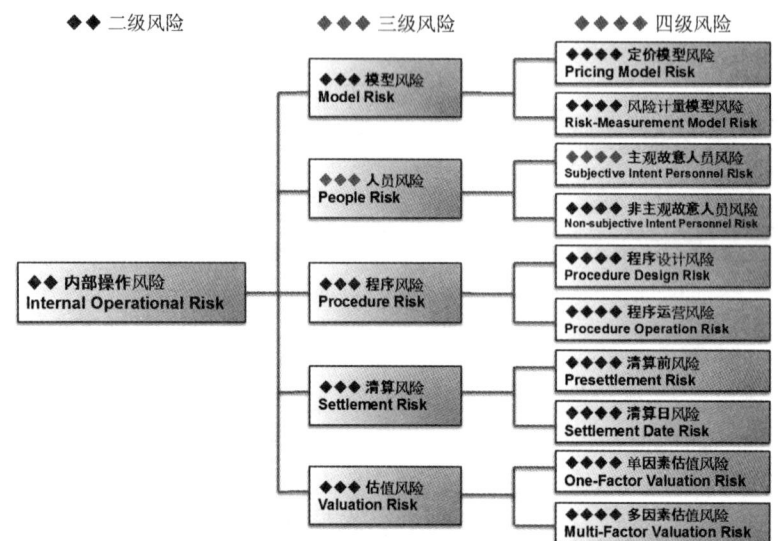

图 3-7-2 互联网金融内部操作风险图谱

资料来源：Toshiyasu Kato，Toshinao Yoshiba. Model Risk and Its Control[C]. Monetary and Economic Studies for the Bank of Japan，2000（December）.；[英]托尼·布伦登，约翰·瑟尔韦尔. 精通操作风险：理解与管理操作风险实践指南 [M]. 纽约：皮尔森教育出版公司，2010 年版. 吴建刚译. 北京：人民邮电出版社，2013.；中国银行风险管理部课题组. 商业银行实施巴塞尔协议Ⅲ高级法的模型风险及其管理 [J]. 金融监管研究，2014（12）：24-36.；曹忠群. 强化商业银行人员风险管理 [J]. 新金融，2005（9）：45-48.；叶永波廖静洁. 临柜操作风险防范之我见 [J]. 经济师，2014（5）.；王琼，魏明，冯宗宪. 现代违约风险估值模型扩展前沿综述 [J]. 经济经纬，2006（1）：130-132.；北京大学市场经济研究中心互联网金融管控创新研究课题组，2015.

3.6.5.2 内部操作风险的类别

内部操作风险类别见图 3-7-2。

3.6.5.2.1 人员风险

人员风险（People Risk）是指由于金融从业人员在雇用、操作、沟通、决策、安全和培训等方面有问题或不完善而导致金融资产价值可能发生损失的风险。其中，"有问题或不完善"是指金融从业人员、客户及其相关人员在业务操作上采取未经授权、操作失误、主观恶意欺诈等主体不良行为，以及存在职责不清、工作环境不安全、员工关系不融洽、职业歧视等人为不良现象。

人员风险最为恶劣的风险就是主观恶意欺诈，它会对市场主体带来极其严重的损失。

3.6.5.2.2 程序风险

程序风险（Procedure Risk）是指由于金融业务流程和程序有问题或不完善而导致金融资产价值可能发生损失的风险。所谓"金融业务流程和程序有问题或不完善"主要包括：支付、结算或清算失败；业务流程和程序的设计和运营缺陷；金融资产评估定价模型设计和计算不合理；项目执行不到位或项目管理失败等。

通常所说的程序风险属于对其的狭义理解，仅指业务流程发生的风险而言。其中，涉及信息技术的可归于技术风险的范畴，涉及金融产品和服务的可归于系统风险的范畴。

3.6.5.2.3 模型风险

模型风险（Model Risk）是指由于在金融领域大量采用数学模型来支持决策而可能导致的风险。

20 世纪 70 年代，海外兴起风险管理，数学模型作为定量分析工具广泛用于风险评估，因而导致模型风险产生。无论是模型引入或模型自构，由于在模型的基础、数据和应用等方面主客观的局限性，因而不可避免地会产生模型风险（尚金峰，2005）。

3.6.5.2.4 估值风险

估值风险（Valuation Risk）是指金融资产价值评估有问题或不完善对其实际价值可能造成的风险。

风险管理通常需要对风险进行事前或事后评估，对风险造成的损失进行估

值。由于风险估值通常会在一定程度上存在分析模型设计不完备或缺陷、市场数据可获得性较低或者真实度差、所需数据不全、数据分析不足等局限性，因而会有可能产生估值风险。

3.6.5.2.5　清算风险

清算风险（Settlement Risk）又可称为"交割风险"或"结算风险"。它是指金融机构使用结算工具从事货币活动和资金清算过程中，由于结算工具或转账系统有问题或不完善，引发清算或结算未能如期发生，进而导致金融资产价值可能损失的风险。

清算风险的本质是一种金融业务流程的操作风险。它与信用风险和流动性风险密切相关。

根据清算的业务流程时间进展顺序，清算风险还可进一步分为清算前风险（Presettlement Risk）和清算日风险（Settlement Date Risk）两个三级风险。前者主要是指金融机构使用结算工具从事货币活动和资金清算之前可能遭受损失的风险。后者则主要是指货币活动和资金清算终止期限时可能发生的风险。

3.6.5.3　外部操作风险的类别

外部操作风险类别见图3-7-3。

3.6.5.3.1　政治风险

政治风险（Political Risk）是指由政治因素或政治事件引发的金融风险。它是一种来自外部的风险。

政治风险又可分为宏观政治风险（Macro-Level Political Risk）、微观政治风险（Micro-Level Political Risk）和军事风险（Military Risk）等。

宏观政治风险

宏观政治风险又可称为"宏观层面的政治风险"（Macro-Level Political Risk）或"总体政治风险"。它是指主要施加于大部分或全部金融主体的政治风险。这里所谓的"金融主体"通常包括涉及金融的各部门、金融机构或投融资项目。

微观政治风险

微观政治风险又可称为"微观层面的政治风险"（Micro-Level Political Risk）或"个别政治风险"。它相对于宏观政治风险而言，主要是指主要施加于

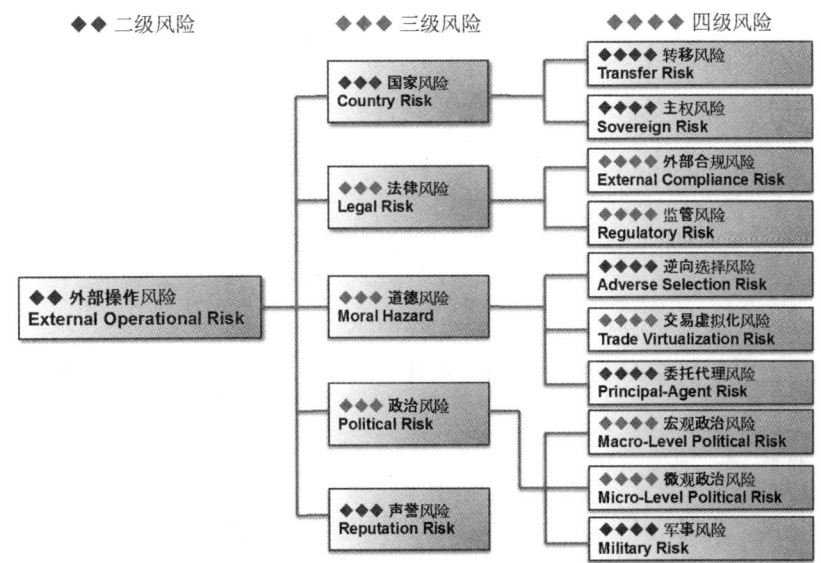

图 3-7-3　互联网金融外部操作风险图谱

资料来源：巴塞尔委员会《资本协议 I、II、III》（1988，1999，2010，2011）；[英] 托尼·布伦登，约翰·瑟尔韦尔 . 精通操作风险：理解与管理操作风险实践指南 [M]. 纽约：皮尔森教育出版公司，2010 年版 . 吴建刚译 . 北京：人民邮电出版社，2013.；王海军，姜磊，伍文辉 . 国家风险与对外直接投资研究综述与展望 [J]. 首都经济贸易大学学报，2011（5）：83-89.；吴江水 . 完美的防范——法律风险管理中的识别、评估与解决方案 [M]. 北京：北京大学出版社，2010.；李英，于迪 . 国际投资政治风险的防范与救济 [M]. 北京：知识产权出版社，2014.；林莉萍 . 基于互联网金融 P2P 模式的道德风险分析 [J]. 经营管理者，2014（26）：60，397.；王锦虹 . 基于逆向选择的互联网金融 P2P 模式风险防范研究 [J]. 财经问题研究，2015（5）；北京大学市场经济研究中心互联网金融管控创新研究课题组，2015.

小部分或小范围的、个别或具体的金融主体的政治风险。

军事风险

一般地，军事总是服务于政治，政治上的不确定性很可能引发军事上的不确定性，因而，军事风险便成为政治风险的次级风险之一，它属于广义上的政治风险范畴。

军事风险（Military Risk）是指由军事因素或军事事件引发的金融风险。它虽与政治风险性质不同，但通常二者是相互结合的。军事风险的实质是一种具有特殊危害性的政治风险。

3.6.5.3.2 法律风险

法律风险（Legal Risk）是指法律因素和法律事件导致的风险。从金融经营

主体来讲，法律风险同"企业法律风险"的理解应是相同的。

法律风险主要关注金融机构所签署的各类合同、承诺等法律文件的有效性和可执行能力，它是一种主要来自于外部的操作风险。法律风险通常又可分为外部合规风险（External Compliance Risk）和监管风险（Regulatory Risk）两类三级风险。

外部合规风险

外部合规风险（External Compliance Risk）是指由于金融机构违反法律法规限制规定，引发司法诉讼或者受到行政处罚与司法制裁，而导致金融资产价值损失或商业目的无法全部实现的风险。

监管风险

监管风险（Regulatory Risk）主要是指由于法律法规对金融机构监督管理限制规定的变化，引发金融机构经营管理产生不确定性，而导致其市场竞争能力削弱、金融资产价值损失或商业目的无法全部实现的风险。

3.6.5.3.3 国家风险

国家风险（Country Risk）又可称为"国别风险"或"外汇付款及借贷风险"。它主要是指在国际经济贸易和投融资活动中，由于一国国家主权行为引发本国或外国金融主体的跨境金融业务违约，而导致其商业目的未能完全实现或其金融资产价值损失的风险。

国家风险既可能是一种政治风险，又可能是一种法律风险，有时还可能是一种军事风险，因而它应是一种综合性风险或称叠加风险。海外也有将国家风险列为信用风险范畴的（意大利 UniCredit 金融集团，2015）。国家风险是由国家主权行为和国家政治经济社会运行体系发生变动而相应产生的风险，具有外向性和战略性的特征。

从风险作用机理上，国家风险又可进一步分为转移风险（Conversion Risk ／ Transfer Risk）和主权风险（Sovereign Risk）。

转移风险

转移风险（Conversion Risk ／ Transfer Risk）是指由于一国政府制定管制法律法规及政策，限制或禁止资金跨境转移，引发金融机构资本跨境自由流动受限，而导致其商业目的无法完全实现或金融资产价值损失的风险。

最典型的转移风险因素或事件有实施外汇管制和限制资本流出等。由于国家在实施外汇管制和限制资本流出时通常不会直接参与金融市场交易，而是通过相关管制的法律法规政策来对金融机构或个人兑换外汇、向境外汇款和存款等行为施加影响，因而转移风险在一定程度上可以成为一种间接风险。

主权风险

主权风险（Sovereign Risk）是指一国政府或其主权授权机构采取主动或单方面行为，拒绝为外国政府或外国金融主体履行约定义务，而导致外方在该国金融资产价值损失的风险。

比较常见的主权风险因素或事件有拒绝偿还外国债务、拒绝承担外国投融资项目担保、调整本国涉外汇率政策和税率政策使之较原来更为不利等。

主权风险既可能是一种直接风险，比如拒绝偿还外国债务、拒绝承担外国投融资项目担保等；它又可能是一种间接风险，比如调整本国涉外汇率政策和税率政策等。

3.6.5.3.4 道德风险

道德风险（Moral Hazard / Moral Risk）最初是由美国经济学家、诺贝尔经济学奖得主肯·约·阿罗（K. J.Arrow）1971 年提出的，从此"道德风险"一词便成为金融领域的通用术语（Roger Guesnerie，1987）。

在阿罗最早给出的定义中，道德风险是指合同当事人出于自身效用最大化目的，利用信息不对称和采取令其他合同当事人不易察觉的隐蔽活动，导致发生损人利己行为的风险，如保险合同中的故意隐瞒当事人事实等。

之后有学者认为，道德风险是指从事经济活动的人在最大限度增进自身效用的同时作出不利于他人的行动，或者当签约一方不完全承担风险后果时所采取的使自身效用最大化的自私行为。

也有人从信息经济学角度来审视认为，道德风险是指在信息不对称的情形下，市场交易一方参与人不能观察另一方的行动或当观察（监督）成本太高时，一方行为的变化导致另一方的利益受到损害。

还有人从法律经济学的角度来看待认为，道德风险是指契约的甲方（通常是代理人）利用其拥有的信息优势采取契约的乙方（通常是委托人）所无法观测和监督的隐藏性行动或不行动，从而导致的（委托人）损失或（代理人）获利的

可能性。这也可以被称为是"委托代理风险"。

道德风险是一种随机和偶然的不确定性，是不可观察和不可证实的，无法全部转移，而且它会导致"逆向选择"（Adverse Selection）的严重后果（阿罗，1971）。

产生道德风险的关键在于不确定性条件下的信息获得是隐蔽的和不充分的。有效防范道德风险则需要改变信息获得的不可分割与独占现象，通过获得更多、更透明和更真实的信息来降低不确定性，减少风险，避免劣质产品逆向淘汰优质产品。

3.6.5.3.5 声誉风险

声誉风险（Reputational Risk）又可称为"信誉风险"。它是指金融市场主体从事资金融通业务的经营、管理及其他行为或外部事件导致利益关联方对其负面评价的风险。

巴塞尔委员会将声誉风险排除在操作风险之外，这并非没有争议。作为一种来自外部的风险，声誉风险尽管不宜归为狭义的操作风险范围，但它可以归为最为宽泛的操作风险范围。

3.6.6 操作风险的产生

3.6.6.1 操作风险事件

根据中国银监会《商业银行操作风险管理指引》（2007）、巴塞尔委员会《巴塞尔新资本协议（三）：统一资本计量和资本标准的国际协议》（2012）和前述互联网金融定义0.1，操作风险事件是指引发互联网金融企业操作风险的相关行为或事件。

根据巴塞尔委员会《巴塞尔新资本协议（三）：附录7：损失事件分类详表》（2012），并结合实践，可将操作风险事件的类别区分为：互联网金融借贷个人操作事件、互联网金融平台机构员工操作事件、产品设计运营缺陷、内部流程设计运营缺陷、信息管理系统设计运营缺陷、工作安全与交易场所及设施安全、管理与监督缺失、营业中断和未能恢复、实物资产损坏和未能恢复、内部欺诈、外部欺诈等11类。

由此可知，上述操作风险事件构成了能够诱发互联网金融操作风险的基本风险源，其可导致严重损失的事件可构成关键风险源。

3.6.6.2 危害与损失

3.6.6.2.1 交易中断或未能恢复

操作风险对互联网金融主体的最直接危害就是导致其原可正常进行的业务交易被迫中断甚至可能不再恢复。其中不再恢复是操作风险可能导致的危害级别最高、性质最为严重和恶劣的后果。

导致这些严重后果的操作风险均来自于可控性较低的操作风险事件，而不同类别、不同性质、不同影响程度的操作风险事件均能诱发操作风险。进一步区分上述操作风险事件的尺度应是科学合理地判定相关行为是否属于主观恶意（主观故意）行为和／或非主观恶意（非主观故意）行为。前述操作风险事件中，最后两类"内部欺诈"和"外部欺诈"明显属于主观恶意行为；而像"产品设计运营缺陷"、"内部流程设计运营缺陷"、"信息管理系统设计运营缺陷"和"工作安全与交易场所及设施安全"等4类，在一般情况下可属于非主观恶意行为；其他类则具有更多的不确定性因素，需要因人因时因地因事具体调查而定。

3.6.6.2.2 人身安全或权益受损

操作风险可导致的又一个直接危害是互联网金融主体其自身人身安全及相关个人或机构合法权益受到危害和损失。人身安全权益主要包括互联网金融主体在交易场合进行在线交易的人身生命与健康权、人身平等权、人身不受侵害权、人身自由选择或自由不选择权等。交易合法权主要包括个人或机构对互联网金融平台及相关利益关联方的合规进入与退出权、自由交易权、获得合约报酬权、个人信息得到保护权等。互联网金融市场主体在维护各自合法权益的同时，也必须遵守相关法律法规和互联网金融平台经营管理的合法规定。

实践中通常较少发生侵害人身生命权的极端事件，但往往大量发生侵害他人其他合法权益的操作风险事件如借款人或中介人对贷款人支付承诺违约、个人交易信息泄露等。

3.6.6.2.3 资产损失与信息流失

操作风险的直接危害还有一类，就是对互联网金融主体及其利益关联方的资产造成损失，同时还会造成个人或机构信息的流失。

无论是主观恶意还是非主观恶意的操作风险事件，均可能引发程度不同的操作风险，进而对互联网金融主体的资产产生级别不同的危害与损失。这里所提到的"资产"主要是指互联网金融主体及其利益关联方用来交易以牟利的有价值的经济资源，包括各类有形物质资产和无形资产等，它们可以统称为"互联网金融资产"。

在上述操作风险事件类别中，有一类事件被称为"实物资产损坏和未能恢复"，它是可能导致互联网金融资产损失的最为直接的操作风险事件。它所造成的最严重后果是互联网金融资产的初始价值基本或彻底丧失而不可恢复、转移或冲销，其资产未来预期收益无法实现。实际上，其他各类操作风险事件也都会在不同程度上造成互联网金融资产的损失。它们之间的区别主要在于目的、作用对象和作用方式的直接性与间接性不同，前者更倾向于直接危害或单一危害，后者则倾向于间接危害或合并危害。

从最广泛的意义上来讲，信息是一种经济资源，更是一种可增值的资产。互联网金融条件下的有价值的信息不仅已经成为一种资源，而且有更大可能成为一种互联网金融资产。

3.6.6.2.4 司法诉讼与不利判决

法律诉讼通常会给金融主体带来操作上极大的不确定性。即使胜诉，也会增加金融主体正常经营外的成本；而一旦诉讼失败，这种不确定性便转化为现实风险，会导致资产价值的损失。

3.6.7 操作风险的衡量

沈沛龙和任若恩（2002）着重介绍了巴塞尔委员会《新资本协议》中关于操作风险资本金计算的理论依据及其计算框架。

巴曙松（2003）通过介绍巴塞尔协议关于操作风险的规定，归纳了海外比较成熟的操作风险衡量方法。

田玲和蔡秋杰（2003）归纳了基本指标法、标准化方法、内部衡量法、损失分布法和极值理论模型等五种操作风险衡量方法，认为操作风险衡量方法的模型化是未来其衡量的趋势，并应与加强操作风险管理有机结合。

3.6.8 操作风险的管控

托尼·布伦登和约翰·瑟尔韦尔（2010）提出，战略与治理、确定与评估、监督是操作风险管理框架的三个支柱。

姚国章和赵刚（2015）建议，应通过创建互联网金融普识体系、构建互联网金融网络安全体系、建立互联网金融信用风险管理体系、建立健全互联网金融运营风险管理体系和大力完善互联网金融监管和法律体系来防范风险。

3.7 互联网金融系统性风险研究

3.7.1 系统性风险与系统风险的辨析

在了解系统性风险之前，首先需要明确区分系统性风险与系统风险的区别。现实中，这两个概念经常混淆，而导致错用和误解。

系统性风险（Systemic Risk）又可称为"可分散风险"（Diversifiable Risk）或"聚生风险"（Aggregate Risk）。它是指由于某一个单独系统性因素或系统性事件产生系统功能失灵或系统失败，引发关联系统产生连锁反应，从而导致整个市场体系或系统体系崩溃的风险。它通常具有较强或极强的面向外部或全局传播的扩散性或称传染性。传染性是系统性风险最为显著的特征。

相对于系统性风险而言，系统风险（Systematic Risk）又可称为"不可分散风险"（Undiversifiable Risk）。它是指某一独立系统发生并可导致该系统崩溃的风险。它发生作用通常仅限于所产生的系统内，不具有或较微弱地具有面向外部或全局传播的扩散性或传染性。

系统性风险与系统风险的最大区别就是风险的扩散性或传染性。具有扩散性或传染性并且可以传播和扩散到其他金融系统的风险就是系统性风险；而不具有扩散性或传染性，或者即便具有扩散性或传染性，但它相对较弱或者受到较多

传播和扩散的限制，则这种条件下的风险就不属于系统性风险，而更多可能属于系统风险。

从最普遍的意义上来讲，几乎所有的金融风险都可能产生系统风险和系统性风险。由于后者产生的危害和损失通常大于前者，因此，金融界和风险管理界通常会对系统性风险给予更多关注。

3.7.2 系统性风险与互联网金融

同传统金融一样，互联网金融也具有系统性风险。与传统金融相比，互联网金融的扩散范围更广，传播速度更快，信息成本更低，因此，一旦互联网金融发生可传染的系统性风险，其结果可能会得到迅速传播而造成更大范围的系统性风险发生。因此，对于互联网金融的系统性风险应给予高度重视。

3.7.3 系统性风险的溯源

3.7.3.1 海外系统性风险的溯源

米什金（1995）认为，系统性风险来自于金融系统的内部或外部，它是"一个巨大的宏观冲击，对整个国民经济系统产生同步性的负面影响"；它或者是"一个突发的意外事件，扰乱金融系统的信息，使金融市场无法有效地将资金配置到最优的投资机会上"。

Kaufman和Scott（2003）提出，系统性风险"涉及的是整个（金融）系统崩溃的可能性，而不是单个部分的崩溃。它的特征是系统众多部分或者所有部分的协同运动（Co-movements）或者高度的相关性（Correlation）。"

世界货币基金组织、国际清算银行和金融稳定理事会（2007）将系统性风险的危害总结为："系统性风险严重扰乱金融服务业，会全面或部分地破坏金融系统，并可能对实体经济造成严重的负面后果。"

3.7.3.2 中国（区）系统性风险的溯源

李德鑫（1993）和刘云生（1993）在中国（区）均较早间接提及股票指数

期货交易和证券交易中的"系统性风险"。

赵全凤（1994）则较早采用统计方法直接对上海股票市场的系统性风险展开研究。

王晓芳（1998）论及市场经济条件下商业银行的系统性风险产生于直接融资竞争引发资金"脱媒"的市场风险而非信用风险。

王怀芳（1999）以上海股市为例论述了股票投资的系统性风险。他谈到，股票投资风险可以分为系统性风险和非系统性风险，系统性风险是指与证券市场整体运动相关联的、不能通过投资组合来分散的风险，如购买力风险、利率风险、政策风险等；而非系统性风险是指影响某一具体证券的、可以通过证券投资组合来分散的微观风险，如上市公司的破产风险、流动性风险和管理风险等。

范小云（2002）从全球金融体系变革的角度来看待系统性风险。他分析到，系统性风险具有外部性、收益风险不对称性、与投资者信心直接相关、依赖对外融资等特征，技术进步带来的金融工具创新、金融中介一体化、资本流动逆转、国际溢出效应和传染效应等构成了足以危及国际金融体系的系统性风险。

陈志强，邓蓓，刘丹（2004）谈及海外金融系统性风险可引发金融机构危机、货币危机、公共债务危机和资产市场泡沫化危机等多重危机，可造成银行倒闭、企业破产、失业率提高、政府财力锐减、币值重估甚至是社会骚乱和政权颠覆。

3.7.4 系统性风险的定义

迄今为止，海外并未就系统性风险的定义形成一致性共识（孙晓云，2014）。Jurion（2007）认为，系统性风险是"一个很难实证分析的对象"。

国际清算银行（1994）提出，系统性风险是指金融系统的参与者未能履行其合同义务，引发其他参与者连锁违约反应，从而导致更广泛的金融困境。

Kaufman（2003）的定义基本与此相同：系统性风险是指"银行系统中某个参与者无法履约诱发其他参与者违约，从而引起的链式反应而导致的广泛的金融困难"。

十国集团（2001）定义为，系统性风险是指"一个能够触发经济和信心损失、增加金融系统的不确定性、严重时会对实体经济产生重大负面影响的事件"。

王大威（2013）认为，系统性风险是指由系统重要性机构引发或由非系统重要性机构引发，并传播至其他系统重要性机构，进而可能导致系统性危机的风险。

3.7.5 系统性风险的本质

王大威（2013）认为，系统性风险是一种具有多源性触发点的整体性风险。

孙晓云（2014）认为，系统性风险是一种扩散的纯粹风险。所谓纯粹风险（Pure Risk）是指只会单方面造成损失而不会产生任何收益的风险，它是与收益与风险相伴生的机会风险有区别的。

本书认为，系统性风险的本质之一是既定金融系统本身固有风险因素在内外风险事件作用下超过本系统界限之外的扩散与蔓延。金融本身的技术风险、信用风险、流动性风险、市场风险和操作风险均能在一定范围内引发系统性风险，见图3-8-1。

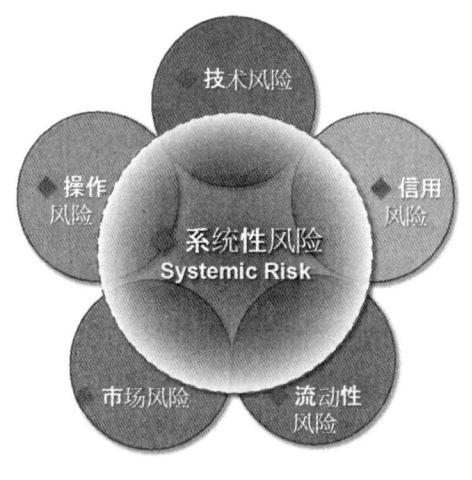

图 3-8-1 互联网金融系统性风险与相关风险范围示意图

资料来源：巴塞尔委员会《资本协议Ⅰ、Ⅱ、Ⅲ》（1988，1999，2010，2011）；[美]杰·弗里德曼，[法]弗·克劳斯.助推金融危机——系统性风险与监管失灵[M].段灿等译.北京：中国金融出版社，2013.；罗明雄，唐颖，刘勇.互联网金融[M].北京：中国财政经济出版社，2013；王大威.系统性金融风险的传导、监管与防范研究[M].北京：中国金融出版社，2013；孙晓云.系统性风险管理和国际金融监管体系改革[M].上海：世纪出版集团，格致出版社，上海人民出版社，2014.；北京大学市场经济研究中心互联网金融管控创新研究课题组，2015.

3.7.6 系统性风险的类别

Kaufman 和 Scott（2003）在海外众多系统性分析研究文献资料总结的基础上，将系统性风险分为三种类型，即：宏观震荡型（Macroshock）、失败链条型（Failure Chains）和重估失败型（Reassessment Failures）。

鲁皓和程鹏（2012）根据风险成因和传染特性将系统性风险分为 4 类，即资产价格变动招致的系统性风险、银行间实际业务传染招致的系统性风险、羊群效应引发的系统性风险和风险分担机制诱发的系统性风险。

Allen 认为，风险分担机制是指"为实现风险的优化配置目标，通过金融体系将风险在不同投资者之间分担，或者在同一投资者的不同时期分担"。

本书将系统性风险分为内生的、外生的和共生的三类，见图 3-8-2。

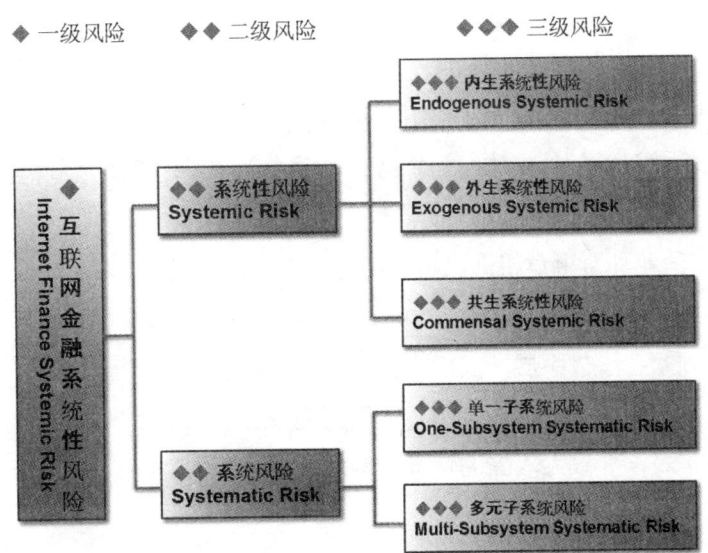

图 3-8-1　互联网金融系统性风险与相关风险范围示意图

资料来源: 巴塞尔委员会《资本协议 I、II、III》（1988，1999，2010，2011）；[美] 杰·弗里德曼，[法] 弗·克劳斯. 助推金融危机——系统性风险与监管失灵 [M]. 段灿等译 . 北京：中国金融出版社，2013.；罗明雄，唐颖，刘勇 . 互联网金融 [M]. 北京：中国财政经济出版社，2013；王大威 . 系统性金融风险的传导、监管与防范研究 [M]. 北京：中国金融出版社，2013.；孙晓云 . 系统性风险管理和国际金融监管体系改革 [M]. 上海：世纪出版集团，格致出版社，上海人民出版社，2014.；北京大学市场经济研究中心互联网金融管控创新研究课题组，2015.

3.7.6.1 内生系统性风险

内生系统性风险（Endogenous Systemic Risk）又可称为"自发式系统性风险"（SpontaneousSystemic Risk）。它是指由单一金融系统发生的风险损失，经过一定路径传播扩散到其他金融系统，从而引发其他金融系统的整体危机并发生金融资产价值损失的风险。

2001 年阿根廷爆发由债务危机引发的严重经济危机，由于其影响范围几乎仅限于阿根廷本国，因此该次金融危机所发生的系统性风险可以属于内生系统性风险（范小云，2002）。内生系统性风险的新近典型事例是 2008 年美国金融危机。在该次金融危机中，华尔街投资银行雷曼兄弟公司（Lehman Brothers）倒闭事件成为诱发美国金融体系系统性风险的系统性事件。

3.7.6.2 外生系统性风险

外生系统性风险（Exogenous Systemic Risk）又可称为"输入式系统性风险"（Imported Systemic Risk）。它主要是指某一或某些金融系统由于受到其他金融系统的系统性风险的外来传播与扩散，导致本系统发生系统性危机并造成本系统金融资产价值损失的风险。

1997 年的亚洲金融危机即为典型的外生系统性风险。1997 年夏，以美国金融投机商乔治·索罗斯（George Soros）为首的国际金融投机机构出于牟利目的，对亚洲部分国家金融体系展开大规模投机行为，接连造成泰国、马来西亚、新加坡、中国香港、中国台湾、韩国和日本等国连锁反应，引发当事国发生严重货币贬值与经济震荡，导致大范围的跨国金融危机。

3.7.6.3 共生系统性风险

共生系统性风险（Commensal Systemic Risk）又可称为"聚生系统性风险"（Aggregate Systemic Risk）。它是指由某一金融系统的内生系统性风险和外生系统性风险共同发生作用而导致该系统金融资产价值损失的风险。

至今对世界经济和海外金融仍产生影响的 2008 年世界金融危机即为最为典型的共生系统性风险。

3.7.7 系统性风险的产生

美国联邦储备委员会（2001）从支付系统的角度来诠释系统性风险的产生机理："如果一家支付系统中的金融机构不能对债务进行清算，或者清算失败导致其债权人无法清算其债务，进而发生严重的不良后果，影响到支付系统中的其他金融机构并扩散到整个金融体系，系统性风险就可能发生。"

Jurion（2007）指出，"当一个冲击（shock）威胁到很多金融机构时，系统性风险就产生了"。

系统性风险通常是金融系统隐含着的系统性风险因素在突发的系统性事件引发作用下而产生的。

3.7.8 系统性风险的衡量

系统性风险具有较大的不可预期性，因而很难予以完全精确的衡量。孙晓云（2014）认为，衡量系统性风险是"非常困难的"。她指出，系统性风险的致因、传播路径、传播方式等具有多样性和复杂性，而目前海内外的相关研究尚无法给出完全精确的科学解释。

2012年1月，美国金融稳定监督委员会（Financial Stability Oversight Council，FSOC）下属金融研究办公室（Office of Financial Research，OFR）发布《系统性风险分析方法调研报告》（A Survey of Systemic Risk Analytics）。该报告梳理和枚举了海外31种系统性风险衡量方法，是迄今为止海外最为全面和最为权威的相关文献。

孙晓云（2014）选取了21种海内外系统性风险衡量的经典方法，并根据研究对象将其分为机构核心类、市场核心类和系统核心类三个类别，其中，机构核心类包括实际业务模型和机构市场数据模型共7种方法；市场核心类包括单市场模型和多市场模型共7种方法；系统核心类包括危机显著因素模型和危机历史演化模型共7种方法。这是迄今为止中国（区）比较全面和比较具有代表性的相关文献。

FSOC（2012）要求建立关于海外重要性金融机构公共信息数据的规范统计和发布制度，特别是交易对手信用风险暴露、系统性风险暴露和融资依赖等项数据。孙晓云（2014）则提出，今后应加强对与系统性风险密切相关的集中风险、市场风险、融资风险、外溢风险和主权债务风险各项基本数据的识别与监控。

3.7.9 系统性风险的管控

范小云（2002）建议，采取面向金融机构和金融市场建立约束机制、推进金融监管改革、实施统一监管、加入全球金融监管体系等项措施，可以有效防范金融系统性风险。

陈志强，邓蓓，刘丹（2004）倡议，防范系统性金融风险应建立金融稳定协调机制、构建金融安全网、开发金融危机早期预警系统、建立金融风险预警体系和风险评估机制及风险处置预案。

刘笑萍（2012）提出，实行浮动保费等项制度可以有效规避系统性风险。

孙晓云（2014）在总结海外系统性风险监管改革实践的基础上认为，构造和实施统一的监管标准以及加强专业与综合监管模式是系统性风险监管的关键所在。

第四章
互联网金融管控理论研究

4.1 互联网金融管控理论基础研究

4.1.1 互联网金融管控理论的概述

4.1.1.1 金融管控、金融管制、金融监管与金融管理

上述四个概念是研究互联网金融管控理论时经常遇到的专业术语。从最广泛的意义上来讲，它们的指向对象（如金融机构及其主要利益关联方），涉及的金融产品和服务的领域、范围和层次等方面都是相同或基本相同的。如果不加以严格区分，它们在很多场合都是可以互相换用的。除了语言使用习惯外，如果对它们进行严格的界定，则这一组概念之间还是或多或少地存在一些细微差别。"金融管理"（Financial Management）是其中感性色彩最淡化、语气最为平和的中性词语，它通常代表对于金融实施的最普遍意义上的管理，包括宏观层次上的金融管理和微观层次上的金融管理，就如同"经济管理"（Economic Management）或"企业管理"（Enterprise Management ∕ Corporate Management）的使用一样。"金融监管"（Financial Supervision）的语气稍强一些，"金融管制"（Financial Regulation）比之语气则更为强烈一些，它们二者均可代表对金融实施的带有一些强制性的管理行为，就如同"行政监管"（Administrative Supervision）、"交通管制"（Transportation Regulation）

217

等用法一样。"金融管控"（Financial Management and Control）在三个词语中语气最为强烈，它可以代表对金融实施的比较严格和比较强制的管理手段与措施，就如同"集团管控"（Group Control／Conglomerate Control）等说法的使用一样。[①]

北大纵横管理咨询公司陈欣荣（2008）提出，所谓"管控"即"管理"加"控制"，它是相对于"分权"而言的。现代企业具有的"分权化"倾向致使其各子公司、各部门和其他分支机构在经营自主权和管理权限上具有较大自由度，必然会产生偏离企业总部（母公司）既定战略的"离心力"，因此需要加以"管控"来保障总部战略得到切实执行。他认为，"管控"不同于"内控"，它更适用于分权化企业、事业部制企业和企业集团等，它侧重解决分权主体之间的管理关系，属于企业管理中比较高端的管理，因而，在企业管理的实践中，管控体系的设计通常是纲领性的、粗线条式的。[②]

上海华彩咨询集团（2010）则提出"管控"是对管理活动的控制，是"管理的管理"。他们解释到，"管控"是指"通过一系列组织制度体系的设计，包括组织的责权利体系的设计、组织流程和制度的设计等，为整个管理活动创造一个良好的运作机制环境，确保一个企业的管理活动在一个特定的游戏规则下执行，是受控的，从而提高企业的执行力，降低企业的运作风险"。[③]

如果不作特别说明，本书以下均统一采用"金融管控"的提法，如"金融管控理论"、"金融管控体系"和"互联网金融管控方法"等。

4.1.1.2　一般管控理论与专用管控理论

管控理论（The Theory for Management and Control）是指管理主体（组织管理者）对于某一领域或特定对象实施有效整体管理所形成、依据和（或）采

---

① 中华人民共和国香港地区将上述概念统称为"金融规管"。——本书注

② 陈欣荣. 到底什么是"管控"[EB/OL]. 北大纵横管理咨询公司官网博客栏目：http://www.allpku.com/blog/chenxinrong/2008/11/18/707.aspx，2008-11-18 发布，2015-07-20 检索.

③ 上海华彩咨询集团. 华彩咨询一直提到管控这个词，那么管控与管理有什么区别？[EB/OL]. 上海华彩咨询集团官网"关于华彩／华彩新闻"栏目：http://www.china-co.com/newsshow_561.html，2010-11-04 发布，2015-07-20 检索.

用的系统化知识、模式、制度和方法等的高度抽象化总称。[1]管控理论的目的主要是通过抽象描述、提出理念、设计模式等，将理论成果用以指导管理者来防范和应对目标领域或特定对象可能产生的风险，稳定或恢复该领域的正常运行秩序，解决管理过程中可能发生的问题等。

根据管理主体所面对的目标领域或特定对象在范围和特征上的不同，管控理论通常可分为一般管控理论（General Theory for Management and Control）和专用管控理论（Special Theory for Management and Control）两类。通常来讲，前者适用于所有领域和具有共同特征的对象，而后者更适用于某一特定的领域或具有某一专指特征的对象。比如，相对于传统金融而言，互联网金融是新兴的特定领域，因而互联网金融管控理论由此可归属为一种专用管控理论。又如，互联网金融具有多种业务形态或应用模式，其适用于某一具体业态或模式的管控理论则相对可归属为专用管控理论，而互联网金融管控理论此时则可归属为互联网金融领域中的一般管控理论。

4.1.1.3 宏观管控理论与微观管控理论

与上文类似地，同样根据金融领域管理主体所面对的目标领域或特定对象在范围、层次和特征上的不同，管控理论相应可分为宏观管控理论（The Theory for Macro-Level Management and Control）和微观管控理论（The Theory for Micro-Level Management and Control）两类。前者又可称为"行业管控理论"（The Theory for Sectoral Management and Control）、"产业政策理论"（The Theory for Industrial Policies）或"公共政策理论"（The Theory for Public Policies），主要是指公共管理部门或行业主管部门面向所有行业或产业的金融机构制定和实施有效整体管控政策措施，所形成、依据和（或）采用的系统化和抽象化知识等的总称。与之相对应地，后者又可称为"企业管控理论"（The Theory for EnterpriseManagement and Control），主要是指金融机构及其利益关联方主要面向其内部被管理者或其外部可受控制者，来制定和实施有效整体

---

[1] 此处所说的"整体管理"包括管理中的控制职能。控制职能是组织管理的基本职能之一。——本书注

或局部的管控方针措施，所形成、依据和（或）采用的系统化和抽象化知识等的总称。

本书这里所提到的"宏观管控理论"与"微观管控理论"，以及上文所提到的"一般管控理论"和"专用管控理论"，既有联系又有区别。简言之，其共同之处主要在于：它们都是金融管控知识（包括经验和判断）系统化和抽象化的总结与提炼；它们都以一般或特定的金融领域、金融市场主体、金融产品及服务及其运行规律为研究对象；它们均以指导管理者来防范和应对目标领域或特定对象可能产生的风险、稳定或恢复该领域的正常运行秩序以及解决管理过程中可能发生的问题等为目的。

其区别主要在于：它们之间在某种范围、程度和级别上是可以相互交叉和重合的，比如，"宏观管控理论"可以根据管控对象和管控领域范围分为面向所有金融领域和行业的"一般宏观管控理论"和仅面向或主要面向某一金融细分领域和行业的"专用宏观管控理论"；同样地，"微观管控理论"也可以分为面向所有金融机构的"一般微观管控理论"和仅面向或主要面向某一类或某几类金融机构的"专用微观管控理论"。无论是宏观层面的管控理论，抑或微观层面的管控理论，它们在具备相同或基本相同的条件下，均可采取完全相同或基本相同的理论方法来解决部分现实问题，比如，可以采取相同或基本相同的模型来进行金融产品市场定价或者是进行金融风险级别的评估等，来作为有效金融管控的手段和方法。

4.1.1.4 管控方法、管控制度、管控模式与管控体系

创立、研究和应用管控理论，必然涉及管控的方法、制度（包括机制和体制）、模式和体系等一系列相关概念。实践中，这些概念通常被合并使用或直接混用，而可能引起认识差异。因此，有必要对其进行含义辨析和使用甄别，以避免界定不清或逻辑混乱等发生。

金融管控的方法、制度（机制和体制）、模式和体系等概念之间既有联系又有区别。其共同之处主要在于：它们都是以一般或特定的金融领域、金融产品及服务为管控对象；它们均为金融管控规则的体现或表现方式；它们都服务于管控主体一定的金融管控目的；它们都可对管控对象产生一定的管控制约作用等。

如果不加以严格区分，在金融管控的某类范围、程度或级别上，它们甚至可以是相互交叉、部分乃至几乎全部覆盖的。

如果加以较为严格地区分，则上述概念可作如下常识性理解。通常地，"方法"（methods）是指做事的程序或技巧，比如"工作方法"等。所谓"管控方法"（The Methods for Management and Control）即为实施金融管控的具体程序、步骤及其操作事项的统称，其最高级的形式是管控方法论，而日常使用则处于最基础的微观层次。"制度"（systems）是一个范围宽泛、最容易混用的词汇，它通常可指做事的既定规则或者是既定对象所必须共同遵守的行为规范。它既可处于微观基础层次，比如，绩效考核制度（The System for Performance Appraisal／The System for Performance Evaluation）等；又可上升到宏观抽象的层次，比如"经济制度"（The Economic System(s)，又译为"经济体制"）等。因而，所谓"管控制度"（The System(s) for Management and Control）也就可以分为"微观的制度"和"宏观的制度"两种理解，前者通常可称为"机制"（mechanisms），有时甚至可以包含某些微观层次的"方法"在内；后者则包含了"体系"（system）的含义在内，通常又可称为"体制"（constitution）。"模式"（patterns）也是一个比较容易混用和混淆的词语，它通常泛指做事的惯常方式或具有某些共同特征的操作方式、程序、步骤、方向或流程等事项的统称。"模式"也可应用在宏观和微观的不同层次，微观层次的"模式"可以包含"方法"和"机制"的部分含义在内，但它往往更强调事物按一定方向、因循一定步骤和程序来达到目的的整个过程，即更注重操作的"流程"及其"独特性"、"可重复性"和"可循环性"，例如"商业模式"（Business Patterns／Commercial Patterns，即"商业运营机制"）等。宏观的"模式"常常包括广义的或宏观的"制度"（即"体制"）或者"体系"的一部分内涵，比如，新兴经济体模式（体制）（The Pattern of Emerging Economies）等。鉴于"制度"和"模式"在宏观和微观层次上常常混用，为了便于保持分类明确和逻辑清晰，同时符合汉语使用习惯，本书这里不再沿用"制度"和"模式"的提法，而将它们二者原有含义中涉及宏观或偏宏观层次的内容（如金融监管机构隶属关系等）均可归为"体制"（可称为"体制模式"或"宏观制度模式"等）类别，将二者原有含义中涉及微观或偏微观层次的（如金融监管对象或内容）均可归为"机制"（可称为"机制模式"

或"微观制度模式")类别，原有"方法"的内容仍因循不变。"体系"的含义跟广义的"系统"（systems）含义十分接近，其使用更符合汉语习惯。所谓"管控体系"（The System for Management and Control）是指包括管控方法、管控机制和管控体制等在内的整体性全称。

由此，可以得到一个关于方法、机制、体制和体系的相对清晰的四级逻辑关联式，即：

管控方法≤管控机制≤管控体制≤管控体系

通常意义上所指的"管控理论"实际上即包含了由上述管控方法、管控机制和管控体制等共同构成的管控体系所涉及的全部理论。

4.1.2 传统金融管控理论

4.1.2.1 传统金融管控理论的溯源

4.1.2.1.1 海外传统金融管控理论的溯源

海外传统金融管控理论的发展由来已久，其最早可溯及18世纪初的英国。约翰·劳（John Law，又译"约翰·罗"）所著的《货币与贸易研究：国家货币供给的建议》（*Money and Trade Considered：With a Proposal for Supplying the Nation with Money，1705*）一书中在海外首次提出了货币发行管理的思想。[1]他主张，为增加经济产出、实现充分就业和获得海外资源，政府应通过发行可流通的纸币来部分替代金银等贵重金属货币，以防范后者市场价格波动产生的金融风险，同时政府应支持商业银行通过发行可兑换的股票和商业票据来部分替代传统国债，以缓解国债融通资金的不足。为此，他建议，应设立国家货币发行银行（The National Money Issue Bank），实施货币证券化，通过提供足够的通货来保证充足的市场流动性，以实现经济繁荣。劳的理论核心是改革以往货币管理体制，"通过管理通货和信用来管理经济"。由于劳的理论对现代金融和货币体制的建立具有开创性的历史意义，因而他被称为"管理通货思想的真正鼻祖"（约瑟夫·阿洛伊斯·熊彼特，Joseph Alois Schumpeter，

---

[1] 此处所说的"货币发行管理思想"即早期的"货币发行管理论"。——本书注

1950）和"现代货币管理体制的先驱者"（Earl J. Hamilton，1936；Michael D. Bordo，1987）。①

亚当·斯密（Adam Smith）在《国民财富的性质和原因的研究》（An Inquiry into the Nature and Causes of the Wealth of Nations，1776，1880）一书中阐述了他关于宏观和微观金融管控的辩证认识。在宏观管控上，一方面，斯密提出，出于"公众利益需要"，政府在货币管制、利率控制、抵押强制和契约保障等方面实施的"特定干预"是"正当的"；另一方面，他也注意到了这种干预对自由贸易的反向作用，包括政府对市场准入的限制政策阻碍了资本在不同行业之间的自由流动。他批评"限制进口、鼓励出口"的重商主义（Mercantilism）学说是"不合理的"，并以西班牙和葡萄牙据此颁布对金银输出的限制禁令为例指出，这种管制并不能真正阻止金银的外溢。为此，斯密评论到，用法律来限制银行如同强制居民修建围墙来预防火灾蔓延一样，是一种对"天然自由"（Natural Freedom）的侵犯。他主张，应建立"广泛而有弹性的"国家商业政策（Dugald Stewart，1880；Jacob Viner，1928；Andrew S. Skinner，1979）。在微观管控上，斯密以1609年荷兰阿姆斯特丹储金银行②改革货币发行管理机制为例，提出了"银行货币"（Bank Money）的概念。他解释说，这种"银行货币"是一种在柜货币，也就是它仅存在于发行银行的内部金柜中。它以本国通用货币为基准，扣除银行必要管理费后来衡量其内在价值，作为信用计入银行账簿。斯密分析认为，所谓"银行货币"实质上是一种信用货币（Credit Money），这种能够保值的"银行货币"其内在价值大于国家发行的通用铸币，可以有效防止铸币的剪削磨损带来的价值降低以及"一切汇票价值的不确定性"，它规避了传统贵重金属货币运输产生的笨重与风险，仅通过银行柜台转账即可完成业务交易，"没有遭受火灾、劫掠及其他意外的可能"，而且还可以获得外国汇票兑付的刚性需求带来的增加价值。但是，斯密也指出了这种银行货币的不足：一旦兑现提

---

① [英] 约翰·伊特韦尔，[美] 默里·米尔盖特，[美 [彼得·纽曼.新帕尔格雷夫经济学大辞典（3卷）[M]. 伦敦：麦克米伦出版公司，1987年版.《新帕尔格雷夫经济学大辞典》中文版编辑部译.北京：经济科学出版社，1992：154-155.

② 荷兰阿姆斯特丹储金银行：英语名称为Wisselbank或者是Bank of Amsterdam，又称"阿姆斯特丹汇兑银行"（The Amsterdam Exchange Bank）。——本书注

取，则其相比传统贵重金属货币的各种保值、增值、方便支付和安全保障等优势便"丧失了"（斯密，1776）。[①]斯密提到并倡导的这种"银行货币"即今天的银行金融工具，如基于基准利率和汇率的银行授信额度凭证的前身。

在宏观金融管控理论体系中，约翰·梅纳德·凯恩斯（John Maynard Keynes）创立的"国家干预主义论"（The Theory of State Interventionism）迄今为止影响最大和最为深远，由此引发了经济学中的一场具有"激动人心魅力"的"凯恩斯革命"（Keynesian Revolution）（L.Tarshis，1987）。凯恩斯以1929—1933年世界金融危机为例对西方资本主义国家宏观金融管控政策进行深刻反思。他在其著作《就业利息和货币通论》（The General Theory of Employment Interest and Money，1936）中批评古典政治经济学的自由放任主义（Laissez-faire）经济政策主张，认为它存在重大理论缺陷，不仅不能通过市场机制的自由调节来持续增加就业，而反倒会在繁荣后期引发经济衰退（slump）或恐慌（crisis，又译"panic"）。对此，凯恩斯分析到，经济增长和充分就业的动力来源于投资和消费的持续增加，增加投资和消费的根本在于改变不能满足市场"有效需求"（Effective Demand）的投资灵活偏好（Invest Liquidity Preference）与消费倾向（Propensity to Consume），即通过提高资本的边际效率（Marginal Efficiency of Capital）来解决所谓的"有效需求不足"（Insufficient Effective Demand）问题。凯恩斯认为，影响资本边际效率的决定性因素是"不受控制、无法管理的市场心理"。这是因为，"在个人主义的资本主义经济体系中，信任心最难操纵，最不易恢复"，因而受到市场收益预期心理作用较大的利率便成为一种"高度因循成规的利率"（Highly Conventional Interest）。当这种预期利率低于市场实际变动的利率时，多数投资者通常就会选择市场利率而放弃预期利率；相反，当市场利率低于预期利率时，多数投资者通常会坚持预期利率不变。市场利率波动会带来许多不确定性，导致资本边际效率产生不稳定，进而促使有效需求难以维持在能够带动经济增长和促进充分就业的高水平上。所以，必须要采取外来干预措施，使得资本的边际效率尽可能地接近资本寿命的长期预

---

① [英]亚当·斯密.国民财富的性质和原因的研究（上、下卷）[M].克拉伦登：牛津大学出版社，1880年版.郭大力，王亚南译.北京：商务印书馆，1983.

期利率水平，减少其波动产生的风险。因此，凯恩斯创见性地提出，国家应加强对经济的宏观干预，通过稳定短期工资水平、增加公共开支、适度降低利率、刺激投资和消费等"有伸缩性的政策"来稳定物价、推动经济增长和实现充分就业（凯恩斯，1936）。约翰·伊特韦尔（John Eatwell，1987）为此评价到，凯恩斯的"国家干预主义论"通常可理解为"国家对经济增长富有管理责任"，它是对"市场机制（总是）能够保证有效配置资源这一思想的否定"，这种否定"不是基于市场机制存在着的不完善，而是指出市场经济的运行即使在最理想的条件下也不能保证（完全）有效地配置资源"。唐·帕廷金（Don Patinkin，1987）则评价说，《通论》重大的革命性影响在于理论而非政策。另外，凯恩斯还提到了对金融风险的防范措施比如风险准备金。他说，要"建立一准备金，以防不测之变"。他还提到，很多投资者通常会为规避风险选择预期利率，并将预期利率与市场利率的差额看成是一种保险的赔偿金，"用来抵补资本账上蒙受损失之风险"。[①]这可以被看作为凯恩斯关于风险管控的一种原始主张。

管制理论（又称为"管制经济学"）是在凯恩斯"国家干预主义"影响下于 20 世纪 70 年代兴起的一种学说，它横跨经济学、管理学、法学、政治学和系统论等多个学科，构成了一个独立的研究领域，集中关注经济管制与放松管制问题的探讨。所谓"管制"（Regulation）是指国家以经济管理的名义进行干预，通过反周期预算或货币干预手段来调节宏观经济活动（罗伯特·博耶，RobertBoyer，1987）。相对应地，"放松管制"（Deregulation，又译"去管制"）是指国家放宽经济领域的管制或取消某些方面的管制限制。管制理论的代表人物有乔治·约瑟夫·施蒂格勒（GeorgeJoseph Stigler）、罗伯特·博耶（RobertBoyer）、斯蒂芬·布雷耶尔（StephanBreyer）和保罗·W.麦卡沃伊（PaulW. MacAvoy）等。施蒂格勒是管制经济学创始人，1982 年诺贝尔经济学奖得主。他（1975）与大多数经济学家不同，将诸如证券交易委员会对股票发行审查等的政府管制行为看作为一种经济过程产生的内生变量，认为它是可以产生成本的，容易造成管制的不经济。博耶（1987）提出，管制是生产与社会需

---

① [英] 约翰·梅纳德·凯恩斯. 就业利息和货币通论 [M]. 伦敦：麦克米伦出版公司，1936 年版. 徐毓枬译. 北京：商务印书馆，1963：93.

求相适应的动态过程，这种社会需求受到既定社会关系结构的作用，通过经济调整而形成。管制与体制相结合，对长期经济增长、货币管理等方面具有深刻影响。布雷耶尔和麦卡沃伊（1987）归纳了需要管制的4种理由：消费者遭遇欺诈损失后可得到的法律补偿低于欺诈者付出的管制代价；消费者被金融机构提供的信息严重误导；金融机构提供的信息不充分；竞争对手恶意竞争等。他们还总结了常用的4种管制方法：统一定价；最高限价；发放许可证；制定标准等。他们提出，在一些特定领域放松管制可以带来经济效率的提高。

王松奇、李扬和王国刚（1997）在总结传统金融管控理论应用于发展中国家经济发展的实践后认为，由爱德华·S. 肖和罗纳德·I. 麦金农（Edward S. Shaw, Ronald I. McKinnon, 1973）等人提出的"金融压制论"（又称"金融抑制论"）和"金融深化论""具有广泛影响"。

埃里克·S. 罗森格恩（EricS. Rosengren, 1999）在海外较早论及政府对商业银行的监管（Bank Supervision）。他认为，政府应通过强化市场规则、改进风险暴露、调配管控资源等手段来加强对银行的监管，以防范其支付风险和清算风险。他明确提及了"Financial Regulation"（金融管制）。

弗雷德里克·S. 米什金（FredericS. Mishkin, 2010）从历史角度系统归纳了金融监管理论。他指出，信息不对称、逆向选择和道德风险等概念有助于美国政府选择适宜的金融监管模式。

罗明雄、唐颖和刘勇（2013）在研究传统金融管控理论的发展历程后共同提出，传统金融监管的理论依据主要来自于传统金融体系的负外部性效应、自由竞争导致的高度集中垄断效应和信息不对称效应。他们详尽阐述到，1930年之前的金融管控理论主要有"货币发行管理论"和"最后贷款人论"（The Theory of Lender of Last Resort）等；1929—1933 年世界经济危机后至 1970年间的金融管控理论主要有"公共利益监管论"和"金融脆弱论"等；1970—1990 年间的金融管控理论主要有"集团利益论"、"金融监管失灵论"和"金融管制辩证法论"等；1990 年后至今主要有"功能监管论"、"激励监管论"、"资本监管论"和"市场纪律监管论"等。在此基础上，罗明雄等人将上述理论区分为稳定型、效率型和兼顾型三种理论类别。其中，稳定型金融管控理论主要包括"金融市场失灵论"、"集体非理性论"（行为金融学范畴）、"金融危机传染论"和"负外部性论"等；效率型金融管控理论主要包括"管制经济学"、"公共利益最大化论"、"监管寻租论"和"监管捕获论"等；稳定与效率兼顾型金融管控理论主要包括"激励监管论"、"监管最优相机论"、"监管成本收益论"、"金融监管市场约束论"、"有效监管论"和"经济法学"等。他们展望传统金融管控理论的发展趋势主要有：以外部介入为主转变为以内部约束为主；以金融危机预防为主转变为以金融安全维护为主；以单一体制监管为主转变为以各国单独监管及跨不同体制的国际监管协调并重为主。

李超和姜向中（2015）则围绕金融发展与金融稳定的对立统一关系与历史逻辑，归纳了相关金融管控理论的发展进化依次有：金融压抑论；金融深化论；托马斯·F.赫尔曼、凯文·C.穆尔多克和约瑟夫·尤金·斯蒂格利茨的"金融约束论"（Thomas F. Hellmann, Kevin C. Murdock, Joseph Eugene Stiglitz, 1997, 1999）；金融创新论；雷蒙德·W.戈德史密斯（Raymond W. Goldsmith, 1969）的"金融结构论"（Financial Structure Theory）；金融安全网论等。

苗文龙（2015）归纳了海外传统金融周期性风险与系统性风险监管的若干代表性理论，主要有：杰克·M.古滕泰格和理查德·J.赫尔金（Jack M. Guttentag, Richard J. Herring, 1984）的"灾难短视命题"（The Hypothesis of Disaster Myopia）；尤金·弗兰西斯·法马和托马斯·C.威尔逊（Eugene Francis Fama, 1986; Thomas C. Wilson, 1997）的"项目违约概率顺周期性论"（The Theory of Default ProbabilityProcyclicality）；罗伯特·考克斯·默顿和兹维·博迪（Robert CoxMerton, Zvi Bodie, 1993, 2005）的"金融功能论"（Functional Perspective Theory）；艾伦·N.伯格尔和格里高利·F·乌戴尔（AllenN. Berger, GregoryF. Udell, 1992, 2003）的"记忆惯性假说"（The Hypothesis of Memory Inertia）；以及阿布赫伊吉特·V.巴内尔吉（Abhijit V. Banerjee, 1992）、戴维·S.萨尔夫斯泰因（DavidS. Scharfstein, 1992）、拉格休拉姆·戈温德·拉扬（Raghuram Govind Rajan, 1994）、罗伯特·詹姆斯·席勒（Robert James Shiller, 1995, 2000）、欧内斯特·毛格和纳拉扬·奈克（Ernst Maug, Narayan Naik, 1996）、安德烈·德维瑙和伊沃·韦尔奇（AndreaDevenow, Ivo Welch, 1996）的"羊群效应论"（The Theory

of Herd Effect ／ The Theory of Herd Behavior ／ The Theory of Sheep FlockEffect ／ The Theory of Herd Immunity，即心理学中的"从众效应"或"从众心理"（Conformity ／ Community Immunity ／ Population Immunity ／ Social Immunity）等。

4.1.2.1.2 中国（区）传统金融管控理论的溯源

中国（区）传统金融管控理论出现较晚，大致为20世纪90年代初期，之前多与"经济管理"、"经济政策"或笼统意义上的"管制"等说法相混用。

盛朝晖（1992）在中国（区）较早提及"金融管制"的提法。他归纳到，20世纪80年代以来，亚太地区各国和地区的金融管理部门实施积极不干预与相对宽松的金融政策，金融管制逐步趋于自由化，推动了亚太金融市场的国际化与资本的证券化进程。

钱招国（1993）则提到"金融管理"的概念。他诠释到，金融管理是指中央银行为维护金融组织体系的健全与稳定，防止金融紊乱给社会经济发展带来震荡，而实施的一系列管理行为。他提出，金融管理必须牢固建立在法律化、规范化和现代化的基础上。刘碧君（1994）将金融管理的定义区分为广义的和狭义的两种。他解释到，广义的金融管理是指"以中央银行为中心的金融体系对金融机构、金融活动及其从业人员进行组织、领导、协调、监督和检查，以控制调节经济运行，保证国民经济稳定协调发展"；而狭义的金融管理是指"中央银行及各级分支行的职能部门依据金融法规，对辖内的金融机构、金融业务、金融市场进行行政管理，保证和促进金融业稳定协调发展的过程"。

李伟平和陶君道（2004）在介绍香港金融监管经验时明确提到了"金融监管"的说法。这是中国（区）对这一概念的较早引入。

张光平（2006）在述及人民币衍生产品创新时明确提到了关于其市场风险的"风险管控"。同样的提法还见于康新（2008）对于保险公司操作风险管控的阐述。康新提出了保险公司管控操作风险的措施，如健全承保理赔机制、加强动态财务管控、强化信息技术管理、实行风险管控跟踪监督、科学配置监管资源等。

张响贤和吴鑫（2009）谈及"风险管控系统"的概念，并探讨了风险管控系统建设中对其成本、进度和质量等的评价。

程翔（2012）运用复杂系统理论来诠释商业银行系统性风险的管控机理。

他阐述到，商业银行体系是开放式的自适应复杂系统，其内部不良结构导致系统性风险生成和传导，传统风险管控技术难以有效解析这种生成机制和传导机制，应从动机和能力两方面针对风险的生成机制和传导机制来管控系统性风险。

郭锐欣和张鹏飞（2013）结合中国（区）金融控股企业内部资源整合实践，应用不完全契约理论来考察金融控股企业母公司的管控边界。他们得出结论，金融控股公司内部核心资产在母公司和子公司之间的不同配置能够影响金融控股公司的整体绩效。当该配置呈现互补关系时，母公司掌握核心资产的剩余控制权即可增加金融控股企业的整体利润，因而母公司管控边界相对要大；而该配置呈现替代关系时，则母公司核心资产剩余控制权不能增加金融控股企业的整体利润，因而母公司管控边界相对要小。金融控股企业母公司应视具体情况分别确定适宜的管控边界。

李国红和赵息（2014）以山东黄金集团有限公司（SD Gold）为例，采用因子分析法从微观层次来开展金融管控作用于企业价值创造能力的实证研究。他们发现，金融管控与价值创造能力具有显著正向作用。企业实施集中型金融管控，可以提升价值创造能力，降低企业整体风险，为企业并购和规模成长提供有力支持。

4.1.2.2 传统金融的主要管控理论

4.1.2.2.1 信息不对称理论

信息不对称理论（The Theory of Asymmetric Information）又可称为"非对称信息论"或"不完全信息论"（The Theory of Incomplete Information ／ The Theory of Imperfect Information），它是信息经济学的一个分支理论。所谓"信息不对称"（Asymmetric Information）是指金融市场交易一方对另一方缺乏充分了解，从而影响其作出正确的交易决策（弗雷德里克·A. 米什金，2010）。

乔治·阿瑟·阿克洛夫（GeorgeArthur Akerlof）是信息不对称理论的创始人。他（1970）以美国旧车市场为例说明，市场交易各方由于信息不对称，造成信息缺乏或信息受到误导的一方作出错误选择而遭受损失的后果，即著名的"柠檬市场原理"（The Principle of the Market for Lemons，又称"次品原理"）。

信息不对称的直接后果就是导致所谓的"逆向选择"（Adverse Selection）。"逆向选择"又可称为"逆选择"，它是指在信息不对称的市场上，买方总是可能会以高于卖方所提供的产品或服务质量和价值等级的价格来完成交易，从而形成与用较高价格对应购买较高等级质量和价值的产品或服务的常规理性选择相反的现象。查尔斯·威尔逊（Charles Wilson，1980）将这种现象解释为在不完全信息市场上，卖方的供给曲线（Supply Curves）与买方的需求曲线（Demand Curves）相交于边际替代率（Marginal Rate of Substitution，MRS）更倾向于较低质量产品的交点而达到的瓦尔拉斯均衡（Walras Equilibrium）。

约瑟夫·尤金·施蒂格利茨和安德鲁·韦斯（Joseph Eugene Stiglitz，Andrew Weiss，1981）以银行信贷为例共同研究了金融领域的信息不对称与逆向选择问题。他们发现，在一个不完全信息的市场中，借款人和银行之间存在信息不对称。通常地，借款人总是比银行更多了解资金使用的风险。为了从银行获得借款，风险较高的借款人往往倾向于用比风险较低的借款人更高的回报率来吸引银行贷款。由于信息的不对称，银行作为贷款人无法完全了解较高风险借款人的实际情况，出于追求自身获得更高预期利润的目的，银行更愿意将贷款发放给许诺较高回报率同时风险也较高的借款人。这样，以一带三，由点及面，就会导致那些风险较高且承诺回报率也较高的借款人可以越来越方便地或者越来越多地获得银行贷款，而那些风险较低同时回报率也较低的借款人则越来越困难地或者越来越少地获得银行贷款，甚至因无法获得银行贷款而退出信贷市场，于是，逆向选择就发生了。银行由于将贷款发放给风险较高的借款人从而使自己面临较大风险。弗·A.米什金（2010）指出，"信息不对称是金融市场的一个重要特征"。他总结到，"那些最可能造成不利（逆向）后果的即制造信贷风险的潜在借款人，往往是那些最积极寻求贷款，并且最可能获取贷款的人。由于逆向选择使得贷款可能招致信贷风险。"

信息不对称引发的逆向选择可以导致许多严重后果，比如：第一，互惠、互利的市场交易规则被破坏，容易招致恶性商业欺诈行为；第二，公平、合规、守约的市场规则被破坏，容易引发信用良好的借款人退出信贷市场，形成信贷配给或信贷不足而导致信贷失衡；第三，导致普遍的道德风险和信用危机；第四，导致无法有效配置资源的市场失灵。王振中等人（2002）认为，逆向选择是"格雷欣法则"（Gresham's Law，又译"格雷申定律"）中所提到的"劣币驱逐良币"（Bad money drives out good）现象的"另一个版本"。弗·A.米什金（2010）认为，逆向选择阻挠了金融市场的正常运行。

一直以来，很多学者都在为解决信息不对称和逆向选择问题而积极探索。安德鲁·迈克尔·斯彭斯（Andrew Michael Spence，1973—1974）创立了"市场信号理论"（Market Signaling Theory）来解决上述问题。他以劳动力市场为例提出了"市场信号传递"（Market Signaling Transfer）的概念。他解释到，信息不完全市场上的信息不对称与逆向选择主要发生在交易达成之前，其间具有信息优势的一方为了达成交易，总会释放和传递出某种可观测到的信号（指标）。处于信息劣势的一方可以根据获得的这些信号，分析和判断对方的真实意图，从而作出接近正确的选择来规避风险。

斯彭斯（1973）建议，信息优势的一方可以通过提供有资质的保证书来传递其具有可靠性的信号。赫尔穆特·拜斯特尔（Helmut Bester，1984）建议，在信贷市场上，借款人可凭借担保物来"显示其信誉"。

米什金（2010）则建议，由第三方信息服务机构负责搜集和整理市场交易所需各种信息，然后根据用户需求将详细信息有偿提供给市场上信息劣势的一方。该建议很有针对性和可行性，但也容易造成交易各方与第三方信息服务商之间新的信息不对称以及跟随者的"免费搭便车"（Free Rider／Free Pick-up）现象。于是，米什金（2010）又提出"增加信息的政府监管"的建议。他主张，政府应对金融市场予以监管，鼓励金融机构披露其真实信息，使投资者能够比较被投资者的优劣。他也承认，尽管政府监管可以有效缓解信息的不对称，但它并不一定能够将其完全消除。因此，为了最大限度地防范金融风险，米什金提出了综合配套的多项建议，包括：设立可帮助投资者区分被投资者信用风险的金融中介机构；鼓励信用良好的企业直接融资；预交风险抵押品；建议投资者选择那些资产负债净值较高的被投资企业或项目；增加限制性条款来完善债务合约的设计等。

4.1.2.2.2 负外部性理论

负外部性理论（The Theory of Negative Externalities）又称为"负外在性理论"、"负（的）外在效应理论"或"外部不经济（性）理论"等。它是微观经济学的一个分支理论。所谓"负外部性"（Negative Externalities）即"负外在性"、"负（的）外在效应"（Negative External Effects）或"外部不经济(性)"(External Diseconomy)等，它来源于经济学中"外部性"（Externalities ）的概念。所谓"外部性"又称为"外部效应"（External Effects ），它是指某一个或某一组独立经济主体的经济行为对另一个或另一组独立经济主体的行为产生关联作用的结果。如果这种关联作用产生的结果是使得受到作用的一方得到一定的利益，则这种结果即为"正外部性"（Positive Externalities ）或称为"正外在性"、"正(的)外在效应"（Positive External Effects ）和"外部经济（性 ）"（External Economy ）；相反，如果上述这种作用对于被作用方产生不利或损失，则其可称为"负外部性"（Negative Externalities ）、"负外在性"、"负（的）外在效应"（Negative External Effects ）或"外部不经济（性 ）"（External Diseconomy ）。蒂博尔·希托夫斯基（Tibor Scitovsky，1954 ）对此评论到，"外部经济是经济学文献中最为难以琢磨的概念之一。"

海外最早探索外部性理论的学者可溯及亨利·西奇威克（HenrySidgwick ）。他对于个人提供公共劳务与报酬差异的研究被称为是外部性理论研究中具有"开创性的"和"功不可没的"（让－雅克·拉丰，1987；向昀，任健，2002 ）。西奇威克从私人成本和社会成本、个人利益与公共利益的不一致中认识到外部性的存在，他认为，解决经济活动中的外部性需要政府进行干预。

海外最早正式提出"External Economy"的却是阿尔弗雷德·马歇尔（Alfred Marshall ）。他（1890 ）将其定义为"产业的一般发展"，并与"单个企业（厂商）的资源、组织和管理效率"的"内部经济"（Internal Economy ）相对应，用以描述竞争性市场中生产型产业的外溢效应。他指出，厂商可以在其内部报酬不变的同时追求外部的规模经济，使得社会规模报酬递增，以获得内部经济所不能获得的技术外溢效应、潜在劳动力供应和中间投入品的共享等好处。

阿瑟·塞西尔·庇古（Arthur Cecil Pigou，1920 ）在他的老师马歇尔"外部经济"概念的基础上发展性地提出了"外部不经济"（External Diseconomy ）的概念，并创立了静态技术外部性（Static TechnologyExternalities ）观点。他谈到，厂商外部性理论并未深入分析其外部性成本（即厂商内部成本可带来的那一部分社会成本）和利益，应该引入公共政策分析来加以纠正。他呼吁，政府应采取措施（如征收"庇古税"等）积极干预技术和金融产生的"外部不经济",以保证符合社会有效需求的产出水平。

雅各布·瓦伊纳(Jacob Viner,1931)在海外较早正式提出"金融外部性"(Pecuniary Externalities,又译"货币外部性")的概念,将外部性扩大到福利经济学(Welfare Economics)领域。

詹姆斯·麦吉尔·布坎南和威廉·克莱格·斯塔布尔宾(James McGill Buchanan,William Crag Stubblebine,1962)将"过于宽泛的""外部性"概念进一步细分为"更适用的"帕累托相关外部性(Pareto-Relevant Externalities)与帕累托不相关外部性(Pareto-Irrelevant Externalities)。前者是指接受外部性的厂商受成本和收益的激励,克服外部性,从而使得自己和施加外部性的厂商共同达到帕累托最优均衡,即接受者变得更好同时施加者不会变得更糟;后者则是指接受外部性的厂商受成本和收益的约束,不愿克服外部性,从而使得自己和施加外部性的厂商没有达到帕累托最优均衡,即接受者不会变得更好同时施加者可能会变得更糟。

肯尼思·约瑟夫·阿罗(Kenneth Joseph Arrow,1969)和哈尔·R.瓦里安(Hal R. Varian,1992)不约而同研究了"外部性的内部化"(ExternalitiesInternalization)问题,阿罗主张通过创造附加市场来转化外部性,而瓦里安建议通过建立纳税与罚金差额的补偿机制(Compensation Systems)来实现外部性的内部化。

威尔纳·斯切尔和彼得·艾克斯泰恩(Werner Sichel,Peter Eckstein,1977)将"Externalities"分为4种,即:"正生产外部性"(Positive Production Externalities)、"负生产外部性"(Negative Production Externalities)、"正消费外部性"(Positive Consumption Externalities)和"负消费外部性"(Negative Consumption Externalities),分别代表生产和消费对外部的有利与不利影响。他们主张,政府应采取限制性政策、税收和补贴等手段来减弱和消除生产和消费的负外部性。

威廉·杰克·鲍莫尔和阿瑟·梅尔温·奥肯(William Jack Baumol,Arthur Melvin Okun,1985)将外部性区分为公共外部性和私人外部性。前者又称为"不可耗竭的外部性"(InexhaustibleExternalities),它是指由于具有非竞争性和非排他性等公共服务特征,使得施加外部性的厂商与接受外部性的

厂商之间难以通过谈判来解决外部性。而后者则又可称为"可耗竭的外部性"（ExhaustibleExternalities），它是指由于具有竞争性和排他性等个人服务特征，使得施加外部性的厂商与接受外部性的厂商之间可以通过谈判来解决外部性。

彼得·H.格林伍德和查尔斯·A.英吉纳（Peter H. Greenwood，CharlesA. Ingene，1978）重点研究了厂商外部性在不稳定条件下对资源配置和风险分担的作用。他们分析到，厂商外部性的不稳定是指这种外部性不可控制，它使得施加外部性和接受外部性的厂商都会面临较大风险。这些厂商为了维护自身利益最大化，会根据其对风险的预期来决定通过协商或合并来分担风险。让－雅克·马塞尔·拉丰（Jean-Jacques Marcel Laffont，1987）同样将负外部性看作是对经济竞争的不稳定因素。他提出，多个厂商的负外部性可以促使其通过合并来消除，或者通过组成互补性的企业战略联盟来协调彼此之间的利益。

互联网金融风险特别是系统性风险，往往具有不同金融系统或其子系统之间的对外传染性。由于涉及风险传播与扩散的基本原理，因而负外部性理论对互联网金融管控理论具有十分必要的指导意义。李超和姜向中（2015）提出，金融风险爆发时具有"很强的负的外部性"。

4.1.2.2.3 宏观审慎监管理论

宏观审慎监管理论（The Theory of Macroprudential Regulation ╱ The Theory of Macro-Prudential Supervision）又称为"宏观谨慎监管理论"。它是宏观经济学或金融学的一个分支理论。"宏观审慎监管"（Macroprudential Regulation ╱ Macro-Prudential Supervision）又称为"宏观审慎管理"、"宏观审慎政策"或"宏观谨慎监管"等，是相对于"微观审慎监管"（Microprudential Regulation ╱ Micro-Prudential Supervision）而言的，它们二者都来源于"审慎监管"（Prudential Regulation ╱ Prudential Supervision）的概念。"宏观审慎监管"是指"促进整体金融稳定目标的监管模式"（国际清算银行，2000），它是金融监管部门自上而下管理和防范金融系统性风险的金融监管政策框架（廖岷，林学冠，寇宏，2014）。

"宏观审慎监管"概念的最早出现可溯及20世纪70年代末期。1979年6月28—29日，在伦敦召开的库克委员会（the Cooke Committee，现巴塞尔委员会前身）工作会议上，时任英格兰银行（Bank of England）行长和库克委员会主席的 W.P.库克（W. P. Cooke）首次提出"Macro-Prudential"（宏观审慎）的说法。他指出，金融监管正由微观审慎向宏观审慎转变，应更多关注宏观审慎。1986 年 4 月，国际清算银行（BIS）在给欧洲货币常务委员会（Euro-CurrencyStandingCommittee，ECSC，又译为"欧洲通货常务委员会"）的研究报告《国际银行业的最新创新》（Recent Innovations In International Banking）中正式写入"宏观审慎政策"（Macro-Prudential Policy）的表述。1998 年 1 月，国际货币基金组织（IMF）在《迈向一个健全的金融体系框架》报告中首次采用"宏观审慎非现场监管"和"宏观审慎性分析"的相关提法。2000 年 9 月 21 日，国际清算银行时任行长安德鲁·克罗切特（Andrew Crockett）在银行监管会议上正式提出与之前微观审慎监管相区别的"宏观审慎监管"概念。他指出，宏观审慎监管应着眼于金融体系整体，目标是限制金融危机的成本。他要求，宏观审慎监管应关注风险的时间序列演变与横向分布，并相应建立逆周期资本缓冲（Counter-Cyclical Capital Buffers）机制和监控具有系统重要性的金融机构。克劳迪奥·鲍里欧（ClaudioBorio，2003）在克罗切特的基础上发展了宏观审慎监管理论，并提出了考察系统性风险的两个维度，即时间维度（Time Dimension）和横截面维度（Cross-sectional Dimension，又称为"跨部门维度"或"跨行业维度"）。他还说明，宏观审慎监管的目标是防范系统性风险，其最终目的是避免宏观经济波动，并建议采取自上而下的方法来实施宏观审慎监管。怀特（White，2006）则从全球经济一体化的角度强调，需要面向实体经济建立一个全球性的宏观审慎监管政策框架。韦尔林克（Wellink，2009）认为，巴塞尔资本协议过于看重微观审慎监管而没有对宏观审慎监管给予高度重视，它不能确保金融体系的整体稳定。他主张，只有对金融体系的顺周期性和具有系统重要性的大型金融机构实施有效的宏观审慎监管，才能维护整个金融体系的稳定。卡鲁亚纳（Caruana，2010）也提出相似看法。

2008 年世界金融危机之前，海外金融理论界和实务界更多重视微观审慎监管而相对忽略宏观审慎监管，导致后者的理论研究没有得到充分深入的探讨。之后，金融危机产生的深重灾难后果和带来的惨痛教训，促使理论界和实务界高度重视宏观审慎监管，将其作为研究的重点领域。目前在海外，宏观审慎监管已形成比较完整的理论和政策框架，并越来越多地应用于海外各国和地区的金融监管

实践中（Borio, 2003; IMF, FSB, BIS, 2011; IMF, 2013）。

李宗怡和冀勇鹏(2003)在中国(区)较早介绍了海外宏观审慎监管相关理论，并以中国（区）银行业为例探讨了对银行业系统性风险的宏观审慎监管，提出监控隐形风险头寸、建立问题银行市场出售机制等宏观审慎监管方法。

2009年11月11日，中国人民银行在同年第三季度《中国货币政策执行报告》中首次提出了"宏观审慎管理"一词，指出"逐步建立起宏观审慎管理的制度并纳入宏观调控政策框架"。这是中国（区）金融监管机构对于宏观审慎监管最为权威的表述，也标志着中国金融管控正在逐步与世界接轨，对海外金融宏观政策最新研究成果的引入持积极态度。

王大威（2013）系统整理和归纳了海内外宏观审慎监管理论的发展由来与主要观点。他总结到，宏观审慎监管应从"跨行业"和"跨周期"两个视角来开展，其目的是"通过减缓系统性金融风险的累积，或系统性金融风险在机构间的传染、溢出，达到金融稳定的目的"，所谓"金融稳定"是一切金融政策和金融监管的终极目标。他指出，宏观审慎监管的对象应是"整个金融体系，重点为系统重要性金融机构以及金融机构间由支付清算等原因产生的传染性问题"。

马诗琪（2013）依据2008年金融危机以来的海内外金融监管实践归纳了宏观审慎监管的3项基本原则，即：逆周期监管原则、协调监管原则和全局监管原则。尹振涛（2011）提出构建中国（区）宏观审慎管控框架的6项基本原则，即：政策具有适用性、有助于鼓励金融创新、有助于提升金融竞争力、有助于维护国家金融利益、有助于防范系统性风险和积极借鉴国外有益经验。

廖岷、林学冠和寇宏（2014）系统归纳了后危机时代海外宏观审慎监管政策的主要代表性工具，并分为顺周期性时间维度和特定时点风险暴露两类，前者主要包括：逆周期资本缓冲（Counter-Cyclical Capital Buffer，CCCB）、动态拨备(Dynamic Provisioning／DP)、贷款价值比率上限(Loan-To-ValueCap，LTV）、债务收入比率上限（Debt-To-IncomeCap，DTI）、杠杆率（Leverage Ratio，LR）和存贷比（Deposit-LendingRatio，DLR）等；后者主要包括：系统性资本附加要求（Systemic Capital Surcharge，SCS）、恢复与处置计划（Recovery and Resolution Plan，RRP）和风险隔离（Isolation Of Risk，IOR，又称为"栅栏原则"）等。廖岷等人（2014）详细阐述了上述宏观审慎监管政策工具的海外应用现状，并从政策有效性和协调有效性两个维度分析了目前中国（区）宏观审慎监管的实际效果。他们发现，2008 年金融危机以来，中国（区）在宏观审慎监管政策上实施了个人住房贷款价值比（Personal Housing Loan-to-Value Ratio）、差别准备金动态调整、DP、CCCB、LR、特定资产组合资本调整和跨周期风险资产加权计量等时间维度监管工具；系统重要性金融机构监管、流动性风险管理、限制同业交易、风险隔离和早期预警系统等跨部门维度监管工具；资本充足率（Capital Adequacy Ratio，CAR）、存款准备金率（Reserve Requirement Ratio，RRR）、贷款损失准备率（Loan-Loss Reserve Ratio，LLRR）等货币政策工具，其中大多数达到了控制系统性风险的预期效果；CCCB 等部分工具由于决策机制与协调机制的不完善，出现"政策抵消"或"政策超调"现象，没有取得预期效果。为此，廖岷等人（2014）建议，应从科学运用宏观审慎监管政策工具、强化分业监管格局基础上的部门间信息共享和政策协调机制等方面进一步提升宏观审慎监管政策的有效性。姜华东（2015）将金融宏观审慎监管的工具体系看成是宏观审慎监管政策框架的重要组成部分。他认为，综合运用金融宏观审慎监管的政策规则（包括与货币政策的协调）和相机抉择机制有助于提高金融监管的有效性。

4.1.3 互联网金融管控理论

互联网金融是新生事物，海外学界通常将其归入传统金融的创新领域，而不单独作为独立的理论研究对象，因而海外对其的研究基本上都在传统金融理论研究的范畴之内，与其说是互联网金融管控理论，还不如说是传统金融管控理论研究在现代信息技术和互联网架构平台上一定程度的延伸与拓展。

与海外相反，互联网金融在中国（区）成为政府主管部门、理论界、金融界、媒体和大众普遍关注的热点领域。自 2012 年起，关于互联网金融管控的理论研究成果出现集中和持续增长的态势，其中包括对互联网金融管控理论的研究。

罗明雄、唐颖和刘勇（2013）认为，互联网金融具有互联网和金融的双重属性，因而从广义上来讲，互联网金融的管控可以纳入到传统金融的管控之中，互联网金融的管控理论可不同程度地适用传统金融的管控理论。

董安生和安邦坤（2014）探讨了互联网金融鼓励创新与加强管控的关系。他们分析到，互联网金融是一种金融模式的创新，具有典型"普惠金融"的特征，在鼓励其创新的同时要看到对其监管缺位产生的风险积聚和酿成大规模群体事件的可能。因此他们提出，互联网金融监管法律规则体系的基本价值取向应为：创新与监管并重，效率与公平兼顾。同时他们也承认，实现鼓励创新和加强监管的平衡并非易事。

谢平、邹传伟和刘海二（2014）认为，互联网金融与传统金融在业务、功能和机构等方面的相同之处，可采取传统金融监管方式；它们二者不同之处，则需要特别对待。他们解释到，互联网金融与传统金融一样，都会发生信用风险、流动性风险、市场风险和操作风险（包括法律风险和声誉风险等）等，因此，传统金融对上述风险的监管方式同样适用于互联网金融，比如审慎监管、行为监管和金融消费者保护等。与传统金融相比，互联网金融的风险具有两个突出的特征，即信息科技风险（技术风险）和特定对象（包括机构、交易对手和消费者等关联方）风险（长尾风险），因此必须加强对这两个方面风险的管控，包括现场检查与非现场检查、风险等级评估、对互联网金融机构混业经营的监管等。他们主张，P2P网贷的特点决定了对其无需采取审慎监管，而主张采取准入监管、运营监管和信息监管等方式；非股权类众筹可引发的金融风险较小，采取一般监管即可；而股权类众筹则可考虑采取传统证券监管的方式。为此，他们建议，对于P2P网贷的监管应建立基本准入标准、主管责任（即"谁批准谁负责风险处置"）、风险准备金、风险隔离、合格投资者等项风险管控机制，以及客户身份识别、信息披露和信息安全等具体管控方法。对于众筹除上述机制和方法外还可采取投资者适当性监管（即对众筹投资者进行适度限制的监管）、投资者风险教育（包括风险提示）、行业组织自律等项具体措施。

苗文龙（2015）指出，互联网金融管控的对象应为互联网金融中介机构或平台、贷款人（贷放人）、借款人等，以及其资金比例和行为范围等。他认为，传统金融关于周期性风险和系统性风险管控的一些理论同样适用于互联网金融管控，比如：灾难近视命题、项目违约概率顺周期性论、金融功能论、记忆惯性假说和羊群效应论等。他进一步总结了互联网金融监管的一些重要理念（如功能监管和风险监管等）以及核心原则（如法律规范、风险监控、风险分担、信息披露和信息保护等）。

4.1.4 互联网金融产业管控体系创新设计的理论依据

互联网金融产业管控体系的创新设计来自于现实需要，同时它也得到相关理论的支持。其支持理论主要有管理学中的"目标管理理论"、金融学中的"金融创新理论"、经济学中的"制度创新理论"和社会学中的"风险社会理论"等。

4.1.4.1 目标管理理论

1954 年，彼得·费迪南德·德鲁克（Peter Ferdinand Drucker）率先提出"目标管理"（Management By Objectives，MBO）的概念。目标管理是指"为高效实现个人或组织目标"，"通过系统工具"，"整合关键管理活动"的"全面管理系统"[哈罗德·孔茨（Harold Koontz），海因茨·韦里克（Heinz Weihrich），1988]。德鲁克认为，组织管理者实施管理是为了获得工作成果（即管理绩效，Management Performance），从而实现组织整体的成功（The Success of the Whole）。不同层次的组织管理者应将组织整体成功视为其共同目标（The Common Goal）并为之持续努力。这就需要组织管理者能够凝聚共同愿景，确立共同目标，建立团队合作，发挥个人特长，调节个人利益与共同利益。德鲁克将上述观点称为"合理的管理哲学"（Legitimate Philosophy of Management）。他强调，上述管理思想只有通过目标管理和自我控制（Self-Control）才能够付诸实现。他提出，要以"更严格、更精确和更有效的内部控制（Control from the Inside）来取代外部控制（Control from the Outside）"。德鲁克宣称，目标管理和自我控制适用于所有的管理者和不同规模的组织（企业），它们是受到法律管控的"真正的自由"（Genuine Freedom under the Law）。

德鲁克首倡的"目标管理"思想源于组织管理理论和行为科学理论。他从人类管理的根本动机出发，合理诠释了目标、责任与绩效之间的因果关系，将管理重心从传统的注重工序和流程、以外部监控为主的管理转变为注重组织目标体系、以自我控制为主的管理，强调运用有效激励来充分发挥组织成员的能动性和

创造性，增强其对组织的责任感和完成目标的成就感，达到个人与组织共同利益的最大化。德鲁克的上述思想被称为是"具有哥白尼'日心说'的突破效应"（RichardD.Babcock，1981），是"划时代的思想革命"（RichardHobartBuskirk，1976）。

德鲁克之后，道格拉斯·默里·麦格雷戈（Douglas Murray McGregor，1957），维克多·哈罗德·弗鲁姆（Victor Harold Vroom，1964），威廉·詹姆斯·雷丁（William James Reddin，1971），爱德华·C.施莱（EdwardC. Schleh，1974），海因茨·韦里克、乔治·S.奥迪奥恩和杰克·门德尔松（H. Weihrich，George S. Odiorne，Jack Mendleson，1978），戈登·A.小唐纳森（Gordon A. Donaldson Jr.，1984）等人分别创立了"目标激励论"、"目标期望论"、"目标有效论"、"成果管理论"、"目标层次论"和"目标系统论"等分支理论，进一步发展和丰富了目标管理理论的框架体系。

德鲁克提出的"目标管理"思想对互联网金融管控体系的创新设计具有重要借鉴意义。设计体系首先应确立体系的目标，确立目标是体系设计的首要内容。其次，应建立有序互联的分层目标体系，包括总体目标和部门目标等。实践中，互联网金融管控体系的目标应包括其产业级管控体系目标和企业级管控体系目标。

4.1.4.2 金融创新理论

二战以后，海外逐渐兴起金融创新浪潮，一直持续到 2008 年金融危机爆发。其间涌现出许多金融创新思想与观点，统称为"金融创新理论"。金融创新理论流派和分支较多，王松奇、李扬和王国刚（1997）根据理论研究对象涵盖范围的不同，将金融创新理论分为狭义的和广义的两类金融创新理论。前者仅限于纯粹的金融领域，即"就金融论金融"，如威廉·L.希尔伯（WilliamL. Silber，1983）的"金融逆境创新论"等；后者则不仅论及金融领域，而且还涉及其他相关领域，其思想主旨具有较强的通用性，如罗纳德·哈里·科斯（RonaldHarryCoase，1937）的"交易成本论"等。邵传林（2007）以 20 世纪 80 年代中期为时间界限，将金融创新理论分为早期理论和当代理论两类。早期理论主要包括韩农和麦道威（T.H.Hannon，J.M.McDowell）的"技术推进

论"，米尔顿·弗里德曼（Milton Friedman）的"货币促成论"，S.L.Greenbum
和 C.F.Haywood 的"财富增长论"，科斯、J.R.Hicks 和 J.Niehans 的"交易成
本论"，J.格利和 E·肖（J.Gurley，E.Shaw）的"金融中介论"，W·L.希
尔伯的"逆境创新论"，E·J.凯恩的"管制规避论"，D.North、L.E.Davies
和 R.Scylla 等的"制度革新论"等；当代理论主要包括 Niehans、Dufey、
Giddy、Llewellyn、VanHome、Desai、Low 和 Ross 的"不完全市场论"，沃
尔夫冈·佩森道尔斐尔（Wolfgang Pesendorfer，1995）的"供求均衡论"，
PhilipMolyneux 和 NidalShamroukh（1999）等的"理性效率论"及"群体压
力论"（即"从众效应论"或"羊群效应论"）等。莫易娴（2012）将金融创
新理论细分为动因理论、运行理论和环境理论三类。动因理论主要包括"需求动
因论"（S.Greenbau，C.Haywood，1986；S.A. Ross，1989；F.Allen，D.Gale，
1991），"供给动因论"（含"逆境创新论"、"交易成本论"和"金融中介论"
等），德赛和洛（Desai，Low）的"市场动因论"和 E·J·凯恩的"管制动因论"
等；运行理论主要包括"金融中介论"，M.Bettzuge 和 T.Hens 的"交易决定论"，
"理性效率论"和"群体压力论"等；环境理论主要包括"制度革新论"和"法
系决定论"，Miller（1986）的"政策推动论"和"管制模式论"等。

威廉·L·希尔伯（WilliamL. Silber，1983，又译"西尔柏"）提出了"金
融逆境创新论"（又称"约束诱导理论"或"约束引致假说"）。他通过总结
1970—1982 年间美国金融史上共产生的 38 种金融创新模式发现，金融机构创新
的实质是一种面对金融管控和内外金融抑制的"逆境式创新"。他解释到，所谓
"逆境"是指政府的金融管控和金融机构的内部管控对金融机构的金融活动共同
约束的环境。政府对金融的强制性管控会产生外部金融抑制，金融机构的内部管
控会产生内部金融抑制，二者促使金融机构经营成本提高、效率降低，这与金融
机构追求利润最大化产生矛盾。金融机构为了保持利润最大化，就需要寻找到额
外的收益来弥补内外金融抑制导致的成本提高和利润减少，于是，在约束诱导机
制下的金融创新就自然发生了。希尔伯认为，金融创新的收益至少应等于政府外
部管控造成的机会成本最大化和金融机构内部管控优化的最大化之和。希尔伯的
上述观点以传统利润最大化为出发点，从金融机构约束诱导动因角度来诠释金融
创新，具有一定的理论意义。

爱德华·J·凯恩（Edward J. Kane，1984）提出了"规避管制创新论"。所谓"规避"就是金融机构故意回避对金融机构及其市场活动做出限制的公共管制政策。凯恩同样在研究美国金融史后提出，政府对金融机构的管制限制了金融机构的市场活动以及其带来的利润机会，相当于隐形征税。金融机构为了自身利润最大化就必须规避这种管制，另寻出路来增加盈利，于是，金融创新便产生了。凯恩认为，政府对金融的管制和金融机构对管制的规避是一种相互作用的动态过程。政府实施管制，金融机构就规避管制，进行金融创新；金融创新又促使政府实施新的管制，金融机构为规避新的管制则进行新一轮的金融创新，如此循环往复，交替前行。金融产业就是在这样的管制与被管制的动态辩证过程中不断向前发展进步。凯恩的观点与希尔伯有异曲同工之处，不同在于凯恩更强调金融管制与金融创新的动态辩证关系。凯恩揭示了公共管控与机制创新的辩证关系，具有很强的理论价值。

默顿·霍华德·米勒（Merton Howard Miller，1986，1991）提出了"政策推动创新论"。米勒考察了20世纪70年代以来美国的金融创新历程，认为金融创新的动力主要来自于政府金融管制与税收政策的变动与推进。他将政策推动下的金融创新分为"暂时性"和"永久性"两类。前者主要是指特定指向性政策在其政策有效期间内对金融创新产生的临时性和阶段性作用。在有效期内，政策推动金融创新；有效期之后，政策终止或废止，金融创新失去外部动力。[①]后者则主要是指支持金融创新的政策一直发挥作用，有效推动金融持续创新。米勒将后者称为"真正意义上的重要创新"，他提出，政府应制定和推行鼓励金融持续创新的政策。米勒的上述观点具有较强政策指导性。

中国（区）金融创新理论的研究始于20世纪90年代中后期。陈岱孙（1997）提出"要素新组合论"。他在评述海外金融理论发展时指出，金融创新是金融领域各种生产要素新的组合，是"建立新的生产函数"。厉以宁（2003）则提出"金融改革论"。他同样在评介海外金融创新时提出，金融创新主要是指金融领域内为追求利润而形成和出现的新事物，包括新的金融市场、金融工具、融资方式、

---

① 米勒"政策推动创新论"中的"暂时性金融创新"概念通俗来讲就是"人在（存）政兴，人去政亡（息）"。——本书注

支付手段以及新的组织形式与管理方法。金融创新的出现是由于现行金融体制和金融手段无法获得潜在利润，它的实质就是金融改革，包括金融体制改革和金融手段改革。黄达（2003）也提出类似观点，他认为，金融创新是指"突破金融业务多年传统经营局面，在金融工具、金融方式、金融技术、金融机构、金融市场等方面进行的明显创新、变革"。王仁祥和喻平（2003）在评介海外金融创新动因理论时将中国（区）金融创新的动因总结为政府推进型、市场失败型、技术推进型和追逐利润型四种。孙可娜（2006）建议，中国（区）金融创新的模式和路径应以制度创新为先导，以经济区域为依托，以产品与非金融机构创新为重点，构建区域性金融创新基地，进行金融研发与先试先行。在金融管控方面，谢平（2002）强调，金融产业具有较强负外部性，金融监管应优于金融创新和金融发展。吕超（2004）认为，金融创新与金融监管是动态博弈的对立统一关系，金融监管应适应金融创新需要，其自身也需要创新。目前，中国（区）金融创新理论的研究重点主要围绕金融工具创新来开展。

上述金融创新理论对中国（区）互联网金融管控体系的创新设计具有十分重要的理论意义和基础的参考价值。

4.1.4.3 制度创新理论

现代制度创新理论的奠基人是约瑟夫·阿洛伊斯·熊彼特（Joseph Alois Schumpeter），他（1912）在海外最早提出"创新"（Innovation）的概念以及"要素创新论"思想。熊彼特指出，"创新"是指在既有生产体系中引入"从未有过的"生产要素及其生产条件的组合，这种组合包括"引进新产品"、"引用新技术（新的生产方法）"、"开辟新市场"、"控制原材料的新供应来源"，以及"实现企业的新组织"。他解释到，经济发展不是简单地由各种外生因素推动经济体系"从一个均衡到另一个均衡的过程"，而是会受经济体系内生因素和外生因素的共同作用，其中前者起决定作用。内生因素具有"创造性的破坏"作用，可以在经济体系结构内部引起"突变性的"变革，不断破坏旧结构（旧传统），不断创造新结构（新传统），从而推动经济在新的水平上实现增长，即"创新促进经济增长"。他针对金融信用支付工具的创新特别指出，以有价证券为代表的信用支付是"一种创造出来的支付手段"，它"在贸易中起着与现款完全相同的作用，部分地是直接起着这种作用，部分地是因为它可以立即转换为现款，作为小额支付，或作为对非银行业阶级——特别是对工资劳动者的支付"。（熊彼特，《经济发展理论——对于利润、资本、信贷、利息和经济周期的考察》，1934，第81页）熊彼特的上述观点，突出了技术创新与生产力变革对经济发展的决定性作用，强调了社会经济制度体系的内在变革是推动经济发展的根本动力。因此，它被认为是"分析资本主义演进过程"的"突出代表"，并被看成是在上述方面与马克思主义政治经济学"具有某些惊人的相似之处"（保罗·斯威齐，1940年代）。

罗纳德·哈里·科斯（RonaldHarryCoase，1937）提出了建立在产权制度上的"交易成本论"（又称为"科斯定理"），在经济思想史上开创了新制度经济学和"法（律）经济学"的时代。科斯的理论实际上是"交易成本论"与"社会成本论"的综合。科斯认为，任何以契约为依托的市场交易都存在成本，包括一切发生于企业组织内部的成本和企业外部产生的成本（即市场交易的负外部性），它们就是交易成本。在理论上，减少交易成本可以极大提高市场交易的效率，这就是企业聘请企业家或经理来管理其市场交易以期减少企业内部交易成本，以及政府进行管控以减少企业外部交易成本的动机与理论根据，也就是企业的最基本性质之一，是企业和政府作为社会组织形式存在的最主要的合理性之一。科斯指出，如同企业家（即企业代理人）指挥生产和交易会对交易成本产生作用一样，政府对企业交易实施管控也会影响企业外部的交易成本，甚至有可能成为市场价格调节机制的替代（即"通过市场和企业解决问题的成本可能很高"）。如果政府的强制性管制减少了影响企业外部交易成本的有害因素（有害效应），那么企业就会降低其外部交易成本，从而获得市场交易效率提高而带来的收益；如果政府对影响企业和市场有害因素的管制达到最大化，此时企业的外部交易成本就会趋近于零，企业和市场的资源配置就会达到最优效率。而如果政府对有害因素的管制没有达到最大化，企业的外部交易成本会始终存在，进而影响市场资源配置的优化。科斯特别指出，政府的直接管制"并不必然带来比由市场和企业来解决问题更好的结果"，这是因为，政府管制"本身并非不要成本"，"实际上，有时它的成本大得惊人"，"没有任何理由认为，屈从于政治压力的且不受任何竞争机制制约的、易犯错误的行政机构制定的限制性的和区域性的管制，将必然提高经济制度运行的效率。"因此，科斯提出，通过设计产权制度，明确法定权力（Legal Entitlement），就可以避免上述问题。他以铁路经营者和农业经营者相互出售产权以规避风险为例说明，对于任何社会交易而言，明确产权能够合理配置法定权力和社会资源。科斯强调，法律只能决定法定权力的最初配置状态，而市场才决定最终配置结果。正是出于减少交易成本，企业不断调整其内部组织结构，政府不断调整其产权制度的行政与法制设计，从而引发制度的不断创新与变革（即制度创新）。科斯的上述理论观点，成功解释了企业组织产生的根源，"对于解决经济中的外部性问题提供了有效方法"（王振中等，2002），"定义了经济系统中一组新的'基本粒子'"，"为系统分析经济制度及其意义铺平了道路"（瑞典皇家科学院，1991）。科斯之后，阿尔曼·阿尔伯特·阿尔奇安和哈罗德·德姆塞茨（Armen Albert Alchian，Harold Demsetz，1972）、奥利弗·伊顿·威廉姆森（OliverEaton Williamson，1975，1985）、张五常（Steven N.S. Cheung，1983），约翰·理查德·希克斯和尤尔格·尼汉斯（John Richard Hicks，Jürg Niehans，1983），以及奥利弗·西蒙·德阿尔西·哈特（Oliver Simon D'Arcy Hart，1988）等人又相继创立了"生产与信息成本论"、"市场科层制论"和"经济制度创新论"、"企业契约论"、"交易成本创新论"以及"企业不完全契约论"等，进一步发展和充实了科斯的"交易成本论"。

道格拉斯·塞西尔·诺思和兰斯·E. 戴维斯（RonaldHarryCoase，Lance E. Davis，1971）共同创立了"制度变迁论"。所谓"制度变迁"（Institutional Change）是指能够促使创新者获得更多利益机会的既有产权制度和法律法规体系的调整与改革。它通常可分为诱导性制度变迁和强制性制度变迁两类。诺思和戴维斯认为，既有制度的体系结构通常是稳定和均衡的，创新者在既有制度体系中通常无法获得突破性的利益机会，而通过在规模经济、外部性、风险和交易成本等方面进行制度改革，则会为创新者降低其交易成本，带来新的追加收益，并可能实现利益的重新分配。他们以美国经济史为例说明，制度变迁对经济发展的作用往往超过技术创新、追加资本投入和普及知识教育的作用，能够获取创新收益的制度变迁可以摆脱既有制度的路径依赖，形成新的有利于获取创新收益的路径依赖，进而优化制度运行效率。为此，诺思和戴维斯建议，可以采用最大净现值法来帮助确定最优的新制度安排。诺思等人的理论创造性地揭示了经济发展与体制改革的关系，对体制机制创新具有较强的理论指导性。

4.1.4.4 风险社会理论

1986年，乌尔里希·贝克（UlrichBeck）提出"风险社会"的概念（后又于2001年提出"全球风险社会"的概念），并将其发展成为"风险社会理论"（Risk Society Theory）。所谓"风险社会"（Risk Society）是指对人类生存与发展产生较大威胁并可能致使人类遭受严重损失的社会发展阶段。贝克的"风险社会"不仅仅包括局部灾害或突发事件对人类社会造成的危害，而且更主要包括人类社会制度性安排的不确定性引发的风险对人类自身造成的危害。贝克认为，在工业文明和全球化时代，人类对自然界的认识、改造和利用已远远超过对其自身的程度，自然灾害引发的自然风险逐渐减弱，而人类社会制度体系的不确定因素的作用逐步扩大，已经形成了制度性的风险（人为风险）。人类社会制度的不确定性主要来自于人类的人性弱点（诸如冒险、投机、专断以及其他不受控制的非理性行为等），以及决策治理等管控机制在设计和运行上的不合理，其中后者最突出的表现是"有组织的不负责任"（Organized Inresponsibility）。贝克总结出风险社会的四个特点，即：（1）风险全球性传播；（2）风险危害超过预期；（3）风险无法准确计量；（4）风险类别较多，很难制定统一标准。贝克提出，风险社会的风险尽管比之前更加复杂多样和难以把握，但并非完全不可控制。应通过"制度再造"来规避风险。他建议，应破除知识和信息的垄断，开放社会管辖权，开放决策制度结构，实行公共管理的公开对话，形成自制规则，实现自我约束。继贝克之后，相继出现沃特·阿尔赫贝格的"风险客观论"，斯万·欧维·汉森、玛丽·道格拉斯和威尔德韦斯的"风险主观论"，安东尼·吉登斯的"风险制度论"，劳（Lau）的"新风险论"，冯·普利特维茨（Von Prittwitz）的"灾难悖论"，斯科特·拉什的"风险文化论"，莫利·科恩的"风险生态现代化论"，莱恩·威尔金森的"风险心理论"，马克·海恩斯·丹尼尔的"风险全球战略论"等观点，构成了风险社会理论的基本框架结构。

贝克等人创立的风险社会理论，探索了现代人类社会包括金融危机在内的社会危机与风险发生的内在原理，揭示了人类社会制度建设的不确定性是形成风险社会的根本原因。它对于构建一个合理、有效的互联网金融管控体系具有十分重要的警示与借鉴意义。

4.2 互联网金融管控体制研究

4.2.1 互联网金融管控体制的定义

金融管控体制（The Constitution for Management and Control onFinance）又可称为"金融监管制度"。它主要是指金融主管部门为维护金融体系稳定、保障金融市场秩序、防范金融风险、保护投资者和消费者的合法权益，对金融机构及其关联方在发起设立、业务模式、市场行为等方面予以指导、监督、检查、协调和控制等管理行为的体系化制度。它在金融管控制度中更偏重于宏观层次的管控。

由此可以得到关于互联网金融管控体制的定义如下：

互联网金融管控体制（The Constitution for Management and Control on Internet Finance）是指互联网金融主管部门为维护宏观金融体系稳定、保障金融市场秩序、防范互联网金融风险、保护相关利益关联方合法权益，对互联网金融机构及其关联方在发起设立、业务模式、市场行为等方面予以指导、监督、检查、协调、控制和处置等管理行为的体系化制度。

（定义4.1）

定义（4.1）中的"互联网金融主管部门"是指经过国家立法授权或行政授权，具有金融管控功能和权限的金融管控主体，主要包括互联网金融行政主管部门和行业组织。前者又包括中央银行、金融领域分业主管部门、非金融领域的相关主管部门以及这些部门的法定授权分支管理机构等。后者包括互联网金融领域的行业协会、中介组织或其他法定授权组织等。互联网金融主管部门既可包括传统金融的主管部门，也可包括新成立的互联网金融专业领域主管部门，实践中多以前者为主；

上述定义中的"相关利益关联方"是指互联网金融所涉及的各类利益行为主体，主要包括互联网金融机构（平台）、投资者（贷款人、债权人）、消费者或借款人（债务人）以及其他相关利益主体（如互联网金融的技术支持机构、信息平台或媒体等）；

所说的"体系化制度"是指互联网金融主管部门经过国家立法或行政授权，

设立、制定和实施的互联网金融宏观管控制度安排的有机整体，主要包括互联网金融主管部门及其分支机构，互联网金融所涉及的法律、法令、法规及其他各项管理规定与制度，互联网金融管控所依据的各类管控指标体系、标准体系和认证体系等。

4.2.2 互联网金融管控体制的溯源

互联网金融管控体制源于传统金融管控体制，它是后者在互联网金融领域内的延伸与扩展。传统金融管控体制则起源于商业银行的发展与成熟过程，其最早是各国政府对商业银行实行的金融管控。王松奇、李扬和王国刚（1997）对此概括到，金融监管随商业银行的产生而产生，中央银行是商业银行发展到一定成熟阶段后从后者中逐步分离出来的。海外最早的中央银行是1656年成立的瑞典银行（Sveriges Riksbank ／ Riksbanken，即瑞典国家银行），最具有历史意义的是1694年成立的英国英格兰银行（The Bank of England），后者被称为"近代中央银行的鼻祖"。他们总结到，传统金融管控体制是先于中央银行制度而出现的。中央银行独立运行后不断经过政府授权，逐渐演变为一国之中具有最权威专业管控职能的金融机构，并由此建立起现代（传统）金融管控体制。互联网金融管控体制正是在传统金融管控体制的基础上得以形成的。

王大威（2013）按金融监管机构类型将海外传统金融管控体制分为2类，即：同一机构监管体制（集中监管体制）和分离机构监管体制（分离监管体制）。

孙晓云（2014）则从国别角度研究了金融监管的3种主要体制，即：美国分业监管体制、英国统一监管体制和澳大利亚双头监管体制，并分析了这3种体制的各自利弊。她还阐述了2008年金融危机后美英两国金融监管体制的变革对金融的影响。

2015年7月18日，中国人民银行、工业和信息化部、公安部、财政部、国家工商总局、国务院法制办公室、中国银行业监督管理委员会、中国证券监督管理委员会、中国保险监督管理委员会、国家互联网信息办公室联合发布《关于促进互联网金融健康发展的指导意见》（银发 [2015] 第 221 号）。该指导意见要求遵循"鼓励创新、防范风险、趋利避害、健康发展"的总体部署，遵循"依法监管、适度监管、分类监管、协同监管、创新监管"的原则,对互联网支付、网络借贷、股权众筹融资、互联网基金销售、互联网保险、互联网信托和互联网消费金融等新兴互联网金融业态或模式进行分类监管。这是迄今为止中国(区)对于互联网金融进行管控的最新、最为全面和最为权威的管控规则。

4.2.3 互联网金融的主要管控体制

4.2.3.1 美国分业管控体制

美国金融管控体制是海外资本主义发达国家中最为典型的分业管控体制,其金融管控的覆盖面和深入程度是其他国家和地区所不能及的。金融体系已成为美国经济中受到"最严格管控"的部门(弗·S. 米什金,2010)。

4.2.3.1.1 美国近代金融管控体制

如果不包含北美殖民地时期的金融管控,那么,美国金融管控体制的历史可溯及 18 世纪后期。1780 年 7 月 17 日,美国宾夕法尼亚州州政府为主出资,在该州首府费城设立宾夕法尼亚州立银行(The Bank of the State of Pennyslvania)。这是美国建国以来成立的首家商业银行,该行主要受宾州州政府管控。1791 年,美国国会通过决议,仿效英国英格兰银行成立具有中央银行性质的美国第一银行(The First Bank of the United States)。该行根据国会授权,行使中央银行货币发行和金融管控的部分职能。之后,美国又于 1816 年成立了与第一银行同样担负金融管控职能的第二银行(The Second Bank)。后来这两家银行由于没有得到应有扶持而相继关闭,美国金融业也由此进入了仅有州政府管控的"自由竞争时代"(中国人民银行,2015)。1863 年 2 月 25 日,为统一货币流通和加强金融管控同时满足内战需要,美国北方颁布了《国民银行法案》(The National Bank Act),成立货币监理署(TheOffice of Comptroller of Currency,OCC,又称"通货监理署"),负责管控所有在联邦政府注册的商业银行。这标志着以联邦政府和州政府双重监管为特征的美国近代金融管控体制正式形成。

4.2.3.1.2 美国现代分业金融管控体制

1907 年货币信用支付危机后,美国于 1913 年 12 月 23 日出台了《联邦储

备法案》（The Federal Reserve Act，又译《联邦储备银行条例》），成立了联邦储备委员会（The Federal Reserve Board，又称"美国联邦储备局"），建立了分区制的全美储备银行体系（The Federal Reserve Bank System ／ The Federal Reserve Banks ／ The Fed，即通常所说的"美联储"），集货币发行、支付清算、银行监管和最后贷款人等职能于一体，但因受制于各州抵制而无法切实发挥金融管控职能。

1929—1933 年金融危机"大萧条"之后，出于恢复经济和维护金融稳定的需要，美国于 1933—1940 年间的第一个金融法制定密集期内陆续出台了一系列金融管控法律和法案。其中，1933 年一年美国国会就通过了 3 部主要的金融法案，包括：《银行法》（The Banking Act of 1933，即《格拉斯－斯蒂格尔法案》，Glass-Steagall Act）、《证券法》（The Securities Act of 1933，又称为"《证券真实法》"，Truth in Securities Law）、《联邦存款保险公司法》（The Act of Federal Deposit Insurance Corporation，又称"《联邦存款保险法》"）。

1934 年，美国通过了《证券交易法》（The Securities Transaction Act of 1934）、《联邦信用社法》（The Federal Credit Union Act）和《全国住房法》。1935 年颁布了《〈1933 年银行法〉修正案》（The Amendment of the Banking Act of 1933/The Banking Act of 1935）、《社会保障法》和《公共事业控股公司法》。之后又相继制定和发布了《信托契约法》（Trust Indenture Act，又称"《信托合作法》"，1939）、《投资公司法》（The Investment Company Act of 1940）和《投资顾问法》（1940）等。在上述法律法案中，《格拉斯－斯蒂格尔法案》的影响最为深远。该法案要求设立联邦存款保险公司（The Federal Deposit Insurance Corporation，FDIT），规定由 FDIT 负责管控全美所有从事商业储蓄的金融机构，它们必须参与存款保险以规避挤兑造成的破产风险。该法案还要求商业银行和投资银行必须实行分业经营，前者只能从事吸储和放贷等银行类业务而不得涉及发行、承销或出售公司股票和债券等投资类业务，后者只能从事投资业务而不得涉及银行业务。1934 年出台的《证券交易法》要求设立美国证券交易委员会（The U.S.Securities and Exchange Commission，SEC，简称"证交会"），负责管控所有证券机构（含证券公司和证券交易所等）及其证券市场交易行为。同年颁布的《联邦信用社法》提出设立全国信用社管理局（The National Credit Union Administration，NCUA，又译作"国家信用社管理局"），负责管控全美所有在联邦政府注册的信用社（Credit Unions）。至此，以分业管控的美国现代金融管控体制正式确立并部分延续至今。

二战之后的约30年间，美国又陆续制定了多部金融法律法案，主要有：1956年的《银行控股公司法》、1958年的《小企业投资法案》（The Small Business Investment Act of 1958）和1970年的《证券投资者保护法》等。其中，《银行控股公司法》规定由美联储负责管控所有银行控股公司。

4.2.3.1.3 美国交叉式分业金融管控体制

20世纪80年代，信息技术的应用和金融创新的兴起，带动了经济的一体化和金融的自由化，西方发达资本主义国家纷纷放宽金融管控，开放金融市场。

1980年，美国制定了《放松存款机构管理和货币管制法》（又称"《1980年银行法》"），取消了之前对银行市场利率的管制。

1982年，美国出台《加恩－圣日尔曼存款机构法案》（The Garn－St Germain Depository Institutions Act of 1982，又译"《赞恩－圣佐曼法》"）。该法案允许原来分业经营的各金融机构可以开展一定程度的混业经营和跨州经营，商业银行可以涉足证券业务和保险业务，并可跨州并购其他金融机构。1996年，美联储允许银行控股公司涉足非银行业务。

1999年，美国通过了《金融服务法现代化法案》（Financial Services Modernization Act，又称为"《格雷姆－里奇－比利雷法案》"，Gramm-Leach-Bliley Act）。该法案规定，资本和管理良好的银行控股公司可以转为金融控股公司以开展多种金融业务。这实际上意味着1933年的《格拉斯－斯蒂格尔法案》关于分业经营的规定已经失效，美国开始建立起有条件的混业经营体制。相应地，美国金融管控体制也发生了显著变化，由原先近乎完全的分业管控变为有交叉的分业管控，即美联储负责从宏观整体上管控金融控股公司，其他管控部门负责在具体业务类型上管控相关金融机构。

2002年，美国颁布了《公众公司会计改革和投资者保护法案》（即《萨班斯－奥克斯利法案》，Sarbanes-Oxley Act，又称为"《SOX法案》"、"《公司与犯罪舞弊责任2002法案》"、"《公司舞弊责任2002法案》"（Corporate Fraud Accountability Act of 2002）、"《强化白领犯罪惩罚2002法案》"），

对因"安然事件"（The Enron Incident，又译"安隆事件"）引发的金融机构内部交易和财务诈骗等行为作出严格的管控规定。

2008年7月30日，美国金融危机期间，美国第43任总统乔治·沃尔克·布什（George Walker Bush）签署了《联邦住房金融管制改革法案》（The Federal Housing Finance Regulatory Reform Act of 2008）。该法案要求，在原联邦住房金融委员会（The Federal Housing Finance Board，FHFB）、原联邦住房企业监督办公室（The Office of Federal Housing Enterprise Oversight，OFHEO）以及美国住房及城市发展部（The U.S. Department of Housing and Urban Development，HUD）所属政府支持的企业机构（government-sponsored enterprise mission team）的基础上统一组建新的联邦住房金融局（The Federal Housing Finance Agency，FHFA）。该局隶属HUD，负责管控全美所有12家联邦住房贷款银行（Federal Home Loan Banks／FHLBanks／Federal Home Loan Bank System），以及美国最大的两家房地产金融企业房利美（Fannie Mae）和房地美（Freddie Mac）及其住房抵押贷款业务。

4.2.3.1.4 2010年《多德－弗兰克法案》重构美国分业金融管控体制

2008年金融危机后，美国重新加强了金融管控，于2009—2012年间美国金融法历史上第二个密集期内陆续出台多部重要法律。

2010年7月21日，美国发布《多德－弗兰克华尔街改革与消费者保护法案》（Dodd-Frank Wall Street Reform and Consumer Protection Act，简称"《多德－弗兰克法案》"（Dodd-Frank Act），又称"《金融监管改革法案》"）。该法案对之前美国金融管控体制作了如下重大调整：

（1）成立金融稳定监督委员会（The Financial Stability Oversight Council／FSOC），负责整体管控美国金融业，推行市场纪律，维持投资者信心，并协调各部门管控。该委员会下设金融研究办公室（The Office of Financial Research／OFR），负责研究金融形势，识别美国金融业可能面临的系统性风险以及美国系统重要性金融机构，定期向美国国会提交报告；

（2）成立消费者金融保护局（The ConsumerFinancialProtectionBureau／CFPB），隶属美联储。该局负责统一行使消费者权益保护职责，保证消费者信息清晰准确；

（3）成立联邦保险办公室（The Federal Insurance Office，FIO），隶属美国财政部，负责与各州保险管控机构（州保险委员会）合作，全方位管控全美保险业务；

（4）成立信用评级办公室（The Office of Credit Rating，OCR），隶属美国证交会，负责管控全美市场信用评级机构；

（5）撤销储贷监理署，其原有职能并入货币监理署等部门；

（6）撤销根据1989年《金融机构改革、恢复与执法法案》（Financial Institutions Reform，Recovery and Enforcement Act of 1989）设立的联邦储蓄机构管理局（The Office of Thrift Supervision／OTS，又称"储蓄监管局"），其原有管控美国储蓄和贷款协会（S&L，简称"储贷协会"）的职能并入美联储等部门；

（7）美联储作为美国金融管控牵头机构，负责全面管控美国所有系统重要性金融机构及其金融基础设施，为支付、清算和结算等系统重要性金融机构制定风险管理标准，与联邦存款保险公司（FDIC）共同负责系统性风险处置；

（8）商品期货交易委员会（The Commodity Futures Trading Commission，CFTC）负责管控中心清算机构（The Central Clearing Party，CCP）和互换产品实施机构（The Swap Execution Facility，SEF），以及全美所有商品交易所和期货交易所；

（9）将场外衍生品、资产证券化、对冲基金、风险投资基金、私募基金、离岸基金、抵押贷款商和日贷款商等新兴金融工具全部纳入金融管控体制之内，归证交会管控。

《多德－弗兰克法案》是美国针对2008年金融危机影响的应对之举，具有极强的指向性。它通过建立全面严格的问责制，将管控范围扩大到所有金融机构和业务领域，严格限定大型及超大型金融机构，有效保护金融消费者等市场弱势群体，对当时美国已有的金融管控体制作出了多项重大调整，弥补了之前的缺陷与漏洞，并决定了今后一个时期美国金融管控体制的格局与走向。正因为如此，《多德－弗兰克法案》被称为是"自富兰克林·罗斯福时代以来美国最全面、最彻底的金融法案"，它"几乎重构了整个美国金融管控体制"，"一定程度体现

了美国乃至全球金融管控体制的改革方向"（孙晓云，2014）。

4.2.3.1.5 美国互联网金融管控体制

海外互联网金融兴起后，美国金融管控当局不失时机地采取立法手段将其纳入管控范围。

2012年4月5日，美国第44任总统贝拉克·侯赛因·奥巴马（Barack Hussein Obama）签署了《创业企业融资法案》[Jumpstart Our Business Startups Act of 2012，简称《乔布斯法案》（JOBS Act）]。之后不久，美国又通过了《关于促进新兴成长企业公共资本市场融资审议〈乔布斯法案〉的规定》（Providing for consideration of the bill（H.R. 3606）to increase American job creation and economic growth by improving access to the public capital markets for emerging growth companies.，2012）。

2008年金融危机以来，美国金融业信贷持续紧缩，中小企业融资渠道窄，融资成本高，服务能力下降，市场环境不断恶化，美国企业不断呼吁放宽管控限制。针对上述严重局面，《乔布斯法案》面向所谓"新兴成长企业"（Emerging GrowthCompanies／EGC，即通常所说的"中小微企业"（Medium-sized, Small and Micro Enterprises）、"创业企业"（Startups）等的统称），作出了多项公开与非公开融资机制改革。

该法案规定：

（1）允许新兴成长企业通过众筹融资部分替代传统证券以获得股权资本；

（2）简化新兴成长企业上市融资程序，降低发行成本，放宽信息披露限制；

（3）免除新兴成长企业受美国公众公司会计监督委员会（PCAOB）关于审计轮换的约束，减轻企业负担；

（4）改革私募、网络小额贷款、众筹等公开与非公开发行注册豁免机制，增加发行便利；

（5）定义"融资门户"（FundingPortal）概念，拓宽众筹中介渠道；

（6）新兴成长企业及其股权式众筹、网络小额贷款、私募等融资方式均纳入美国证交会及各州证券管控机构的管控范围等。

《乔布斯法案》内容全面系统，针对性强，既创造了较为宽松的发展环境，又没有造成管控缺失，对美国众筹融资的发展发挥了巨大推动作用，被称作"为股权式众筹保驾护航"。自《乔布斯法案》之后，美国以建构起比较完整的互联网金融管控体制，见图4-1。

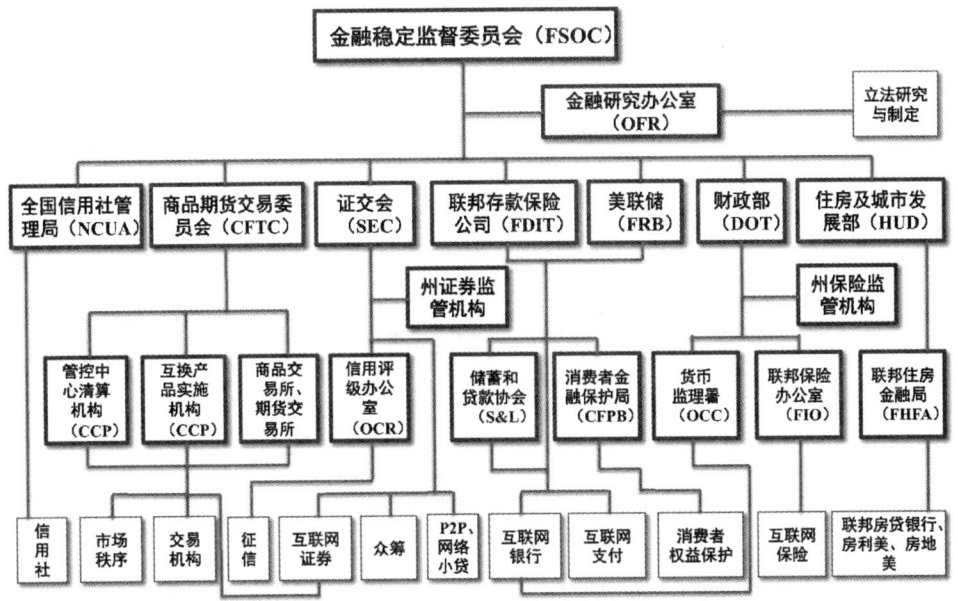

图 4.1　美国互联网金融管控体制框架示意图

资料来源: [美] 弗·S. 米什金. 货币金融学 [M]. 第9版. 郑艳文等译. 北京: 中国人民大学出版社, 2011; [加] 约·C. 赫尔. 风险管理与金融机构 [M]. 第3版. 王勇等译. 北京: 机械工业出版社, 2014.; 孙晓云. 系统性风险管理和国际金融监管体系改革 [M]. 上海: 世纪出版集团, 格致出版社, 上海人民出版社, 2014.; 北京大学市场经济研究中心互联网金融管控创新研究课题组, 2015.

除已颁布的《乔布斯法案》之外，截止到2014年底，美国尚有至少4部涉及互联网金融的法律提案有待成为国家法律，它们是：《资本扩展法案》[Capital Expansion Act, 2012]、《2011美国新兴成长企业进入资本市场法案再议法案》[Reopening American Capital Markets to Emerging Growth Companies Act of 2011, 2012)、《众筹法案》（Crowdfund Act, 2012）和《股权众筹促进法案》（Equity Crowdfunding Improvement Act, 2014，又称《2014年股权众筹促进法案》（Equity Crowdfunding Improvement Act of 2014)]。上述法律提案立法均已制定完毕，正处于美国国会两院审理流程之中，因而公开信息较为有限。可以作出初步判断的是，这些法律提案大多涉及促进美国互联网金融发展与管控

的议题。如果它们获得立法通过，则包含互联网金融业务管控在内的美国金融管控体制将得到进一步的健全与完善。

4.2.3.2 英国统一管控体制

英国金融管控体制是海外资本主义发达国家中历史最为悠久的，同时也是最为典型的统一管控体制，它被称为"全球最缜密周详的金融制度"（香港立法会，2001）。它经历了从自由放任时期到集中管控时期，再到分业管控时期，最后又回归统一管控时期的曲折发展历程，被称为"进行了多次监管体系的变革"（苏洁澈，2014）。

4.2.3.2.1 1690—1826年以金融机构自律为主的金融管控体制

如果不包含中世纪之前的金融管控体制，那么，英国金融管控体制的建立可溯及17世纪末期。1690年，英国迄今为止历史最久的商业银行巴克莱银行（Barclays Bank）成立，并接受英国政府的管控，但这种管控多以"道义劝告"（Moral Suasion，又称"道义劝说"或"道义说服"）为主，缺乏严格的法律约束。1694年7月27日，出于为英法"九年战争"（The Nine Years War）筹集军费和缓解政府财政开支紧张的考虑，英国国王威廉三世（The King William Ⅲ of England）授命威廉·皮特逊爵士（Sir William Petterson）和哈利法克斯伯爵一世查尔斯·蒙塔古（Charles Montagu, 1st Earl of Halifax）组建一家股份制银行，命名为The Governor and the Company of the Bank of England[执政治下英格兰银行公司，又称"老英格兰银行"或"老妇人银行"（The Old Lady Bank）]。这就是现今英格兰银行（The Bank of England）的前身。该行有英镑发行权，筹集资金全部借给英国政府用于公共行政开支和战争支出，受英国皇室和内阁管控。由于英国长期以来一直奉行以自由放任为主的经济政策，因此，在该行成立后的一个很长时期内，英国金融管控体制基本上倚重于金融机构（银行）自律为主、政府（财政部）管控为辅的基本格局，体现出"简单不正式"的特点（苏洁澈，2014）。

4.2.3.2.2 1826—1946年以老英格兰银行为主的金融管控体制

随着英国资本主义经济的发展和对金融实行集中管控的要求，老英格兰银行的地位得以逐渐加强。1826年，该行获批扩大发钞权，权限超过当时英国其他银行。1833 年，英国颁布第一部《银行法》，确立该行货币发行的权威地位，并授予特许经营权。1844 年，英国国会通过《英格兰银行法案》[The Bank Charter Act of 1844，又称"《银行特许条例》"、"《比尔条例》"或"《皮尔法案》"（Peel Act）等]。该法案指定老英格兰银行为永久经营实体，且为英国最大额度的货币发行机构。这实际上从法律角度确立了老英格兰银行的中央银行基本性质。此后，老英格兰银行逐渐垄断英国货币发行权，至 1928 年成为英国唯一的货币发行银行。同时，该行对英国金融的管控职能也不断增强，逐步构成了以老英格兰银行为代表的高度集中和单一的金融管控体制。

4.2.3.2.3 1946—1986 年英国确立现代分业金融管控体制

1946 年，英国国会通过新的《英格兰银行法案》（The Bank of England Act of 1946），正式将该行命名为"The Bank of England"（英格兰银行，又称"英伦银行"）。新法案明确规定，英格兰银行为英国中央银行，实现国有化，隶属英国政府财政部，总行设于伦敦。该行负责依据内阁要求制定和执行英国货币政策，管理国债、外汇和国库，代理财政部行使部分金融管控职能，经财政部批准可指导英国商业银行的市场行为。这样，英国改变了之前由老英格兰银行一家主导的金融管控体制，而形成了以英国财政部为主、英格兰银行具体执行的金融管控体制。之后，英国又陆续制定了多部金融管控法律，比如，1948 年的《公司法》（1967 年修订）、1958 年的《反欺诈（投资）法》等。这些法律进一步巩固了英格兰银行的金融管控地位，增设了其相关管控职能。1979 年，英国相继通过了新《银行法》和新《存款人保护法》（原《存款人保护法》为 1963 年制定）。前者正式授予英格兰银行国家金融管控权力，后者则在统一管控体制中实施局部的分业管控。于是，以英格兰银行为代表的英国现代银行业管控体制正式建立。

同银行业一样，英国保险业的发展历史也十分悠久，可溯及 16 世纪。1536 年 6 月 18 日，英国诞生海外首例人寿保险业务。1568 年 12 月 22 日，托马斯·格雷斯哈姆爵士（Sir Thomas Gresham，又译"葛雷贤爵士"）在伦敦创建海外首家保险经纪交易所——皇家交易所（The Royal Exchange, London）。1601 年，为解决日益增多的海运保险纠纷，英国女王伊丽莎白一世（Queen Elizabeth Ⅰ）颁布了海外首部《海运保险法案》。该法案规定在保险商会内设立仲裁法庭来处理保险业务纠纷。1871 年，爱德华·劳埃德（Edward Lloyd）

成立劳合社 [Lloyd's，即现今的劳氏船级社（Lloyd's Register of Shipping）前身]，专营船舶、货物和海上保险。同年，英国国会通过了《劳埃德法案》（The Lloyd Act），给予劳合社法律地位，打破皇家交易所与伦敦保险公司（London Insurance Company）对海运保险的垄断。1906 年，英国又颁布了《海上保险法》，首次规定了海运保险标准，即"劳合社船舶和货物标准保单"。该标准格式一直沿用至今。1911 年，英国政府颁布法令，取消对劳合社保险经营的限制，允许其参与所有保险业务经营范围。1980 年代，英国成立自律组织保险业董事会，接受英国贸易与工业部 [The Department of Trade and Industry，DTI，即现今的英国商业、创新与技能部（The Department for Business, Innovation & Skills, BIS）] 指导，负责管控包括中介机构在内的英国所有保险公司及其分支机构开展的保险业务。这样，以贸工部和保董会为代表的英国现代保险业管控体制得以建立。

相比银行业和保险业，英国的证券业发展较晚。1773 年，伦敦证券交易所（London Stock Exchange，LSE，简称"伦交所"）成立，成为英国近代证券业发展的开端。长期以来，英国证券业发展因循机构自律的管控模式，政府干预十分有限，法律保护极为缺乏。1986 年之前，英国没有一部单独的证券成文法，仅有《公司法》等少数法律作了零星规定。英国对证券业的管控主要是进行宏观指导，再配以对违法行为进行处罚。1986 年 10 月 27 日，英国国会通过《金融服务法案》（Financial Services Act of 1986）。该法案要求设立证券与投资管理局（The Securities and InvestmentBoard，SIB），由其负责管控英国所有证券公司、交易所和相关机构及其市场行为。该法案同时要求建立证券业自律组织（Self-Requtating Organization，SRO）。该法案还要求仿照纽约证券交易所（纽交所）改组伦交所，简化交易程序，建立电子交易系统（ETS），减少市场垄断，并建议将证券业分业经营转变为混业经营。该法案确立了以 SIB 和 SRO 双重管控为代表的英国现代证券业管控体制，极大促进了英国证券业的繁荣。

这样，到 1986 年，英国正式建立起由多个分业管控部门为主构成的现代金融分业管控体制。

4.2.3.2.4 1986—1998 年"双头三级"式金融管控体制

1986 年，英国第 49 任首相玛格丽特·希尔达·撒切尔（Margaret Hilda Thatcher）开始以国有经济私有化为标志的金融体制改革（又称"金融大爆炸改革"）。

撒切尔政府在采取紧缩货币政策的同时，放宽金融管控，允许混业经营，并一手构建了"双头三级金融管控体制"。所谓"双头"是指英国政府的财政部和贸工部（DTI）。所谓"三级"是指英国当时金融管控的整体体制架构由三级组成，最上面的一级由内阁的两个部门财政部和贸工部组成，即"双头"；中间的一级由英格兰银行、SIB、建筑协会委员会和保董会组成；SIB 之下延伸出最下面的一级，由证券与期货管理局（SFA）、投资管理监管组织（IMRO）和私人投资监管局（PIA）组成。在这个新的金融管控体制架构中，作为最上面一级的 DTI，负责对英国保险业进行宏观管控，它领导的保董会负责对所有保险公司及其保险业务的具体管控；同样作为最上面一级的财政部，负责除保险业以外的所有金融业务的宏观管控；财政部下辖中间一级的英格兰银行、SIB 和建筑协会委员会，各自负责相关金融业务的管控；英格兰银行负责管控英国所有存款类金融机构及其业务；建筑协会委员会是非政府组织，接受财政部指导，它通过下辖的建筑协会，管控英国所有不动产金融业务；SIB 是最为综合的中间层次单位，它负责指导和协调 SFA、IMRO 和 PIA，它们三家分别负责证券、基金和养老金的具体管控。

在撒切尔改革之后，英国正式确立了以"双头三级"为代表的金融分业管控体制。

4.2.3.2.5 1998—2009 年以金融服务监管局为主的金融管控体制

1998 年，为消除分业管控重叠和空白的弊端，避免国际商业信贷银行（Bank of Credit & Commerce International，BCCI）和巴林银行（Barings Bank）破产悲剧重演，英国再次修改了《英格兰银行法》，将原属英格兰银行的存款类金融管控职能划归证券与投资管理局（SIB），保留该行制定独立货币政策和维护金融稳定的职能。

2000 年，英国通过了新的《金融服务法》（Financial Services Act of 2000）。该法对英国金融管控现行体制作出了重大调整，在合并 SIB 等原有 9 家金融管控机构的基础上，重新组建新的金融管控部门——金融服务监管局（The

Financial Services Authority，FSA）。该局负责管控所有银行、证券、保险、投资等金融业务。同时，该局与英国财政部和英格兰银行签署谅解备忘录，设立三方联席委员会，由财务大臣出任委员会主席。财政部负责金融管控体制的规划设计和相关立法，以及与欧盟的外交谈判。至此，以 FSA 为主的英国现代统一金融管控体制正式建成。

4.2.3.2.6 2009 年以来英国重新确立以英格兰银行为主的金融管控体制

2008 年金融危机后，英国认真反思之前金融管控体制的不足，再度修订了《金融服务法》。2009 年又制定了最新的《银行法》（The Bank Act of 2009）。这些法案的出台，意味着英国围绕建立强力中央银行管控核心，重新调整了全部金融管控体制。

其主要措施包括：（1）成立审慎监管局（The Prudential Regulation Authority，PRA），隶属英格兰银行，同时撤销原金融服务监管局（FSA），将其原有管控职能全部划归 PRA，由后者负责管控银行、证券、保险和投资等微观审慎管控；（2）成立金融政策委员会（Financial Policy Committee，FPC），隶属英格兰银行，负责宏观审慎管控；（3）成立金融行为监管局（Financial Conduct Authority，FCA），由其协同 PRA 负责银行、证券、保险和投资等的行为管控，以及资产管理公司和其他类金融服务公司的微观审慎管控；（4）明确英格兰银行为银行处置机构，赋予其多项应急处置权，并负责管控英国金融市场基础设施;（5）建立多层次管控协调机制，明确英格兰银行和财政部的各自职责。

2013 年 4 月 1 日，新《金融服务法》生效，以英格兰银行为主的统一金融管控体制开始运行至今。

4.2.3.2.7 英国互联网金融管控体制

以 P2P 和众筹为代表的互联网金融在英国兴起以后，获得较快发展，但并未得到英国金融管控当局的足够重视，致使在很长时间内没有受到法律保护或管控。为了赢得投资者的信心，英国互联网金融从业者采取行业自律的方式进行自我约束。

2011 年 8 月 15 日，英国最早成立的 P2P 网贷企业 Zopa、RateSetter 和 Funding Circle 三家公司联合发起成立了全英首个互联网金融行业自律组织——英国 P2P 金融协会（The Peer-to-Peer Finance Association，P2PFA）。

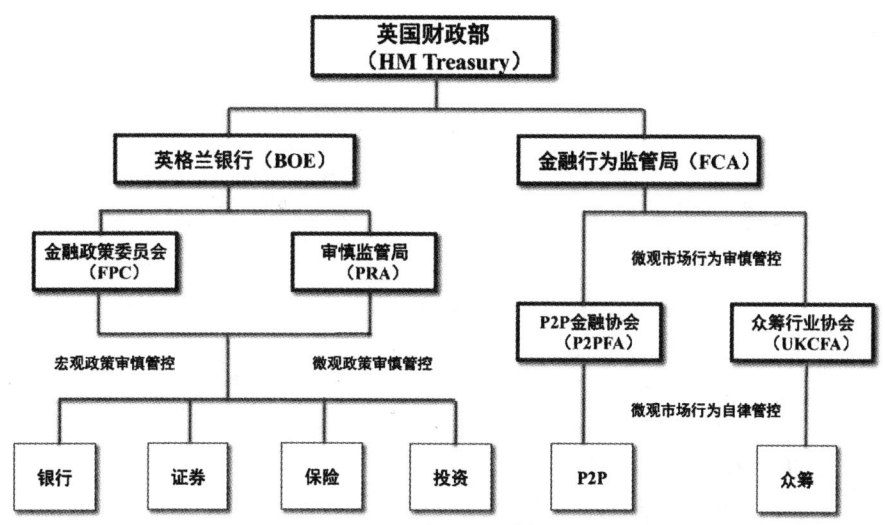

图 4-2 英国互联网金融管控体制框架示意图

资料来源：孙晓云.系统性风险管理和国际金融监管体系改革 [M].上海：世纪出版集团，格致出版社，上海人民出版社，2014.：北京大学市场经济研究中心互联网金融管控创新研究课题组，2015.

P2PFA 制定了完备的自律章程，提出了关于信息系统安全、最低运营资本金要求、客户资金隔离、信用评估以及反欺诈等一系列规范运营的原则和具体要求。严格务实的行业自律无形之中填补了法律和行政管控的暂时缺失，成为英国互联网金融管控的鲜明特色之一。目前，英国超过 90% 的 P2P 网贷企业都成为 P2PFA 的会员（P2PFA，2015）。

同样地，2012 年，英国众筹行业也成立了自律组织——英国众筹行业协会（UK Crowdfunding Association，UKCFA），担负起自我管控的职责。

除了行业自律以外，英国互联网金融管控逐步加强，管控空白逐渐被填补。英国金融行为监管局（FCA）是英国互联网金融的管控主体，它将 P2P 网贷等同于"借贷型众筹"（C rowdfunding Based on Loan），对二者采取同一管控方式。2013 年 10 月 24 日，FCA 发布《关于众筹平台和其他相似活动的规范行为征求意见报告》。该报告阐述了关于互联网金融管控的思路和办法。2014 年 3 月 6 日，FCA 在征询意见后出台了《关于网络众筹和通过其他方式发行不易变现证券的监管规则》（The FCA's regulatory approach to crowdfunding over the internet, and the promotion of non-readity realisable securities by

other media）。该规则明确规定，"2014 年 4 月 1 日起，消费者信贷市场的监管权将由公平交易办公室移交至金融行为监管局。这包括对借贷型众筹的监管权"，"（在英国）从事众筹、证券方面的宣传、推销活动的个人，属于 FCA 的监管范畴。……投资型众筹受 FCA 监管，运营这类众筹平台的公司需要得到授权，除非它拥有豁免权。"这里所说的"投资型众筹"即股权式众筹。FCA 计划 2016 年对众筹市场的监管框架作复查以确定是否需要进一步完善。

由此可以了解到，英国互联网金融管控体制目前主要是由行业自律和 FCA 共同组成的，见图 4-2。

4.2.3.3 中国（区）分业管控体制

4.2.3.3.1 中国（区）金融管控体制的溯源

中国（区）金融管控的整个历史同中国（区）金融发展史一样久远漫长，总体上远远超过英国和美国，但是具有近代形态的金融管控体制建设却比英美要晚一个相当长的时期。它是伴随中国（区）金融产业的发展而逐步建立的，同时它也因历史朝代的交替而不断变革。

中国古代（上古先秦至 1840 年）的金融管控体制

中国（区）金融管控的历史从货币发行的统一管控开始，而货币发行的管控则涉及货币的起源。中国（区）古代货币的起源最早可溯及旧石器时代晚期约公元前 22 世纪即中国（区）上古时期夏朝东南沿海地区的海贝（郑家相，1958），也有说是约公元前 21 世纪新石器晚期（同为夏朝）的天然贝壳（蔡宁伟，2010），它们都被称为"贝币"。西汉桓宽（约公元前 51 年）《盐铁论·错币篇》载："夏后以玄贝。"贝币出产有限，坚固耐磨，携带方便，价值恒定，在当时社会生产力极其低下的奴隶制经济中被普遍用来充当一般等价物。除天然贝以外，它作为一种原始货币，还有骨贝、石贝、陶贝、锡贝和铜贝等多种类别，一直演变和沿用到战国末期。公元前 14 世纪的商朝晚期出现了仿天然贝的铜质货币，这是中国（区）也是世界上最早的金属货币。

贝币的出现与流通，促生了中国（区）古代原始形态金融管控体制的形成。约公元前 11 世纪西周奴隶制国家时期，太师姜尚（又名吕望，字子牙，号飞熊，世称"姜太公"）设立九府，制定《九府圜法》。东汉班固（公元 80 年）《汉书·食货志下》载："太公为周立九府圜法"，"钱圜函方，轻重以铢"。颜师古（公元641年）《汉书注》载："《周官》大府、玉府、内府、外府、泉府、天府、职内、职金、职币皆掌财币之官，故云九府。圜谓均而通也。"所谓"九府"，是指西周时期掌握财币（贝币）管理权力的行政主管部门，即今天的金融管控部门，相当于今天财政部、央行和国税总局等财经金融管控部门的合称。其中，"大府"为"掌府藏会计之官之长"，负责协助"太宰"（又称"大冢宰"或"大宰"，别号"天官"，西周官职最高级别，天子六卿之一，相当于古代的丞相或宰相，近代的内阁总理大臣，现代的国务院总理或首相等职）管控岁入、贡品，发放公共财物，即负责管控财政收支，维护政府日常运营，相当于现今的财政部、国税总局、发改委、国务院办公厅等部门相关职能的总括。"玉府"隶属大府，由大府上士主管，负责掌管君王个人及政务所需各种玉器、珠宝、珍玩和其他贵重器皿的采集、加工、造册、储藏和公务供给，是中国（区）最早的国家重要资财统一管理机构，相当于现今的央行、国资委、国家级博物馆（院）和档案馆（图书馆）等部门相关职能的总括。内府隶属大府，由大府中士主管，负责制造和掌管王室和大府所需各类公务设施和器具，并办理相关事务，相当于清朝内务府、现今的国务院办公厅等相关职能的总括。外府隶属大府，具体负责政府财政收支与核算等事务，相当于现今财政部、国税总局和央行部分部门相关职能的总括。职内隶属大府，具体掌管国家财政税收，相当于现今的国税局及其各级分支机构。职币同样隶属大府，具体负责管理贝币的制造、发行和流通。大府、玉府、内府、外府、职内和职币等均属"天官"（即总理政务部门，相当于古代的吏部或总理事务衙门等）科层系列。泉府隶属司徒（天子六卿之一，负责管控人口、劳役等涉民事务，相当于古代的户部以及现今的民政部、公安部、卫计委等部门相关职能的总括），属"地官"（民政部门，相当于古代的户部）科层系列，负责税收和税政管理，管控国家储备物质，管理民间借贷，相当于现今各级地方税主管部门、国家粮食（中储粮）和能源（中储油）等战略储备物质主管部门以及银监会、证监会等部门相关职能的总括。天府属"春官"（礼仪文化部门，相当于古代的礼部）科层系列，隶属大宗伯卿，负责掌管国家宗法典制与政务档案，相当于古代的礼部和内务府，现今的外交部、国家档案局和国家档案馆等相关职能的总括。职金隶属"秋官"（司法部门，相当于古代的刑部）科层系列，具体负责掌管君王和国家所需各种金、玉、锡、石和丹青之物的征收、储藏与刑罚事务。九府是中国（区）有历史记录以来最早的金融管控部门。《周礼》（又称《周官》或《周官经》）中记载九府职能为："通货币，易有无。"所谓"圜法"本义为"流通规则"，引申义为"币制"，即今天的货币政策或金融立法。《九府圜法》是中国（区）有史可循最早的金融管控法律。西周通过成立九府，制定《九府圜法》，依靠立法和行政手段，建立起以九府为代表的职能完备、分工有序、管控严密、权力统一的金融宏观管控体制，保证了西周货币发行与流通的规范与均衡，为西周奴隶制国家的巩固与发展奠定了比较坚实的财税金融物质资源与法制基础，并对后世产生了重要影响。

春秋时期，齐国上卿管仲依据"轻重论"实行币制改革，统一铸造铜质刀形齐国货币"刀币"（名为"齐法化"或"节墨法化"，俗称"齐刀"），仿效西周九府设立货币专管机构"轻重九府"，由九个部门掌管财币，负责货币铸造与发行管理。这是继西周姜尚《九府圜法》后中国（区）上古时期金融管控体制的又一重大变化。《管子·国蓄》载："人君铸钱立币，民庶之通施也"，"五谷食米，民之司命也。黄金刀币，民之通施也。故善者执其通施，以御其司命，故民力可得而尽也。"管仲明确提出，国家拥有货币专属铸造与管理权，货币的铸造、发行与流通必须由国家专管和控制。《管子·揆度》载："物臧（藏）则重，发则轻，散则多。币重则民死利，币轻则决而不用，故轻重调于数而止。"管仲还主张，国家管控货币，应根据市场价格和货币购买力来决定货币铸造和流通的数量（流动性），以保证经济社会稳定。在提倡国家干预经济的层次上，管仲的"轻重论"堪比约翰·劳的"国家货币发行管理论"思想，比之还要早2300多年。他还被誉为"中国古代版的'凯恩斯'"（吴晓波，2013）。管仲的金融管控思想对当今宏观经济管控仍具有积极的借鉴意义。

春秋后期至战国时期，社会生产力发展促使奴隶制经济向封建制经济逐步转变，金属铸造技术获得进步，货币由以贝币为主逐渐形成以等级化的金属铸币为主，诸侯列国纷纷铸造和使用自己的货币，陆续出现了晋国的"布币"、齐国和燕国的"刀币"、赵国的"三孔布币"、秦国和魏国的"圜钱"、楚国的"蚁鼻钱"和"鬼脸钱"等多种制式货币共同参与流通、多种金融管控体制并存的混乱局面，不利于跨行政区划的商品物资流通与支付。

公元前 221 年，秦始皇嬴政统一六国，完成了奴隶制国家向封建制国家的转变。为利于贸易发展、促进经济繁荣、巩固中央集权和维护封建国家统一，秦始皇颁布法令，废除六国货币，发行统一货币。他规定，皇室贵族赏赐馈赠等大额支付使用黄金为货币，单位为镒（分 16 两、20 两和 24 两）；此外的所有支付均使用统一制式的环形方孔铜质铸币"半两钱"。半两钱又称"量名钱"，它以重量为名，重量为 12 铢，合现今 8 克。秦始皇的货币统一政策是中国（区）金融史上首个货币专项统一管控政策，形成了以其为代表的本朝本代统一金融管控体制，对后世影响极为深远。之后历朝历代更替时，新朝（代）大多发行以量名钱为主的新式货币以替代旧朝（代）货币，据不完全统计，截止到 1840 年，中国（区）历史上共发行拥有独立名称和用途的铸币主币至少为 320 多种，这使得中国（区）成为世界货币史上拥有货币制式和类别最多的国家之一。

汉初因循秦制使用半两钱，后经多次改制，逐渐将铸币权下放豪强地方实力集团，造成中央和地方、政府和个人都把控货币发行权力的混乱局面。公元前 175 年（汉文帝五年），文帝刘恒废除《盗铸钱令》，再度允许私人铸币，引发长沙王太傅贾谊和谏议大夫贾山的不满。贾谊上《谏铸钱疏》，贾山上《至言·古者大臣不媟》，二人皆力陈国家应垄断铸币权，实行铜矿国有化，禁止私铸盗铸，维护国家货币统一。公元前 140 年至前 118 年，汉武帝刘彻先后实施了 6 次币制改革，先后弃三铢钱和半两钱，以五铢钱为最终国家法定货币。他禁止私铸，打击盗铸，统一铸币权，核定铸钱重量，并设立钟官、技巧、辨铜职位，史称"上林三官"，专营五铢钱的铸造和发行。汉武帝的币制改革，是继秦始皇统一货币之后中国（区）金融管控体制发生的又一重大革新。它通过设立专职货币管控部门，制定和实施严格的管控政策，确立并巩固了中央政府唯一拥有货币发行权与管控权的地位，有力维护了国家货币的统一，对后世影响深远。它所创建的"五铢钱"历经变迁，其基本样式一直沿用到唐朝初期。

南北朝时期，佛教传入中国，在统治阶级强力主导和推动下，带动了寺庙经济（又称"寺院经济"）的繁荣，催生了新型金融业态——典质。"典质"又称"质库"，是指南北朝时期佛教寺庙下属专营从事抵押放款和质押放款（即现今的抵押贷款和质押贷款）的金融机构。南北朝时期，社会风气普遍尊佛崇教（即所谓"佞佛"），佛教寺庙分布广泛，深深介入社会生活。寺庙通过提供宗教思想、礼仪典制、生活方式和心理辅导等服务，换取封建统治者、士大夫、庄园主、富商及社会名流的大量馈赠捐献。寺庙还在官府默许下，大量兼并土地，收容战乱流民（依附民），从事对外贸易，收取土地租金，获取巨额财富。为保证财富稳定的保值增值，寺庙将一部分财富用来对外借贷，以牟取高额利润（高利贷）。于是，相对独立于国家金融机构的典质便发挥出前者所没有充分起到的资金融通功能。官府对此通常采取默认支持态度，通过减免税收、免除劳役、提供保卫和司法介入等措施，来保证典质借贷的开展，进而促使以典质为代表的寺庙经济成为南北朝社会经济生活中的一大特色。以实物或货币形态经营的典质借贷直接促生了古代信用的基本形成，典质由此成为世界上最早的金融信用机构之一，并被作为今天典当业和拍卖业的始祖。它依托宗教和士族，融合了当时的官僚资本、土地资本、商业资本和金融资本等多种资本形态，涉及农业、商业、房地产业等多个行业，成为当时极为关键的金融信用中介组织，有效弥补了当时官办金融机构资金融通的不足，对南北朝经济社会乃至后世金融业的发展具有重要意义。而对其的管控则体现出在当时官府宏观主导下较为宽松甚至一定程度上放任的特点。

唐朝时期，正式确立了"三省六部一台制"（即中书省、门下省和尚书省之"三省"为议事决策（立法）部门；吏、户、礼、兵、刑和工之"六部"为行政管理和司法部门；御史台"一台"为监察部门）的中央集权管控体制。相应地，金融管控体制也变为"三省一部一台制"，即中书省、门下省和尚书省之"三省"为金融事务议事决策部门；户部（又称"民部"，主要负责管控民政、户口等事务）之"一部"为金融事务主要行政管理部门；御史台"一台"仍为金融事务监察部门的结构。这种按职能分工的金融管控体制历经宋、明、清历朝历代变迁，其基本构成一直传承沿袭下来。

唐朝金融管控最为典型的是对货币支付与汇兑方式的管控，前者主要是指"两税法"对货币支付方式的管控改革，而后者主要是指"飞钱"和"便换"对货币汇兑方式的管控调整。780 年（唐德宗建中元年），宰相（门下侍郎兼同中书门下平章事）杨炎策划推动"两税法"改制，革除之前历朝历代"按丁纳税制"，改为"按田纳税制"，允许土地自由转让和兼并，一年分夏秋两次征税。两税法特别规定，农税征收不收实物改收货币，即农民缴纳赋税需先卖出粮食换取货币后再行缴纳。两税法改制被称为"中国田赋制度上的最大变更"（钱穆，1952），它直接引发了土地高度集中于皇族、大宦官和大地主等权贵阶层，并导致铜币供应紧张（"钱荒"）的金融危机。806 年（唐宪宗元和初年），为保障货币安全与使用便捷，同时缓和流通不足的问题（即克服"钱荒"），唐朝政府实行货币汇兑改革，将之前的铜币直接支付方式改为代用券间接支付方式。唐朝政府将代用券分为官券与民券两种，前者又称"飞钱"或"公据"，主要供政府部门以及官民之间资金往来支付使用，相当于现今银行发行的汇票或支票；后者又称"便换"，主要供民间支付使用。唐政府在都城长安（即今天的陕西省西安市）设立"进奏院"，专门负责发行和异地兑换飞钱。进奏院可以说是世界上最早的官办公营第三方支付机构。便换主要是经营规模较大的商家或联营商号内部使用，相伴而生的是从事货币兑换的中介机构"柜坊"。唐朝以飞钱和便换为代表的货币支付改革，缓解了铜币供应的紧张和携带不便等现象，很大程度上削弱了货币支付金融危机，较好地适应了唐朝中晚期封建商品经济发展的客观需求，并对后世纸币的发行产生重要影响。《宋史·食货志》载："会子交子之法，盖有取于唐之飞钱。"（脱脱等，1345）

宋朝是中国（区）金融史极为重要的时期，这一时期诞生了世界史上最早的纸币——交子，金融管控体制相应也发生一些重大变革。北宋初期，军事和经济等因素促使政府公共开支骤增，原有金银以及铜币、铁币等金属货币供给紧张且使用不便，因而在借鉴汉朝"白鹿皮币"和唐朝"飞钱、"便换"的基础上，便产生了新型纸制货币。960—976 年间，北宋四川成都出现一种用楮树皮制造的纸质收支凭证，史称"楮券"（又称"楮币"）。它实质上是一种可抵押的信用货币，相当于现今银行的存单或收据。976 年（宋太宗太平兴国元年），成都16 家大型商号在净众寺（现万佛寺）募集 36 万缗（"缗"通"贯"），联合发起成立统一信用机构"交子户"（又称"交子铺"或"交子铺户"），在楮券的基础上私人印制和发行新的纸质货币，史称"交子"（又称"交钞"）。交子以交子户的联合信用为担保，规定发行准备，设置最高限额，留有背书空白和验伪印记，可以异地兑付金属货币，是一种真正具备货币流通、支付和兑换功能的纸币，比西方国家至少早 600 多年。1004—1007 年（宋真宗景德年间），四川知府张泳发布公告，正式承认交子的合法地位。1023—1024 年（宋仁宗天圣元年至二年），北宋政府设立益州交子务（又称"钱引务"），由中央官员监管，专营发行 128

万贯"官交子"（又称"会子"或"钱引"），准备金率为28%。同时，北宋政府禁止民间私印纸币，将纸币发行权收归国家所有。由此，官交子成为世界上最早的国家法定纸币，北宋政府借此来强化金融管控，一方面防范私人发行纸币的信用不足与缺失，另一方面又便于填补财政巨额亏空。交子户也因之成为世界上最早的具有中央银行管控职能的金融机构。

　　关于交子的历史，中国（区）学者还给出了另一种说法。邱石玉（2000）通过研究金朝出土文物发现，"交子"并非像传统看法认为的那样是由四川商户创建的，也不是12世纪女真金国灭掉北宋后由留用的宋朝铸币官员发明的，而是由自印度来华经商的犹太人帮助金朝政府创建的。他认真考证了中国历史博物馆馆藏珍品金朝宣宗年间的铜制"贞佑交钞"，认为该币上的"翻叶"图形是犹太民族独有的图案。他提出，金朝灭宋后将这批犹太人带回上京（今哈尔滨市阿城区市区南2公里白城），让其协助金朝政府规划整个财政体系，其中就包括货币的发行与管理体制。1154年（金海陵王贞元二年），在犹太人的协助下，金朝发明了以粗麻纸为原料的纸币"交子"，替代了原先使用的铜制铸币。1200年（金章宗承安五年），金朝政府再度聘用犹太人，使用白银铸成银币"宝货"，改变了历朝历代使用银锭的惯例。自此，银币的使用一直持续到近现代时期。他们还创建了货币支付机构"行人"，隶属于金朝中央政府市买司，专门负责货币的流通与兑付管理，用以调节宝货、交子和铜钱之间的币值。行人实质上是一种具备银行职能的中介机构，是世界上最古老银行的原始形态。

　　随着纸币的日益普及，纸币的发行与管理成为宋朝政府的金融政策管控重点，相关政策理论史称"称提之说"（又称"称提之术"或"称提之策"）。"称提"一词最早出现于北宋李焘《续资治通鉴长编》中，原义指铜钱和铁钱等金属货币兑换时的称重与衡量，后泛指货币币值调整。"称提之说"即指以稳定货币币值为主的货币发行管理理论与方法，又可借指金融管控手段与措施。据南宋李心传《建炎以来系年要录》载，1157年（南宋高宗绍兴二十六年），左仆射沈该首提"称提之说"，获宋高宗赵构认可。南宋政府的纸币发行管控政策措施主要有：（1）以三年为一期（界），分期发行纸币，按一定比例以旧币换新币；（2）规定纸币发行限额，即所谓"不复增印"；（3）纸币贬值时动用政府储备资源回收部分纸币；（4）采用金属货币与纸币搭配纳税；（5）提倡"财政节用观"，以减少政府公共开支和纸币供给量；（6）采用有价证券和盐茶酒等实物来回收剩余纸币，即所谓"阴助称提"等。上述政策措施的实行，切合了纸币市场流通的实际需求，增强了纸币的公允信用，维护了纸币的合法地位，一定程度上防范了纸币滥发引发的信用降低和通货膨胀等金融风险。"称提之说"是继春秋单旗的"子母相权论"和管仲的"货币轻重论"之后中国（区）货币发行管理理论的又一创举，在中国古代经济思想史和世界金融史上都占有极其重要的历史地位，被誉为"世界纸币思想史的先驱者"（田黎瑛，2010）。

元朝自世祖孛儿只斤·忽必烈后（1260年后）实行单一纸币制，建立起世界上最早的单一纸币集中管控体制。元朝纸币统称为"钞"（又称"钞币"），有中统交钞、中统元宝钞、至元宝钞、至大银钞和至正交钞共5种。1283年（元世祖至元十九年），元朝政府中书省发布《整治钞法条画》（"条画"即条例），规定"钞"为唯一合法货币，停止使用蒙古旧钞，废除南宋交子和会子，旧币可按一定比例兑换新钞。这是中国（区）历史上最早的纸币管控法律。1288年（元世祖至元二十四年），为维护钞币的唯一法定地位，尚书省又颁布《至元宝钞通行条画》，废除金属货币，禁止金银和铜币流通，规定一切交易和支付必须使用钞币，钞币无使用期限限制。除此之外，元政府还采取了多种管控政策与措施，主要包括：（1）在户部中设立纸币管理部门"交钞都提举司"，归户部尚书辖制，统一负责钞币的发行管理；（2）在全国设立统一钞币交易机构"平准行用库"（又称"平准库"），专营负责钞币与金银、粮食的兑换与买卖；（3）以储备金银为钞币基础（即"钞本"），建立钞币发行准备金制度，避免滥发钞币；（4）对于伪造钞币、私自买卖金银、阻挠兑换钞币的行为实行严罚；（5）实行钞币属地监管制，严查钞务官员徇私舞弊和腐化贪污等行为。元朝以钞币为代表的单一纸币管控体制在设计理念和运营模式上皆有参考价值，但由于元朝长期处于动荡时期，这些良好的制度设计安排并没有得到有利执行和收到预期效果。1350年（元顺帝至正十年）爆发的钞币贬值危机终止了这一体制。

明朝时期，社会生产力获得较快发展，封建商品经济繁荣，出现了资本主义经济的萌芽，自下而上的金融资本集聚对货币发行管理提出了新的要求，白银逐步成为主要流通和支付的货币。1567年（明穆宗隆庆元年），明朝政府颁布法令，规定白银为主要流通货币（本位币），以替代币值不稳定的钞币和易损耗

的铸币。这是明朝政府首次以法律形式确立白银的本位币地位，它对后世的影响一直延续到清末。历史上将这一过程称为"白银货币化"，它加速了中国（区）古代封建商品经济的发展。

伴随着原始资本主义的萌芽，一些新的金融业态开始出现，比如钱庄和典当行等。钱庄又称"钱店"、"钱铺"、"钱肆"和"兑店"等，北方地区多称为"银号"。它最早出现于明朝中期嘉靖年间的江浙地区，最初仅用来兑换金银、铸币和纸币。至明末发展成熟，成为极为重要的信用中介服务机构，不仅从事货币兑换，而且还办理信贷与汇兑业务，并发行具有信用和流通功能的"会票"（又称"会券"，即今汇票）。1577年（明神宗万历五年），明朝政府颁布法令，允许私人开设钱庄，凭借自有资本向政府购进等量制式货币用以交易。典当行又称"典铺"、"长生库"和"抵当所"等，俗称"当铺"，源于南北朝寺庙质库，专营抵押交易。明朝典当行发展较快，至明末出现江浙、晋陕和安徽等区域化典当行业组织如"当帮"等，内部管理极为严密，体现出江湖帮派的特点。明政府对典当行的管控总体较为宽松。

清朝政府与明政府不同，十分重视铸币的发行和管控。清朝入关10年的铸币量就超过了明朝整整一个朝代的铸币量，极大满足了社会经济对货币供给数量的需求（黄仁宇，1993）。不仅如此，清政府还采取公饷（军饷和公费等）搭放的措施，向社会投放制式货币（制钱），以减少白银的使用和向海外输出。清朝对金融的管控总体上是比较严格、僵化和保守的，被称为"最缺乏弹性的管理法"（黄仁宇，1993）。比如，清政府制定了详细的立法，严厉打击私铸、伪造和私销铸币，严格限定银钱兑换比例和数量等。

清朝前期至中期，钱庄、票号、典当行和帐局等金融业态发展较快。票号又称"票庄"或"汇兑庄"，是一种专营汇兑业务的金融机构，起源于清朝前期，至清朝中期发展成熟。1797年（清仁宗嘉庆二年），晋商雷履泰和李正华创办日升昌票号，这是中国（区）学术界公认的最早票号。钱庄和票号可以从事货币兑换、存款、放款、委托理财等多项资金融通业务，并大量发行会票（见票兑付）、期票（期满兑付）、钱票（指定钱币兑付）和其他商业票据，已经包含了一定的近代银行特点，但钱庄和票号仍未成为近代商业银行，原因是它们的业务仍以货币兑换和汇兑为主，其从事的放款多具有高利贷性质，与近代商业银行吸收存款、向工商业发放贷款以及进行跨地区兑换三大业务有很大差别。真正具有近代商业银行特征的是清朝中期兴起的一种新型金融业态"帐局"。1736年（清高宗乾隆元年），晋商王廷荣募集4万两白银在张家口创办"祥发永"帐局，这是中国（区）历史上首家帐局。帐局又称"帐庄"，它面向官吏和工商业，专营存贷放帐业务，具有近代商业银行信贷功能，是中国（区）近代商业银行的最早雏形。清政府对钱庄、票号、典当行和帐局等金融机构的管控通常视其资本构成而有所不同，官营金融机构特别是拥有满清贵族股本的管控一般较松，而普通民间金融机构则普遍管控较紧。

中国近代（1840—1912年）的金融管控体制

1840年（清宣宗道光十九年）第一次鸦片战争之后，中国（区）进入半封建和半殖民地社会，帝国主义列强在华划分的各自势力范围内（如通商口岸、租界等）开始建立各国主导和自我管理的金融管控体制，逐渐形成了清政府和列强金融管控体制并存的局面。

清朝后期，西方成熟的科学技术伴随海外贸易、宗教传教和列强入侵，逐步传入中国（区），对近代中国（区）社会产生了深刻影响。1895年（清德宗光绪二十年），德国舒勒公司（Schuler AG）将第一台肘杆压力造币机引入中国（区），由此带动了中国（区）货币史上的一场技术革命。造币机的使用，使得中国（区）银币和铜币的制造工艺更为精准，生产效率成倍提高，传统手工铸币逐渐被新兴的机器铸币所替代。同时，钱币制式也由环形方孔转变为圆形无孔，使用两千多年的环形方孔钱币被迫退出流通领域。这也促使中国（区）金融管控部门开始重视近代科学技术的作用。

随着近代货币观念的引入，原先仅关注铸币发行的清朝政府开始重视纸币的发行与印制。1853年（清文宗咸丰三年），清政府为镇压太平天国运动筹集军费而发行新型纸币，史称"官票"（又称"户部官票"）。由于印刷技术落后，防伪措施有限，致使假币泛滥。清政府不得不在官票上加盖官印，这是中国（区）近代最早的防伪手段。清政府为了鼓励使用官票，由户部专设官票所，负责官票和宝钞（又称"大清宝钞"）的印制与发放。同时，制定多项法令，采取强制搭配的方式来推广官票和宝钞。由于缺乏发行准备金，加之不顾市场流通实际需求，导致票钞滥发，直接引发严重通货膨胀，最终不得已于1862年（同治元年）宣

布废止票钞。

列强入侵中国（区）后，纷纷在华开设外资银行，并不同程度地印制和发行本国货币，形成当时多币种、多币制并存的混乱局面。1845 年（清宣宗道光二十四年），英资皇家特许银行东方银行（Oriental Bank）在香港设立远东分行，两年后又在上海开设丽如银行，成为近代海外首家进入中国（区）的外资银行，主要从事汇兑和汇票中介业务。据不完全统计，截止到 1910 年（清宣统二年），在华外资银行已接近 30 家，主要有：英资汇丰银行（The Hongkong and Shanghai Banking Corporation Limited，HSBC）、渣打银行（StandardCharteredBank，又称"标准渣打银行"或"麦加利银行"）、法资东方汇理银行（BanouedeL'IndoChine）、中法实业银行（BanqueIndustrielledeChine）、日资横滨正金银行（Yokohama Specie Bank Ltd）、台湾银行（Taiwan Bank），德资德华银行（Deutsche Asiatische Bank），俄资华俄道胜银行（Pycco-Khtahckh-HBahr／Russo-Chinese Bank，Harbin），比利时的华比银行（BanqueBelgePourL'Etranger），美资花旗银行（TheNationalCityBankofNewYork），荷兰的荷兰银行（Nederland scheHandelMaatschappij）等（许涤新，吴新明等，2007）。它们均在华印制和发行本国货币，大量攫取中国（区）金融资源和利益，且不受清政府管控。

外资银行在华大量发行本币，对近代中国（区）经济体制和金融市场产生巨大冲击，加之官票和宝钞贬值，中国（区）既有本币地位受到严重挑战与削弱。为维护金融稳定和本币地位，清政府不得已只好下令，允许募集款项，成立新式银行，发行新型纸币。1897 年（清德宗光绪二十二年）5 月 27 日，清太常寺正卿兼督办全国铁路事务大臣盛宣怀在上海外滩主持成立了中国（区）近代史上第一家由官商合办的商业银行——中国通商银行（The Imperial Bank of China／Commercial BankofChina，简称"通商银行"）。通商银行成立后便获清政府授权发行银元和银两两种纸币，至此，中国（区）恢复了部分货币发行主权，缓和了外资银行发行外币对本国货币的冲击，形成国币与外币相持的格局。通商银行名义上为官商合办，实际上为官控商办。该行仿汇丰银行建立相对完整的内部管控机制，聘请英籍专家安德鲁·W·梅特兰（Andrew W. Maitland，又译"安德鲁·W·美德伦"）进行管控制度的顶层设计，实际权利控制在清政府官员手中，具体业务由国内金融资本家叶澄衷、陈笙郊等人在梅特兰协助下来开展。通商银行是中国（区）近代首家具有完全意义的商业银行，它的创立重振了中国（区）近代金融业并开启了新的局面，它对外来先进金融管控体制和机制的灵活实际运用在一定程度上对今天仍有借鉴意义。

通商银行之后，中国（区）又陆续成立了四川浚川源银行（1905）、浙江兴业银行（1907）、上海交通银行（1908）上海四明银行（1908）等多家近代商业银行。它们会同各地官银钱局开展纸币印制和发行，有力扭转了外币把持中国（区）货币发行的局面。新式银行出现后，清政府及时出台相关法律政策，加强金融管控。1905年（清德宗光绪三十年）9月27日，清政府仿日本银行（Bank of Japan，即日本中央银行）组建中央银行，称"户部银行"（后改称"大清银行"）。这是中国（区）最早的近代国家银行。该行负责印制和发行银票纸币（包括银两币和银元币）、铸造和发行银铜铸币、管理国库，并承担部分商业银行功能，实际上该行是中央银行和商业银行的复合体。1908年（清德宗光绪三十三年），清政府颁布《大清银行则例》，明确规定大清银行代表国家行使货币印制和发行、货币管理、国库管理和金融调控诸项权力。这是中国（区）最早的中央银行法。同年，清政府通过《银行通行则例》，这是中国（区）最早的商业银行法。该则例第十二条要求将票号业务纳入新式银行业务体系之中。之后三年至清朝终结，清政府又相继通过了《通用银票暂行章程》和《银钱行号抽查章程》等法律法规，至此初步形成了金融管控法律体系。这表明，在外来冲击和自身危机的双重压力下，中国（区）金融管控体制开始顺应时代发展的客观要求，实行局部自我更新与改良，中国（区）信用与银行体系逐步走上法制化建设的轨道，并为其后中国（区）现代银行信用体系的建立与发展提供了宝贵经验和教训。然而，这些金融管控法律政策尚未得到完全实施和应用，清朝统治就瓦解了。

清朝末期新式银行的出现，对钱庄、票号和帐局等传统金融机构从事存放款和汇兑等业务带来巨大竞争性冲击，其中尤为突出的是票号。清末，票号已从单一兑付逐步发展为全面经营存放款和汇兑业务，并形成全国联号，甚至还一度远赴香港、朝鲜（包括今韩国和朝鲜）和日本设立国外分号。票号业务多与清政府关联，官商色彩浓厚，在外资银行和本土新式银行的双重竞争压力下，票号业务逐渐萎缩。《银行通行则例》的出台加重了这种衰落势头，至清末票号已完全

退出金融市场，其业务多由本土新式银行和钱庄接替。

起源于明朝中期的钱庄（即"银号"）至清朝发展日趋成熟，规模逐步扩大，分为以银钱兑换和汇兑为主、以存储放款为主和以熔炼银锭为主等细分类别，其客户也分为以官款为主、以民款为主和官民兼有等类别，并出现了钱庄行业组织的"行会"。清朝晚期著名的"红顶商人"胡雪岩在浙、沪、苏、闽等地经营阜康钱庄，同时为湘系军阀、当地官员和平民提供存放款业务。鸦片战争之后，外国资本进入中国（区），洋行[即外资贸易商行的汉语俗称，又称"牙行"或"洋货行"，同于欧美的"公司"（Company）以及日本的"株式会社"]和外资银行纷纷在华设立分支机构，大量攫取中国（区）金融资源。这一时期，钱庄大量使用"庄票"作为向洋行和外资银行融通资金的工具，并一度相互借贷。钱庄与洋行和外资银行从相对独立、互不相干到三足鼎立、相互渗透，再到洋行和钱庄依附于外资银行，历经三个发展阶段（高海燕，2003）。由于金融资本的决定性作用，外资银行的地位逐渐凸显，加之本土新式银行的出现，钱庄的经营逐渐势弱，多数不得不以买办的形式从独立经营转变为半依附于外资银行。清晚期，京沪等地钱庄爆发多次金融危机，如1853年北京"挤兑风潮"、1883年上海"倒帐风潮"、1897年上海"贴票风潮"和1910年上海"橡皮股票风潮"等，大量钱庄资金链断裂，纷纷倒闭，钱庄业接连受到严重打击。清政府面对钱庄金融危机束手无策，任凭钱庄自生自灭。此后，中国（区）完全自主经营的钱庄日渐减少，余下的对外资银行的依附程度进一步被强化，大多成为外国金融资本攫取在华利益的买办工具。清政府对此并无施以积极有力的干预手段，中国（区）金融管控的殖民化程度进一步加深。

中国（区）现代（1912—1979年）的金融管控体制

1912年，中华民国成立，中国（区）进入现代国家发展时期，具有现代意义的国家金融管控体制逐步建立。

1928年2月7日，中国国民党第二届四中全会在南京举行。会议通过《改组国民政府议案》，规定国民政府掌理全国政务，政府部门中设财政部主掌全国金融。同年10月8日，南京国民政府通过《中华民国国民政府组织法》，规定国民政府总揽全国治权，政府由行政院、立法院、司法院、考试院、监察院"五院"组成，行政院下设财政部。同年11月1日，中华民国中央银行（The

Central Bank of China）在上海成立，这是中国（区）首家现代国家银行。该行下设业务局、发行局、外汇局、国库局、金融业务检查处、中央印制厂和中央造币厂等部门，统一国家货币发行与管控，并会同财政部发行国债，进行基础设施建设投资。至 1935 年，中国（区）形成了"一部四行二局一库"为代表的金融管控体制（即"一四二一制"）。"一部"是指国民政府行政院所属的财政部，它是内阁行政部门，统领和主掌全国财政、税收和金融管控事务；"四行"是指中央银行、中国银行、交通银行和中国农民银行，皆为官僚资本控制的金融机构；"二局"是指中央信托局和邮政储金汇业局，分别负责管控全国信托、保险、易货贸易以及邮政储金和汇兑业务；"一库"是指中央合作金库，主要负责地方合作金融业务管控。然而，受时局影响，这种体制仍未完全摆脱外资银行对其金融管控关键性的操纵。

这一时期的在华外资银行大多资本富足，实力雄厚，与本国政府关系密切，受到本国政府外交军事保护。它们在华经营多年，对中国（区）国情比较了解，且地处租界，长期不受战乱波及，营业稳定。它们的顾客多为洋行和外资企业，也包括国民政府和部分民族工商业企业，顾客信誉较好，比起中资银行和钱庄具有较大优势。1935 年以前，中国（区）外汇汇率一直由英资汇丰银行控制。该行通过控制汇率和垄断国际汇兑，赚取高额兑换利润，其从事的外汇交易量占上海外汇市场交易成交量的 2/3。同一时期，外资银行还凭借不平等条约长期把持着中国（区）海关关税和盐税的存储业务，并以拆票方式（即钱庄同业短期借款）通过买办钱庄深入中国（区）各地乡镇，以全面控制中国（区）的城乡金融资源来最大限度牟利。外资银行对中国（区）财政金融体系的深度控制，使得国民政府和本土金融业对金融管控体制的建设与改革如果没有获得外资银行认同，则很难推行。1933 年，南京国民政府拟"废两改元"，推行新币。汇丰、渣打、花旗、东方汇理、德华等外资银行均派员进入审查新币委员会任职。毛泽东对此评论到："帝国主义列强经过借款给中国政府，并在中国开设银行，垄断了中国的金融和财政。因此，它们就不但在商品竞争上压倒了中国的民族资本主义，而且在金融上、财政上扼住了中国的咽喉。"（毛泽东，《中国革命和中国共产党》，1939）

为维护国家对金融管控的主权，摆脱受制于人的窘境，国民政府持续不懈地积极争取金融管控主权回归。1929 年 2 月 1 日，中国（区）经过与列强 10 年谈判，终于恢复关税自主。一年后,南京国民政府改革海关税制,收回大部关税和盐税,交由中央银行和中国银行保管。1933年,统一纸币,弃用银两。1935年11月3日,在英国政府首席经济顾问弗雷德里克·李兹-罗斯爵士(Sir Frederick Leith-Ross)和美国国务院、财政部联合特使阿瑟·尼克尔斯·杨格(Arthur Nichols Young)的协助下,南京国民政府财政部以向美国出售白银而得的美元储备为支撑,发布《施行法币布告》,宣布实施币制改革,推行法币(Legal Tender),废除银两。具体措施包括:(1)授权中央银行、中国银行和交通银行发行法币,回收其他银行发行的纸币;(2)设立法币发行准备管理委员会,以保管准备金及管理法币发行;(3)国家统一管理白银,私人持有白银须兑换成法币方可使用;(4)一切工商业及公私往来均须使用法币;(5)授权中央银行、中国银行和交通银行无限制买卖外汇,以保持法币币值及其汇率稳定。此后,南京国民政府逐步主导和控制了货币发行与外汇管理,外资银行的垄断局面被打破,但仍基本控制着外汇市场,并通过侨汇影响中国(区)的国际收支平衡。1935年南京国民政府币制改革是中国(区)现代金融史上的重大事件之一,它是在极其复杂的国际政治经济形势下进行的一次中国(区)货币管控体制的自我革新。通过推行法币,南京国民政府顺应了现代货币发展趋势,统一了全国货币发行,加强了中央对金融的管控,缓解了国内因美国白银政策改变而带来的冲击,并为后来的长期抗战初步奠定了一定的经济基础和金融保障。实行法币改革后不到两年,中华民族抗日战争就全面爆发了。

抗日战争时期,由于军费开支庞大,本已脆弱的经济基础又遭受战争破坏,几使国家金融面临崩溃边缘。为此,国民政府采取了多项战时金融管控政策,以挽救失控的国家金融体系,防范金融危机扩大化。1937年8月15日,南京国民政府财政部发布《非常时期安定金融办法》。1938年4月19日,已内迁重庆的国民政府发布《改善地方金融机构办法纲要》,对地方银行实行战时管控政策。1939年9月8日,重庆国民政府颁布《巩固金融办法纲要》。之后,又相继颁布《非常时期管理银行暂行办法》(1940)、《商业银行设立分支行处办法》(1940)、《管理银行信用放款办法》(1940)和《管理银行抵押放款办法》(1940)等一系列法规政策,全面加强对战时金融的严格管控,严防提存挤兑和资金外逃等行为。重庆国民政府的战时金融管控政策,有力维护了国家金融秩序的稳定,避免了金融崩溃的严重后果，为长期坚持抗战创造了一定的金融物质条件。但由于管控十分严厉，造成银行支付与提现困难，极大影响到工商业资金周转，不利于战时经济的恢复与发展。此外，战时金融管控还导致国家金融资源大量集中于家族式的官僚资本集团手中，强化了其金融垄断地位，为战后爆发金融危机埋下了隐患。

抗日战争胜利后，国民政府从重庆迁回南京，发布多道法令，大量没收日、德、意等在华金融资产以及汪伪政权资产以充实国家资本，变相扩大了家族式官僚资本的垄断范围。内战爆发后，军费开支巨大，财政赤字猛增，黄金外汇匮乏，外债负担沉重，法币发行严重超限，致使通货膨胀剧烈，法币一再贬值，金融危机多次爆发。为扭转金融不利局面，国民政府不得已再度实行货币改革。1948 年 8 月 19 日，中华民国总统蒋介石授意国民政府行政院长翁文灏和财政部长王云五，接连颁布《财政经济紧急处分令》、《金圆券发行办法》和《人民所有金银外币处理办法》等多项法令法规，弃用法币，改为发行金圆券。国民政府规定：限期金圆券以 1 比 300 万的比价兑换法币；禁止一切黄金、白银和外币的流通、买卖或持有，个人和法人持有的黄金、白银和外币须兑换成金圆券；国民境外外汇存款超限额者，均须申报登记并移存于中央银行或其指定银行；政府严格管制物价。1949 年 2 月 23 日和 7 月 3 日，广州国民政府经由代总统李宗仁和行政院长孙科批准，由财政部长兼中央银行总裁徐堪相继发布《金融改革案》和《币制改革令》，再次改革币制，小范围发行银圆券。但这两次币制改革因没有触及官僚垄断资本的实际利益而均收效甚微，其金融管控政策软硬无常，摇摆反复，反而加剧了金融危机，彻底动摇了社会各阶层对国民政府的信心，加速了国民政府在大陆统治的终结。

在 1919—1949 年间的新民主主义革命时期，中国共产党出于斗争需要非常重视对财政金融的管控。第二次国内革命战争时期（即土地革命时期），1931 年 11 月 7 日，中华苏维埃共和国（Кита́йская Сове́тская Респу́блика，Soviet Republic of China）在江西省瑞金（时称"瑞京"）成立。其组织结构几乎完全仿苏联体制，即由中华苏维埃代表大会及其中央执行委员会和主席团为最高政权机关，人民委员会为最高行政机关，中央审计委员会为最高监察机关。人民委员会下设财政人民委员会（简称"财委会"），主管财政金融事务。1932 年 2 月 1 日，中华苏维埃共和国国家银行（即中央银行，简称"国家银行"）在江西省瑞金叶坪成立，毛泽民任首任行长。国家银行隶属于财委会，下设总务处、业务处、没收征集委员会、造币厂等部门以及兑换处等分支机构，负责统一发行货币、发行公债、代理国库和管控金融，并承担部分商业银行功能。国家银行不承认国民政府发行的货币，实行独立自主的货币政策和管控体制。1932 年 7 月 7 日，国家银行在各根据地货币基础上统一货币制式，印制和发行中华苏维埃共和国国家货币（简称"国币"）。1932—1933 年，国家银行先后分两批发行"革命战争公债"和"经济建设公债"，总额达 480 万元国币。其间，国家银行还陆续颁布《定期放款暂行规定》和《定期抵押放款暂行规定》等法规，规范根据地金融信贷活动，支持武装斗争和根据地经济社会建设。1935 年 10 月 19 日，国家银行随中央红军长征至陕北吴起镇。不久与原陕甘晋银行合并，成立"中华苏维埃共和国国家银行西北分行"（简称"西北分行"），时任中央财政部长的林伯渠兼任行长。

抗日战争爆发后，出于民族统一战线需要，西北分行改称"陕甘宁边区银行"（简称"边区银行"或"边行"），一度停止发行国币而改用国民政府法币。1938 年 6 月，为缓解辅币供应紧张，陕甘宁边区政府授权边行以光华商店为名，发行"光华商店代用券"。1941 年 1 月 28 日，为打破封锁，边区政府通过"发行边币、禁止法币在边区内流"的决议，授权边行在光华商店代用券基础上发行陕甘宁边区银行币（简称"边币"）。边币是陕甘宁边区唯一合法货币，边币的发行使得边区政府完全拥有了独立自主的货币发行管控权。同时，敌后各抗日根据地也相应发行各自货币，如晋察冀边行的"晋察冀边币"、冀南银行的"冀南银行币"（又称"冀南币"或"冀钞"）、山东抗日根据地北海银行的"北海银行币"等。1944 年，为防范法币贬值累及边币，边区政府授权边行以边区贸易公司名义发行"商业流通券"直至抗战胜利。

解放战争时期，由于战争原因，各解放区皆发行各自货币，造成币种和币制混乱的局面。1947 年 4 月 16 日，中共中央决定设立华北财经办事处，统一华北各解放区财经政策，调剂各区财经关系和收支。同年 10 月 24 日，华北财经办事处（简称"华北财办"）正式成立，董必武任办事处主任，统一领导华北区财经工作，统一各解放区货币，负责解放区金融管控。1948 年 12 月 1 日，在原华北银行、北海银行和西北农民银行的基础上，于河北省石家庄市成立了中国人民银行（The People's Bank Of China，简称"人行"或"央行"），发行统一的人民币（即第一套人民币），并随解放战争进程逐步推广至全国，成为中国（区）除西藏、台湾、香港和澳门以外大陆境内唯一合法货币。1949 年 2 月，人行总行迁址北京。1949 年 9 月 30 日，中国人民政治协商会议第一届全体会议通过《中华人民共和国中央人民政府组织法》。该法规定，人行具有国家银行职能，是政务院直属行政事业单位，接受财经委指导，会同财政部，负责发行国家货币、经理国家金库、管理国家金融、稳定金融市场、支持经济恢复和国家重建。人行成立和人民币的统一发行，是中国（区）现代金融史上最为重要的事件之一。它为新中国的诞生做好了必要的金融基础准备，其深远影响直至今天。

1949 年 10 月 1 日，中华人民共和国成立，中央人民政府作为最高国家政权机关，全面管理国家事务。它下设中央人民政府委员会（最高政权决策机构）和政务院（后改为国务院），是国家政务的最高执行机关。政务院下设财政经济委员会（简称"财经委"），财经委统辖财政部，负责全国财政、税收和金融管控。这样，新中国统一的金融管控体制初步奠定。

在 1949—1952 年国民经济恢复时期，根据中央人民政府授权，人行既作为中央银行，行使央行职能，同时又承担商业银行的部分职能，直接介入经济运行和社会生活。到 1952 年，人行建立了全国垂直型组织机构体系，业务网点遍布全国；统一并高度集中货币发行管理，强化人民币国家本位币地位，禁止外币、金圆券和银圆券流通使用；没收官僚资本，接管官办银行和外资银行，取消外资银行特权，整顿民族金融业；会同国家经济主管部门协同治理通货膨胀；实施较为严格的金融管控，严厉打击黑市非法交易。同时，人行面向普通大众，积极开展存款、放款、汇兑和外汇业务，加强现金管理，促进城乡物资交流，规范社会资金融通，维护了国家金融主权，保证了国民经济的顺利恢复和国家金融秩序的稳定。

1953—1956 年社会主义改造时期，通过公私合营，人行主导吸收合并了中资银行、钱庄、典当行等民族金融业既有业态，组建成新的城镇合作社集体所有制经营业态，实行"统存统贷"，专营短期信贷、有偿资金和超定额资金，而由财政主管部门负责长期信贷、无偿调拨资金和定额流动资金。这样，全国集中统一、自上而下的综合信贷计划管理体制就形成了，并一直延续到 1979 年改革开

放时期。

1952 年 11 月 15 日，国家计划委员会（即今国家发展和改革委员会）成立，负责制定和组织实施包括金融在内的全国经济工作。1956 年 5 月，国家经济委员会成立，负责全国工业和交通运输业（后扩大到全面经济运行）的宏观管控。由此，新中国建立了较为完备的现代经济与金融管控体制。之后虽经反复调整，其中部分基本功能仍然一直延续至今。罗明雄等人（2013）认为，该体制是仿照苏联模式建立的高度集中的"大一统"金融管控体制。

中国（区）当代（1979 年至今）的金融管控体制

当代中国（区）金融管控体制是新兴经济体国家中最为典型的，它与美国金融管控体制一样采用分业管控体制。

1979 年，中国（区）开始探索金融体制改革。中国人民银行剥离原有信贷业务，分拨给中国工商银行、中国银行、中国农业银行和中国人民建设银行（即现今的中国建设银行），开始专注于行使中央银行货币发行和金融管控等职能，与同样直属国务院的国家外汇管理局实行同级合署办公。同年 10 月，中国（区）首家信托投资公司中国国际信托投资公司（即现今中信集团前身）成立，标志着中国（区）信托投资行业从传统银行业分离出来，正式形成独立的经营主体。1981 年 4 月，中国东方租赁有限公司成立，标志着融资租赁业正式进入中国（区）金融业体系中。1983 年 9 月，中国人民保险公司（即现今中国人民财产保险有限公司和中国人寿保险有限公司的共同前身）开始独立经营。1990 年 12 月 1 日，深圳证券交易所（深交所）试营业。同月，上海证券交易所（上交所）正式营业。1991 年 7 月 3 日，深交所 7 个月后正式营业。1993 年，国务院发布《关于金融体制改革的决定》，中国人民银行进一步强化金融调控、金融监管和金融服务职责，划转政策性业务和商业银行业务。这样，中国（区）金融业开始确立分业经营的业态体系。

中国（区）金融业分业经营体系的确立，直接推动了中国（区）金融分业管控机构体制的形成。1992 年 10 月，中国证券监督管理委员会（证监会）成立，标志着中国（区）证券行业分业管控体制的建立。1997 年 11 月，国务院召开全国金融工作会议，正式将原归中国人民银行的证券管控职能转划证监会统一行使。1998 年 11 月，中国保险监督管理委员会（保监会）成立，负责管控全国商业保险机构。2003 年 4 月 28 日，中国银行业监督管理委员会（银监会）成立，标志着中国（区）银行业管控职能从中国人民银行职能体系中脱离出来，银监会直属国务院，经国务院授权，面向除中国人民银行之外的中国（区）所有银行（包括国有商业银行、股份制商业银行、政策性银行、邮政储蓄银行等）、信托投资公司、资产管理公司、金融租赁公司、企业集团财务公司、汽车金融公司、农村金融合作社和其他存款类金融机构及其分支机构，以及中国（区）内设立的外资银行、合作银行及其分支机构等。至此，以"一行三会"（即中国人民银行、银监会、证监会和保监会）为代表特征的中国（区）金融业分业管控机构体制得以定型。2013 年 8 月 15 日，经国务院批准，中国人民银行牵头，会同银监会、证监会、保监会和外汇管理局联合组建金融监管协调部际联席会议制度。至此，中国（区）分业管控机构体制"走上了制度化、规范化、日常化的轨道"（中国人民银行，2015）。

此外，伴随中国（区）金融业管控机构体制的发展与确立，中国（区）金融管控法律体系也逐步建立和完善。自 1979 年以来，中国（区）陆续制定、颁布和修订了多部金融管控的部门法，主要有：《中国人民银行法》（1995，2003）、《商业银行法》（1995，2003）、《保险法》（1995，2009）、《证券法》（1999，2004）、《证券投资基金法》（2003）、《银行业监督管理法》（2003，2006）等。

《中国人民银行法》明确规定，中国人民银行是中央银行，直属国务院，负责制定和执行货币政策、防范和化解金融风险、维护金融稳定。其金融业务管控方面的具体职责主要有：管理人民币流通；监督管理银行间同业拆借市场和银行间债券市场；实施外汇管理，监督管理银行间外汇市场；监督管理黄金市场；持有、管理、经营国家外汇储备、黄金储备；经理国库；维护支付、清算系统的正常运行等。该法第一章第九条规定，由国务院建立金融监督管理协调机制。该法第五章"金融监督管理"部分规定，当"可能引发金融风险时，为了维护金融稳定，中国人民银行经国务院批准，有权对银行业金融机构进行检查监督"。

《银行业监督管理法》明文规定，由"国务院银行业监督管理机构负责对全国银行业金融机构及其业务活动监督管理的工作"。这里提及的"国务院银行业监督管理机构"即银监会。该法规定，银行业监督管理应"促进银行业的合法、

稳健运行，维护公众对银行业的信心，保护银行业公平竞争，提高银行业竞争能力"。该法还要求，银行业监督管理机构应"和中国人民银行、国务院其他金融监督管理机构建立监督管理信息共享机制"，并"可以和其他国家或者地区的银行业监督管理机构建立监督管理合作机制，实施跨境监督管理"。该法第三章规定，银行业金融机构应"严格遵守审慎经营规则，包括风险管理、内部控制、资本充足率、资产质量、损失准备金、风险集中、关联交易、资产流动性等内容"。

4.2.3.3.2 中国（区）互联网金融管控体制

互联网金融在中国（区）出现后，特别是自 2009 年以来，中国（区）金融管控部门对其的重视程度不断加强，相应颁布多项法规法令（含条例、管理办法、通知、暂行规定、准入标准等），管控力度逐渐加大。

互联网金融总体分类管控体制

2013 年 8 月 2 日，中国人民银行在本年度《二季度中国货币政策执行报告》中正式提出"互联网金融"的概念，并谈及其发展情况。

2013 年 8 月 20 日，国务院宣布，建立由中国人民银行、银监会、证监会、保监会、国家外汇管理局等组成的金融监管协调部际联席会议制度。该制度正式确立了中国人民银行作为国家金融管控体制中首要组织机构的地位。

同年，中国人民银行副行长胡晓炼对外公布了中国（区）金融管控的五个方向，即：（1）加强与国家货币政策的协调；（2）防止监管套利；（3）防范系统性风险；（4）跨市场创新的协调监管；（5）建立全覆盖的统计体系以加强信息共享。他特别提到了对 P2P 网贷平台、小额网络贷款公司、货币基金等新兴互联网金融业态和金融工具应进行监管政策的协调。

2015 年 7 月 18 日，由中国人民银行牵头，国家工业和信息化部、公安部、财政部、国家工商总局、国务院法制办公室、中国银行业监督管理委员会、中国证券监督管理委员会、中国保险监督管理委员会、国家互联网信息办公室等 10 部委联合发布《关于促进互联网金融健康发展的指导意见》（银发 [2015]221 号）。该意见将"分类监管"和"协同监管"作为指导原则，要求对互联网支付、网络借贷、股权众筹融资、互联网基金销售、互联网保险、互联网信托和互联网消费金融等新兴互联网金融业态或业务模式进行分类监管。

该意见第二、三部分明文规定：

第一，中国人民银行负责监管互联网支付业务，并会同有关部门，牵头负责建立和完善互联网金融数据统计监测体系，组建中国互联网金融协会，会同金融监管部门负责监管客户资金第三方存管，会同金融监管部门和有关行政执法部门负责保护互联网金融领域消费者和投资者权益，牵头负责监管从业机构履行反洗钱义务；

第二，工信部负责监管互联网金融业务涉及的电信业务；

第三，公安部牵头负责打击洗钱、非法集资和其他互联网金融犯罪的工作；

第四，财政部负责监管互联网金融从业机构财务政策，统筹落实和完善互联网金融财税政策；

第五，工商总局负责支持互联网企业依法办理工商注册登记，维护互联网金融市场秩序，保护消费者权益，保护互联网从业机构专利、商标等知识产权；

第六，国务院法制办负责互联网金融领域立法研究，会同有关部门，制定相关管理规章，营造有利于互联网金融发展的良好制度环境；

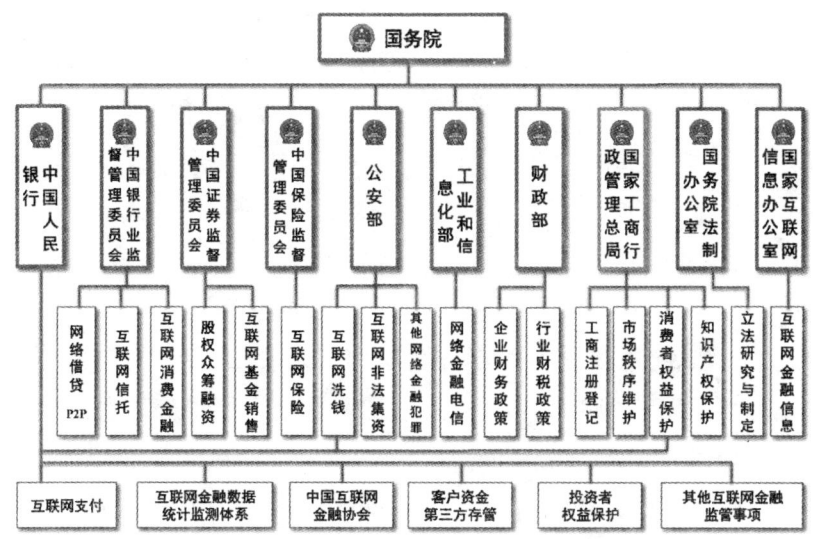

图4-3 互联网金融管控体制框架示意图

资料来源：中国人民银行. 中国人民银行等十部委发布《关于促进互联网金融健康发展的指导意见》[EB/OL]. 中国人民银行官网"沟通交流／新闻"栏目：http://www.pbc.gov.cn/publish/goutongjiaoliu/524/2015/20150718104243891567/20150718104243894831567_.html，2015-07-18发布，2015-07-18检索．：中国人民银行金融稳定分析小组. 2015中国金融稳定报告 [R]. 北京：中国金融出版社，2015.：北京大学市场经济研究中心互联网金融管控创新研究课题组，2015.

第七，银监会负责监管网络借贷业务、互联网信托业务和互联网消费金融业务；

第八，证监会负责监管股权众筹融资业务、互联网基金销售业务；

第九，保监会负责监管互联网保险业务；

第十，国家网信办负责监管金融信息服务、互联网信息内容等业务。

该意见属于跨领域的部门法规，是迄今为止中国（区）互联网金融管控最新、最为全面和最为权威的管控行政法规，充分体现出中国（区）金融业分业管控体制的特征。该意见的出台，正式确立了中国（区）互联网金融产业管控体制未来一个时期的基本格局，对中国（区）互联网金融产业发展将起到巨大影响，见图4-3。该意见未对互联网货币和互联网金融征信等给予关注和制定必要管控政策措施。

互联网支付管控体制

2010年6月14日，中国人民银行发布《非金融机构支付服务管理办法》（中国人民银行令［2010］2号），共分为5章50条。该办法对非金融机构的市场支付业务作出了十分全面的规定，是迄今为止中国（区）支付领域最为权威、详尽和严格的部门法规。该办法将"互联网支付"连同"移动电话支付"等均划归"网络支付"范畴，并将网络支付作为非金融机构支付服务的首要部分。办法规定，非金融机构提供网络支付，必须取得《支付业务许可证》，即获得行业准入资格；必须接受人民银行监管；未经人民银行批准，任何非金融机构和个人不得从事或变相从事支付业务；支付货币资金转移应委托银行业金融机构办理，不得自行或相互之间存放或委托其他支付机构。办法要求，非金融机构应审慎经营，建立健全风险管理和内部控制制度；接受人民银行现场检查和非现场检查；具备必要的技术手段、灾难恢复处理能力和应急处理能力，确保业务的连续性；保守客户的商业秘密，不得对外泄露等。办法第22条至第30条详细规定了非金融支付机构的客户备用金管理事项。办法还对非金融支付机构的违规违法行为作出了明确严厉的罚则规定。

同年12月1日，人民银行发布《非金融机构支付服务管理办法实施细则》（中国人民银行公告［2010］17号），共42条。该细则在《非金融机构支付服务管理办法》的基础上，对非金融机构申请资格、业务管理事项、信息披露、客户权益保障以及反洗钱措施等方面内容作了详细补充和说明。

2011年6月16日，人民银行又发布《非金融机构支付服务业务系统检测认证管理规定》（中国人民银行公告［2011］14号），分5章22条。该规定在上述两个法规的基础上，专门针对非金融支付机构的信息安全管理与技术风险防范作出了明确规定。至此，人民银行作为支付领域最高主管部门，在上述三个法规中确立了互联网支付管控的基本法律构架，使得自2003年以来兴起的互联网支付行业能够做到有法可依、有法可循。

2013年3月19日，中国支付清算协会发布《支付机构互联网支付业务风险防范指引》（中支协网络支付发［2013］2号），共分10部分。该指引针对互联网支付的业务风险在风险管理体系、内部控制制度、信息系统安全、风险事件应急处理、风险信息共享、反洗钱和反恐怖融资等方面都作出了比较详尽的规定，成为中国（区）互联网支付领域的权威行业规则。该指引还对业务风险的监控提出了若干具体指标作为支付机构工作参考。

2015年7月18日，中国人民银行等十部委联合发布《关于促进互联网金融健康发展的指导意见》。该指导意见明确提出和定义了"互联网支付"的概念，并将其服务范围限制为"小额、快捷、便民小微支付服务"。该意见允许银行业金融机构和第三方支付机构在遵守现行法律法规和监管规定的前提下均可从事互联网支付业务，强调与其他机构合作的第三方支付机构应清晰界定各方权利义务关系。该意见要求，支付机构应建立有效的风险隔离机制和客户权益保障机制，应向客户充分披露信息和清晰提示风险。该意见明确由人民银行负责监管互联网支付业务。

2015年7月31日，人民银行发布《非银行支付机构网络支付业务管理办法（征求意见稿）》，共分7章57条。这是迄今为止中国（区）专门针对互联网支付制定的部门政策。此外，人民银行还同时发布了《非银行支付机构网络支付业务管理办法有关条款释义（征求意见稿）》和《关于向社会公开征求〈非银行支付机构网络支付业务管理办法〉意见的公告》，并要求2015年8月28日前社会意见征集完毕。该意见稿在之前相关法规政策的基础上，对互联网支付进行了更为全面、系统和深入的审视和考量，将以往"非金融（支付）机构"明确限定为"非银行支付机构"，重新定义了部分支付领域的概念如"支付机构"、"网络支付业务"、"支付账户"等,并提出一些较新提法如"收款客户特定专属设备"、"支付账户"、"单位客户"、"个人客户"和"客户本人"等。该意见稿还吸收和反映了海内外支付领域实际操作业务中一些基本原则、有益的理念和做法如"保障客户权益原则"、"账户实名制管理"、"'了解你的客户'原则"、"审慎性原则"、"客户'自愿开立、自担风险'原则"、"交易资金'原路返回'规定"、"客户信息'最小化'原则"、"支付机构先行赔付"等。但该意见稿未明确区分"网络支付业务"与"网络支付"、"互联网支付"、"网络支付服务"的差异。

该意见稿中对互联网支付作出的重大管控措施主要有:(1)非银行支付机构开展网络支付业务,必须获得互联网支付业务许可;(2)非银行支付机构不得涉足现金存取、信贷、融资、理财、担保、货币兑换等金融业务,因此也不受《存款保护条例》等相关法律法规保护;(3)非银行支付机构未经银行客户身份及交易验证,不得从事单笔金额小于200元人民币的业务;(4)个人客户在非银行支付机构开立账户,综合类账户需至少5个合法外部确认(即含非银行支付机构以外的公安、工商、教育、财税、商业银行和征信机构等),消费类账户需至少3个合法外部确认;(5)个人客户在非银行支付机构开立综合类账户,年支付额不得超过20万元人民币,消费类账户年支付额不得超过10万元人民币,超额部分改由银行支付;(6)客户单日支付交易通过2个要素(即含静态密码、数字证书、电子签名、一次性密码和指纹识别等)验证的,日支付额不得超过5000元人民币;不足2个要素验证的,日支付额不得超过1000元人民币;(7)中国人民银行及其分支机构是非银行支付机构的管控部门,每两年定期审查;(8)非银行支付机构从事互联网支付创新,须提前至少30天向人民银行报告;(9)非银行支付机构应加入中国支付清算协会,接受该协会管理;等等。由此可以看出,该意见稿将非银行支付机构的客户对象及业务活动范围都与银行作了十分明确的分割,前者仅限于小微客户,而且开立账户资格十分严格,从而保护了银行的客户基本面,以保证互联网支付不会导致银行客户流失。该意见稿对非银行支付机构的业务流程与环节、支付类别与数额等方面均设立了多重交叉限制,管控措施极为严格,在最大限度防范风险的同时也会对非银行支付机构开展和扩大业务造成不便。可以说,该意见稿是一个对银行和消费者具有较大保护性、侧重支付市场秩序稳定的部门政策。

中国（区）涉及互联网支付的相关适用法律法规还有：

■《支付结算办法》（银发［1997］393 号，1997 年 9 月 9 日制定）；

■《关于办理妨害信用卡管理刑事案件具体应用法律若干问题的解释》（法释［2009］19 号，2009 年 10 月 12 日最高人民法院审判委员会第 1475 次会议和 2009 年 11 月 12 日最高人民检察院第 11 届检察委员会第 22 次会议制定）；

■《国务院办公厅转发人民银行监察部等部门关于规范商业预付卡管理意见的通知》（国办发［2011］25 号，2011 年 5 月 23 日制定）；

■《支付机构反洗钱和反恐怖融资管理办法》（银发［2012］54 号，2012 年 3 月 5 日制定）；

■《单用途商业预付卡管理办法（试行）》（商务部令第 9 号，2012 年 8 月 24 日制定）；

■《支付机构预付卡业务管理办法》（中国人民银行公告［2012］12 号，2012 年 9 月 27 日制定）等。

上述相关法律法规中，第二项为国家司法解释，具有特定法律指向，适用于部门法律诉讼范畴；其余各项均为国务院下属机构制定的行政法规，属于部门法规范畴。

互联网借贷管控体制

这里所提的"互联网借贷"即指 P2P 网贷和网络小额贷款等新兴互联网金融业态。

2011 年 8 月 25 日，中国银行业监督管理委员会发布《中国银监会办公厅关于人人贷有关风险提示的通知》（银监办发［2011］254 号）。这是银监会首次明确提到"Peer to Peer"（P2P），并将其称为"人人贷信贷服务中介"。通知以海内外实践为依据，列举了 P2P 存在的种种问题和风险：影响国家产业宏观调控效果；容易演变为非法金融机构；业务风险难以控制；影响银行声誉；监管职责不清；法律性质不明；信用风险偏高；贷款质量低于银行；所从事房地产二次抵押业务存在风险隐患等。通知要求，建立银行与 P2P 之间的"防火墙"，防止银行涉足 P2P 业务，商请工商部门严查 P2P 以维护银行信誉。

2013 年 12 月 18 日，上海市网络信贷服务业企业联盟发布《网络借贷行业

准入标准》，分为 11 章 47 条。这是中国（区）第一个行业自律标准，同时也是中国（区）第一个地方行业自律标准。该标准明确提及并重新解释了"网络借贷"概念，提及"网络借贷服务机构"的提法，并声明标准只适用于联盟成员单位。该标准对作为网络借贷服务机构的联盟成员单位在高层人员任职资格、经营条件、经营规范、风险防范、信息披露、出借人权益保护、征信以及行业监督等方面都提出了基本要求。该标准强调，网络借贷服务机构应具备必要的技术手段，其自有资金应与出借人资金隔离，不得设立资金池，严防非法集资和非法吸收公众存款，控制流动性风险、信用风险、操作风险和市场风险。通过该标准可知，虽然它是上海市地方行业自律标准，但同时会接受上海市经济和信息化委员会以及上海市金融服务办公室的管控。

2015 年 7 月 18 日，中国人民银行等十部委在《关于促进互联网金融健康发展的指导意见》中明确提及"网络借贷"的概念，指出"网络借贷包括个体网络借贷（即 P2P 网络借贷）和网络小额贷款"。该指导意见对"个体网络借贷"进行了解释，将其明确界定为"民间借贷"，指出个体网络借贷机构性质属于信息中介，其仅能为借贷双方提供信息服务，不得提供增值服务，不得非法集资。该意见同样解释了"网络小额贷款"的概念，要求网络小额贷款机构应遵守现有小额贷款公司监管规定，努力降低客户融资成本。该意见明确由银监会负责监管网络借贷业务。

以上是目前中国（区）颁布的直接涉及互联网借贷的部门法规和地方自律标准。目前，直接关于互联网借贷的部门上位法规还在制定之中，尚未正式出台。此外，涉及民间借贷的相关法律法规还有：

■《刑法》（1979）及历年《刑法修正案》（1997，1999，2001，2002，2005，2006）中关于"擅自设立金融机构罪"、"高利转贷罪"、"非法吸收公众存款罪"、"违法发放贷款罪"、"金融诈骗罪"（含"集资诈骗罪"、"贷款诈骗罪"等）、"违规不披露重要信息罪"、"背信运用受托财产罪"和"非法经营罪"等若干条款规定；

■《民法通则》（1986，2008，2009）中关于"民事权利"、"债权"、"合法借贷关系"、"违反合同的民事责任"和"侵权的民事责任"等若干条款规定；

■最高人民法院《关于人民法院审理借贷案件的若干意见》（法民〔1991〕

21 号，1991 年 8 月 13 日发布）；

■《合同法》（1999）中关于"合同的履行"、"合同的变更和转让"、"借款合同"和"居间合同"等若干条款规定；

■《中国人民银行办公厅关于高利贷认定标准问题的函》（银办函〔2001〕182 号，2001 年 4 月 4 日发布）；

■《中国人民银行关于取缔地下钱庄及打击高利贷行为的通知》（银发〔2002〕30 号，2002 年 1 月 31 日发布）；

■中国银行业监督管理委员会和中国人民银行《关于小额贷款公司试点的指导意见》（银监发〔2008〕23 号，2008 年 5 月 4 日发布）；

■《最高人民法院最高人民检察院公安部关于办理非法集资刑事案件适用法律若干问题的意见》（2014 年 3 月 25 日发布）等。

此外，除上海之外，北京、内蒙古、浙江、江苏、海南、云南等地还制定了本地民间借贷、民间融资和小额信贷等自律规章制度。

众筹管控体制

2014 年 12 月 18 日，中国证券业协会发布《私募股权众筹融资管理办法（试行）（征求意见稿）》。这是中国（区）关于众筹的第一个非正式专项行业管理规则。同日，中证协还发布《关于〈私募股权众筹融资管理办法（试行）（征求意见稿）〉的起草说明》和《关于就〈私募股权众筹融资管理办法（试行）（征求意见稿）〉公开征求意见的通知》（中证协发〔2014〕236 号），要求 2014 年底前结束社会意见征求。该意见稿分 7 章 29 条。意见稿提及并重新定义了"私募股权众筹融资"和"股权众筹融资互联网平台"（简称"股权众筹平台"）等概念，明确规定股权众筹平台的融资者仅为中小微企业及其发起人。意见稿严禁股权众筹平台兼营 P2P 网贷和网络小额贷款业务，禁止涉足自融、关联方融资、对外担保、股权转让、证券承销、投资顾问和资产管理等业务。意见稿对股权众筹融资的投资者提出了比较严格的限制，要求投资者个人金融资产不少于 300 万元人民币或连续 3 年个人收入在 50 万元人民币以上，单位净资产不少于 1 000 万元人民币，投资者单个项目投资不低于 100 万元人民币。意见稿明确指明，中国证券业协会是管理股权众筹融资行业的自律性组织，其所属中证资本市场监测中心有限责任公司（简称"市场监测中心"）为具体执行机构。

2015 年 7 月 18 日，中国人民银行等十部委联合发布《关于促进互联网金融健康发展的指导意见》。该指导意见明确提出和界定了"股权众筹融资"的概念与范围，指出"股权众筹融资主要是指通过互联网形式进行公开小额股权融资的活动"，股权众筹融资方"应为小微企业"。该意见肯定了股权众筹融资的创新意义和作为多层次资本市场有机组成部分来服务创新创业企业的积极作用。该意见强调，股权众筹融资必须"在符合法律法规规定前提下"，"通过股权众筹融资中介机构平台（互联网网站或其他类似的电子媒介）进行"；股权众筹融资中介机构应"向投资人如实披露企业的商业模式、经营管理、财务、资金使用等关键信息，不得误导或欺诈投资者"；投资者"应当充分了解股权众筹融资活动风险，具备相应风险承受能力，进行小额投资"。该意见明确由证监会负责监管股权众筹融资业务。除此之外，截止到目前，尚未有直接关于众筹的法律法规正式出台。

此外，中国（区）涉及众筹的相关管控法律、法规、政策主要还有：

■《刑法》（1979）及历年《刑法修正案》（1997，1999，2001，2002，2005，2006）中关于"擅自设立金融机构罪"、"非法吸收公众存款罪"、"金融诈骗罪"（含"集资诈骗罪"等）、"违规不披露重要信息罪"、"背信运用受托财产罪"和"非法经营罪"等若干条款规定；

■《公司法》（1993）及历年《公司法修正案》（1999，2004，2005，2013）中关于"有限责任公司由五十个以下股东出资设立"、"设立股份有限公司，应当有二人以上二百人以下为发起人"等若干条款规定；

■《非法金融机构和非法金融业务活动取缔办法》（国务院令第 247 号，1998 年 7 月 13 日）；

■《中国人民银行关于取缔非法金融机构和非法金融业务活动中有关问题的通知》（银发〔1999〕41 号，1999 年 1 月 27 日）；

■《国务院办公厅关于严厉打击非法发行股票和非法经营证券业务有关问题的通知》（国办发〔2006〕99 号，2006 年 12 月 12 日）；

■《最高人民法院最高人民检察院公安部关于办理非法集资刑事案件适用法律若干问题的意见》（2014 年 3 月 25 日发布）等。

互联网证券基金管控体制

2003 年 10 月 28 日，第十届全国人民代表大会常务委员会第五次会议通过《中华人民共和国证券投资基金法》（2012 年修订），这是中国（区）证券投资基金领域的国家立法。该法明确规定，国务院证券监督管理机构（即中国证券监督管理委员会）是中国（区）证券投资基金行业的管控部门，同时该法还规定，基金行业协会作为社会团体法人，是中国（区）证券投资基金行业的自律性组织。该法提及了"封闭式基金"、"开放式基金"、"公开募集基金"、"非公开募集基金"、"合格投资者"等概念。该法要求，基金管理人运用基金财产进行证券投资，应遵守审慎经营原则，有效防范和控制风险；基金须设有专门的基金托管部门，并应具有完善的内部稽核监控制度和风险控制制度。该法特别提出，非公开募集基金不得通过互联网向不特定对象宣传推介。

2013 年 3 月 15 日，中国证监会发布《证券投资基金销售机构通过第三方电子商务平台开展业务管理暂行规定》（证监会公告〔2013〕18 号）。该规定属部门法规，共分 18 条。规定以"公开募集证券投资基金"为管控客体，提及了"第三方电子商务平台"的概念。规定要求，第三方电子商务平台提供基金销售辅助服务，必须具有健全的组织机构、业务规则、规章制度，必须具有完善的内部控制和风险管理制度。规定提出了监管谈话、出具警示函、记入诚信档案、责令整改、暂停办理业务等行政监管措施。

2015 年 7 月 18 日，中国人民银行等十部委在《关于促进互联网金融健康发展的指导意见》中明确提及"互联网基金销售"的概念。意见指出，"基金销售机构与其他机构通过互联网合作销售基金等理财产品的，要切实履行风险披露义务，不得通过违规承诺收益方式吸引客户"；基金管理人应"采取有效措施防范资产配置中的期限错配和流动性风险"；"基金销售机构及其合作机构通过其他活动为投资人提供收益的，应当对收益构成、先决条件、适用情形等进行全面、真实、准确表述和列示，不得与基金产品收益混同"。意见特别对第三方支付机构开展互联网基金销售作出规定，指出其应"遵守人民银行、证监会关于客户备付金及基金销售结算资金的相关监管要求"，其客户备付金"只能用于办理客户委托的支付业务，不得用于垫付基金和其他理财产品的资金赎回"。该意见明确由证监会负责监管互联网基金销售业务。

除上述法规外，中国（区）涉及互联网证券基金的相关管控法律、法规、

政策主要还有：

■《证券法》（1998）及历年《证券法修正案》（2004，2005，2013）中关于"擅自发行证券责任"、"承销或者代理买卖未经核准的证券的责任"、"非法从事证券自营业务的处罚"、"混合业务操作的处罚"、"欺诈责任"和"证券服务机构的失职责任"等若干条款规定；

■《国务院关于证券投资基金管理公司有关问题的批复》（国函〔2004〕66号，2004年8月12日）；

■《国务院办公厅关于严厉打击非法发行股票和非法经营证券业务有关问题的通知》（国办发〔2006〕99号，2006年12月12日）；

■《证券投资基金销售业务信息管理平台管理规定》（证监基金字〔2007〕76号，2007年3月15日发布）；

■最高人民法院、最高人民检察院、公安部、证监会《关于整治非法证券活动有关问题的通知》（2008年1月2日发布）；

■《开放式证券投资基金销售费用管理规定》（证监会公告〔2009〕32号，2009年12月14日发布；证监会公告〔2013〕26号，2013年6月6日）；

■《证券投资基金销售结算资金管理暂行规定》（附：《基金销售结算资金划转流程》，证监会公告〔2011〕26号，2011年9月23日）；

■《证券投资基金管理公司管理办法》（证监会令第84号，2012年9月20日）；

■《证券投资基金销售管理办法》（证监会令第91号，2013年3月15日）；

■《国务院关于管理公开募集基金的基金管理公司有关问题的批复》（国函〔2013〕132号，2013年12月10日）等。

互联网保险管控体制

2011年4月15日，中国保险监督管理委员会发布《互联网保险业务监管规定（征求意见稿）》，共分6章47条。该意见稿是中国（区）首个关于互联网保险的非正式部门政策。该意见稿首次明确提及"互联网保险"的概念以及"互联网保险业务"、"保险专业中介机构"、"自办网站"、"非自办网站"等一系列相关概念。该意见稿明确规定了从事互联网保险业务的资质条件、经营规则、监督检查和法律责任等方面规范。意见稿要求，保险公司、保险专业中介机构开展互联网保险业务，须具有健全的互联网保险业务管理制度，包括业务交易安全保障、产品及宣传管理、保险单证管理、保险合同承保、保全、退保和理赔管理、业务收支管理、教育培训、合规管控、反洗钱、投诉及应急处理等方面的管理制度。意见稿还要求建立可靠的网络信息安全管理体系。

2011年9月20日，中国保监会发布《保险代理、经纪公司互联网保险业务监管办法（试行）》（保监发〔2011〕53号），共分17条。该办法以保险代理、经纪公司为管控对象，对其行业准入资格、经营规范、信息披露、监督管理和法律责任等方面都作了具体规定。该办法要求，保险代理、经纪公司开展互联网保险业务，须设置"投保人点击确认"环节，在投保流程中须设定"投保人阅读免责条款"内容，履行"明确说明"的义务。该办法还要求，保险代理、经纪公司应具备健全的网络信息安全管理体系及安全技术，具有防火墙、入侵检测、加密、第三方电子认证、数据备份等功能和故障恢复的技术手段。

2013年8月13日，保监会又发布《中国保监会关于专业网络保险公司开业验收有关问题的通知》（保监发〔2013〕66号），共有11条。该通知明确提出"专业网络保险公司"的概念，并将这一新兴保险业态作为管控对象。该通知要求，专业网络保险公司开业须建立具有支持投保、报价、承保、支付、理赔和客户服务等业务流程的电子商务系统和核心业务系统等应用系统，并建立相应管理规范；专业网络保险公司应建立健全日志留痕功能，保留交易相关日志；其网上电子商务、交易系统应与其内部财务系统、其他核心业务系统以及合作单位网络、信息系统有效隔离，以避免风险传递与蔓延。

2015年7月18日，中国人民银行等十部委在《关于促进互联网金融健康发展的指导意见》中明确提及"互联网保险"和"专业互联网保险公司"的概念。意见提出，保险公司开展互联网保险业务，应"遵循安全性、保密性和稳定性原则，加强风险管理，完善内控系统，确保交易安全、信息安全和资金安全"。意见要求，保险公司应"建立对所属电子商务公司等非保险类子公司的管理制度，建立必要的防火墙"。意见强调，保险公司"通过互联网销售保险产品，不得进行不实陈述、片面或夸大宣传过往业绩、违规承诺收益或者承担损失等误导性描述"。该意见明确由保监会负责监管互联网保险业务。

据报道，2015年7月23日，保监会非正式下发《互联网保险业务监管暂行办法》，办法共分 29 条。该办法在以往相关部门法规的基础上，全面审定和规范了互联网保险业务领域的管控内容。办法重新定义了"互联网保险业务"和"保险机构"的概念，提出了"自营网络平台"和"第三方网络平台"等较新提法，并明确界定了互联网保险的经营范围。办法要求，从事互联网保险业务的保险机构自营网络平台或第三方网络平台，必须具有支持互联网保险业务运营的信息管理系统，建立互联网信息安全管理体系，信息管理系统必须具有完善的防火墙、入侵检测、数据加密以及灾难恢复等功能，必须实现与保险机构核心业务系统的无缝实时对接，并确保与保险机构内部其他应用系统的有效隔离，避免信息安全风险在保险机构内外部传递与蔓延。办法第 26 条明确规定，中国保监会统筹负责互联网保险业务的监管，各保监局负责辖区内互联网保险业务的日常监测与监管，并经保监会授权以谈话和发监管函等方式检查保险机构。该办法有望不久成为正式部门法规。

除以上两个法规之外，保监会还陆续发布了关于互联网保险的一些部门法规，主要有：

■《保险法》（1995）及历年《保险法修正案》（2002，2009）中关于"保险公司"、"保险合同"、"保险经营规则"、"保险代理人和保险经纪人"、"保险业监督管理"和"法律责任"等若干条款规定；

■《关于保险资金投资有关金融产品的通知》（保监发〔2012〕91 号，2012 年 10 月 12 日发布）；

■《加强网络保险监管工作方案》（2014 年 1 月 16 日发布）等。

互联网信息技术安全管控体制

互联网在中国（区）的日益普及与深入发展，在提高信息处理效率和服务经济社会发展方面产生了巨大推动作用，同时也蕴含着虚拟化所带来的技术风险。互联网金融新兴业态出现之后，这种技术风险更为突出。因而，中国（区）信息管理和金融管控部门相继出台一系列部门法规，加强对互联网信息安全的管控。

1994 年 2 月 18 日，国务院颁布《计算机信息系统安全保护条例》（国务院令第 147 号，2011 年 1 月 8 日修改）。该条例共有 31 条。该条例解释了"计算机信息系统"、"计算机病毒"和"计算机信息系统安全专用产品"（杀毒软件等）等概念。该条例明确指明，除军队以外的计算机信息系统安全均归公安部主管；计算机信息系统实行安全等级保护。

2000 年 9 月 25 日，国务院颁布《互联网信息服务管理办法》（国务院令第 292 号）。该办法共分 27 条。该办法解释了"互联网信息服务"的概念，并将其分为"经营性互联网信息服务"和"非经营性互联网信息服务"两类，从事前者实行许可制度，从事后者实行备案制度。该办法规定，信息产业主管部门（即现国家工业和信息化部）主要负责监管互联网信息服务，必要时可会同其他部门联合监管。办法规定，互联网信息服务提供者和互联网接入服务提供者的记录备份应保留 60 日。

2007 年 3 月 6 日，商务部发布《关于网上交易的指导意见》（商务部公告［2007］第 19 号）。该意见解释了"网上交易"、"网上交易参与方"和"网上交易服务提供者"等概念，并将"网上交易服务提供者"区分为"网上交易平台服务提供者"和"网上交易辅助服务提供者"。意见要求，网上交易服务提供者必须遵守国家制定的互联网技术规范和安全规范，建立和完善用户注册制度、平台交易规则、信息披露与审核制度、隐私权与商业秘密保护制度、消费者权益保护制度、广告发布审核制度、交易安全保障与数据备份制度、争议解决机制、不良信息及垃圾邮件举报处理机制等。意见特别强调，服务提供者应采取合理措施，保障使用人的身份信息和账号信息的安全，保证网上交易信息资料的完整性、准确性和安全性。

2007 年 6 月 22 日，公安部、国家保密局、国家密码管理局和国务院信息工作办公室联合发布《信息安全等级保护管理办法》（公通字［2007］43 号）。该办法将信息系统安全保护等级分为 5 级，即在信息系统受到破坏后：（1）损害公民、法人和其他组织的合法权益，但不损害国家安全、社会秩序和公共利益；（2）严重损害公民、法人和其他组织的合法权益，或者损害社会秩序和公共利益，但不损害国家安全；（3）严重损害社会秩序和公共利益，或者损害国家安全；（4）特别严重损害社会秩序和公共利益，或者严重损害国家安全；（5）特别严重损害国家安全。该条例规定，针对上述 5 级安全保护等级，由国家信息安全监管部门相应进行分级管控，即国家信息安全监管部门采取不介入、指导性介入、监督和检查、强制性介入和特别强制性介入。该条例还列举了相关国家信息安全保护标准。

2012 年 4 月 12 日，国家工业和信息化部、全国信息安全标准化技术委员会宣布，由中国软件测评中心等多家联合编制《信息安全技术公共及商用服务系统个人信息保护指南》已编制完毕。这是目前中国（区）最为全面、系统和权威的个人信息安全标准。该标准将个人信息分为个人一般信息和个人敏感信息，并将个人信息处理分为收集、加工、转移、删除4个环节，提出个人信息处理应遵循"目的明确、最少够用、公开告知、个人同意、质量保证、安全保障、诚信履行和责任明确"等8项原则。该标准已于2013年2月1日正式实施。

2014年1月26日，国家工商行政管理总局发布《网络交易管理办法》（国家工商行政管理总局令第60号）。办法共分5章58条。该办法解释了包括"支付结算"、"交易撮合"和"信息发布"等在内的"网络商品交易"、"网络商品交易有关服务"、"网络商品经营者"和"有关服务经营者"等说法，特别提及"第三方交易平台"和"第三方交易平台经营者"的概念。办法要求，为网络商品交易提供网络接入、服务器托管、虚拟空间租用等服务的有关服务经营者，须提供经营资格证明和个人真实信息，其备份保存时间在服务结束后至少延续两年。办法还要求，网络商品经营者、有关服务经营者不得对竞争对手的网站或网页进行非法技术攻击，以造成竞争对手无法正常经营；第三方交易平台经营者应采取必要的技术手段和管理措施，保证平台正常运行。

2015年7月18日，中国人民银行等十部委在《关于促进互联网金融健康发展的指导意见》中明确提到，要"支持大数据存储、网络与信息安全维护等技术领域基础设施建设"。意见要求，从业机构"应当切实提升技术安全水平，妥善保管客户资料和交易信息，不得非法买卖、泄露客户个人信息"。该意见明确由人民银行、银监会、证监会、保监会、工业和信息化部、公安部、国家互联网信息办公室分别负责对相关从业机构的网络与信息安全保障进行监管，并制定相关监管细则和技术安全标准。

互联网货币管控体制

2009年6月4日，文化部和商务部联合发布《关于加强网络游戏虚拟货币管理工作的通知》（文市发［2009］20号），共有26条规定。这是中国（区）较早的互联网货币专项管控法规，属于部门法规范畴。该通知明确了网络游戏虚拟货币的定义，指出它实质上是一种虚拟兑换工具。通知要求，针对网络游戏虚拟货币引发的用户权益缺乏保障、市场行为缺乏监督和使用纠纷频发等问题，应加强管控，规范秩序。该通知提出的主要管控措施有：严格市场准入；规范发行交易；加强市场监督；严惩"盗号"、"私服"、"外挂"、非法获利和洗钱等违法行为。

2013 年 12 月 3 日，中国人民银行牵头，会同工业和信息化部、银监会、证监会和保监会五部委发布《关于防范比特币风险的通知》（银发[2013]289 号），共分 5 条规定，亦属部门法规范畴。通知明确，比特币未经货币当局发行，不具有货币基本属性，不是真正意义的货币，而仅为一种虚拟商品。通知要求，各金融机构应大力维护人民币法定货币地位，不得开展与比特币相关的支付、兑换、储存、托管、抵押、信托、投资和保险等项业务。通知还告诫，应加强对比特币互联网站的管理，防止借机炒作，防范比特币可能产生的洗钱风险，加强对公众的货币知识教育和风险提示。

由此可见，上述两项法规基本规定了中国（区）互联网货币的管控理念、管控体制（主管部门、主管范围及分工等）和管控方法。它们的出台和实施，强化了人民币作为中国（区）唯一合法货币的地位，将互联网货币仅限于网络游戏和民间私人网上买卖的极小范围。

当前，中国（区）涉及互联网货币的相关适用法律法规主要还有：

■《人民币管理条例》（中华人民共和国国务院令第 280 号，1999 年 12 月 28 日制定；国务院令第 653 号，2014 年 7 月 9 日修改）；

■《电信条例》（国务院令第 291 号，2000 年 9 月 20 日制定；国务院令第 653 号，2014 年 7 月 9 日修改）；

■《互联网信息服务管理办法》（国务院令第 292 号，2000 年 9 月 20 日制定）；

■《反洗钱法》（中华人民共和国主席令第 56 号，2006 年 10 月 31 日制定）等。

上述相关法律法规中，最后一项为国家立法，属于部门法范畴；前三项均为国务院制定的行政法规，属于部门法规范畴。

4.3 互联网金融管控机制研究

4.3.1 互联网金融管控机制的定义

本章前文已述，互联网金融管控体系主要由管控体制、管控机制和管控方法构成，而管控体制则又包括管控机构和被管控机构（管控主体）、管控行业、领域和内容（管控客体）、管控法律体系和管控标准体系等，通常侧重于宏观管控层次。管控机制是介于管控体制与管控方法之间的中间制度体系。通常侧重于中观管控层次。实践中，也有将关联度紧密的宏观管控体制中的某些部分如某些公共管理政策措施、某类管控标准体系等作为管控机制的重要组成来看待和应用。

基于以上理解，本书以下给出互联网金融管控机制的正式定义：

互联网金融管控机制（The Mechanisms for Management and Control on Internet Finance）是指在既定互联网金融管控体制中，管控主体以特定的互联网金融机构及其关联方为对象，在其发起设立、业务模式、市场行为等方面予以局部或具体的指导、监督、检查、协调、控制和处置等管理行为的体系化制度。

（定义 4.2）

定义（4.2）中的"互联网金融管控体制"同定义（4.1），所谓"既定"意为"已设定"、"已限定"或者"已指定"等，表示某一互联网金融机制的制度来源与所处宏观制度环境；

上述定义中的"管控主体"包括互联网金融管控部门和互联网金融机构，前者释义同定义（4.1），主要包括互联网金融行政主管部门和行业组织以及相关管控部门等；后者主要是指互联网金融机构出于防范内部风险的目的，可成为对内管控的主体；

所说的"互联网金融机构及其关联方"亦同定义（4.1），所谓"特定的"是指互联网金融各类利益主体中具有特别指向性和适用性，或者具有通用可操作性的部分；

所说的"局部或具体"是指上述各类管理行为的适用对象范围和具体领域较之"互联网金融管控体制"更为细化与具体。

4.3.2 互联网金融管控机制的溯源

弗·S.米什金（2009）以美国为例归纳了金融管控的9种基本机制，即：政府安全网、资产持有限制、资本金要求、即时整改、注册和检查、风险管理评估、信息披露、消费者保护和竞争限制。他同时预言了2008年金融危机后可能新出现的 8 种管控机制，即强化监管抵押经纪人、减少次级抵押产品、限制经理人高薪、提高资本金要求、加强监管政府发起的私人企业、强化监管金融机构冒险行为、加强监管信用评级机构、加强监管金融衍生品。

苗文龙（2015）从微观和宏观两方面来总结海内外互联网金融管控的主要审慎监管机制。微观审慎监管机制主要有：现有互联网金融重要数据互通互联分享机制；系统重要性互联网金融机构和普通互联网金融机构分类监管机制；互联网金融征信管理机制；金融机构行业进入资格监管机制；风险信息共享机制；行业自律黑名单机制；同业联合防控机制；合作监管机制；动态监管机制等。宏观审慎监管机制主要有：金融安全网机制；提取风险拨备资本机制；风险损失分担机制等。

中国人民银行等 10 部委（2015）在《关于促进互联网金融健康发展的指导意见》中明确规定了互联网金融管控的制度安排。主要制度安排包括：客户资金第三方存管机制；信息披露、风险提示和合格投资者机制；风险隔离机制、消费者和客户权益保护机制、金融产品文件签署机制、内部管理机制等。

4.3.3 互联网金融的主要管控机制

4.3.3.1 政府安全网

政府安全网（Government Safety Nets）又称为"社会经济安全网"（Socioeconomic Safety Nets），它原本是用来描述公共管理部门为维护社会公平，避免严重社会事件可能造成的社会危害，对社会极低收入阶层、贫穷人群以及遭受严重自然灾害和战争、动乱等影响的大众实施的政策性救济制度。后被引申用于金融等经济领域，在金融领域又称为"金融安全网"（FinancialSafety Nets），泛指政府部门对金融领域实施主动干预，抵消金融市场失灵，防范金融风险，救助因金融危机而遭受严重损失的金融行业或金融机构所采取的各项行政措施、法律手段和经济政策的形象化统称。当前，海内外学术界尚无专门关于互联网金融的政府安全网理论出现。

存款保险制度（Deposit Insurance System）就是最为典型和常用的政府安全网管控方式之一。它可以有效防范对金融机构的挤兑，抑制风险传播造成的金

融恐慌（米什金，2010）。此外，政府安全网的常用手段还包括对于超大型金融机构的支持性政策、金融机构跨领域多元化扩张的支持性政策、高风险金融业务的限制性政策等。

张旭和陈敏（2007）提出，建立区域政府安全网可以有效防范和化解区域性金融风险。他们建议，区域金融安全网应纳入地方公共管控体制，应以区域中小金融机构为核心、以事后处理为重点来逐步建立并完善，应包括同业救助基金、存款保险和市场退出等项机制。

李赟宏和蒋海（2009）认为，中国（区）应借鉴国际经验，结合国情建立激励与约束相容的金融安全网。他们建议，应加快制定金融安全网相关法律法规，加强银行业信息披露，完善央行最后贷款人机制，建立显性存款保险机制和加强银行业市场纪律。

唐黎军（2009）将金融安全网解释为"政府用以预防和应对金融业遭受不利冲击导致传染性挤兑破坏的一组政策制度设计"。他指出，应从预防管理、应急管理和市场退出管理等方面加强对金融危机的管控，并同样提出建立最后贷款人和存款保险制度的建议。

李超和姜尚中（2015）则将金融安全网分为"狭义的金融安全网"和"广义的金融安全网"两类，前者仅含存款保险和中央银行最后贷款人两项机制，后者在前者基础上加上审慎监管机制。他们还从金融结构变化的角度探讨了金融安全网的再造。他们认为，金融深化和金融创新引发金融结构发生变化，进而引起金融风险点（风险源）的改变，使得建立在以往历次金融危机经验教训基础上的金融安全网适应性降低，只能防范有效金融系统性风险，无法满足金融体系安全稳定对消除全部系统性风险的需要，所以必须重新前瞻性地设计金融安全网，即实施金融安全网再造。李超等人发现，目前中国（区）宏观审慎监管制度正在建设之中，中央银行最后贷款人制度尚待职能优化与扩充，存款保险制度尚未建立，金融资产集中度过高，政府对金融机构的隐形担保隐含一定风险，金融安全网存在局部缺失状态，加之金融机构跨领域综合经营趋势加大，产业资本与金融资本结合力度增强，原有分业监管已不能完全满足市场发展需要，金融安全网再造十分迫切。他们特别提到互联网金融的潜在风险与金融安全网的关系，认为需要进一步研究中央银行最后贷款人制度救助发生系统性风险的互联网金融机构的可行性。

2015年2月17日，国务院颁布《存款保险条例》（国务院令第660号，2014年10月29日制定）。该条例属于部门行政法规，共有23条，是中国（区）政府安全网机制建设的主要组成部分之一。该条例以中国（区）境内设立的非外资"银行业金融机构"（又称"投保机构"）为单一管控对象，定义了"存款保险"的概念，并对存款保险的最高偿付限额（50万元人民币）作出了规定。该保险属于强制性法规，中国境内内资所有存款类金融机构除特别规定外均须参加。

2015年7月31日，人民银行发布《非银行支付机构网络支付业务管理办法（征求意见稿）》，对互联网支付作出多项重大管控政策规定。其中，第二章第八条规定：非银行支付机构"支付机构不得为金融机构，以及从事信贷、融资、理财、担保、货币兑换等金融业务的其他机构开立支付账户"；第三章第十三条规定："支付机构不得为客户办理或者变相办理现金存取、信贷、融资、理财、担保、货币兑换业务"；第二章第十条规定："支付机构为客户开立支付账户的，服务协议应当至少包括下列内容：（一）以显著方式明确告知客户：'支付账户所记录的资金余额不同于客户本人的商业银行货币存款，其实质为客户向支付机构购买的、所有权归属于客户并由支付机构保管的预付价值，不受《存款保险条例》保护。'"该意见稿将互联网支付机构、互联网支付业务与存款类金融机构、存款业务作了明确分割，使得前者无法得到政府安全网在存款保险机制上的有效保护。

历史上，每逢金融危机爆发，海外多次出现运用政府安全网挽救金融业和实业界、弥补金融危机损失和恢复经济的成功先例。2008年10月3日，美国次贷危机（American Subprime Crisis）引发全面金融危机之后，美国国会通过《紧急经济稳定法案》（The Emergency Economic Stabilization Act of 2008，又称"2008年经济复苏法案"）。该法案授权美国财政部增加7000亿美元政府开支以援助美国国际集团（AIG）等大型金融机构和通用汽车公司（GM）等大型企业，弥补其在次贷危机中受到的巨额损失，恢复经营务，重振美国金融与经济。法案要求，上述资金须用于购买金融机构持有的不良次贷抵押资产，增强金融机构资本金，增加市场流动性供给，恢复市场正常信贷业务。法案采用调整存款保险制度的管控方式，将美国联邦存款保险限额由10万美元增至25万美元，以预防与缓和存款提兑冲击。同时，由联邦存款保险公司为美国商业银行提供债务担保，由财政部为货币市场基金提供为期 1 年的担保。同年，欧盟多国纷纷出台政府安全网政策，大力救助在金融危机中面临困境的金融机构。英国政府财政部仿照美国向本国主要金融机构和大型企业提供总额为 4000 亿英镑的紧急财政援助，购买 500 亿英镑银行不良资产，并为金融机构提供 1000 亿英镑银行债务担保；荷兰、比利时和卢森堡三国政府联合出资 115 亿欧元救助欧洲当时最大的储蓄商业银行富通银行（Fortis Bank）；德国政府向许珀不动产银行（Hypo Real Estate Bank）提供 360 亿欧元一揽子救助，并为该行所有个人存款提供无限担保。此后，法国、瑞典、爱尔兰、冰岛、波兰等国陆续出台数额不等的政府援助以挽救濒临倒闭的本国主要金融机构。目前，海外至少有 70 个国家建立了包括存款保险制度在内的政府安全网（米什金，2010），而据中国人民银行（2015）研究，截止到 2015 年初，海外建立存款保险制度的国家和地区已达 110 多个。

上述事例充分说明，采取政府安全网政策措施是防范金融风险、应对金融危机、恢复金融秩序的有效手段，也是目前海外各国特别是发达国家金融管控的通行做法。政府安全网在防范金融风险、稳定金融市场、恢复金融秩序、抵消金融损失、维护金融信用、遏制市场失灵等方面具有多重益处，但同时也容易产生诸如政府干预过度、公共负债增加、产业歧视性政策（市场不公）、"大而不倒"现象、变相支持垄断等问题。米什金（2010）援引世界银行（2001）的研究成果断言，对于制度环境不完善的新兴市场经济国家，类似存款保险制度的政府安全网并不一定能够提高金融机构的效率，有可能会阻碍金融的深入发展。

4.3.3.2 互联网技术安全标准

前文已述，互联网广泛采用现代信息技术和网络技术，存在虚拟与交互联通的特性，致使技术风险成为互联网金融与传统金融的最为重要的区别之一，同时也成为互联网金融所面临的最为主要的风险之一。于是，防范互联网金融技术风险就成为互联网金融管控机制最为根本的先决条件之一，构建系统、可行、具有充分技术保障的互联网技术安全标准是防范互联网金融技术风险最为有效的手段之一。管制经济学理论的代表人物斯蒂芬·布雷耶尔和保罗·W.麦卡沃伊（Stephan Breyer，Paul W. MacAvoy，1987）提出，制定标准是常用的管制方法之一。

长期以来，海外发达国家和国际组织普遍重视互联网技术安全，已经构建起若干比较先进的技术安全标准体系。阎庆民、谢翀达和骆絮飞（2013）归纳了当前海外比较知名和成熟的互联网技术安全标准（框架），主要有：

■《信息与相关技术控制目标框架》（Control Objectives for Information and Related Technology，COBIT，美国信息系统审计与控制协会（The Information Systems Audit and Control Association，ISACA），1996）；

■《可操作的威胁、资产和脆弱性评估框架》（Operationally Critical Treat, Asset, and Vulnerability Evaluation，OCTAVE，美国国防部（United States Department of Defense ／ DOD，DoD）、美国软件工程协会（Software Engineering Institute ／ SEI）和卡内基梅隆大学（Carnegie Mellon University ／ CMU）软件工程研究所（The Institute of Software Engineering，ISE），1999）；

■《信息技术——信息安全管理代码指南》（Information technology‐Code of practice for information security management ／ ISO/IEC 17799），国际标准组织（The International Organization for Standardization，ISO）和国际电工委员会（The International Electrotechnical Commission，IEC），2000，2005）；

■《信息技术——安全技术——信息安全风险管理》（Information technology‐Security techniques‐Information security risk management ／ ISO/IEC27005），国际标准组织（ISO）和国际电工委员会（IEC），2008，2011）；

■《信息技术风险框架》（The Risk IT framework ／ Risk IT，美国信息系统审计与控制协会（ISACA），2009）等。

阎庆民等人（2013）通过比较上述框架的信息技术科技含量和风险管控范围后作出结论，Risk IT 表现最优，其次是 COBIT，再次是 ISO 17799 和 ISO 27005。它们为中国（区）建立独立自主的互联网技术安全标准提供了有益借鉴。

互联网在中国（区）兴起以后，信息安全管控部门对其十分重视，陆续制定和颁布了一系列技术管控法规政策以及技术安全标准。2007 年 6 月 22 日，公安部等 4 部委在《信息安全等级保护管理办法》中规定，信息系统的建设、改建、运营、使用与管理必须参照已经发布的相关国家技术安全标准，这些标准包括：

■《计算机信息系统安全保护等级划分准则》（GB17859—1999，2008 年

11 月 1 日正式实施，改名为《信息安全技术信息系统安全等级保护定级指南》，国标序列编号不变）；

■《信息安全技术信息系统安全管理要求》（GB/T20269—2006）；

■《信息安全技术网络基础安全技术要求》（GB/T20270—2006）；

■《信息安全技术信息系统通用安全技术要求》（GB/T20271—2006）；

■《信息安全技术操作系统安全技术要求》（GB/T20272—2006）；

■《信息安全技术数据库管理系统安全技术要求》（GB/T20273—2006）；

■《信息安全技术信息系统安全工程管理要求》（GB/T20282—2006）；

■《信息安全技术服务器技术要求》（GB/T 21028—2007）；

■《信息安全技术终端计算机系统安全等级技术要求》（GA/T671—2006）；

■《涉及国家秘密的计算机信息系统分级保护技术要求》（BMB17—2006）；

■《涉及国家秘密的计算机信息系统分级保护测评指南》（BMB20—2007）；

■《涉及国家秘密的计算机信息系统分级保护管理规范》（BMB22—2007）等。

上述 12 项国标中，GB17859—1999 为基础性标准，GB/T202×× 系列为不同细分领域的扩展性标准，BMB×× 系列为国家保密标准。

2011 年 2 月 1 日，全国信息安全标准化技术委员会、国家标准化管理委员会正式实施《公钥基础设施安全支撑平台技术框架》等多项国标，如下所列：

■《信息安全技术公钥基础设施安全支撑平台技术框架》（GB/T25055—2010）；

■《信息安全技术证书认证系统密码及其相关安全技术规范》（GB/T25056—2010）；

■《信息安全技术公钥基础设施电子签名卡应用接口基本要求》（GB/T25057—2010）；

■《信息安全技术信息系统安全等级保护实施指南》（GB/T25058—2010）；

■《信息安全技术公钥基础设施简易在线证书状态协议》（GB/T25059—

2010）；

■《信息安全技术公钥基础设施 X.509 数字证书应用接口规范》（GB/T25060—2010）；

■《信息安全技术公钥基础设施 XML 数字签名语法与处理规范》（GB/T25061—2010）；

■《信息安全技术鉴别与授权基于角色的访问控制模型与管理规范》（GB/T25062—2010）；

■《信息安全技术服务器安全测评要求》（GB/T25063—2010）；

■《信息安全技术公钥基础设施电子签名格式规范》（GB/T25064—2010）；

■《信息安全技术公钥基础设施签名生成应用程序的安全要求》（GB/T25065—2010）；

■《信息安全技术信息安全产品类别与代码》（GB/T25066—2010）；

■《信息技术安全技术信息安全管理体系审核认证机构的要求》（GB/T25067—2010）；

■《信息技术安全技术 IT 网络安全第 3 部分：使用安全网关的网间通信安全保护》（GB/T25068.3—2010）；

■《信息技术安全技术 IT 网络安全第 4 部分：远程接入的安全保护》（GB/T25068.4—2010）；

■《信息技术安全技术 IT 网络安全第 5 部分：使用虚拟专用网的跨网通信安全保护》（GB/T25068.5—2010）；

■《信息安全技术术语》（GB/T25069—2010）；

■《信息安全技术信息系统等级保护安全设计技术要求》（GB/T25070—2010）等。

上述 18 项国标均为 GB/T250×× 系列的扩展性标准。它们的实施，"为互联网金融相关机构建设信息安全提供了完善的国家标准"（黄震，邓建鹏，2014）。

此后，中国（区）又相继制定了一些涉及信息安全技术的扩展性国标，主要有：

■《信息安全技术信息系统安全等级保护基本要求》（GB/T 22239—

2008）；

■《信息安全技术信息系统安全等级保护测评要求》（GB/T 28448—2012）；

■《信息安全技术信息系统安全等级保护测评实施要求》（GB/T ××××—2013，已制定完毕，现处于报审程序中）等。

2013年2月1日，工信部、全国信息安全标准化技术委员会、中国软件测评中心等共同编制的中国（区）首个个人信息安全标准《信息安全技术公共及商用服务系统个人信息保护指南》正式实施。该指南沿用了之前中国（区）信息安全领域的两个国家标准《信息安全技术信息系统安全管理要求》（GB/T 20269—2006）和《信息安全技术信息安全事件分类分级指南》（GB/Z 20986-2007）中相关术语和定义，主要有："信息系统"（information system，又称"计算机信息系统"）、"个人信息"（personal information）、"个人信息主体"（subject of personal information）、"个人信息管理者"（administrator of personal information）、"个人信息获得者"（receiver of personal information、"第三方测评机构"（third party testing and evaluation agency）、"个人敏感信息"（personal sensitive information）、"个人一般信息"（personal general information）、"个人信息处理"（personal information handling）、"默许同意"（tacit consent）和"明示同意"（expressed consent）等。该指南明确了信息安全管控的8项基本原则，即"目的明确"、"最少够用"、"公开告知"、"个人同意"、"质量保证"、"安全保障"、"诚信履行"和"责任明确"。该指南还对个人信息主体、个人信息管理者、个人信息获得者和第三方测评机构各自的权利义务作出了基本规定，其中特别对个人信息管理者作出了具体规定，要求其负责"规划、设计和建立信息系统个人信息处理流程；制定个人信息管理制度、落实个人信息管理责任；指定专门机构或人员负责机构内部的个人信息保护工作，接受个人信息主体的投诉与质询；制定个人信息保护的教育培训计划并组织落实；建立个人信息保护的内控机制，并定期对信息系统个人信息的安全状况、保护制度及措施的落实情况进行自查或委托独立测评机构进行测评"。它同时要求，"管控信息系统个人信息处理过程中的风险，对个人信息处理过程中可能出现的泄露、丢失、损坏、篡改、不当使用等事件制定预案；发现个人信息遭到泄漏、丢失、篡改后，及时采取应对措施，防止事件影响进一步扩大，并及时告知受影响的个人信息主体；发生重大事件的，及时向个人信息保护管理部门通报。"该指南还规定，个人信息管理者应"接受个人信息保护管理部门对个人信息保护状况的检查、监督和指导，积极参与和配合第三方测评机构对信息系统个人信息保护状况的测评。"

中国人民银行等 10 部委（2015）《关于促进互联网金融健康发展的指导意见》第一部分（六）规定："支持大数据存储、网络与信息安全维护等技术领域基础设施建设。"第三部分（十七）规定："从业机构应当切实提升技术安全水平，妥善保管客户资料和交易信息，不得非法买卖、泄露客户个人信息。人民银行、银监会、证监会、保监会、工业和信息化部、公安部、国家互联网信息办公室分别负责对相关从业机构的网络与信息安全保障进行监管，并制定相关监管细则和技术安全标准。"

由此可知，自 1999 年以来，目前中国（区）已经建立起比较完备的信息安全技术国家标准体系。该体系的良好运转，可以保障互联网金融有效防范自然因素和人为因素引发的各类技术风险。随着互联网的深入发展，该体系将会得到进一步的提高、健全与完善。

需要指出的是，互联网技术安全标准在有效防范技术风险、保障互联网金融运营秩序、维护互联网金融机构及关联方合法权益的同时，也会容易产生诸如技术规范专业性过强、技术投入与维护成本较大、不同国家或行业技术标准跨界兼容难度较大、偏重信息技术及其装备标准体系建设却相对忽视技术安全管理标准体系建设（即所谓"重装备轻管理"）等问题。

4.3.3.3 行业市场准入

金融领域的行业市场准入是指金融管控部门为防范不正当竞争、维护市场竞争秩序、保护金融行业既得利益，对于金融行业的新进入者采取限制性资格评审的制度措施。它是海内外通行的金融管控机制之一。

金融行业的准入限制性资格条件通常包括：金融机构（平台）的资质与以往违法记录；从业人员的资质、从业经历和人员数量限制；资本金最低限额；风险评估等级和风险管理体系；内部管控制度；外国资本与本国资本在投资总额或

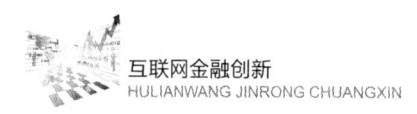

资本结构中所占比例限额等。管制经济学理论的代表人物斯蒂芬·布雷耶尔和保罗·W.麦卡沃伊（Stephan Breyer, Paul W. MacAvoy, 1987）提出，发放许可证是常用的管制方法之一。迈克尔·尤金·波特（Michael Eugene Porter, 1980, 1998）则将行业市场准入看作是一个"与母国或东道国政府关系"的竞争战略维度，或者是企业在制定进入新行业战略时所面对的行业进入壁垒。他认为，较为严格的行业市场准入会加大企业的新市场进入成本，进而影响行业竞争格局。他谈到，对企业进入新行业实行管制，会影响到企业的战略目标。

叶辅靖（2006）将金融行业市场准入限制性政策和制度统称为"有效的政府保护机制"。他指出，这种政府保护机制实质上是政府的一种刻意作为或不作为，它通过设计定向约束的专项法律、法规和政策，对外国投资者设立制度化（行政审批、数量限制和管制介入等直接限制）或非制度化（市场势力、惯例和文化等间接限制）的市场竞争障碍，以达到保护本国金融行业利益、防止外资控制本国金融市场的目的。叶辅靖和郝洁（2002）、叶辅靖（2006）特别列举了以美国为代表的海外发达资本主义国家对本国金融业的倾向性保护法律政策，例如：美国政府限制外国非居民企业购买美国核能、海洋、航空、通信等行业上市公司股票；美国《综合对外贸易与竞争法案》（Omnibus Foreign Trade and Competitiveness Act，又称"《1988美国混合贸易法案》"，1988）的《埃克森－佛罗瑞尔修订案》（The Exon－Florio Amendment，1988）授权美国总统，当有充分证据（credible evidence）证实外国投资者直接投资、并购和接管美国金融机构可能威胁和损害到美国国家安全和利益时，总统有权暂停或禁止这种行为；美国、澳大利亚、西班牙等国均限制外国共同基金和非居民企业在本国发行股票和进行股权投资；法国限制欧盟区以外的外国非居民企业在法发行集体投资类有价证券等。他们总结到，几乎所有发达国家都对外国直接投资给予一定限制。叶辅靖（2006）提出，面向中小企业、中下阶层、特定行业和特定区域，大力发展以合作金融为代表的公法金融机构，可以有效抗衡外国金融资本，保护本国金融主权和利益。同时，宜淡化金融行政管控色彩，低调处理金融保护行为，避免引发国家间投资和贸易冲突。

李毅和李卫刚（2013）以2011年"支付宝外资股权转让事件"为例，评述了中国（区）近年逐渐兴起的以"去外资化"（Decapitalization on Foreign

Investment）为特征的金融行业外资市场准入管控趋势，简要比较了中外"以维护国家金融安全考量为主"和"以国际跨境交易'商业存在'（Commercial Presence）考量为主"两种利益观的分歧。他们建议，中国（区）金融管控部门应在确保国家金融安全的前提下，实施渐进式开放战略，对互联网金融进行有条件的管控。

马永保（2014）认为，以第三方支付为代表的互联网金融行业市场准入实质上是一种"行政许可审批制度"。他分析了推行市场准入的原因主要在于使用者多，影响大，导致系统性风险较大，出现问题会引发灾难性后果等。他提出，应根据利益平衡、控制权导向、促进行业发展以及加强可操作性等项原则来进一步完善行业市场准入机制。

中国人民银行等10部委（2015）在《关于促进互联网金融健康发展的指导意见》中对互联网金融行业市场准入作出了多项分类规定。比如，第一部分（三）规定，"鼓励符合条件的优质从业机构在主板、创业板等境内资本市场上市融资"；第一部分（四）规定，"按照法律法规规定，对符合条件的互联网企业开展相关金融业务实施高效管理。工商行政管理部门要支持互联网企业依法办理工商注册登记"；第一部分（五）规定，"对于业务规模较小、处于初创期的从业机构，符合我国现行对中小企业特别是小微企业税收政策条件的，可按规定享受税收优惠政策"；同一部分（六）规定，"鼓励从业机构依法建立信用信息共享平台。推动符合条件的相关从业机构接入金融信用信息基础数据库。允许有条件的从业机构依法申请征信业务许可。支持具备资质的信用中介组织开展互联网企业信用评级，增强市场信息透明度"。该指导意见第二部分规定，互联网金融监管应"科学合理界定各业态的业务边界及准入条件"。该意见第三部分（十三）还规定，"任何组织和个人开设网站从事互联网金融业务的，除应按规定履行相关金融监管程序外，还应依法向电信主管部门履行网站备案手续，否则不得开展互联网金融业务。"

对于互联网支付行业，中国人民银行（2010）在《非金融机构支付服务管理办法》中对非金融机构从事支付服务的行业准入资格作出相关规定。该办法第一章第三条规定，非金融机构提供支付服务，应"取得《支付业务许可证》，成为支付机构"，"未经中国人民银行批准，任何非金融机构和个人不得从事或变

相从事支付业务"；该办法第二章第七条规定，"中国人民银行负责《支付业务许可证》的颁发和管理。申请《支付业务许可证》的，需经所在地中国人民银行分支机构(即副省级城市中心支行以上分支机构)审查后，报中国人民银行批准。"办法第二章第八条至第十一条详细规定了9项支付行业市场准入条件，包括：具有合法法人身份(有限责任公司或股份有限公司)；具有最低限额注册资本(全国业务为1亿元人民币，本省业务为3 000万元人民币)；出资人具有行业资质或行业从业经历且连续盈利2年以上；拥有至少5名具有从业资格或从业经历的高级管理人员；具有健全的组织机构、内部控制制度和风险管理措施；具有能够支撑业务开展的场所、设施和保障措施；没有违法行为记录等。该部分还详细列举了行业市场准入资格申请所需的12类文件资料。

人民银行同年(2010)发布的《非金融机构支付服务管理办法实施细则》中对非金融机构支付行业市场准入条件在高级管理人员、出资人控股比例、设立申报文件资料的详细内容等方面作了补充性规定。

人民银行(2015)发布的《非银行支付机构网络支付业务管理办法(征求意见稿)》对互联网支付行业市场准入资格作了十分严格的限制性规定。该意见稿将"互联网支付"、"移动电话支付"、"固定电话支付"和"数字电视支付"统归于"网络支付"。意见稿"总则"第二条和第二章第八条要求，非银行支付机构开展互联网支付业务，必须获得互联网支付行业的《支付业务许可证》；仅获得移动电话支付、固定电话支付和数字电视支付业务许可的，不得开展互联网支付业务。此外，作为行业市场准入附设的限制性政策，该意见稿第三章"业务管理"部分还在业务经营范围、客户身份审核、支付交易限额和支付交易验证等方面设立多重交叉障碍，严格限定互联网支付的业务操作。

对于包括P2P网贷和网络小额贷款等在内的互联网借贷行业的市场准入条件，中国人民银行等十部委(2015)在《关于促进互联网金融健康发展的指导意见》中作了明确规定。意见将P2P网贷称为"个体网络借贷"，并将其明确界定为"民间借贷"，个体网络借贷机构仅能从事信息中介业务，而不得从事信贷增值业务，更不得非法集资。意见稿还要求，网络小额贷款机构应遵守现有小额贷款公司监管法规政策对其行业市场准入的规定。

中国银监会(2008)在《关于小额贷款公司试点的指导意见》中对小额贷

款公司的行业市场准入资格作了若干规定。比如，该意见第二部分规定，小额贷款公司设立的组织形式应为有限责任公司或股份有限公司，前者注册资本不得低于500万元人民币，后者则不得低于1 000万元人民币；单一自然人、企业法人、其他社会组织及其关联方股份不得超过注册资本总额的10%。

上海市网络信贷服务业企业联盟（2013）在《网络借贷行业准入标准》中对联盟成员单位的行业市场准入资格作出规定。该标准规定，联盟成员单位高层人员中至少应有三名具备5年以上（含5年）从事金融、法律和会计行业从业经验；所有高层人员应无任何不良行为和违法记录等。该标准还对联盟成员单位的经营条件提出了若干通用规定。

对于众筹特别是股权众筹行业，中国证券业协会（2014）在《私募股权众筹融资管理办法（试行）（征求意见稿）》对其行业市场准入作了相关规定。该意见稿明确规定，股权众筹平台的融资者仅为中小微企业及其发起人，并严格限定了股权众筹的经营范围，严禁跨界交易。意见稿严格限制股权众筹融资的投资者条件，要求投资者个人金融资产不少于300万元人民币或连续3年个人收入在50万元人民币以上，单位净资产不少于1 000万元人民币，投资者单个项目投资不低于100万元人民币。

人民银行等十部委（2015）在《关于促进互联网金融健康发展的指导意见》中也同样明确界定了"股权众筹融资"的范围主要是"通过互联网形式进行公开小额股权融资的活动"，将股权众筹融资方限定为"小微企业"。

对于互联网证券基金行业，《中华人民共和国证券投资基金法》（2003，2012）从国家立法的层面明确规定互联网证券基金行业的市场准入条件。比如，该法第一章"总则"第九条规定，基金从业人员应当具备基金从业资格；第二章第十三条规定，基金注册资本不得低于1亿元人民币，且必须为实缴货币资本；基金应有良好的内部治理结构、完善的内部稽核监控制度和风险控制制度。

中国证监会（2013）在《证券投资基金销售机构通过第三方电子商务平台开展业务管理暂行规定》中作出几乎同样的行业市场准入规定。该规定要求，第三方电子商务平台提供基金销售辅助服务，必须具有健全的组织机构、业务规则、规章制度，必须具有完善的内部控制和风险管理制度。

对于互联网保险行业，《中华人民共和国保险法》（1995，2002，2009）

对保险公司的设立作出基本规定。该法第三章第六十八条和第六十九条规定，保险公司注册资本不低于 2 亿元人民币，且必须为实缴货币资本。该法第三章还规定了申请设立保险公司所必须提交的若干材料及其相关资质。

中国保监会（2011）在《互联网保险业务监管规定（征求意见稿）》中对其行业市场准入作出规定。该意见稿要求，保险公司、保险专业中介机构从事互联网保险业务，须依法登记、取得营业执照，其网站须取得互联网行业主管部门颁发的互联网信息服务增值电信业务经营许可证，或者在互联网行业主管部门完成网站备案；保险专业中介机构注册资本不低于 1000 万元人民币；保险公司、保险专业中介机构通过非自办网站开展保险业务，网站主办者上一会计年度末净资产不低于 1000 万元人民币，且网站最近 3 年运营良好，未受到互联网行业主管部门、工商行政管理部门的行政处罚；保险公司、保险专业中介机构通过自办网站开展保险业务，网站接入地在中华人民共和国境内（不含港、澳、台地区）。意见稿提出，保险公司、保险专业中介机构开展互联网保险业务，须具有健全的互联网保险业务管理制度，包括业务交易安全保障、产品及宣传管理、保险单证管理、保险合同承保、保全、退保和理赔管理、业务收支管理、教育培训、合规管控、反洗钱、投诉及应急处理等方面的管理制度。意见稿还要求建立可靠的网络信息安全管理体系。以上相关规定同样见于保监会同年颁布的《保险代理、经纪公司互联网保险业务监管办法（试行）》中的第二条至第四条内容。

保监会（2013）在《中国保监会关于专业网络保险公司开业验收有关问题的通知》中提及"专业网络保险公司"的行业准入资格。比如，该通知第一条规定，专业网络保险公司须设立独立的信息安全部门，配备专职信息安全工作人员，明确分管信息安全工作的公司主管领导和责任人，并建立明确的信息安全风险战略。该通知第二条要求，专业网络保险公司开业须建立具有支持投保、报价、承保、支付、理赔和客户服务等业务流程的电子商务系统和核心业务系统等应用系统，并建立相应管理规范等。

保监会（2015）在最新非正式下发《互联网保险业务监管暂行办法》中提出，从事互联网保险业务的保险机构自营网络平台或第三方网络平台，必须具有支持互联网保险业务运营的信息管理系统，建立互联网信息安全管理体系。

由上可知，行业市场准入是海内外通常采取的金融管控机制之一，同样适用于互联网金融的管控。它有利于优化竞争资源、防范不正当竞争、维护市场竞争秩序、遏制金融自由主义、保护金融行业既得利益、维护国家金融权益等，但同时也会造成行业壁垒过高、进入成本加大、阻碍公平竞争、突出金融保护主义、限制金融创新、影响经济开放、无法满足小微金融市场需求等问题。

4.3.3.4 风险准备金

对于传统金融来说，风险准备金（The Reserve for Risk，有时又可称"风险备付金"或"（广义的）支付准备金"）属于"资本政策"的范围，是一种有效应对金融风险的制度性安排，同时也是一种良好的金融管控工具。"资本政策"（Capital Policies）又称为"资本要求"（Capital Requirements），它是指金融监管部门对于金融机构提出，按资本金（注册资本）或业务规模的一定比例预先提取和拨备部分资金，以应对金融资产可能发生风险而遭受损失的强制性要求。资本要求可以作为金融冲击或金融震荡时的有效缓冲，可以降低金融机构破产的可能性，直接增强金融机构的安全与稳定（米什金，2010）。

在金融行业中，特别是对存款类金融机构或者是银行类金融机构来说，风险准备金是其资本构成和资产负债表结构所必不可少的项目（科目）之一。它又可分为法定准备金（Required Reserves，又称"法定存款准备金"或"普通准备金"）和超额准备金（Excess Reserves，即中国（区）现行的金融机构"备付金"）。米什金（2010）认为，对于某一金融机构来说，其超额准备金余额为正（黑字）时，表明该机构具有一定的流动性和资本充足性（Capital Adequacy），仅能预防较低限度的存款外流（提兑或挤兑）风险；当超额准备金余额与未来风险预期损失最大额度之差为正时，表明该机构具有充足的流动性和良好的资本充足性，可以有效应对较大规模的风险，是"对存款外流的保障"。这就是设立风险准备金的主要经济学（金融学）原理之一。对于银行类金融机构来讲，如果风险准备金随存款数额的增减而同向变动，则其与后者通常具有正相关的关系。

当前海内外主要适用巴塞尔委员会《资本协议》（Ⅰ、Ⅱ、Ⅲ）及其补充文件中对资本要求的各项规定，比如，1996年巴塞尔委员会在《市场风险修正案》（The Market Risk Amendment，1996）中就明文规定了不同金融产品各自的最低资本金要求。《巴塞尔协议Ⅰ》（1988）规定，金融机构资本由一级资本（又称"核心资本")和二级资本(又称"附属资本")构成,其中二级资本包括普通准备金等。《巴塞尔协议Ⅲ》(2010 以来)要求大型金融机构和合格投资者(贷款人)使用较为复杂的内部评级法(Internal Ratings-Based Approaches, IRB)衡量金融风险,并规定根据 IRB 法金融机构可以使用风险准备金来冲抵金融风险(即风险加权资产)的预期损失(Expected Loss, EL)。预期损失值可确定为违约概率(Probability of Default, PD)、违约损失率(Loss Given Default, LGD)和违约风险暴露(Exposure At Default, EAD, 又称"违约风险敞口")再与 12.5 风险乘数的最终之积。《巴塞尔协议 III》还规定,当金融风险预期损失额超过二级资本中普通准备金最大合格额度时,金融机构可以使用超额准备金以一兑一的比例来冲抵金融风险预期损失。对于中小金融机构和不成熟的投资者(贷款人),《巴塞尔协议 III》规定使用较为简单的标准法(StandardApproaches, SA),采用专项准备金(Special Reserves)机制来应对逾期贷款的违约风险。当逾期贷款余额为正,且没有任何专项准备金时,该贷款项目风险权重设定为 150%(即该贷款最大风险损失额度为除该贷款余额全部损失外,还净负损失该贷款余额的 50%);当逾期贷款余额为正,有非标准法认定抵押,且专项准备金额度达到该贷款余额的 15% 时,该贷款项目风险权重设定为 100%(即该贷款最大风险损失额度为该贷款余额全部损失);当逾期贷款余额为正,没有任何抵押,且专项准备金额度达到该贷款余额的 20% 以上(含 20%)时,该贷款项目风险权重设定为 100%(即该贷款最大风险损失额度亦为该贷款余额全部损失)。

以商业银行为代表的中国(区)传统金融机构一直适用中国人民银行的存款准备金制度。1984 年,中国人民银行分离商业银行职能,开始行使专业化中央银行职能,初步建立起包括法定存款准备金和存款备付金在内的存款准备金制度,规定城镇储蓄准备金率为 40%,农村储蓄为 25%,工商企业存款为 20%。同时规定全国金融机构均须在人民银行开设备付金存款账户以供资金收付使用,1985 年,为缓解当时存款准备金率较高、不利于资金借贷平衡的问题,人民银行将所有存款类别的准备金率统一调整为 10%。1987 年,为集中资金支持国家重点建设项目,人民银行将存款准备金率升至 12%。1988 年 9 月,为抑制通货膨胀,人民银行将存款准备金率再度升至 13%,并保持 10 年之久。1989 年,人民银行规定金融机构备付金率应为 5% ~ 7%。1995 年,人民银行具体确定了国有商业银行备付金率，中国工商银行和中国银行不得低于 6%；中国建设银行和交通银行不得低于 5%；中国农业银行不得低于 7%。

由于政策性银行体制建立，商业银行体制逐步完善，存款准备金和备付金分离机制具有一定限制，已不适应现代金融体制深化改革的需要。1998 年 3 月 24 日，中国人民银行发布《关于改革存款准备金制度的通知》（银发〔1998〕118 号），提出自 1998 年 3 月 21 日起对当时适用的存款准备金制度实施改革。该通知要求，将"一般存款项目"与"存款备付金项目"统一合并为"存款准备金项目"；依循国际标准将当时适用的 13% 法定存款准备金率（即金融机构上一财务或会计年度存款余额的 13%）调整为 8%；超额存款准备金率则由各金融机构自行制定；金融机构准备金存款利率由当时适用的一般存款利率 7.56% 和备付金存款利率 7.02%（加权平均 7.35%）统一下调到 5.22%。之后，人民银行多次小幅调整存款准备金率，存款准备金率逐渐攀高。2015 年 6 月 28 日，为促进结构调整和支持小微企业、"三农"项目发展，人民银行发布最新公告，定向小幅降低金融机构存款准备金率，大型金融机构普遍不到 20%，中小金融机构普遍在 16% 左右。

互联网金融发展以来，中国（区）金融管控部门采用一些风险准备金机制以防范互联网金融风险。对于网络借贷特别是小额贷款公司，2008 年 5 月 4 日，中国银监会发布《关于小额贷款公司试点的指导意见》。该意见第五部分规定，小额贷款公司应建立"审慎规范的"拨备制度，"充分计提呆账准备金"，"确保资产损失准备充足率始终保持在 100% 以上，全面覆盖风险。"

对于互联网支付，2010 年 6 月 14 日，人民银行发布《非金融机构支付服务管理办法》，该办法第 22 条至第 30 条详细规定了非金融支付机构的客户备用金管理事项。办法规定，非金融支付机构的客户备付金不属于支付机构的自有财产；非金融支付机构接受客户备付金除另行规定外，均须在唯一商业银行的唯一分支机构开设唯一一个备付金专用存款账户来存放；非金融支付机构不得以任何形式挪用客户备付金，其分支机构不得以自己的名义开立备付金专用存款账户；非金融支付机构实缴货币资本与最近 90 日内的客户备付金日均（日终时）余额之比，不得低于 10% 等。

2012 年 3 月 30 日，财政部在 2005 年《金融企业呆账准备提取管理办法》（财金〔2005〕49 号）和 2007 年《金融企业财务规则》（财政部令第 42 号）的基

础上，发布新修订的《金融企业准备金计提管理办法》（财金［2012］20号）。该办法共有4章20条，将中国（区）所有金融机构统称为"金融企业"，目的主要在于充分发挥金融企业准备金缓冲财务风险的逆周期调节作用，增强金融企业风险抵御能力。该办法第一章第三条解释了"准备金"（即"拨备"）、"资产减值准备"、"动态拨备"、"内部模型法"和"标准法"等概念，并列觉了"不良贷款拨备覆盖率"（又称"拨备充足率"，即计提贷款损失准备金额度与同期不良贷款总额之比）、"贷款拨备率"（又称"拨贷比"，即计提贷款损失的资产减值准备与次级类、可疑类和损失类各项贷款余额之比）和"贷款总拨备率"（即计提贷款损失的资产减值准备、一般准备各项准备总额，与次级类、可疑类和损失类各项贷款余额之比）等衡量指标。办法第二章第四条规定，金融企业发放贷款和垫款、可供出售类金融资产、持有至到期投资、长期股权投资、存放同业、拆出资金、抵债资产、其他应收款项等一切承担风险和损失的资产，均应计提准备金。金融企业委托贷款、购买国债等不承担风险的资产，不计提准备金。第二章第五条规定，金融企业计提贷款损失资产减值准备，应至少按季减值测试后计提。第二章第六条规定，金融企业计提一般准备，应年终统一计提。一般准备计提额度不得低于风险资产期末余额的1.5%。潜在风险估计值高于资产减值准备的差额时，须计提一般准备；而潜在风险估计值低于资产减值准备时，可不计提一般准备。该办法第九条和第十条还提出了信贷资产标准风险系数分类，比如，正常类1.5%，关注类3%，次级类30%，可疑类60%，损失类100%。其他风险资产参照此分类。非信贷资产未实施风险分类的，可按非信贷资产余额的1%～1.5%计提一般准备。可以看出，该办法是充分借鉴海外规则同时结合中国（区）现实需要的风险准备金专项管控法规。

2013年3月19日，中国支付清算协会在《支付机构互联网支付业务风险防范指引》第五部分规定，支付机构应该"按照业务监管部门要求的计提比例计提风险准备金，开立风险准备金专用存款账户，并对计提比例进行及时调整"。同时，该指引对支付机构客户备付金作出具体规定，支付机构应"确定备付金存管银行，签订备付金存管协议，加强备付金管理，保障客户备付金资金安全"。该指引还对支付机构客户备付金账户的开立和撤销作出了具体详尽的规定。

同年6月7日，人民银行发布《支付机构客户备付金存管办法》（银公告［2013］

第 6 号），这是中国（区）支付领域关于客户备付金的首个专项部门法规。该办法共有 5 章 44 条，涉及支付机构客户备付金的存放、归集、使用、划转等全部存管活动。办法第一章第二条明确指出，客户备付金是支付机构为办理客户委托的支付业务而实际收到的预收待付货币资金。办法第一章第三条规定，支付机构接收的客户备付金必须全额缴存至支付机构在备付金银行开立的备付金专用存款账户。办法第一章第四条规定，客户备付金只能用于办理客户委托的支付业务和本办法规定的情形。任何单位和个人不得擅自挪用、占用、借用客户备付金，不得擅自以客户备付金为他人提供担保。办法第三章第二十九条规定，支付机构应当"按季计提风险准备金，存放在备付金存管银行或其授权分支机构开立的风险准备金专用存款账户，用于弥补客户备付金特定损失以及中国人民银行规定的其他用途"，"风险准备金按照所有备付金银行账户利息总额的一定比例计提"，"支付机构开立备付金收付账户的合作银行少于 4 家(含)时，计提比例为 10%"，"支付机构增加开立备付金收付账户的合作银行的，计提比例动态提高。"同时规定，人民银行另行制定风险准备金的计提与管理办法。

对于互联网证券基金，2012 年 9 月 20 日，中国证监会在《证券投资基金管理公司管理办法》第五章第五十六条明确规定，基金管理公司应当按照规定提取风险准备金。2015 年 7 月 18 日，中国人民银行等十部委在《关于促进互联网金融健康发展的指导意见》第二部分（十）明确指出，第三方支付机构开展互联网基金销售，其客户备付金"只能用于办理客户委托的支付业务，不得用于垫付基金和其他理财产品的资金赎回"。

风险准备金是极为有效的风险管控机制，它对预防和抗衡风险、弥补损失等方面都起到十分重要的作用。其不足在于，风险准备金的确定主要依据对风险类别和损失价值的估计，而目前海内外风险价值评估尚存在很多不确定性，难以完全统计、衡量和统一确定，这对风险准备金的设定与计提会产生一定影响。风险准备金额度过少（或准备金率过低），则无法起到充分抗衡较大金融风险的作用；而风险准备金额度过多（或准备金率过高），可影响到金融机构的资本流动性，不利于金融机构资金使用效率的提高。

4.3.3.5 信用认证

信用认证（Credit certification）通常又可称为"信用评级"（Credit

Rating）或"信用甄别"（Credit Rationing），简称"征信"（Credit Investigation）。从最基本的目的、作用和方式来讲，上述概念都是相同的。信用认证是信用风险管理的主要操作性原则之一，也是海外各国的通行管控机制之一。

米什金（2010）认为，对于贷款人来说，信用认证是一种"信息生产活动"，它通过收集借款人相关真实信息，能够帮助贷款人对借款人的信用风险进行有效甄别和评价，从而可规避贷款市场的信息不对程，最大限度地防范违约风险。乔埃塔·科尔基特（2007）认为，信用评级能够"揭示信贷违约风险的大小"，"分析贷款人如期获得偿付的可能性"，是"贷款人评估借款人信用质量的基础。"科尔基特（2007）将信用评级分为内部评级和外部评级（即第三方信用评级）两类。她认为，前者通常侧重短期、现实和个别评价（即所谓"特定阶段"和"特定风险"），更强调按数值型风险评价结果来判定风险等级；而后者通常侧重长期、未来和整体评价（即所谓"全周期"和"前瞻性"），更强调按英文字母叠加形式（如 A+、AAA 和 D 等）来判定风险等级。她提出，将内外评级结合起来可以得到更为充分的数据支持，从而帮助贷款人作出更为全面和准确的信贷决策。

巨大的金融风险和频发的金融危机，促使海外金融机构高度重视信用认证，其结果催生了一种新的金融服务业态的诞生，这就是第三方信用评级机构（又可称为"第三方征信（机构）"）。与此同时，一种新兴职业出现，这就是执业信用分析师（Creditanalyst，又称为"信用评估师"或"信用管理师"）。目前海外大约有超过 130 家第三方信用评级服务商，其中最为知名的有美国的穆迪（Moody's）和标准普尔（Standard &Poor，S&P），以及法国的惠誉国际（Fitch Ratings），它们都拥有信用评级的专业资质，均为美国证交会（SEC）指定的信用评级机构。目前，这三家机构对于中国（区）大陆金融的主权信用评级均维持在"Aa3"和"AA +"级，即"较优中上级"水平。

中国（区）现代征信行业出现于 20 世纪 40 年代初期。1943 年 3 月 2 日，重庆国民政府委托中央银行、中国银行、交通银行和中国农民银行驻渝联合办事处（又称"四行总办"），发起设立独立征信机构——联合征信所。该所是中国（区）历史上第一家现代征信机构，负责征信调查、经济情报搜集等业务，并创办《征信新闻》杂志。

中国（区）当代征信行业正式兴起于 20 世纪末，之后发展较快，其管控体制相应建立。1997 年，人民银行加快金融信息化建设，立项建立银行信贷登记咨询系统。2004 年，人民银行正式成立银行信贷征信服务中心，启动个人征信系统建设。2006 年，该中心将个人征信系统扩展为全国统一的个人信用信息基础数据库，并将银行信贷登记咨询系统扩展为全国统一的企业信用信息基础数据库。2007 年 4 月 17 日，人民银行将原来合署办公的银行信贷征信服务中心与征信管理局分署办公，前者为应收账款质押登记机关，负责应收账款质押登记系统运营。2008 年 5 月 9 日，人民银行征信中心在上海正式成立。隔年，融资租赁登记系统正式上线运行。2010 年 6 月 26 日，个人征信系统和企业征信系统正式对外提供服务。人民银行征信中心是国家事业法人单位，直属中国人民银行总行，业务归口征信管理局指导，的，负责全国统一征信平台建设与征信管控。

2003 年 12 月 28 日，上海市区人民政府发布《上海市个人信用征信管理试行办法》（上海市人民政府令第 15 号）。2005 年 8 月 18 日，人民银行发布《个人信用信息基础数据库管理暂行办法》（中国人民银行令〔2005〕第 3 号）。上述两个办法正式开启了中国（区）征信行业法律体系建设。在《个人信用信息基础数据库管理暂行办法》中规定，商业银行办理个人贷款申请、审核个人担保、进行个人信贷贷后风险管理等项业务，须向该库查询相关个人信用信息；征信服务中心可根据个人申请，在核实身份后，有偿提供其本人信用报告。

2013 年 1 月 21 日，国务院发布《征信业管理条例》（国务院令第 631 号）。该条例共有 8 章 47 条，涉及征信机构、征信业务规则、金融信用信息基础数据库和征信监管等内容。该条例第一章第二条明文规定，征信业务是指对企事业单位和个人的"信用信息进行采集、整理、保存、加工，并向信息使用者提供的活动。"第一章第四条规定，中国人民银行及其派出机构是中国（区）征信业的管控部门。第二章第六条规定，征信机构经营个人征信业务，须经管控部门批准，其注册资本不得少于 5000 万元人民币。第二章第七条规定，未经管控部门批准，任何单位和个人不得经营个人征信业务。第三章第十三条至第二十四条"征信业务规则"部分规定，除法律、法规另行规定外，采集个人信息应当经信息主体本人同意，未经本人同意不得采集；不得采集法律、法规禁止采集的企业和个人信息；除法律、法规另行规定外，采集信息主体不良信息，须事先告知信息主体；不良信息保存期限为不良行为或事件终止之日起 5 年，逾 5 年者应予以删除；除

法律、法规另行规定外，信息使用者向征信机构查询个人信息，须取得信息主体本人书面同意，并作出必要提示和约定用途；征信机构应采取合理措施，保障信息准确性；征信机构提供的信息供信息使用者参考等。

同年11月15日，人民银行发布《征信机构管理办法》（中国人民银行令〔2013〕第1号）。该办法分6章39条，对征信机构的设立、变更与终止，高级任职人员管理以及法律责任等方面作了进一步补充规定。

对于互联网金融所涉及的征信，中国（区）金融管控采取了积极干预的政策措施。比如，中国银监会（2011）在《中国银监会办公厅关于人人贷有关风险提示的通知》第一部分明确表示，包括P2P网贷在内的网络借贷面临"巨大的信息科技风险"，相关中介公司"无法像银行一样登陆征信系统了解借款人资信情况，并进行有效的贷后管理，一旦发生恶意欺诈，或者进行洗钱等违法犯罪活动，将对社会造成危害。"上海市网络借贷服务业企业联盟（2013）则在《网络借贷行业准入标准》第八章就相关征信作出规定，网络借贷服务机构必须与至少一家合法征信机构合作开展数据报送；报送数据必须完整、准确，与业务一致；必须合法、合规查询个人信用报告，查询用途必须与其业务直接相关。

对于证券投资基金，2011年8月28日，银监会发布《商业银行理财产品销售管理办法》（银监会令〔2011〕第5号）。该办法第五章和第六章第四十七条规定，商业银行通过本行网上银行销售理财产品，须对客户进行风险承受能力评估；评估应包括客户财务状况、投资经验、投资目的、收益预期、风险偏好、流动性要求、风险认识和风险损失承受程度等；评估结果应告知客户本人；商业银行可通过网上银行定期或不定期对客户进行评估；个人客户金融净资产600万元人民币以上（含）为私人银行客户；单笔认购金额100万元人民币以上（含）的、个人或家庭金融净资产总额100万元人民币以上（含）且能提供证明的、最近三年个人收入在20万元人民币以上（含）或家庭总收入30万元人民币以上（含）的客户为高资产净值客户。

中国人民银行等10部委《关于促进互联网金融健康发展的指导意见》（2015）第一部分（六）规定："鼓励从业机构依法建立信用信息共享平台。推动符合条件的相关从业机构接入金融信用信息基础数据库。允许有条件的从业机构依法申请征信业务许可。支持具备资质的信用中介组织开展互联网企业信用评级，增强市场信息透明度。"

信用认证同样是金融机构防范金融风险的通常操作机制之一。它有助于金融机构增加对业务对象的信息掌握，尽可能地降低信息不对称的负面影响，从大量信息中深入挖掘和甄别客户风险类别，以作好较为充分的风险防范和控制。然而在现行信用认证管理中，也会经常发生各种问题，比如：不同行业和领域征信信息系统、征信机构、征信管控部门之间缺乏协调，导致相关征信信息无法得到及时分享；对收集、提供客户敏感信息容易违法违规操作；第三方征信机构的独立性受到金融机构利益导向操纵；中小金融机构自建内部征信机制面临多重困难；现有征信数据的量化仍需要进一步完善；全面覆盖经济、社会活动的现代信用社会尚未完全建立等。

4.3.3.6 内部管控机制

内部管控(Internal Control)机制又可称为"内部管理制度"、"内部控制制度"或"内控系统"。它通常是指金融机构为获得生产效率和稳定经营秩序，针对其内部有效管理制定和实施的一系列保障性规章制度。根据不同细分领域的需要，内部管控机制具体又可分为业务、营销、财务、人力资源、组织机构、信息管理系统以及其他包括内审、保密、消防在内的安全控制等方面管控机制。有时，金融机构内部管控机制也会涉及其公司治理机制、决策机制等方面。

建立企业内部管控机制的理论依据是所谓的"内部控制理论"。这种理论又源自于系统科学中的控制论和系统论、经济学中的委托代理理论、以及管理学中的管理职能理论关于控制职能的部分等各种相关理论。

1949 年，美国审计程序委员会（The Committee on Auditing Procedure, CAP）下属的内部控制专门委员会发表《内部控制，协调系统诸要素及其对管理部门和注册会计师的重要性》的专题报告，提出并定义"Internal Control"："内部控制是企业所制定的旨在保护资产、保证会计资料可靠性和准确性、提高经营效率，推动管理部门所制定的各项政策得以贯彻执行的组织计划和相互配套的各种方法及措施。"这是海外首次正式提出并定义"内部控制"。

1992 年，美国科索委员会（The Committee of Sponsoring Organizations of the Treadway Commission, COSO，全国反虚假财务报告委员会发起人委员会）制定

并发布《内部控制整合框架》（Internal Control — Integrated Framework，1992，2013）。这是海外关于企业内部控制较早制定的政策体系，同时也是最具代表性的内部管控规范，被海外普遍采用。该框架明确定义"Internal Control"的概念，指出内部控制是一个由企业人员为实现管理目标而对其组织和行为施加合理保证性影响的结果导向性过程。该规范特别提出了企业内部控制的5个要素，即"Control Environment"（控制环境）、"Risk Assessment"（风险评估）、"Control Activities"（控制活动）、"Information and Communication"（信息与沟通）和"Monitoring"（监控）等，后又增加了"Objective Setting"（目标设定）、"Event Identification"（事件识别）和"Risk Response"（风险应对）等3个要素。除COSO外，海外企业内控框架还有加拿大的《COCO》和英国的《Turnbull 指南》，它们在一定范围内也得到有效应用（高智纬，李可，2006）。

关于通用的企业内部管控机制建设，中国（区）金融管控部门已制定了相关法规政策。2008年5月22日，财政部、审计署、证监会、银监会、保监会等五部门联合发布《企业内部控制基本规范》（财会［2008］7号），这是中国（区）在充分借鉴科索委员会《内控框架》基础上结合中国（区）实际制定的企业内部控制领域首个法规。该规范共有7章50条，以大中型企业、上市公司为主要管控对象，涉及企业内部控制的原则、要素、内部环境、风险评估、控制活动、信息与沟通、内部监督诸方面。该规范第一章第三条参照科索委员会的定义诠释了"内部控制"和"内部控制目标"的概念，第四条提出了"全面性"、"重要性"、"制衡性"、"适应性"和"成本效益"等5项内部控制原则，第五条提出了"内部环境"、"风险评估"、"控制活动"、"信息与沟通"和"内部监督"等5个内部控制要素。该规范第四章第二十八条提出了"不相容职务分离控制"、"授权审批控制"、"会计系统控制"、"财产保护控制"、"预算控制"、"运营分析控制"和"绩效考评控制"等一般性内部控制措施，以及突发事件应急处理机制等。2010年4月26日，财政部等五部门又联合发布《企业内部控制配套指引》。该配套指引包括18项《企业内部控制应用指引》、《企业内部控制评价指引》和《企业内部控制审计指引》。《企业内部控制基本规范》和《企业内部控制配套指引》的出台，标志着中国（区）通用企业内部管控机制法律体系的基本建成。

对于互联网金融，中国人民银行等 10 部委（2015）《关于促进互联网金融健康发展的指导意见》第二部分规定，保险公司开展互联网保险业务，应"完善内控系统"，"建立对所属电子商务公司等非保险类子公司的管理制度"；信托公司、消费金融公司通过互联网开展业务，应"制定完善产品文件签署制度"。

对于互联网支付，人民银行（2010）《非金融机构支付服务管理办法》第二章第八条（七）规定，非金融机构申请《支付业务许可证》，应有"健全的内部控制制度"。办法第三章第十八条规定，支付机构应"建立健全内部控制制度"，"并报所在地中国人民银行分支机构备案"。人民银行（2010）《非金融机构支付服务管理办法实施细则》第十三条（二）规定，非金融机构申请《支付业务许可证》，应向所在地中国人民银行分支机构提交包括支付业务可行性研究报告，报告应包括"拟从事支付业务的处理流程，载明从客户发起支付业务到完成客户委托支付业务各环节的业务内容以及相关资金流转情况"。实施细则第十四条（一）规定，非金融机构应向所在地中国人民银行分支机构提交反洗钱措施验收材料，材料应包括反洗钱内部控制制度文件，应"载明反洗钱合规管理框架、客户身份识别和资料保存措施、可疑交易报告措施、交易记录保存措施、反洗钱审计和培训措施、协助反洗钱调查的内部程序、反洗钱工作保密措施。"

对于包括个人网络借贷（P2P）和小额网络借贷在内的互联网借贷，中国银监会（2008）《关于小额贷款公司试点的指导意见》第五部分规定，小额贷款公司应"建立健全公司治理结构"，明确各方权责关系，"制定稳健有效的议事规则、决策程序和内审制度，提高公司治理的有效性"。小额贷款公司应"建立健全贷款管理制度，明确贷前调查、贷时审查和贷后检查业务流程和操作规范，切实加权贷款管理"，并应"加强内部控制"，"建立健全企业财务会计制度，真实记录和全面反映其业务活动和财务活动"。上海市网络信贷服务业企业联盟（2013）在《网络借贷行业准入标准》第四章中规定，网络借贷服务机构应"建立自有资金与出借人资金隔离制度，出借资金由第三方账户管理，公司不得利用任何方式挪用出借人资金。"

对于互联网证券投资基金，中国证监会（2013）《证券投资基金销售机构通过第三方电子商务平台开展业务管理暂行规定》第六条规定，第三方电子商务平台经营者为基金销售业务提供辅助服务，应"具有完善的内部控制制度"。第

七条规定，第三方电子商务平台经营者报中国证监会备案的文件应包括"内部控制管理制度"材料。

内部管控机制是金融机构应对风险的有效管控机制之一，互联网金融机构应建立符合网络业务特点的内部管控机制。内部管控机制建设中通常会发生各种问题，比如：企业负责人包括部门负责人内部管控意识淡薄，甚至出于自身利益需要而排斥或消极对待内部管控；内部管控机制建设中，容易重视部门或业务类别、流程的管控，而相对忽视对公司治理结构、决策机制的制衡；企业内部管控中过多突出主体因素的主观作用而相对忽略环境因素、制度因素的客观作用（即所谓"人治大于法治"）；出于经验和知识的狭隘容易导致过度重视技术而相对忽视管理，或者过于看重经验而相对轻视科学技术的应用，进而引发内部管控失衡；危机管理与应急处理机制的建设与落实尚有待进一步完善等。

4.3.3.7 全面风险管理

全面风险管理是风险管理比较流行的理论和实务。1955年，美国宾夕法尼亚大学沃顿商学院教授施耐德首次提出了"风险管理"的概念。

美国科索委员会（COSO）在《内部控制整合框架》（Internal Control — Integrated Framework，1992，2013）中明确指出，内部控制作为一个子系统属于全面风险管理体系框架。2004年，COSO发布《企业风险管理——整合框架》（又称为"全面风险管理框架"）。这是海外全面风险管理领域最具有代表性的规范体系。

2006年6月6日，国务院国有资产监督管理委员会发布《中央企业全面风险管理指引》（国资发改革〔2006〕108号），指引共分10章70条。这是中国（区）第一个全面风险管理的指导性文件。该指引第一章第三条给出"企业风险"的定义，并指出"企业风险"通常可包括"战略风险"、"财务风险"、"市场风险"、"运营风险"和"法律风险"等，以及"纯粹风险"和"机会风险"等；同一章第四条给出"全面风险管理"的定义，即指"企业围绕总体经营目标，通过在企业管理的各个环节和经营过程中执行风险管理的基本流程，培育良好的风险管理文化，建立健全全面风险管理体系，包括风险管理策略、风险理财措施、风险管理的组织职能体系、风险管理信息系统和内部控制系统，从而为实现风险管理的总体目标提供合理保证的过程和方法"；第五条提出了全面风险管理基本流程，即收集信息、风险评估、制定策略、提出方案、实施方案、监督改进等；第六条定义了"内部控制系统"；第七条提出了全面风险管理总体目标，即确保风险可承受、信息真实和沟通有效、遵守法律法规、降低不确定性以及免遭重大损失等。

对于互联网金融，中国人民银行等10部委（2015）《关于促进互联网金融健康发展的指导意见》指明，互联网金融依然具有金融的本质，"没有改变金融风险隐蔽性、传染性、广泛性和突发性的特点"，并为此提出"防范风险、趋利避害"的总体要求，提出要"明确风险底线"。该指导意见第二部分（七）要求，互联网第三方支付机构应"建立有效的风险隔离机制"；同一部分（九）提出，股权众筹融资的投资者应当"充分了解股权众筹融资活动风险，具备相应风险承受能力，进行小额投资"；第二部分（十）提出，互联网基金的基金管理人应当"采取有效措施防范资产配置中的期限错配和流动性风险"；第二部分（十一）规定，保险公司开展互联网保险业务，应"加强风险管理"，"确保交易安全、信息安全和资金安全"；第二部分（十二）同样规定，信托公司、消费金融公司通过互联网开展互联网信托和互联网消费金融业务，要"加强风险管理"，"确保交易合法合规"；信托公司通过互联网开展信托业务，要"审慎甄别客户身份和评估客户风险承受能力，不能将产品销售给与风险承受能力不相匹配的客户。"意见第三部分（十五）指出，互联网金融从业机构应"稳健经营"和"控制风险"，建立相关信息披露、风险提示和合格投资者制度。

对于互联网支付，人民银行（2010）《非金融机构支付服务管理办法》第二章第八条（七）规定，非金融机构申请《支付业务许可证》，应有"健全的风险管理措施"。办法第三章第十八条规定，支付机构应"建立健全风险管理制度"，"并报所在地中国人民银行分支机构备案"。人民银行（2010）《非金融机构支付服务管理办法实施细则》第十三条（四）规定，非金融机构申请《支付业务许可证》，应向所在地中国人民银行分支机构提交包括支付业务可行性研究报告，报告应包括"拟从事支付业务的风险分析及其管理措施"，"并区分支付业务各环节分别进行说明"。

对于网络借贷，上海市网络信贷服务业企业联盟（2013）在《网络借贷行业

准入标准》第五章中规定，网络借贷服务机构应"建立规范、标准、专业的风险管理体系和业务操作流程，严格防范非法集资、非法吸收公众存款，控制流动性风险、信用风险、操作风险、市场风险"；网络借贷服务机构应"采用统一的风险评估指标（90 天以上逾期率，为 90 天以上借款人账户未还本金总额与 120 天以前开户账户借款合同总额之比）发布逾期风险信息"，"逾期风险信息须每季度向联盟报备，并至少每半年通过联盟认可的第三方审计机构审计后向出借人公开。"

对于互联网证券投资基金，中国证监会（2013）《证券投资基金销售机构通过第三方电子商务平台开展业务管理暂行规定》第六条规定，第三方电子商务平台经营者为基金销售业务提供辅助服务，应"具有完善的风险管理制度"。第七条规定，第三方电子商务平台经营者报中国证监会备案的文件应包括"风险管理与应急处理制度"材料。第九条规定，基金销售机构通过第三方电子商务平台开展基金销售业务，应"履行必要的内部决策程序，并制定相应的风险管理和应急处理制度，维护基金投资人合法权益"。

4.3.3.8 消费者权益保护

消费者权益是公民（国民）基本合法权益。广义的消费者权益可以包括金融消费者（借款人、融资人、资金使用者等）和金融投资者（贷款人、出借人、资金提供人等）从事一切合法合规资金融通活动中应有的合法权益。实践中，无论是传统金融，抑或新兴的互联网金融，都涉及大量消费者权益受到侵害的事例，因而，确立有效的消费者权益保护机制是金融管控的主要制度性安排之一，也是海内外金融管控的通行做法之一。

1993 年 10 月 31 日，第八届全国人民代表大会常务委员会第四次会议通过《中华人民共和国消费者权益保护法》，后又历经 2009 年、2013 年两次修订。该法是中国（区）消费者权益保护领域的国家立法，属于部门立法。该法共有 8 章 63 条，涉及消费者的权利、经营者的义务、消费者合法权益的保护、消费者组织、争议解决和法律责任等相关内容。该法第二章第七条至第十五条规定，消费者购买、使用商品和接受服务，享有人身、财产安全不受损害的权利；享有知悉商品和服务真实情况的权利（即享有知情权）；享有自主选择商品和服务的权利（即享有选择权）；享有公平交易权利；人身、财产受到损害的，享有获得赔

第四章
互联网金融管控理论研究

偿的权利；享有监督权利等。该法第三章第二十八条规定，经营者采用网络提供证券、保险、银行等金融服务，应当向消费者提供经营地址、联系方式、服务数量和质量、价款或费用、履行期限和方式、安全注意事项和风险警示等信息。第三章第二十九条规定，经营者收集、使用消费者个人信息，应明示其目的、方式和范围，并经消费者同意。经营者对消费者个人信息必须严格保密，不得泄露、出售或者非法向他人提供。

中国人民银行等10部委《关于促进互联网金融健康发展的指导意见》（2015）第三部分第十六条规定："消费者权益保护。研究制定互联网金融消费者教育规划，及时发布维权提示。加强互联网金融产品合同内容、免责条款规定等与消费者利益相关的信息披露工作，依法监督处理经营者利用合同格式条款侵害消费者合法权益的违法、违规行为。构建在线争议解决、现场接待受理、监管部门受理投诉、第三方调解以及仲裁、诉讼等多元化纠纷解决机制。细化完善互联网金融个人信息保护的原则、标准和操作流程。严禁网络销售金融产品过程中的不实宣传、强制捆绑销售。人民银行、银监会、证监会、保监会会同有关行政执法部门，根据职责分工依法开展互联网金融领域消费者和投资者权益保护工作。"

4.3.3.9 系统重要性金融机构监管

系统重要性金融机构（Systemically Important Financial Institutes）是指在金融服务业和金融市场占据主要地位和发挥重要性作用的金融机构。实践中，系统重要性金融机构多指大型金融企业或超大型金融集团，如美国的美国银行（BankofAmerica，又译"美洲银行"）、花旗银行（Citibank）和摩根士丹利集团（MorganStanley Group）等，英国的苏格兰皇家银行集团（RoyalBankofScotland）、巴克莱银行（Barclays）和汇丰控股集团（HSBC）等，瑞士的瑞士银行（UBS）和瑞士信贷集团（CreditSuisse）等，日本的三菱日联金融集团（MitsubishiUFJ）等。历次金融危机证明，系统重要性金融机构的意义非同寻常。对其实施必要管控是金融管控机制中所不可或缺的。

2010年7月21日，美国《多德－弗兰克法案》（Dodd-Frank Act）直接给出了银行业"系统重要性金融机构"的定义及判断标准：全美任何一家金融资产超过500亿美元的银行均为系统重要性金融机构。除此以外，还可以根据金

融机构的资产负债规模、其在特定金融市场上的影响力和集中度、其向住房贷款人、企业、低收入人士、弱势群体等特殊主体提供信贷的情况来综合评判该金融机构是否属于系统重要性金融机构。该法案要求，新成立的金融稳定监管委员会（FSOC）及其下属的金融研究办公室（OFR）负责管控和识别全美系统重要性金融机构。

2011 年 7 月和 9 月，国际清算银行下属金融稳定理事会（FSB）接连发布《全球系统重要性银行：评估方法和额外的损失承受能力要求》（*Global Systemically Important Banks: Assessment Methodology and the Additional Loss Absorbency Requirement*）和《系统重要性金融机构的有效决议规程》（*Effective Resolution of Systemically Important Financial Institutes*）。FSB 将"系统重要性金融机构"定义为，"由于规模、复杂度与系统相关度，其无序破产将对更广范围内金融体系与经济活动造成严重干扰的公司。"

同年 11 月 4 日，FSB 又发布《关于系统重要性金融机构政策措施》。该措施公布了系统重要性金融机构的 5 项界定标准，包括：规模、不可替代性、关联度、复杂性和跨境活跃程度。同日，FSB 公布了全球首批 29 家系统重要性金融机构的名单。其中，欧洲银行 17 家，美国银行 8 家，亚洲银行 4 家，中国银行是中国（区）唯一入选银行。目前，中国（区）除中国建设银行外的三大国有支柱性银行均为全球系统重要性金融机构。

监管系统重要性金融机构，首先对其应加以清晰界定；其次是列出其清单。然后是制定本系统内系统重要性金融机构监管的机制；最后采取必要措施，防范系统重要性金融机构风险产生与扩散带来的严重危害。

目前，海外金融管控部门对系统重要性金融机构的管控政策措施主要有：限制同业并购，控制市场规模；约束混业经营，禁止跨界交易；严控不良资产，强制资本充足；健全风控机制，严限高管薪酬；加强日常检查；督促压力测试等。

4.3.3.10 合作担保

合作担保（Cooperative Guarantee）即互联网金融机构采用传统金融的担保方式，寻求第三方担保以分散金融风险的做法。合作担保是近年新出现的一种金融业务模式，也是一种探索互联网金融管控机制的较新思路。目前这种模式仍在探索之中。

合作担保主要有两种类别，即政策性合作担保和市场性合作担保。前者主要是国家支持的第三方担保机构与借贷或投资类金融机构共同为客户提供资金借贷及其担保服务。后者则是由市场担保公司、贷款人和借款人组成的业务模式。前者的第三方担保机构主要是国有控股投资担保公司或者大型企业集团参股或控股的专业担保公司，如中国投融资担保股份有限公司（中投保）等，其业务多以支持国家重点行业和政策性扶持行业为主。后者的担保公司多为市场自然形成的，主要面向城镇中小微企业和农村合作社组织等。互联网金融机构合作担保对象多为市场融资性担保公司。

朱清贞和邹啸鸣（2008）以江西余江和浙江萧山银企合作担保模式促进本地加工工业发展为例，探讨了中小企业合作担保模式的发展规律。他们发现，中小企业通过与银行和非银行金融机构结成战略合作关系，利用合作担保，可以有效降低资金融通的信息不对称，改善中小企业资金短缺，促成企业与金融机构双赢。

顾海峰（2007）运用信息经济学原理探讨了中小企业信用担保风险形成的内在机制。他认为，中小企业与中小金融机构结成的信用担保合作存在较大风险。他解释到，中小金融机构的信息搜集成本、资本成本等并不比大中型金融机构节省多少，仅仅出于金融业专业分工填补了后者的"信贷缺口"。中小企业与中小金融机构之间依然存在较大的信息不对称。中小企业的经理人自身因素对信贷业务的影响通常大于大中型企业，容易导致较大的"可选择风险"，即中小企业经理人引发道德风险的可能性较大。信用级别较低的中小企业只有通过中小金融机构特别是中小信用担保机构的担保，才会获得金融机构的贷款，因此，中小信用担保机构的风险会高于大中型担保公司。顾海峰主张，中小信用担保机构应建立较为完善的内部风险控制机制，尽力实现风险的分散、转移和补偿。

1995年6月30日，第八届全国人民代表大会常务委员会第十四次会议通过《中华人民共和国担保法》（中华人民共和国主席令第50号）。这是中国（区）关于担保行业的国家立法。该法共有7章96条。该法第一章第二条明确规定，担保方式为保证、抵押、质押、留置和定金。该法对上述担保方式以及"抵押物"、"抵押权"、"质物"和"动产质押"等相关概念作出了法律解释。

4.3.3.11 风险控制保险

风险控制保险是一种较新的提法，目前海内外业界还不多见，它主要是指保险公司为互联网金融机构的产品提供一定程度的保险服务，它实际上是一种信用保险，即采用信用保险金的手段来防范金融风险。

风险控制保险源于信贷保险（又可称为"信用保险"）。后者又可分为出口信贷保险（包括卖方信贷和买方信贷）和小额信贷保险。几乎与合作担保完全相同的，出口信贷保险多为国家支持的重点行业和扶持性产业，以鼓励出口、换取外汇和提供本土企业国际竞争力为主要目的。相应的第三方保险公司多为国有控股信用保险公司，如2001年12月18日成立的中国出口信用保险公司（简称"中国信保"），主要为中国（区）高新技术产品、大型机电产品和成套设备的出口以及大型对外工程承包项目提供信用保险。

小额信贷保险同中小企业信用担保一样，也以城镇中小微企业、农村合作社组织以及吃城乡居民个人等为主要客户群体。它是一种重要的金融工具与手段，是普通保险业务的补充，对促进消费、服务"三农"、支持实体经济、推动城镇化都具有不可或缺的作用。小额信贷保险仍出于发展的初期，面临较多需要解决的问题，主要有：很难获得有实力的金融机构重视；保险产品尚不能充分满足市场需求；面临较大的信用风险和市场风险；银行和保险公司合作的动机不强烈；既有业务模式有待深化，新型合作模式尚未出现等。

目前，包括小额信贷保险在内的风险控制保险受到《保险法》、《保险代理、经纪公司互联网保险业务监管办法》等法律法规的保护，并受到中国保监会及其分支机构的管控。

4.4 互联网金融管控方法研究

4.4.1 互联网金融管控方法的定义

前文已述，互联网金融管控方法连同管控体制和管控机制共同构成互联网金融管控体系。其中，管控体制通常侧重于宏观管控层次，管控机制通常侧重于中观管控层次，而管控方法则通常侧重于微观管控层次。实践中，也有将关联度紧密的宏观管控体制或中观管控机制中的某些部分如某些公共管理领域的具体政策措施、某类管控标准体系、某类管控实操技术或手段等看作是管控方法的重要组成来应用。

基于以上理解，本书以下给出互联网金融管控方法的正式定义：

互联网金融管控方法（The Methods for Management and Control on Internet Finance）是指在既定的管控体制和管控机制中，管控主体以特定的互联网金融机构及其关联方为对象，在其发起设立、业务模式、市场行为等方面予以局部或具体的指导、监督、检查、协调、控制和处置等管理行为的标准样式或合规操作程序与步骤。

（定义4.3）

4.4.2 互联网金融管控方法的溯源

王大威（2013）系统归纳了海外传统金融的管控方法，主要有：压力测试、宏观审慎指标、早期预警指标、传统银行资本政策和银行税等。

罗明雄、唐颖和刘勇（2013）总结中国（区）传统金融的管控方法，主要有：事前检查筛选、现场检查、非现场检查、内部审计、外部审计、信用评级、信息披露、行业组织和公众监督等。他们提出，互联网金融管控的主要方法可以借助传统金融的上述方法。

苗文龙（2015）认为，互联网金融管控方法应分为微观审慎监管方法和宏观审慎监管方法两类，前者可具体包括：完善技术监管手段；建立大数据库并挖掘大数据；建立动态风险监测和预警系统；将互联网金融机构和特约商户纳入征信管理体系；实行信息充分披露；实施最后贷款人、金融救助、机构接管等风险管理措施等。后者可包括：开展逆周期资本缓冲监管和资本充足率监管；提取风险拨备；控制杠杆率等。

中国人民银行等10部委（2015）在《关于促进互联网金融健康发展的指导意见》明确规定了互联网金融管控的若干具体方法，主要包括：信息披露、风险提示、建立防火墙等。

4.4.3 互联网金融的主要管控方法

4.4.3.1 防火墙

防火墙（Firewall）又称"防护墙"，它是一种建立在计算机应用终端与相关设备之间，终端设备与局域网或互联网等网际联通环节和边界（即"网关"）的隔离信息系统，用以阻断限制性信息的相互传输。一个比较完整的防火墙通常可由安全网关、网络过滤器、路由器等硬件设备和访问控制、验证工具等软件共同构成。

1993 年 12 月 15 日，以色列犹太籍软件工程师、检点软件公司（Check PointSoftware Technologies Ltd）联合创始人之一的吉尔·舍伍德（Gil Shwed）发明了海外首个防火墙，并使之成为国际互联网的应用标准规范之一。

2015 年 2 月 15 日，中国中关村在线（ZOL）下属的互联网消费调研中心（ZDC）发布《2014—2015 年中国防火墙市场研究报告》。报告通过市场数据分析得出以下结论：（1）当前中国（区）网络安全事件频发，互联网中继聊天服务器病毒（Internet Relay Chat Server Virus，IRC Server Virus，即"僵尸病毒"（BotNet Virus））、自包含程序（Self-Contained Program，即"蠕虫病毒"（Worm Virus））、恶意代码病毒 [Unwanted Code Virus，即"木马病毒"（Trojan Virus）]、APT（Advanced Persistent Threat，高级持续性威胁）攻击等持续发作，广泛侵入各类计算机终端设备、移动通信终端设备和网络平台，造成严重损失；（2）传统防火墙技术和产品已不能适应新一代病毒软件和持续网络安全的需要，急需升级换代；（3）目前中国（区）防火墙产品市场共有约 30 个品牌，其中领先服务商为美国思科公司（市场份额 27%）、深圳华为公司（24.6%）、美国瞻博公司（Juniper，10.7%）与杭州华三公司（H3C，10.2%）；（4）Chenk Point、深信服、网康、山石网科、飞塔、WatchGuard 等占据其他 22.4% 市场份额；（5）2014 年底，中国（区）防火墙产品市场有 337 个产品，主要分为安全网关产品、企业级产品和虚拟专用网络（VPN）产品等类别，价格为数千元至数万元人民币不等；（6）基于云（云端日志管理）、管（应用流量防护）、端（内网资产识别）的新一代防火墙产品正在发展之中。

中国人民银行等 10 部委《关于促进互联网金融健康发展的指导意见》（2015）

第二部分规定，要"建立必要的防火墙"。

4.4.3.2 防网络病毒软件

计算机病毒软件（computer virus software）又可称为"计算机病毒"或"病毒软件"，它是一种以干扰和破坏计算机正常运行的软件程序，具有较大危害性。国务院（1994）在《中华人民共和国计算机信息系统安全保护条例》第五章第二十八条对"计算机病毒"给出了正式定义：计算机病毒是指"编制或者在计算机程序中插入的破坏计算机功能或者毁坏数据，影响计算机使用，并能自我复制的一组计算机指令或者程序代码。"根据计算机病毒对于不同计算机终端的影响方式、途径和范围，可以将其分为单机计算机病毒和网络计算机病毒（简称"网络病毒"）。两者理论上均可无限复制，均具强烈危害性，均可对金融产生严重危害，后者危害更大。防范和清除计算机病毒特别是网络病毒，是维护互联网金融信息安全、防止互联网金融技术风险的核心目标和任务之一。

实践中，防范和清除计算机病毒，通常可对计算机硬件和软件实施物理隔绝，也可采用专业杀毒软件来清除病毒软件。专业杀毒软件又可称为"计算机信息系统安全专用软件产品"，它是指一种专门用来检测、识别、阻止、毁坏和清除病毒软件的计算机指令或者程序代码。专业杀毒软件连同相关硬件安全装备一同构成了"计算机信息系统安全专用产品"。国务院（1994）在《中华人民共和国计算机信息系统安全保护条例》第五章第二十八条对"计算机信息系统安全专用产品"给出了正式定义：计算机信息系统安全专用产品是指"用于保护计算机信息系统安全的专用硬件和软件产品。"该条例第二章第十六条规定，国家对计算机信息系统安全专用产品销售实行许可证制度。

2000年4月26日，公安部发布《计算机病毒防治管理办法》（公安部令第51号），共有22条。该办法第二条、第二十一条分别给出了"计算机病毒"、"计算机病毒疫情"和"媒体"的定义。第三条指明，"公安部公共信息网络安全监察部门主管全国计算机病毒防治管理工作。"该办法将"计算机信息系统安全专用产品"改称为"计算机病毒防治产品"，并规定其生产和销售采取许可证制度。该办法第十一条要求，计算机信息系统使用单位应"建立计算机病毒防治管理制度"；"采取计算机病毒安全技术防治措施"；"对本单位计算机信息系统使用

人员进行计算机病毒防治教育和培训"；"及时检测、清除计算机信息系统中的计算机病毒，并备有检测、清除的记录"；"使用具有计算机信息系统安全专用产品销售许可证的计算机病毒防治产品"；"对因计算机病毒引起的计算机信息系统瘫痪、程序和数据严重破坏等重大事故及时向公安机关报告，并保护现场。"

4.4.3.3 风险源识别

风险源即风险点，通常是指既定金融系统内部隐含的风险在外来突发事件作用下引发金融风险的结合点与部分。风险源识别又称为"风险辨识"，它是指金融机构、第三方服务机构和或金融管控部门使用一定技术手段，在获取和分析潜在风险信息，寻找和甄别风险源的过程与方法。识别风险源是进行风险评估的先期步骤与环节。

国资委（2006）在《中央企业全面风险管理指引》第三章第十八条、第二十条和第二十一条中规定，风险辨识是指"查找企业各业务单元、各项重要经营活动及其重要业务流程中有无风险，有哪些风险"；风险辨识与风险分析、风险评价均为风险评估的步骤；进行风险辨识，应"将定性与定量方法相结合"，"定性方法可采用问卷调查、集体讨论、专家咨询、情景分析、政策分析、行业标杆比较、管理层访谈、由专人主持的工作访谈和调查研究等"，"定量方法可采用统计推论（如集中趋势法）、计算机模拟（如蒙特卡罗分析法）、失效模式与影响分析、事件树分析等"。

4.4.3.4 风险预警

风险预警是风险管理机制中的主要方法之一。惠誉国际（Fitch Rating，2005）提出"早期预警指标"的概念。王大威（2013）认为，可将其扩展为"针对影响金融稳定的系统性金融风险的一系列预警指标"。

财政部等5部委（2008）在《企业内部控制基本规范》第四章第三十七条中规定，企业应当"建立重大风险预警机制和突发事件应急处理机制，明确风险预警标准，对可能发生的重大风险或突发事件，制定应急预案、明确责任人员、规范处置程序，确保突发事件得到及时妥善处理。"

4.4.3.5 信息披露

罗明雄、唐颖和刘勇（2013）对信息披露作了比较全面的论述。他们提到，金融信息披露是一种对存款人和投资者权益的保护手段，它可以有效防止信息不对称，增强金融机构经营和金融监管的透明度，强化市场约束，是一种"预防系统性风险的可行方法"。他们进而分析到，信息披露的主体应为金融机构和主管类金融监管部门，其披露对象应为同业、非主管类金融监管部门、国际金融组织、第三方信用评级机构和社会公众等，其内容主要应包括金融机构的经营业绩、资本状况、企业财务、风险暴露、风险管理和企业治理结构等，其披露方式可有年报、报告、新闻发布会等。

2008年5月4日，中国银监会发布《关于小额贷款公司试点的指导意见》。该意见第五部分规定，小额贷款公司应"建立信息披露制度，按要求向公司股东、主管部门、向其提供融资的银行业金融机构、有关捐赠机构披露经中介机构审计的财务报表和年度业务经营情况、融资情况、重大事项等信息，必要时应向社会披露"。

中国人民银行等10部委《关于促进互联网金融健康发展的指导意见》（2015）第二部分规定，"要向客户充分披露服务信息"，但"不得夸大支付服务中介的性质和职能。"该意见第三部分第十五条规定："从业机构应当对客户进行充分的信息披露，及时向投资者公布其经营活动和财务状况的相关信息，以便投资者充分了解从业机构运作状况，促使从业机构稳健经营和控制风险。"

4.4.3.6 风险提示

风险提示又称为"风险告知"，它主要是指金融机构开展金融业务之前预先以醒目方式将金融业务潜在风险通告给客户的做法。风险提示是对金融消费者的一种保护性措施，也是海内外金融机构开展业务的通行做法。

中国人民银行等10部委《关于促进互联网金融健康发展的指导意见》（2015）第二部分规定，要向客户"清晰地提示业务风险。"该意见第三部分第十五条规定："从业机构应当向各参与方详细说明交易模式、参与方的权利和义务，并进行充分的风险提示。要研究建立互联网金融的合格投资者制度，提升投资者保护水平。"

4.4.3.7 现场检查

现场检查是指金融管控部门派出人员亲赴接受检查的金融机构开展业务活动的物理场所实地检查以具体了解其经营风险和违规违法行为的活动。

现场检查的通用程序为：事前搜集信息，确定和初步了解检查对象；确定现场检查时间和内容；制定检查方案；实地检查；检查结束后分析检查结果；提交检查报告或发布检查合格与否的信息；搜集检查反馈意见等。

现场检查通常可将系统重要性金融机构作为检查对象。

2010 年 4 月 14 日，人民银行发布《中国人民银行执法检查程序规定》（中国人民银行令〔2010〕第 1 号）。规定共分 4 章 32 条及 9 个附件。规定第一章第二条定义了"执法检查"的概念，强调"进入被检查人现场"，实际上等同于"现场检查"的概念。该规定将金融执法检查程序分为检查准备、检查实施和检查结果处理三个基本环节，其中，检查准备包括检查计划、工作部署、方案审批、成立检查组、检查前业务培训、检查通知下达等具体步骤；检查实施包括出示《执法证》和《执法检查通知书》，向被检查人说明检查的目的、内容、方式和安排等内容，告知被检查人权利与义务，记录《检查会谈纪要》并要求被检查人和检查组负责人共同签字，询问相关信息，查阅业务资料，收集书证、物证和电子文件等证据，记录检查过程，签字确认《执法检查事实认定书》等；检查结果处理包括撰写检查报告、提出检查处理意见、审核通过检查报告或退回修改补充、送达《执法检查意见书》等。该规定附件依次包括执法检查的立项审批表、通知书、进场记录、会谈纪要、调阅资料清单、询问笔录、证据登记保存通知书、工作底稿和事实认定书等。

同年 6 月 14 日，人民银行在《非金融机构支付服务管理办法》第三章第三十五条、第三十六条和第三十七条中规定，人民银行及其分支机构依法对支付机构进行定期或不定期的现场检查；现场检查可以采取询问、查阅、复制、封存、检查账户、检查业务设施及相关设施等措施；支付机构应当接受现场检查，如实提供有关资料，不得拒绝、阻挠、逃避检查，不得谎报、隐匿和销毁证据。

2013 年 3 月 15 日，中国证监会发布《证券投资基金销售机构通过第三方电子商务平台开展业务管理暂行规定》（证监会公告〔2013〕18 号）。该规定第五条指出，中国证监会及其派出机构负责管控证券投资基金销售机构和第三方电子商务平台的经营者及其相关行为，可以对其进行现场检查。上述机构经营者"应予配合"。

4.4.3.8 非现场检查

非现场检查是相对于现场检查而言的，它是指金融管控部门要求接受检查的金融机构通过互联网或其他方式依据规定向其递交所需了解的交易信息和数据资料而无需亲临现场的检查方法。

金融管控部门在得到非现场检查资料后，需要自己或外聘、外请第三方专业人士，对资料进行甄别和研判，以作出风险预估。

在信息技术和互联网高度发达的条件下，非现场检查将成为互联网金融管控主体更为常用的互联网金融管控方法。

2010年6月14日，人民银行在《非金融机构支付服务管理办法》第三章第三十五条和第三十六条中规定，人民银行及其分支机构依法对支付机构进行定期或不定期的非现场检查；支付机构应当接受非现场检查，不得拒绝、阻挠、逃避检查，不得谎报、隐匿和销毁证据。

4.4.3.9 行业自律

罗明雄、唐颖和刘勇（2013）认为，行业自律是一种"低成本的"、"预防性的"管控方法。他们指出，行业组织可通过促进互联网金融机构的信息交流，发挥对其的有效监督作用，降低互联网金融机构的经营风险。

2014年12月18日，中国证券业协会发布《私募股权众筹融资管理办法（试行）（征求意见稿）》。该意见稿第一章第四条规定，中国证券业协会为股权众筹融资行业的自律组织，负责对其进行自律管理。中证协下属的中证资本市场监测中心有限责任公司（以下简称市场监测中心）对股权众筹融资行业进行日常管理。第六章第二十五条至第二十七条专门规定了股权众筹融资行业的自律管理事项，包括：市场监测中心备案管理信息系统应记录行业市场信息，并应与中国证监会、中证协实现数据共享；中证协对会员单位实施自律检查；中证协可采取谈话提醒、警示、责令整改等自律管理措施，以及行业内通报批评、公开谴责、暂停执业、取消会员资格等纪律处分等。

中国人民银行等 10 部委（2015）《关于促进互联网金融健康发展的指导意见》第三部分第十九条规定："加强互联网金融行业自律。充分发挥行业自律机制在规范从业机构市场行为和保护行业合法权益等方面的积极作用。人民银行会同有关部门，组建中国互联网金融协会。协会要按业务类型，制订经营管理规则和行业标准，推动机构之间的业务交流和信息共享。协会要明确自律惩戒机制，提高行业规则和标准的约束力。强化守法、诚信、自律意识，树立从业机构服务经济社会发展的正面形象，营造诚信规范发展的良好氛围。"

4.4.3.10 社会监督

金融管控不仅仅是国家权力机关的责任，同时也是全社会应给予必要关注的重要事项。而社会监督则是这种社会关注最为有效的方式之一。

罗明雄、唐颖和刘勇（2013）提出，社会公众可通过媒体、专业报告和学术研究等渠道，获得互联网金融业的运营信息，进而可实现对其的有效监督。

在信息技术广泛应用的条件下，社会公众可以通过互联网、移动终端等来进行监督。

《消费者权益保护法》（1993，2009，2013）对消费者合法权益保护的社会监督作出了具体规定。该法第五章第三十六条和第三十七条规定，消费者协会等组织是保护消费者合法权益、对经营者提供的商品和服务实施社会监督的社会组织；消费者协会的社会监督行为主要包括：通过参与相关法律、法规的制定，向有关部门反映、查询和建议；受理消费者投诉，并进行调查、调解；支持受到损害的消费者提起诉讼或由消协直接提起诉讼；通过大众传播媒介揭露、批评损害消费者合法权益的行为等。

2008 年 5 月 4 日，中国银监会发布《关于小额贷款公司试点的指导意见》。该意见第五部分规定，小额贷款公司应"接受社会监督，不得进行任何形式的非法集资"。

第五章
互联网金融管控机制体系创新设计研究

从当前中国（区）互联网金融的实际情况出发，本章正式提出以互联网金融管控为楔入、全面建设现代信用社会的理念，并围绕互联网金融产业管控机制体系的目标和结构开展创新设计研究，力求为现实互联网金融管控机制提供较新的可行性思路与理论框架。

5.1 互联网金融产业管控机制创新体系的目标设计

互联网金融产业的管控机制创新体系的目标是一个由多个目标共同构成的目标体系，其中，促进金融产业创新与可持续发展、稳定金融产业秩序与有效防范金融风险、服务于全面建设现代信用社会是该目标体系之中的三个基本目标。它们相互联系，相互依托，成为互联网金融产业管控机制体系设计的指引。

5.1.1 促进金融产业创新与可持续发展

促进金融产业创新与可持续发展是互联网金融产业管控机制创新体系目标层次中的基本目标之一，是当前互联网金融产业管控机制创新体系建设的根本目标。

经济发展最主要的目的之一就是追求经济产出的效率。经济效率和管理效率的提高，符合经济学和管理学的基本思想要旨，并可以推动产业发展。产业发展是当前互联网金融产业的主要任务之一。互联网金融产业是新兴产业，尽管没有上升到战略性新兴产业和支柱型战略产业的地位，但它本身是符合科学技术推动生产力进步和生产方式变革这一普遍规律的，是适应社会生产力发展内在要求的，是与当代全球经济一体化趋势相一致的。互联网金融产业虽然发展势头较快，但它仍然处于发展初期，其发展形态、业务模式尚不成熟，相对于传统金融产业来讲，它更需要管控体系的积极引导与有力扶持。没有互联网金融产业的发展，设计功能再强大的管控体系也就失去发挥作用的基础；互联网金融产业发展与管控失衡，管控体系的支持作用也就不能发挥最大效率。因此，产业发展仍然是管控体系的客观前提，依然是建立健全管控体系并使其发挥应有作用的先导目标。

为有效保证互联网金融产业的稳定、健康与可持续的发展，促进金融创新对经济发展发挥的积极作用，对其管控应以"适度"为首要管控原则之一，其管控体系设计的思想也应体现"面向大众、鼓励创新、积极引导、适度管控"等理念。中国人民银行等十部委（2015）在《关于促进互联网金融健康发展的指导意见》中要求，对于新兴互联网金融产业的管控应"遵循'鼓励创新'的总体部署"，"遵循'适度监管、创新监管'的原则"。①该意见第一部分提出，"互联网与金融深度融合是大势所趋，将对金融产品、业务、组织和服务等方面产生更加深刻的影响。互联网金融对促进小微企业发展和扩大就业发挥了现有金融机构难以替代的积极作用，为大众创业、万众创新打开了大门。促进互联网金融健康发展，有利于提升金融服务质量和效率，深化金融改革，促进金融创新发展，扩大金融业对内对外开放，构建多层次金融体系。作为新生事物，互联网金融既需要市场驱动，鼓励创新，也需要政策助力，促进发展。"②意见指出，"互联网金融是新生事物和新兴业态，要制定适度宽松的监管政策，为互联网金融创新留有余地和空间。通过鼓励创新和加强监管相互支撑，促进互联网金融健康发展，更好地

---

①② 中国人民银行. 中国人民银行等十部委发布《关于促进互联网金融健康发展的指导意见》[EB/OL]. 中国人民银行官网"沟通交流／新闻"栏目：http://www.pbc.gov.cn/publish/goutongjiaoliu/524/2015/20150718104243894831567/20150718104243894831567_.html，2015-07-18 发 布，2015-07-18检索.

服务实体经济。"①

5.1.2 稳定金融产业秩序与有效防范金融风险

稳定金融产业秩序与有效防范金融风险是互联网金融产业管控机制创新体系目标层次中的基本目标之一，是当前时期互联网金融产业管控机制创新体系建设的直接目标。

管控最直接的目的就是减少甚至完全消除风险。金融管控最直接的目的就是，在汲取历次金融危机惨痛教训后，尽量防范和控制一切可能发生的潜在金融风险，以最大限度地确保个人、金融机构及社会的金融资产和合法金融利益免受风险损失。当前，互联网金融产业处于快速发展的初期，互联网自身具有一定风险，传统金融向互联网金融的扩张与转型直接促发了传统金融风险在互联网金融领域中的延伸与变异，它们与当前多种、多样、多发的风险因素和风险事件共同构成了互联网金融产业的风险基础，致使互联网金融产业的发展面临较大的不确定性。为此，加强对其管控是理所应当，在某些时点、区域和细分领域内更是成为当务之急。

防范金融风险的管控应本着"审慎"的基本原则，既有效防范风险，又可保证产业正常经营，而不至重复"一乱就收、一收就死、一死就放、一放就乱"的恶性循环。应提倡产业"基本面管控"与关键金融机构、金融业务等的"精准管控"相结合的理念，即应综合考量和均衡处置"效率"、"稳定"和"公平"的相互关系。中国人民银行等十部委（2015）在《关于促进互联网金融健康发展的指导意见》中要求，对于新兴互联网金融产业的管控应"遵循'防范风险、趋利避害、健康发展'的总体部署"，"遵循'依法监管、适度监管、分类监管、协同监管、创新监管'的原则"。②该意见第二部分明确指出，"互联网金融本质仍属于金融，没有改变金融风险隐蔽性、传染性、广泛性和突发性的特点。加强互联网金融监管，是促进互联网金融健康发展的内在要求。"③该意见提出，

---

①②③ 中国人民银行. 中国人民银行等十部委发布《关于促进互联网金融健康发展的指导意见》[EB/OL]. 中国人民银行官网"沟通交流／新闻"栏目：http://www.pbc.gov.cn/publish/goutongjiaoliu/524/2015/20150718104243894831567/20150718104243894831567_.html，2015-07-18 发 布，2015-07-18 检索.

互联网金融监管应"科学合理界定各业态的业务边界及准入条件，落实监管责任，明确风险底线，保护合法经营，坚决打击违法和违规行为。"[①]

5.1.3 服务于全面建设现代信用社会

服务于全面建设现代信用社会是互联网金融产业管控机制体系目标层次中的基本目标之一，是当前直至未来一个时期内互联网金融产业管控机制体系建设的最高目标。

乌尔里希·贝克提出的"风险社会"概念和理论，较为充分地揭示了现代人类社会制度建设中存在"有组织的不负责任"等现象引发不确定性对人类造成风险的内在机理。他提出，必须通过制度创新（即技术、安全、决策等方面机制的"制度再造"）来革除不良机制，消除潜在风险。[②]而前述海外金融创新理论和制度创新理论也都明确阐明，制度创新可以推动生产力发展和社会进步。

2003年10月14日，中国共产党第十六届中央委员会第三次全体会议[③]通过《中共中央关于完善社会主义市场经济体制若干问题的决定》。该决定第二部分（6）"建立健全现代产权制度"一节明确指出，"建立归属清晰、权责明确、保护严格、流转顺畅的现代产权制度"，"有利于增强企业和公众创业创新的动力，形成良好的信用基础和市场秩序。这是完善基本经济制度的内在要求，是构建现代企业制度的重要基础。"[④]决定第五部分（16）"建立健全社会信用体系"一节提出，"形成以道德为支撑、产权为基础、法律为保障的社会信用制度，是

---

① 中国人民银行. 中国人民银行等十部委发布《关于促进互联网金融健康发展的指导意见》[EB/OL]. 中国人民银行官网"沟通交流／新闻"栏目：http://www.pbc.gov.cn/publish/goutongjiaoliu/524/2015/20150718104243894831567/20150718104243894831567_.html，2015-07-18发布，2015-07-18检索.

② 常雅楠. 乌尔里希·贝克风险社会理论研究综述 [J]. 学理论，2014（11）：55-56.

③ "中国共产党第十六届中央委员会第三次全体会议"在中国（区）内通常可简称为"十六届三中全会"。——本书注

④ 中华人民共和国中央人民政府. 中共中央关于完善社会主义市场经济体制若干问题的决定 [EB/OL]. 中华人民共和国中央人民政府官网"首页／中国概况／中国简况"栏目：http://www.gov.cn/test/2008-08/13/content_1071062.htm，2008-08-13发布，2015-09-23检索.

建设现代市场体系的必要条件，也是规范市场经济秩序的治本之策。增强全社会的信用意识，政府、企事业单位和个人都要把诚实守信作为基本行为准则。按照完善法规、特许经营、商业运作、专业服务的方向，加快建设企业和个人信用服务体系。建立信用监督和失信惩戒制度。逐步开放信用服务市场。"[①]

2013 年 11 月 12 日，中国共产党第十八届中央委员会第三次全体会议[②]通过《中共中央关于全面深化改革若干重大问题的决定》。该决定第三部分"加快完善市场体系"（9）"建立公平开放透明的市场规则"一节明确提出，要"建立健全社会征信体系，褒扬诚信，惩戒失信。"[③]决定第四部分"加快转变政府职能"（14）"健全宏观调控体系"一节要求，要"建立全社会房产、信用等基础数据统一平台，推进部门信息共享。"[④]

程民选和唐雪漫（2010）总结了海内外关于现代信用社会的相关认识。他们阐述到，现代信用社会是指"以制度信任为基本支撑，以人际信任为交往基础，社会信用体系健全完善，信用文化建设卓有成效，实现社会成员互信互利的和谐社会。"[⑤]他们提出，现代信用社会是"从信用视角审视的现代社会"，它的建设是与"现代市场经济发展完善的内在要求完全一致的"，并对"现代市场经济的发展完善具有重大意义"。[⑥]

中国人民银行等十部委（2015）在《关于促进互联网金融健康发展的指导意见》中提出，要"推动信用基础设施建设"，"鼓励从业机构依法建立信用信息共享平台"，"推动符合条件的相关从业机构接入金融信用信息基础数据库"，"允许有条件的从业机构依法申请征信业务许可"，"支持具备资质的信用中介

---

① 中华人民共和国中央人民政府. 中共中央关于完善社会主义市场经济体制若干问题的决定 [EB/OL]. 中华人民共和国中央人民政府官网"首页／中国概况／中国简况"栏目：http://www.gov.cn/test/2008-08/13/content_1071062.htm，2008-08-13 发布，2015-09-23 检索.
② "中国共产党第十八届中央委员会第三次全体会议"在中国（区）内通常可简称为"十八届三中全会"。——本书注
③④ 新华社. 授权发布：中共中央关于全面深化改革若干重大问题的决定 [EB/OL]. 新华网新闻中心频道"正文"栏目：http://news.xinhuanet.com/2013-11/15/c_118164235.htm，2013-11-15 发布，2015-09-23 检索.
⑤⑥ 程民选，唐雪漫. 现代信用社会的内涵及其与现代市场经济的关系 [J]. 天府新论，2010（1）：51-54.

组织开展互联网企业信用评级，增强市场信息透明度。"[1]

　　设计和建立互联网金融产业管控体系，应以"信用"为核心理念，以"增强信用"为管控主旨之一，抓紧建设互联网金融产业信用基础设施，在传统金融征信基础上建立与完善互联网金融信用评级体系，大力培养与互联网金融相关的社会征信职业人才梯级队伍[2]（即执业信用评估师），努力夯实社会信用基础，全面建设现代信用社会，实现中国（区）由现代风险社会向现代信用社会的转型。

　　在互联网金融产业领域，应全方位构建现代信用体系，抓住互联网金融产业信用的相对薄弱环节，在互联网金融产业的市场准入、业务范围、业务流程、经营规范、资金管理、风险管理、内部控制等方面建立健全相关管控体制与机制，鼓励诚信守诺，增强风险防范，推动互联网金融产业由风险较高的产业向信用等级较高的产业转型。

5.2　互联网金融产业管控机制体系的结构

　　本书以下主要涉及互联网金融产业管控机制体系结构的管理策略性理论研究而非实操性设计。

5.2.1　管控机制创新体系的结构组成

　　在本书第四章对海外通用金融产业管控机制研究的基础上，针对当前中国（区）互联网金融产业的发展实际，本书独创性提出中国（区）互联网金融管控机制创新体系的结构设计思路，见图5-1。

---

① 中国人民银行. 中国人民银行等十部委发布《关于促进互联网金融健康发展的指导意见》[EB/OL]. 中国人民银行官网"沟通交流／新闻"栏目：http://www.pbc.gov.cn/publish/goutongjiaoliu/524/2015/20150718104243894831567/20150718104243894831567_.html，2015-07-18发布，2015-07-18检索.

② "社会征信职业人才梯级队伍"即指以执业信用评估师为主要代表的专业技术人员群体。——本书注

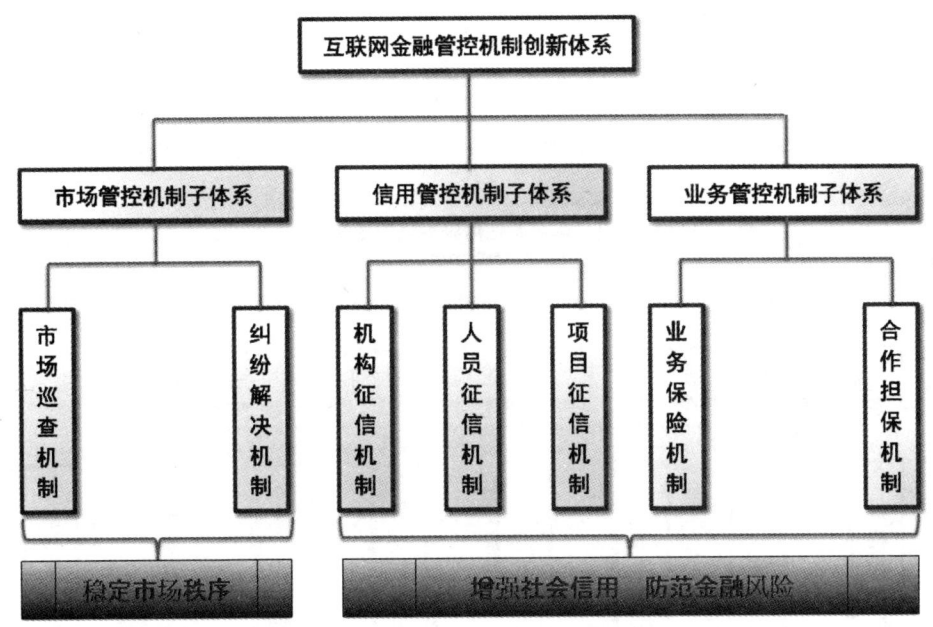

图 5-1　中国（区）互联网金融管控机制体系创新设计结构示意图

资料来源：北京大学市场经济研究中心互联网金融管控创新研究课题组，2015.

在图 5-1 中，当前中国（区）互联网金融产业管控机制创新体系的结构由以下三个子体系组成，即：市场管控机制创新子体系、信用管控机制创新子体系和业务管控机制创新子体系。这三个子体系基本包括了当前互联网金融产业领域风险易发、高发和多发的细分领域及类别。其中，最为关键的就是信用管控。从实践来看，互联网金融产业发生的种种问题，在一定程度上都可以归结为信用的不足与缺失。前文已述，互联网金融产业发展时间不长，业态模式尚未足够成熟，当前中国（区）现代信用文化的传播尚不充分，现代信用社会的建设刚刚起步，建设任务十分艰巨。因此，互联网金融产业管控的首要与核心就是信用管控。由此，本书将信用管控作为互联网金融产业管控机制创新体系结构设计的主要思路来优先考虑。图 5-1 中，信用管控机制创新子体系被置于整个互联网金融产业管控机制创新体系结构的中心位置，该图还着重提出"增强社会信用、防范金融风险"，都充分体现出这种设计理念。

5.2.2 信用管控机制创新子体系

图5-1中，根据信用管控的对象不同，可以将信用管控机制创新子体系分为三个部分组成，即：机构征信机制、人员征信机制和项目征信机制，见图5-2。

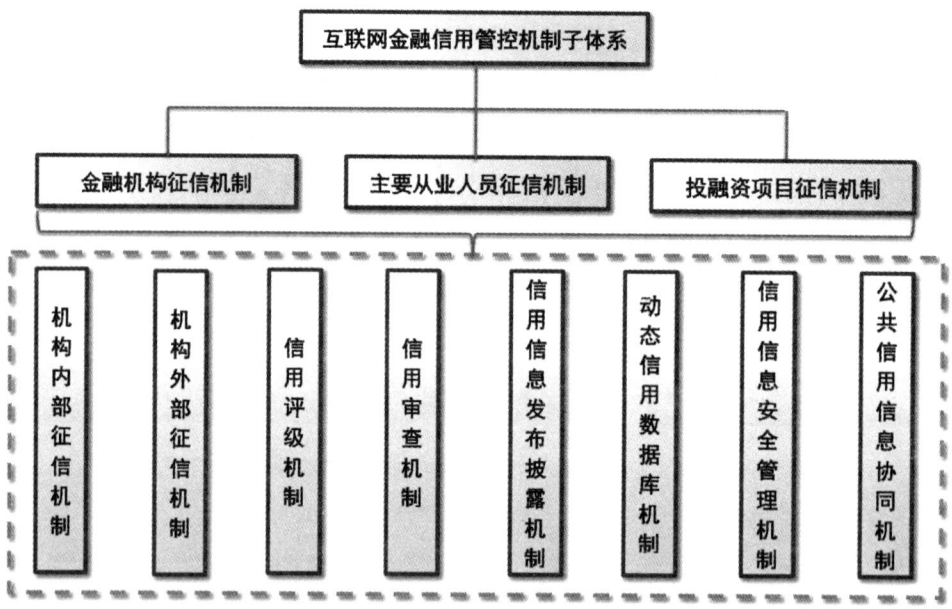

图5-2 中国（区）互联网金融信用管控机制子体系创新设计结构示意图

资料来源：北京大学市场经济研究中心互联网金融管控创新研究课题组，2015.

图5-2中，机构征信机制即互联网金融机构信用的管控机制；人员征信机制是指对互联网金融机构主要从业人员进行管控的机制；项目征信机制是指对互联网金融机构通过互联网发布的各种投融资项目进行有效管控的机制。上述三个细分机制领域都是信用管控机制创新子体系中重要的和必要的组成部分，都是对防范金融风险不可忽视的关键因素。对于由机构征信机制、人员征信机制和项目征信机制共同组成的信用管控机制创新子体系而言，其具体内容又可以依照不同标准分为多种类型。比如，如果按照征信的业务流程来分，则信用管控机制创新子体系可分为信用评级机制、信用审查机制和信用信息发布披露机制等。

5.2.2.1 机构征信机制

前文已述，机构征信机制是信用管控机制创新子体系中的有机组成部分之一，它是以互联网金融机构及其信用为主要管控对象和内容，以相关利益关联方及其信用为辅助管控对象和内容而构建的一套信用管控机制。

金融机构是从事金融活动的核心市场主体和中坚力量，其自身的信用是构成整个金融服务业信用基础的主要部分之一，在很大程度上决定着金融市场交易行为的有序与金融市场秩序的稳定。历次金融危机和金融突发事件的教训表明，金融机构往往成为多种金融风险发生所在，并对金融危机的蔓延起到至关重要的作用。造成这种情况的根本原因之一就在于金融机构的信用不足与信用缺失。因此，对金融机构的信用管控成为金融管控的重要和优先考虑的方面之一，信用管控体系机制创新应该优先考虑机构征信机制的建立与创新。

根据信用信息与数据的来源或提供者的不同，可以将机构征信机制分为内部征信机制和外部征信机制两类。前者主要是指互联网金融机构的信用信息与数据主要来自于其内部，由其内部的专业人员所提供；后者则主要是指信用信息与数据主要来自于互联网金融机构的外部，由第三方征信机构或其他组织及个人所提供。由于存在这种内外差别，信用管控机制相应也就有所区别。内部征信主要通过建立互联网金融机构的内部管理制度体系建设来发挥作用，而外部征信则需要互联网金融机构之间的协调与合作才能达成，很多时候还需要行业组织和公共管理部门的介入才能得以有效开展。

5.2.2.2 人员征信机制

金融服务业从业人员的信用同样是构成整个金融业信用基础的关键部分之一。这里的"从业人员"主要是指金融机构包括相关辅助机构的主要从业人员，包括金融机构主要的管理人员、技术人员和业务人员。其中，主要管理人员是指对金融机构的内部管控机制具有重大影响作用的、对金融机构核心业务具有决策支配权力的、在法律上具有金融机构代理权限责任的人员。这些人员包括金融机构的法人代表、高层管理层和决策层成员、核心部门的部门负责人，以及经过授权的业务或技术负责人等。他们的信用则是所有金融机构人员信用中最为关键的。历史教训同样说明，金融机构主要从业人员的信用不足与信用缺

失是导致金融风险发生的主要风险因素。因此，信用管控体系机制创新必须高度重视包括主要从业人员在内的人员征信机制的建立与创新。人员征信机制同样也有内部和外部之分。

5.2.2.3　项目征信机制

本书这里的"项目"是一种通用提法，它泛指金融机构开展金融业务而向外界推出的各类金融产品和服务。

现实中，互联网金融机构通常采取通过互联网公开各种投融资项目，吸引各类资金提供者和资金使用者的关注，来开展市场业务以牟利。投融资项目是连接互联网金融机构、资金提供者和资金使用者的利益传输纽带与结合点，因而项目也就成为市场交易达成的优先前提之一。项目本身具有的盈利性、可靠度、参与性、可操作性与风险控制度等方面因素综合起来就构成了项目的整体信用。项目整体信用对资金提供者的信心与投入、金融机构和资金使用者的风险控制都具有重要影响作用。

实践中，由于受到各种条件约束，金融机构和资金使用者在互联网推出的各种项目总是存在差异，因而对其进行项目征信是十分必要的。项目征信机制的建立与创新有利于防范项目引发的各种金融风险。

5.2.2.4　信用评级机制

信用评级机制是海外通行的金融管控机制之一。它通过采取一定的定量与定性的方法，对管控对象的信用进行评估与鉴定，并根据其结果，将管控对象予以不同风险级别的定级，给予相应的级别标志以清楚区分，以此作为风险管理处置的依据。

信用评级可以在金融机构内部进行，也可以在其外部通过委托第三方征信机构来进行。信用评级可以按时间期限分为短期信用、中期信用和长期信用等评级类别，也可分为当前信用和未来信用等评级类别。同时，信用评级还可以根据金融机构提供的金融产品或金融服务的种类来进行评级。以信用评级为主要工作内容的专门化管控机制就是信用评级机制。

互联网金融机构应高度重视信用评级机制的建立与实施。条件具备的大中型互联网金融机构或超大型互联网金融集团可以在其内部体制中设立专门的信用评级部门，采取包括信息技术在内的各种必要手段，建立完整有效的内部信用评级机制。而那些内部条件不具备完全自行建立信用评级机制的互联网金融机构则需要借助外部第三方征信机构来协作建立信用评级机制。

5.2.2.5 信用审查机制

信用审查机制是互联网金融管控中贯彻审慎性原则的集中体现之一。它同样可以分为对金融机构信用的内部审查和外部审查两种不同类别。

金融机构内部的信用审查机制是指互联网金融机构对其管控主体和管控客体的信用进行审核和确认的制度性安排。其管控主体是指与互联网金融机构相关的资金提供者（贷款人）、资金使用者（借款人或出借人）以及与其进行业务合作的其他利益关联方。其管控客体是指互联网金融机构对外通过互联网提供的金融业务，包括互联网金融产品、项目和各类服务等。凡与互联网金融机构开展互联网金融业务所直接相关的各类管控主体和管控客体都可依照一定标准，被视作具有程度不同的信用水平。

金融机构外部的信用审查机制则是指互联网金融的管控部门出于管控目的，对互联网金融其他各个利益关联方的信用进行审核和确认的制度性安排。这种外部审查通常可以由金融主管部门直接进行或者由其委派代表或分支机构，或者委托有资质的第三方中介机构来进行。凡涉及不同细分领域、经营规模较大、经营区域较广、具有系统性风险可能性较大的、曾经发生过重大系统性风险等的金融机构，可以考虑对其进行信用的外部审查。

5.2.2.6 信用信息发布披露机制

信用信息发布披露机制是信用管控机制子体系中不可或缺的重要一环。信用信息的发布与披露直接面向使用信用信息的各个利益关联方，它通过信用信息的传递，将利益关联方的利益关切与互联网金融业务高度结合，满足这些利益关联方对信用信息的需求，为互联网金融市场交易的达成创造了必要的前提条件。通常地，信用信息发布与披露越符合利益关联方的心理需要与市场预期，则交易达成的可能性就越大。信用信息的发布与披露越真实越全面，那些利益关联方的

心理需要就会越趋向于理性与客观，就会作出越符合实际情况的投融资判断，利益关联方对信用信息的发布方或融资方的信任感就会越强。反之亦然，信用信息发布与披露越不符合利益关联方的心理需要与市场预期，则交易达成的可能性就越小。信用信息的发布与披露越虚假越片面，利益关联方的心理需要就会越趋向于非理性与主观臆断，就会作出越不切实际的判断，利益关联方对信用信息发布方或融资方就会越来越缺乏信任感。

信用信息的发布内容通常主要是信用评级结果以及各种信用历史记录，其中除了一般性的信用信息之外，还包括各种关键信用信息和敏感信用信息。后两者通常是相关利益关联方最为关注的内容。

信用信息发布披露机制的建设，应与信用评级机制和信用审查机制相辅相成，它们共同组成互联网金融产业信用的安全保障。

5.2.2.7 其他相关机制

除上面谈到的各个机制以外，信用管控机制体系中还可包括动态信用数据库机制、信用信息安全管理机制和公共信用信息协同机制等。前文已有所阐述，这里不再赘述。

5.2.3 业务管控机制创新子体系

互联网金融产业的业务管控机制是互联网金融管控机制创新体系中的一个重要子体系。它是直接面对互联网金融机构的业务开展而特别设计的。

本书提出，互联网金融业务管控机制创新子体系由业务保险机制和合作担保机制共同组成，见图5-3。

5.2.3.1 业务保险机制

业务保险机制是指针对互联网金融业务特点，为防范互联网金融风险而特别制定的业务保障制度性安排。常见的业务保险机制主要有业务保险金机制、（客户）赔付准备金机制和风险准备金机制等。它们都以互联网金融业务及其风险为管控对象和内容，都是互联网金融机构开展金融业务活动能够起到保障性作用的

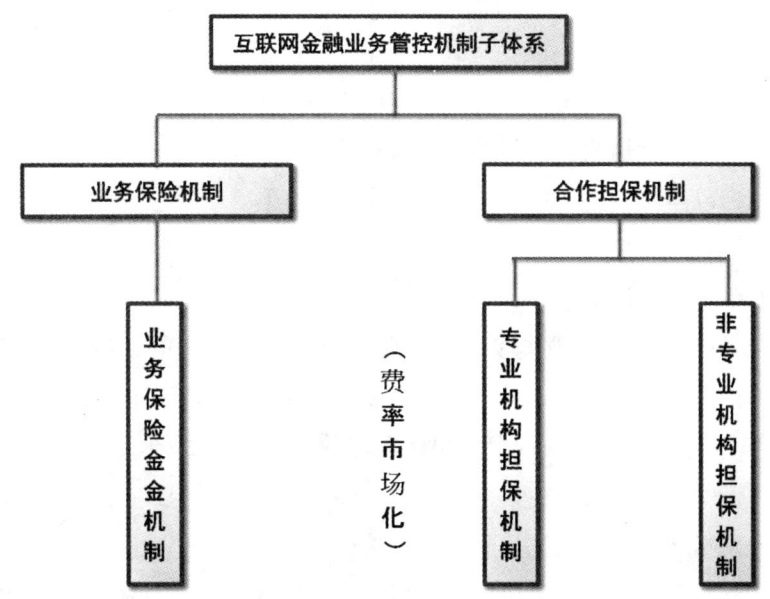

图 5-3　中国（区）互联网金融业务管控机制子体系创新设计结构示意图

资料来源：北京大学市场经济研究中心互联网金融管控创新研究课题组，2015.

机制。互联网金融机构可以根据自身实际需要和条件，来决定具体采取何种机制。有条件的互联网金融机构可考虑采取多种业务保险机制，以尽可能防范业务领域的风险。

实践中，后两者机制模式相对成熟，应用较多，本书这里不再赘述，而着重介绍业务保险金机制。

5.2.3.2 业务保险金机制

业务保险金机制是指互联网金融机构以其业务为保险标的，以其业务风险预期损失为未来赔付标准，[①]与保险公司订立保险权利义务关系，并向其支付保险费的管控制度性安排。

---

① 实际中，保险公司在支付赔付款时，通常会依据一定附加条件有一定折扣比率，不确保对所有业务保险的预期全部损失进行全额理赔。——本书注

业务保险金机制是金融机构寻求和借助其外部支持来预防风险的典型做法，这是它与赔付准备金机制或者是风险准备金机制最大的不同所在。实践中，业务保险金机制已在一定范围内得到应用，但受多种因素制约，没有获得更多推广。有条件的互联网金融机构实行业务风险管控，可将其视为一种比较有效的管控机制来应用，以作为风险管控强有力的外部保障之一。

5.2.3.3 费率市场化

业务保险机制的建立与实施，应强调与市场相适应的动态灵活特点，比如保险费率或准备金率的"市场化"，可以统称为"费率市场化"。

费率市场化是指互联网金融机构向保险公司所缴纳的保险金费率或自备准备金率应随其信用评级的变化而相应发生降低、维持不变或提高。这就是说，当互联网金融机构的信用级别达到一定评价标准时，其费率也相应处于该级别标志所对应的费率范围；当金融机构的信用级别有所降低时，对其收取的保险金率或其所应支付的准备金率则相应提高；当金融机构的信用级别维持在某一级别水平不变或基本不变时，对其收取的保险金率或其所应支付的准备金率则相应不予改变；而当金融机构的信用级别有所提高时，对其收取的保险金率或其所应支付的准备金率则相应降低。这样可以充分发挥市场调节的作用，激励金融机构重视自身的信用级别变化，更好推动整个产业信用水平的提高。

5.2.3.4 合作担保机制

合作担保机制是本书提出互联网金融业务管控机制创新子体系的另一个组成部分。它主要是指互联网金融机构向其外部的第三方担保机构寻求自身业务的担保合作，以降低业务风险、减少可能发生业务损失的制度性安排。

根据合作担保第三方的专业特性，可以将合作担保机制分为互联网金融机构与专业担保机构的合作担保机制，以及其与非专业担保机构的合作担保机制。

本书建议，互联网金融机构宜与专业担保机构开展合作担保，在资质和信用都满足一定要求的前提下，也可与非专业担保机构开展互联网金融业务的合作担保。

5.2.4 市场管控机制创新子体系

互联网金融机构的市场交易行为与过程蕴含一定市场风险、操作风险和其他风险，需要对其进行有效管控。本书专门设计了互联网金融产业的市场管控机制创新子体系，它属于互联网金融管控机制体系的有机组成部分，见图5-4。

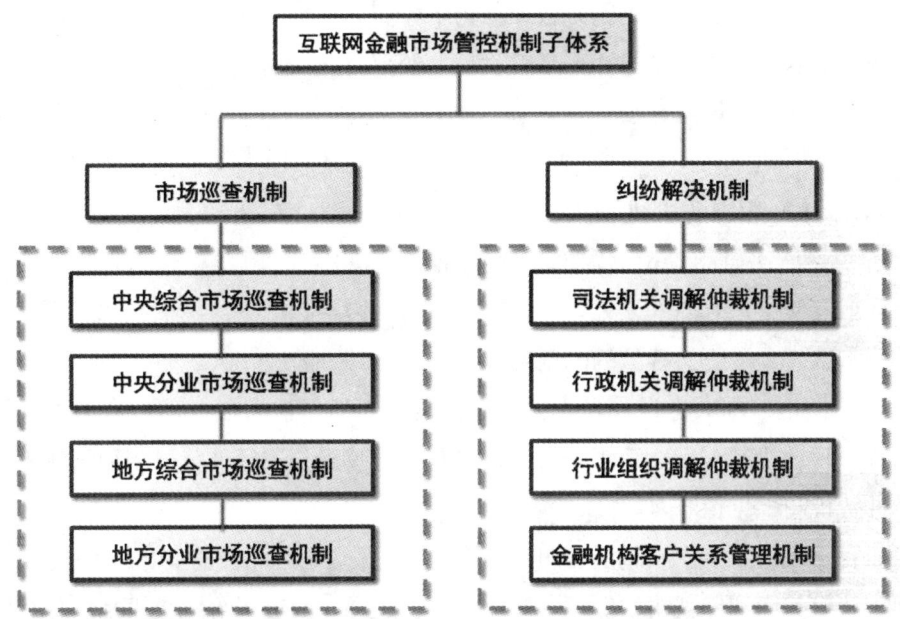

图 5-4　中国（区）互联网金融市场管控机制子体系创新设计结构示意图

资料来源：北京大学市场经济研究中心互联网金融管控创新研究课题组，2015.

图5-4显示，当前中国（区）互联网金融产业市场管控机制创新子体系是由两部分组成，即市场巡查机制和纠纷解决机制。这二者针对易发性、多发性互联网金融市场风险和金融事件而特别设计，可以挥发主动、积极、有效的管控作用，将市场风险控制在较低水平。

5.2.4.1 市场巡查机制

市场巡查机制是指互联网金融管控部门采用巡回检查，及时发现和纠正各种违法违规市场行为，以降低互联网金融市场各种风险的制度性安排。

市场巡查机制的建设与实施主体通常为互联网金融的管控部门，包括综合

管控部门和分业管控部门。按机制运行区域范围又可分为中央市场巡查机制和地方市场巡查机制。本书设计了由低至高的四级市场巡查机制，即：地方分业市场巡查机制、地方综合市场巡查机制、中央分业市场巡查机制和中央综合市场巡查机制，见图5-4。

图5-4中，地方分业市场巡查机制级别最低，中央综合市场巡查机制级别最高。四级市场巡查机制的分级建立与依序实施，可以保证互联网金融产业的市场风险能够受到最为全面和严格的管控，使市场违法违规行为得到更为及时的发现与处置，市场风险逐级减少。

5.2.4.2 纠纷解决机制

纠纷解决机制是指互联网金融管控主体采用自行解决、第三方调解仲裁、行政或司法干预等方式来处理各种市场纠纷，以达到排解纠纷、缓和矛盾、稳定秩序和维护公平正义等目的的制度性安排。

同样地，本书也设计了由低至高的四级纠纷解决机制，即：金融机构的客户关系管理机制、行业组织调解仲裁机制、行政机关调解仲裁机制和司法机关调解仲裁机制，见图5-4。

图5-4中，金融机构的客户关系管理机制最为普通，级别最低，强制性最弱；而司法机关调解仲裁机制级别最高，强制性最强。四级纠纷解决机制的分级建立与依序实施，同样可以保证互联网金融产业的市场风险、操作风险与其他风险所引发的各种交易纠纷和冲突能够受到全面和严格的管控覆盖，使市场恶意侵权行为得到多方面的依序处置，逐级减少风险，缓和与消除互联网金融所可能引发的各类社会矛盾，维持市场正常经营秩序。

5.3 互联网金融产业管控机制体系的运行模式设计

在前述基础上，本书策略式提出互联网金融产业管控机制创新体系的运行模式。需要说明的是，这种运行模式旨在从理论层次上表明互联网金融产业管控机制创新体系整体与部分之间的相互关系，而并非意味着其具体实操过程。如果该运行模式的思路可被采用，则其具体运行方式可由相关互联网金融主管部门或所涉及的互联网金融机构来具体制定和实施。

5.3.1 管控机制创新体系的运行模式整体结构及其相互关系

互联网金融产业管控机制创新体系的整体运行模式是包括组成该体系的各子体系在内的一个综合整体结构，反映出各子体系之间的相互关系，见图 5-5。

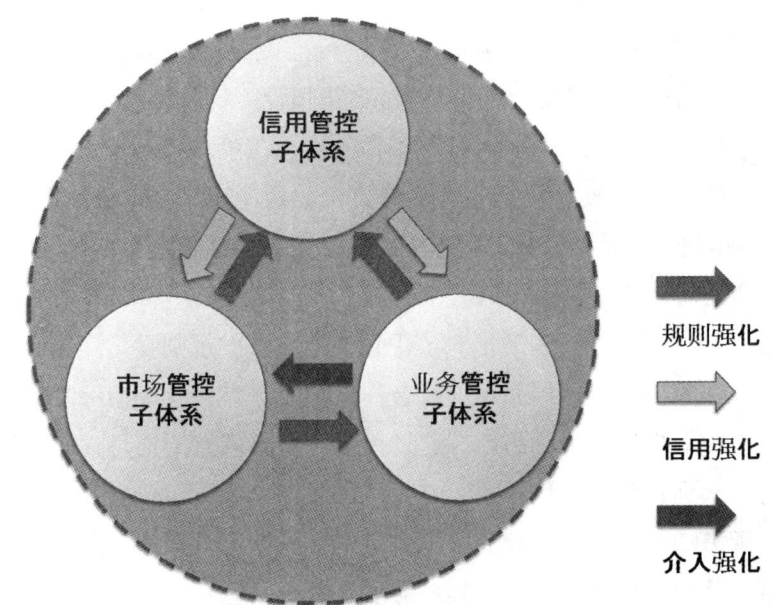

图 5-5　中国（区）互联网金融管控机制体系创新运行模式设计结构示意图

资料来源：北京大学市场经济研究中心互联网金融管控创新研究课题组，2015.

图 5-5 中，虚线圆圈代表互联网金融产业管控机制创新的整个体系；实线圆圈代表互联网金融产业管控机制创新体系的三个子体系，即信用管控机制创新子体系、业务管控机制创新子体系和市场管控机制创新子体系；红色（深色）箭头代表规则强化作用；绿色（浅色）箭头代表信用强化作用；蓝色（略深色）箭头代表介入强化作用。

它们之间的相互关系可以表示如下：

信用管控子体系受到来自市场管控子体系和业务管控子体系的正向规则强化作用，并同样施以反馈性的信用强化作用。这就是说，当互联网金融产业管控部门加强针对该产业的市场管控后，互联网金融机构及其利益关联方的市场交易行为与过程通常就会受到较为严格的约束，其违约、违规、违法等行为就会得到有力监控与处置，各种引发市场风险的风险要素与风险事件发生的机会就会减少，市场交易秩序得以稳定维护，对提高市场上互联网金融产业的整体信用和互联网金融机构及其关联方的信用起到积极的强化作用。这其中最为典型的方式是：对于互联网金融机构或者其利益关联方来讲，一旦其市场行为出现其自身不可控制因素或者受到互联网金融管控部门的市场处置时，该机构的信用就会受到较大影响，从而对其现实或未来的信用评级产生不利。从信用管控的角度来看，当互联网金融机构及其关联方普遍加强其自身的自律和管控后，就会同样减少来自其内外风险因素和风险事件引发各类风险的可能性，从而保证市场交易行为与过程的有序进行，维护其自身应得的合法利益，并由此获得较好的市场信用。这种信用可以得到互联网金融产业管控部门实施市场管控的正面支持与激励，进而使得这种信用得到强化与巩固。

业务管控子体系同样表现出对信用管控子体系的规则强化作用。当互联网金融机构与保险公司或担保公司通过合作，结成具有保险或担保义务权利的利益关系即按市场规则达成交易后，这种关系对交易各方特别是互联网金融机构的信用可以起到积极的强化作用。它可以通过保险金或担保金费率的市场化，利用市场调节功能，正面推动互联网金融机构的信用管控建设，使其进一步增强其自身的信用管理水平，提高其业务质量水平，保持其业务的稳定和健康程度，最大限度地规避各类风险并为风险预期损失给予必要保障。反过来，正如前文已述，信用管控子体系对业务管控子体系也会起到信用的强化作用。这主要可表现为：如果互联网金融机构的业务质量较高，则其信用通常可维持在同样级别的信用等级，这对于该机构开展当期业务具有良好的促进作用，而对于其未来一个时期内开展业务也会有所裨益。而一旦该机构的业务质量下降，则其发生风险的可能性就会加大，其未来的信用评级就会相应降低，进而对其未来的业务开展产生不利影响。这就是信用管控子体系对业务管控子体系的信用强化作用。

与上述相似的，市场管控子体系对于业务管控子体系也具有规则强化作用，反过来，后者对于前者也具有介入强化作用。规则强化作用可以保证在规则合理执行①的范围内，互联网金融机构及其关联方的业务活动在受到规则严格约束的同时，也得到规则的有力支持与保护，从而保障互联网金融机构及其关联方经营业务的质量水平以及业务发展的稳定与健康程度，维护其在业务上的合法利益。反过来，业务管控子体系对于市场管控子体系具有介入强化作用。这种介入作用主要是指互联网金融管控部门对于金融机构及其关联方开展市场业务的主动干预行为。如果互联网金融机构其自身管控体系建设比较完备，其业务管控子体系相对健全，能够保证其业务有序开展与稳定经营，则管控部门介入的可能性相对降低；而如果金融机构其自身业务管控体系不完备，其开展业务经营活动发生严重违约导致自身不可控制风险产生，则需要外界管控主动施以介入和干预。金融机构业务管控越规范严格，业务风险发生的机会就越会降低，外界介入和干预就会相应减少。这就是业务管控对于市场管控的介入强化作用。

5.3.2 信用管控机制创新子体系的运行模式

互联网金融机构及其市场利益关联方的经营活动过程主要包括其发起设立、业务经营、业务终止和机构的清算倒闭等，金融机构、其主要从业人员以及金融机构通过互联网发布的投融资项目的信用就产生在这些过程之中，并成为该机构持续经营的信用基础来源。相应地，互联网金融产业信用管控机制创新子体系的运行则可以分为事前、事中和事后三个次序主要环节，并由此构成一个基本完整的运行体系，见图5-6。

如图5-6所示，互联网金融产业管控机制创新子体系由互联网金融机构征信机制、主要从业人员征信机制和投融资项目征信机制三部分组成，这三个部分均可按照事前、事中和事后的运行次序来具体划分。

本书提出的互联网金融产业信用管控机制创新子体系的运行模式是对其进行的一种策略性阐述。实践中，相关管控部门可根据具体实际情况出台相应互联

---

① 所谓"规则合理执行"是指规则执行人需要经过规则制定人的法定授权或约定授权等程序，在规则规定的范围内和条件下来执行而不得仅根据执行人意志任意变更。——本书注

网金融信用管理法规制度。互联网金融机构及其关联方可结合自身实际情况，具体择其主要或关键部分来加以应用。

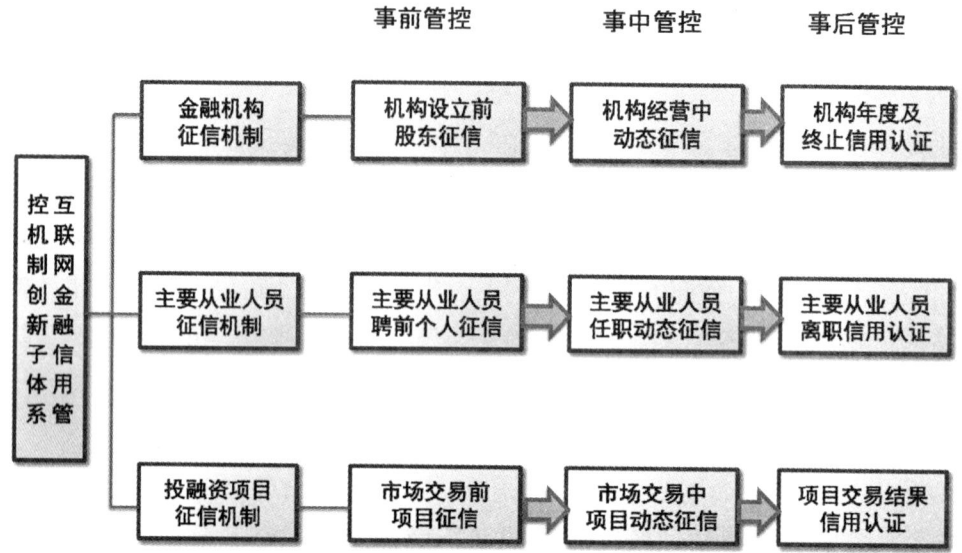

图5-6　中国（区）互联网金融信用管控机制子体系创新运行模式设计结构示意图

资料来源：北京大学市场经济研究中心互联网金融管控创新研究课题组，2015.

5.3.2.1　互联网金融机构征信机制

如图5-6所示，互联网金融机构征信机制可以依序分为机构设立前股东征信（事前）、机构经营中动态征信（事中）和机构年度及终止信用认证（事后）共三个次序环节。加强上述三个环节的信用管控，可以有助于增强互联网金融机构的信用认知，促使其信用强化作用趋向于正向关联，即信用评级越好，绩效保障越充分，管控力度越小；而信用评级越差，绩效保障越不充分，管控力度越大。

5.3.2.1.1　机构设立前股东征信

机构设立前股东征信是互联网金融机构信用管控在事前管控环节上的具体运行制度性安排。它主要是指在互联网金融机构在其酝酿、筹备、正式发起、设立阶段，特别是在其申报、备案、获得批准和得到经营许可等程序之前，对其股东的信用进行认证管理的制度。对互联网金融机构发起设立人、参与人、机构法定代表人、机构股东①的信用进行信用认证，并以合规方式予以公布，是机构设立前股东征信的主要内容之一。它有助于互联网金融机构的相关利益关联方、管控部门、社会组织和公众及时了解机构的基本信息和关键信息，减少和消除各方之间的信息不对称，促使互联网金融机构的开设得以顺利进行。

机构设立前股东征信一般可由具有合法资质的第三方征信机构应约依法出具的互联网金融机构股东征信报告或其他合规表述方式为依据。互联网金融机构的股东如果为自然人，则其应提交经第三方征信机构或其他法定机构出具的个人信用认证报告或个人信用证明材料；如果机构股东为公司等营利性组织，则应由第三方机构出具企业信用认证报告或企业信用调查资料；如果机构股东为法律允许的其他社会组织，则应出具该社会组织的信用认证报告或其他权威可信资料。

前文已述，机构设立前股东征信可以从信用信息的来源与提供者区分为内部征信和外部征信两种类别，后者的适用面和可信度通常要大于前者。

机构设立前股东征信的主要内容可包括股东的基本信息、专业资质、从业资历、业务绩效、职业不良记录或非职业不良记录等，后两者属于股东的重大和敏感信用信息，通常可以成为金融机构风险预防的主要判断依据之一。第三方征信机构和其他法定机构出具互联网金融机构股东的重大和敏感信用信息，应依据法律规定，按合法程序，在适用范围内进行公布，避免引发误判和侵权等。

5.3.2.1.2 机构经营中动态征信

互联网金融机构经营中动态征信是指在其业务开展过程中，根据风险发生的可能性，对其业务进行定期或不定期的信用认证，并通过合规方式予以公布的征信制度。该项制度的制定与实施，目的在于加强互联网金融机构及其业务的事中管控，尽可能及时防范市场交易行为与过程中产生的各类金融风险，避免其出现不可控局面。

动态征信的方式主要表现为由第三方征信机构针对指定互联网金融机构定期或不定期进行信用认证并予以合规公布。定期动态信用认证是指征信机构在固

---

① 本书提出的"机构设立前股东征信"中的"股东"是一个广泛的概念，它包括互联网金融机构的发起设立人、参与人、机构法定代表人、机构股东等。这里的"机构股东"中的"股东"是一个狭义的概念，单指机构的出资人，包括互联网金融机构的大股东和主要股东等。——本书注

定时点①开展征信并予以公布，其具体方式可以表现为季报等②。不定期动态信用认证是指征信机构不以固定时间期限而是以业务经营中出现的偶然性事件发生时间为准进行征信并予以公布的方式，其具体方式主要可以表现为专项业务或专门领域的信用认证。

动态征信的主要内容应围绕互联网金融机构所开展的相关业务来进行，这就要求征信机构对于金融业务以及互联网的特征要有明确认知和全面了解。同时，征信机构可以采取必要的技术手段来进行动态征信的认证。

5.3.2.1.3 机构年度及终止信用认证

互联网金融机构的年度信用认证是指第三方征信机构以一年为期限对于指定互联网金融机构进行信用认证并将征信结果公之于众的制度。由于它反映的是互联网金融机构一年以来经营活动的业务质量及其相应的信用评级水平，属于较长时期的信用认证，因而在理论上宜作为事后管控的主要方式之一。

互联网金融机构年度征信的主要表现方式就是年度征信报告的出具。报告应能全面和充分反映金融机构一年以来业务开展情况、风险防范与处置情况等关键信息和资料，以此作为该机构持续经营的信用保障基础。互联网金融机构的年度征信既可以自然年度（公历年）为时间跨度，又可以财务年度为时点跨度。互联网金融机构的年度征信报告应提交给管控部门备案，以作为互联网金融产业管控的信用信息数据库的主要内容。

除了年度征信报告之外，互联网金融机构发生产权变动和业务重大变动时还应进行机构终止信用的认证。这种产权变动和业务重大变动通常可包括互联网金融机构在组织体系和业务领域的重组与改造、收购与被收购、合并与被合并、转让与承接、业务中断与恢复、业务彻底终止、机构破产与清算等。除了依照相关法律规定以外，互联网金融机构终止时应出具必要的信用认证资料。

5.3.2.2 主要从业人员征信机制

图5-6表明，同机构征信机制一样，互联网金融信用管控机制创新子体系中的主要从业人员征信机制也可根据事前、事中和事后的次序，依序分为互联网

---

① 这里的"固定时点"是指某一约定期限的截止日之时或之前。——本书注
② 理论上也涵盖年报。——本书注

金融机构主要从业人员的聘前个人征信（事前）、任职动态征信（事中）和离职信用认证（事后）共三个环节。加强对这三个环节的管控，就可以在较大程度上防范由互联网金融机构主要从业人员的行为引发包括操作风险等在内的各种人为风险。

5.3.2.2.1 聘前个人征信

互联网金融机构主要从业人员的聘前个人征信是指互联网金融机构在正式聘用其主要从业人员之前对其信用进行调查和评价，并以此作为聘用考察依据的制度。它属于事前的人员信用管控。前文已述，互联网金融机构的主要从业人员包括其主要的管理人员、技术人员和业务人员，这里突出强调的是金融机构的主要管理人员，即指其高级管理团队成员。

互联网金融机构的高级管理团队成员其作用无需赘言，为最大限度地防范其个人因素可能导致对机构的风险，应对其采用必要的管控措施，聘前个人征信就是这样的一种有效管控制度安排。互联网金融机构应对此予以高度重视，并采取必要的手段加以保障。

聘前个人征信的主要内容可以包括目标人选的专业资质、从业资历、业绩表现、个人职业不良记录和个人非职业不良记录等。投资者还应包括其个人法定名义下可以用作投资的个人可变现信用资产，资金使用者或项目方还应包括其个人投资、经营、管理的成功与失败信息。这些都可以作为个人信用评级的基础依据。征信机构在进行聘前个人征信调查时，除根据金融机构的要约以外，还应遵守相关法律法规的规定，不得故意侵害调查对象的合法权益。

聘前个人征信的主要方式是由第三方征信机构出具目标人选的个人信用调查报告。其个人信用信息及数据来源可以通过公共管理部门或相关行业领域的个人信用信息基础数据库来获得，也可以委托专业机构针对个人进行信用调查来获得。专业机构在调查个人信用时应严格遵守相关法律法规，不得故意侵害调查对象的个人合法权益，否则，通过不合法或不合规途径获得的个人信用信息，并不具有充分意义上的合法性。其信息即便产生对机构用人决策产生影响作用，也会应为其违法和侵权而面临较大法律风险。

5.3.2.2.2 任职动态征信

互联网金融机构主要从业人员的任职动态征信是指互联网金融机构正式聘

用其主要从业人员后，根据这些人员从事业务活动的具体情况，对其个人信用持续调查和评价，并以此作为续留聘用考察依据的制度。它属于事中的人员信用管控。任职动态征信机制的建立与完善，有助于管控部门和互联网金融机构随时掌握主要从业人员的动态，及时发现人员可能引发的潜在风险并予以消除，防止突发事件造成的被动局面产生。动态征信机制同时也可构成比较健全的互联网金融机构内部管控体系中危机管理的有效组成部分。

任职动态征信的主要内容可以包括对互联网金融机构主要从业人员的日常工作表现、岗位变动、突发事件应对措施等进行的信用评级（评价）。它既可以采用主要影响因素的定性评价，也可以采用关键指标的定量评价，更可以将二者具体结合共同采用。

任职动态征信的主要方式是出具任职人员信用评估报告。评估报告可以由有条件的互联网金融机构内部征信主管部门出具，也可以由金融机构委托第三方专业征信机构来进行。这两种方式都需要金融机构最高决策层确认和批准。无论采用何种方式，对于主要从业人员个人信用的动态征信都应遵守相关法律法规，在法律法规和相关管理规定允许的范围内合理进行，应充分尊重主要从业人员的个人隐私权，保护其合理的工作主动性与积极性，不得随意扩大征信范围，不应干扰、阻碍、中断甚至破坏正常的工作秩序，影响金融机构正常业务的开展。金融机构委托第三方征信机构进行其主要从业人员任职动态征信调查并出具征信报告，应遵守相关法律法规，充分尊重金融机构对涉及自身商业机密的合理要求，除符合相关法律法规和征信行业的管理规定外，在发布信息时应事先取得金融机构的确认，不得故意或非故意泄露金融机构的商业机密，否则，应承担必要的法律责任。

5.3.2.2.3 离职信用认证

互联网金融机构主要从业人员的离职信用认证是指互联网金融机构与其主要从业人员解除劳动聘用关系时，根据这些人员从事业务活动和完成工作的具体情况，对其个人信用进行调查和评价的制度。它属于事后的人员信用管控。

建立离职信用认证机制的主要目的是：（1）对于互联网金融机构主要从业人员而言，有助于增强其维护个人职业信用的意识与职业敏感性，增强他们自我负责、自我约束、自我管理的责任感，从而可以更好地防范个人因素引发的金融风险；（2）对于互联网金融机构而言，有助于加强对主要从业人员个人职业行为的规范化管理，引导个人信用与工作绩效和个人利益的正强化作用，可以最大限度地减少其个人因素对金融机构造成的风险；（3）对于互联网金融产业而言，有助于从正面引导和强化现职和有潜力的主要从业人员将个人信用与职业利益紧密联系的意识，增强行业信用理念和规范，推动整个行业的信用体系建设。

与聘前个人征信和任职动态征信类似，离职信用认证的主要内容可以包括对互联网金融机构主要从业人员正式离职前的日常工作表现、岗位变动、突发事件应对措施等进行的信用评级（评价）。它可通过定性评价、定量评价或综合评价来进行。

同样地，离职信用认证的主要方式是出具主要从业人员的离职信用评估报告。离职信用评估报告可单独出具，也可与离职审计报告汇同出具。它同样既可以由有条件的互联网金融机构内部信用主管部门出具，也可以由外部专业机构出具。后者的适用意义通常强于前者。

无论何种方式，出具离职信用报告都需要遵守相关法律法规，不得随意滥用信用评估权利，防止故意或非故意侵权事件发生。正在办理离职或已经离职的互联网金融机构主要从业人员对于其个人信用评估结果产生异议的，应通过合法途径反映，并通过合法的纠纷解决机制求得尽可能合理和妥善的解决。

5.3.2.3 投融资项目征信机制

在图 5-6 所示的互联网金融信用管控机制创新子体系三个组成部分中，投融资项目征信机制是不可或缺的关键性组成部分。它同机构征信机制和主要从业人员征信机制一样，根据项目市场交易的事前、事中和事后次序，依序分为互联网金融机构投融资项目的市场交易前项目征信（事前）、市场交易中项目动态征信（事中）和项目交易结果信用认证（事后）共三个环节。加强上述三个环节的管控，同样可以预防和减少由信息不对称引发的金融风险。

5.3.2.3.1 市场交易前项目征信

市场交易前项目征信可以简称为"项目前期征信"。它主要是指对于互联网金融机构在互联网上发布的投融资项目在市场交易之前进行的信用认证。建立项目前期征信机制，可以增加项目信息的透明度，防止项目信息不对称隐含的投融资风险。实践中，项目前期征信可以纳入互联网金融机构风险管理制度体系之

中，作为其重要的风险预防机制组成部分。

项目前期征信的主要内容是项目的收益与风险，包括项目的基本情况、项目责任方（含项目的发起人或筹备人、项目管理方、项目领投人等）基本情况、项目预期收益、项目现实或潜在的风险等方面信息。

项目前期征信的主要表现方式是出具项目前期征信报告，或者是项目预研报告。报告应围绕项目的筹备、规划、发起、设立、组织以及合法申报等方面来予以清晰阐述，报告应载明项目预期收益的合理评估标准，应特别说明项目的风险所在，以对项目投资人产生必要的风险提示作用。项目前期征信结果应以合法方式公布，互联网金融机构作为互联网金融项目的组织者和中介方，应在其正式交易平台上以醒目方式将项目前期征信结果予以公布，接受管控部门、利益关联方和社会的监督。

项目前期征信同样可以由有条件的互联网金融机构内部信用管控部门或第三方征信机构依法出具。

5.3.2.3.2 市场交易中项目动态征信

市场交易中项目动态征信属于互联网金融产业信用管控机制创新子体系中项目征信的事中管控。它主要是指对于互联网上公布的投融资项目进行持续的信用评估。该机制的建立，有助于投资人和其他关联方及时了解项目进展，动态把握项目实施的现实和潜在风险，为其后续投融资决策提供可信依据。同时，对于互联网金融机构而言，则有助于其加强项目管理，对项目进行合理定级，有效防范单一追求较高利润率造成的较高项目风险。

项目动态征信的时间期限可以分为实时的、有固定期限的和没有固定期限的等类别。实时的即自项目在互联网上公布之时起，随时公布项目进展情况；有固定期限的即在一定固定时间段内或某一事先预定的时间截止期限之前，发布项目动态进展信息；没有固定期限的则主要是指项目责任方视项目进展的具体情况酌情择时公布项目信息。前两种方式限制性较强，通常会加大项目责任方的管理投入，但可更多增强其项目信用；后一种则具有较多灵活性。

5.3.2.3.3 项目交易结果信用认证

项目交易结果信用认证又可称为"项目结果征信"。它主要是指对互联网金融投融资项目交易结果的信用认证。互联网金融投融资项目的市场交易往往会受到多种市场因素或市场事件的作用，市场交易结果通常也就可以分为交易达成与交易失败两种基本类型。前者主要包括交易全部达成和交易部分达成，后者则可细分为交易中断和交易终止。除交易按预期全部达成（含超额完成计划）之外的所有类型都不同程度上体现出风险所在。项目结果征信机制的建立，旨在通过一定的评估方法，对项目市场交易的结果进行信用等级评估，以充分揭示市场交易环节的风险。这种信用等级评估主要针对互联网金融机构及其开办的互联网金融平台而言。通过项目结果征信，投资人和其他利益关联方可以清楚了解该项目的风险所在，同时可以对互联网金融平台上公布的项目进行整体认知和评价，并有助于其作出适合的投资决策，以规避可能的投资风险。

如果项目结果征信机制建立并得以实用和完善，则它将会通过结果反向传导，以项目信用为基准，促进互联网金融机构审慎选择项目，及时中止直至淘汰风险较大的项目，进而有力推动整个互联网金融产业信用体系的建立。

项目结果征信的主要方式同样是由互联网金融机构内部信用管控部门或其聘请外部专业机构出具项目交易结果征信报告。报告应具体载明互联网金融机构在一定时期内成交项目的数量、成交额和成交总额、成交率；违约项目的数量、违约率、违约损失率、违约项目的处置情况等。第三方征信机构在出具项目结果征信报告时，应本着客观、公正、及时的原则，严格遵守法律法规，不得接受委托方的利益诱导而出具有失公正的报告。

公共管理部门和社会力量的资源开放和共享以及其适度介入，可以在整个宏观层次帮助建立起规范、合理的互联网金融产业投融资项目结果征信机制。

5.3.3 业务管控机制创新子体系的运行模式

前文已述，互联网金融产业业务管控机制创新子体系主要可包括业务保险机制和合作担保机制等，相应地，其运行模式也可由这两种机制的具体运行模式为主所构成，见图5-7。

图5-7显示，互联网金融业务管控机制创新子体系的运行模式由业务保险机制模式和合作担保机制模式共同构成。它们都是互联网金融机构利用外部市场化业务风险的管控机制，来对冲自身业务风险，从而达到利益分享、风险分担的

合作目的。

5.3.3.1 业务保险机制运行模式

前文对业务保险机制已有阐述，这里不复多言。图5-7显示了该机制的运行模式。在图5-7中，互联网金融机构和保险公司共同构成了业务保险合作模式的两个基本市场利益关联方。前者主要出于风险分担的目的，与保险公司结成保险权利与责任利益关系，通过向保险公司支付一定数额的保险金，以换取未来预期风险损失相应级别的固定赔偿保证，以最大限度地分摊自身承担的业务风险。如果互联网金融机构承诺使用保险金来支付客户未来预期风险损失，并将其纳入保险合作模式中，则其客户亦成为这种保险合作模式的利益关联方，客户一旦发生规定中的投融资风险损失，则保险公司需要根据约定支付相应赔付金。如果金融机构没有作出这种承诺，则其客户没有成为该模式的利益关联方，客户发生投融资风险损失，保险公司不必承担对客户的赔付责任。它只需要在金融机构受到损失时，按约履行对金融机构的赔付。

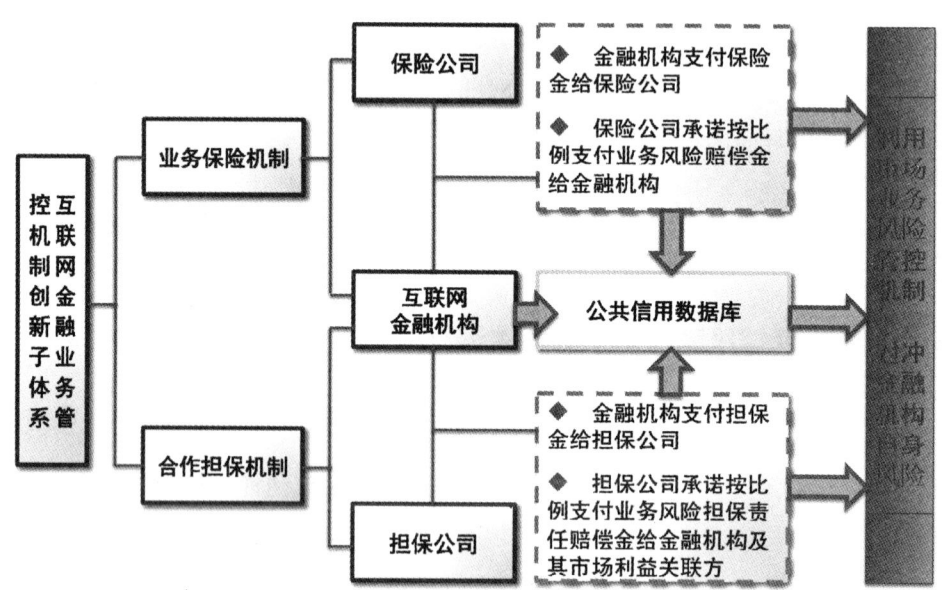

图5-7　中国（区）互联网金融业务管控机制子体系创新运行模式设计结构示意图

资料来源：北京大学市场经济研究中心互联网金融管控创新研究课题组，2015.

保险公司在收取互联网金融机构业务保险金后，与其结成保险合作关系。一旦后者遭受风险损失时，保险公司应根据双方约定，按照法定程序，向金融机构支付损失赔付金。

在上述业务保险机制运行模式中，互联网金融机构与保险公司可以通过费率市场化手段，结成具有正面相关的战略合作关系。对此，前文已有表述，不再重复。

5.3.3.2 合作担保机制运行模式

图 5-7 中，互联网金融机构与担保公司明确结成具有担保权利与义务关系的合作模式，而实际上这种担保合作模式还应包括互联网金融机构的市场利益关联方，即资金提供者。这是由担保的根本属性所决定的。金融机构与担保公司的合作担保并非是自担自保，而是为了更好取得包括资金提供者在内的其市场利益关联方的信任。与担保公司开展合作担保，可以增强金融机构自身的信用，增强资金提供者对在金融机构开展业务的市场信心。

在这种合作担保模式中，金融机构通过向担保公司支付一定数额的担保金，换取担保公司的法定承诺，以便在未来金融机构的资金提供者遭受预期风险损失时，可以向它们一方支付或同时支付相应级别的担保责任赔偿金。

担保公司在收取金融机构支付的担保金后，已与金融机构以及其资金提供者形成市场担保关系。一旦后二者未来遭受风险损失，则担保公司有责任和义务按照之前约定，向它们支付规定的担保责任赔偿金。

金融机构的资金提供者由于受到金融机构和担保公司的承诺，其在金融机构开展业务的风险预期损失可得到适度补偿，这有利于他们增强对金融机构的信心以及开展业务的意愿。

实际中，除了极其特殊的情况之外，担保公司在其能力范围内通常既不可能为金融机构的所有业务都提供担保，也不可能为其某些业务提供永久性担保。而且，这种全面业务担保和永久性业务担保的担保金额度通常会较高，赔付条件会比较严格。金融机构及其资金提供者应根据自身业务情况，选择合理的业务担保模式。

5.3.4 市场管控机制创新子体系的运行模式

互联网金融产业的市场管控机制创新子体系主要包括市场巡查机制和纠纷解决机制，其运行模式相应也由这两种机制具体运行模式为主构成，见图5-8。

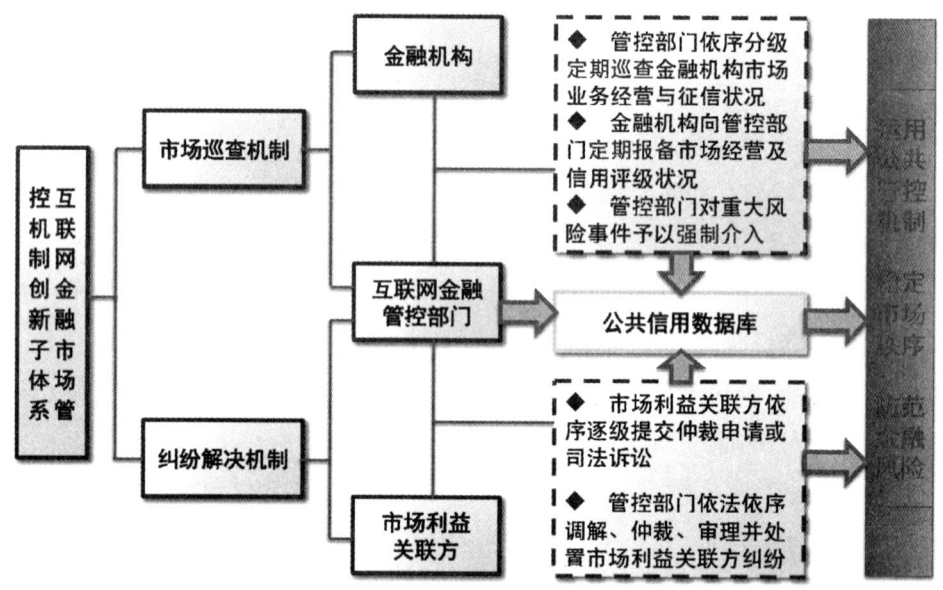

图5-8 中国（区）互联网金融市场管控机制子体系创新运行模式设计结构示意图

资料来源：北京大学市场经济研究中心互联网金融管控创新研究课题组，2015.

图5-8 显示出互联网金融市场管控机制创新子体系运行模式的机制类别、管控主体与被管控主体，以及它们之间的关系。该运行模式表明，互联网金融市场管控主体可以运用公共管控机制，开展市场巡查和解决市场纠纷，以达到稳定市场秩序、防范金融风险的管控目的。

5.3.4.1 市场巡查机制运行模式

图5-8 显示出互联网金融市场管控机制创新子体系运行模式的基本构架。其中,市场巡查机制运行模式由互联网金融管控部门和互联网金融机构为主构成。

在该运行模式中，互联网金融管控部门作为管控主体，担负市场巡查职能；而互联网金融机构作为被管控主体，接受前者的市场巡查管控。它们两者之间形成管控与被管控、主动巡查与被动接受巡查的关系。

作为市场巡查的管控主体，互联网金融管控部门依序分级，对互联网金融机构进行市场巡查，以掌握其开展市场经营及其信用评级状况。这里所说的"依序分级"，主要是指根据互联网金融机构的业务性质、经营范围、风险波及面等，按照地方分业巡查→地方综合巡查→中央分业巡查→中央综合巡查的级别与次序进行定期巡查，发现风险，及时警示。

作为市场巡查的被管控主体，互联网金融机构应主动接受管控部门的市场巡查，并向其定期报备金融机构市场经营及其信用评级状况，发现风险，及时处置。

巡查中，一旦发生危害较大、波及面较广的重大风险事件，则管控部门可以采取主动干预，实施必要的强制介入，及时处置风险，防止其传播和扩散。

实际中，管控部门依序分级的市场巡查可以采用不同方式进行，管控区域越窄、管控级别越低，则可以相应越多采用现场检查方式；而管控区域越广、管控级别越高，则可以相应越多采用非现场检查方式。重大事件既可采用现场检查，也可采用非现场检查。

5.3.4.2 纠纷解决机制运行模式

在图5-8显示的互联网金融市场管控机制创新子体系运行模式基本构架中，纠纷解决机制运行模式可由互联网金融管控部门和互联网金融市场利益关联方为主构成。其中，前者依然为纠纷解决机制的管控主体，但其范围更为广泛，除行政机关外，还可以包括行业组织和司法机关，互联网金融机构也可作为纠纷解决的基层管控主体。后者包括互联网金融机构、辅助机构、资金提供者和资金使用者等，它们是被管控主体，接受前者在纠纷解决上的管控。在该模式中，互联网金融管控部门和互联网金融市场利益关联方形成管控与被管控、申诉与受理等关系。

作为纠纷解决的被管控主体，互联网金融市场利益关联方可依序逐级提出纠纷申诉直至司法诉讼。这里所说的"依序逐级"主要是指根据纠纷解决的情况，由互联网金融市场利益关联方按照金融机构客户关系管理→行业组织调解仲裁→行政机关调解仲裁→司法机关调解仲裁的级别与次序进行逐级申诉。

作为纠纷解决的管控主体，广义的互联网金融管控部门可依法依序逐级受

理互联网金融市场利益关联方提出的纠纷申诉，并按照上述次序逐级进行调解和仲裁，直至最高层次的司法判决。

这种逐级解决纠纷的模式有利于充分利用现行公共管控机制，将互联网金融市场业务中的各种利益矛盾进行弱化、分散和可控处置，以避免风险事件影响的扩大与蔓延。

第六章
创新成果与后续研究

6.1 创新成果

6.1.1 互联网金融风险图谱

本书融合现有风险理论知识，归纳设计出全新互联网金融风险图谱，成为本书研究成果创新之一。互联网金融风险图谱，旨在运用图形法抽象化描述互联网金融风险类别及其组成要素之间的相互关系，展现互联网金融风险与传统金融风险的异同，突出传统金融风险在现代信息技术和互联网技术条件下的延伸与变异，形成较为完整的知识框架体系。

互联网金融风险图谱共有示意图 16 张，包括 2 张总图谱，即传统金融风险总图谱和互联网金融风险总图谱；12 张分图谱，即互联网金融技术风险图谱、互联网金融信用风险图谱、互联网金融资本集中风险图谱、互联网金融消费者信用风险图谱、互联网金融交易对手信用风险图谱、互联网金融证券化风险图谱、互联网金融流动性风险图谱、互联网金融市场风险图谱、互联网金融操作风险图谱、互联网金融内部操作风险图谱、互联网金融外部操作风险图谱、互联网金融系统性风险图谱；以及系统性风险范围示意图和图例等各 1 张。其中，技术风险图谱、信用风险图谱、流动性风险图谱、市场风险图谱、操作风险图谱和系统性风险图谱共计 6 张分图显示互联网金融风险的一级风险；资本集中风险图谱、消

费者信用风险图谱、交易对手信用风险图谱和证券化风险图谱共计4张分图显示互联网金融信用风险所属的二级风险；内部操作风险图谱和外部操作风险图谱共计2张分图显示互联网金融操作风险所属的二级风险，见图3-2和图6-1。

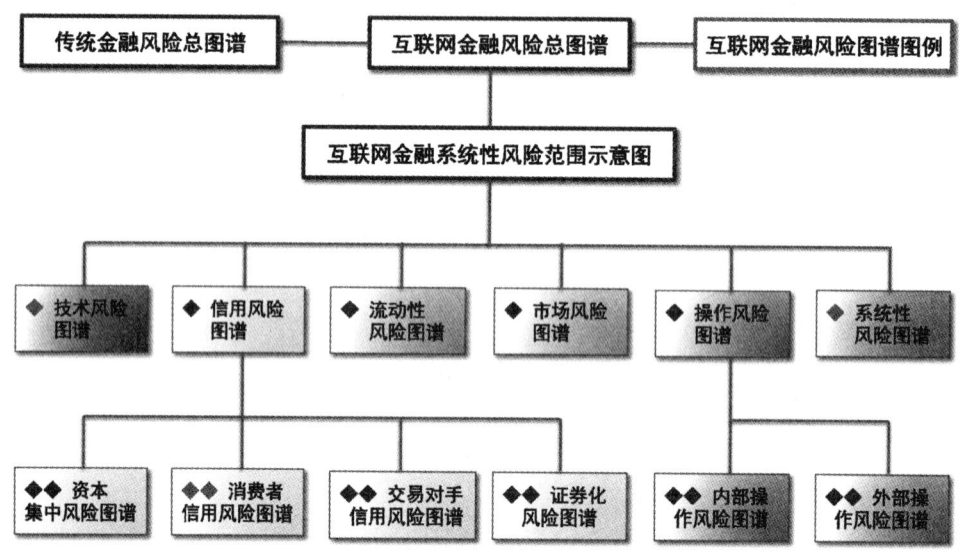

图6-1 互联网金融风险图谱结构示意图

资料来源：北京大学市场经济研究中心互联网金融管控创新研究课题组，2015.

6.1.2 互联网金融管控体制图谱

本书通过系统阐述传统金融和互联网金融管控体制演变历程，归纳设计出全新互联网金融管控体制图谱，成为本书研究成果创新之二。互联网金融管控体制图谱，同样运用抽象图形法描述海内外代表性的互联网金融管控体制类型，通过这些不同管控体制的对比，揭示出管控体制演变的内在脉络，形成较为完整的知识框架体系。

互联网金融管控体制图谱共有示意图3张，分别为美国互联网金融分业管控体制图谱、英国互联网金融管控体制图谱和中国互联网金融分业管控体制图谱，以此形象化说明海内外互联网金融管控体制的基本现状和制度架构，分别见图4-1、4-2和4-3。

6.1.3 互联网金融管控目标体系

在设计互联网金融管控机制创新体系时，本书创新性整体提出互联网金融管控的三大基本目标，即：促进金融产业创新与可持续发展、稳定金融产业秩序与有效防范金融风险、服务于全面建设现代信用社会。这三大基本目标组成一个有机统一的互联网金融管控目标体系。此为本书研究成果创新之三。

在上述互联网金融管控目标体系中，促进金融产业创新与可持续发展是根本目标，稳定金融产业秩序与有效防范金融风险是直接目标，服务于全面建设现代信用社会是最高目标。三者相辅相成，有机统一，可以比较全面地阐述互联网金融产业管控的核心理念。

6.1.4 互联网金融管控机制创新体系图谱

本书在全面总结和评述传统金融和互联网金融管控机制和管控方法的基础上，全新创建互联网金融管控机制创新体系图谱，成为本书研究成果创新之四。互联网金融管控机制创新体系图谱，运用抽象图形法创新性设计出互联网金融管控机制创新总体系，以及信用管控机制、业务管控机制和市场管控机制等子体系，展现各子体系之间及各子体系构成要素之间的相互关系，形成较为完整与可行的管控机制框架体系。

本书所设计的互联网金融管控机制创新体系由信用管控机制创新子体系、业务管控机制创新子体系和市场管控机制子体系共三部分组成。其中，信用管控机制创新子体系又由机构征信机制、人员征信机制和项目征信机制三部分组成；业务管控机制创新子体系由业务保险机制和合作担保机制两部分组成；市场管控机制创新子体系由市场巡查机制和纠纷解决机制两部分组成。它们共同构成一个"3-3-2-2"的管控机制创新综合体系，见图5-1至5-8。

6.2 后续研究

6.2.1 细分领域管控研究

笔者主要针对当前中国（区）互联网金融产业发展现状进行总体管控研究，今后可在互联网金融产业的细分领域继续深入开展产业研究与具体政策实施的研究，已进一步充实完善互联网金融产业的研究内容，为细分领域的产业政策制定与实施提供可行性建议。

6.2.2 企业管控实践研究

笔者关于互联网金融产业管控的研究，主要涉及包括管控体制、管控机制和管控方法在内的管控体系，侧重宏观层次研究。今后希望未来能够进一步开展互联网金融企业的管控实践研究，深入到企业管控的第一线，获取直接的数据和事例资料，为企业经营提供有价值的诊断咨询服务，为产业管控政策的制定和实施提供现实依据。

参考文献

一、中文专著：共计 24 部

［1］郭勤贵．互联网金融商业模式与架构［M］．北京：机械工业出版社，2015.

［2］苗文龙．互联网金融：模式与风险［M］．北京：经济科学出版社，2015.

［3］黄震，邓建鹏．互联网金融法律与风险控制［M］．北京：机械工业出版社，2014.

［4］李英，于迪．国际投资政治风险的防范与救济［M］．北京：知识产权出版社，2014.

［5］马梅，朱晓明，周金黄，季家友，陈宇．支付革命：互联网时代的第三方支付［M］．北京：中信出版社，2014.

［6］孙晓云．系统性风险管理和国际金融监管体系改革［M］．上海：世纪出版集团，格致出版社，上海人民出版社，2014.

［7］吴晓求，赵锡军，董安生等．中国资本市场研究报告（2014）——互联网金融：理论与现实［M］．北京：北京大学出版社，2014.

［8］谢平，邹传伟，刘海二．互联网金融手册［M］．北京：中国人民大学出版社，2014.

［9］罗明雄，唐颖，刘勇．互联网金融［M］．北京：中国财政经济出版社，2013.

［10］王大威．系统性金融风险的传导、监管与防范研究［M］．北京：中国金融出版社，2013.

［11］吴晓波．历代经济变革得失［M］．杭州：浙江大学出版社，2013.

［12］阎庆民，谢翀达，骆絮飞．银行业金融机构信息科技风险监管研究［M］．北京：中国金融出版社，2013.

［13］钱穆．中国历代政治得失［M］．北京：九州出版社，2012.

［14］吴江水．完美的防范——法律风险管理中的识别、评估与解决方案［M］．北京：北京大学出版社，2010.

［15］吴晓求等.证券投资学［M］.第3版.北京：中国人民大学出版社，2009.

［16］邹昭晞.企业战略分析［M］.第3版.北京：首都经济贸易大学出版社，2008.

［17］许涤新，吴新明.中国资本主义发展史（第二卷）［M］.北京：社会科学文献出版社，2007.

［18］王振中等.诺贝尔奖经济学家学术传略［M］.广州：广东经济出版社，2002.

［19］黄仁宇.中国大历史［M］.北京：生活·读书·新知三联书店，1997.

［20］王松奇，李扬，王国刚.金融学［M］.北京：中国金融出版社，1997.

［21］周大中.现代金融学［M］.北京：北京大学出版社，1994.

［22］中国大百科全书经济学编辑委员会.中国大百科全书经济学分册（第一卷、第二卷）［M］.北京，上海：中国大百科全书出版社，1988.

［23］毛泽东.毛泽东选集（第二卷）［M］.北京：人民出版社，1991.

［24］郑家相.中国古代货币发展史［M］.北京：生活·读书·新知三联书店，1958.

二、中文期刊论文：共计131篇

［1］董昀，李鑫.互联网金融的发展：基于文献的探究［J］.金融评论，2014（05）：16-40，123.

［2］许鑫，冯诗惠.互联网金融领域研究热点与前沿探讨——基于Citespace的分析［J］.华东师范大学学报（哲学社会科学版），2015（02）：133-139，172.

［3］王惠文.激光测距机与坦克热瞄准具的组合［J］.应用光学，1980（02）：62-75，3.

［4］王凤琛.石油勘探风险决策分析［J］.技术经济，1985（03）：35-46.

［5］曹家瑞.技术的风险与实施保证——技术贸易讲座第五讲［J］.国际贸易，1986（05）：47-51.

［6］罗晓燕.技术合同的特征及其签定［J］.工业产权，1989（04）.

［7］李少君.风险与监管［J］.资本市场，2014（03）：42-45.

［8］姜茸，马自飞，李彤，张秋瑾.云计算安全风险因素挖掘及应对策略［J］.现代情报，2015（01）：86-90.

［9］赵树宽，李建华，王伟.高技术产业的风险性分析［J］.工业技术经济，1995（06）：128-130.

［10］毛明芳.现代技术风险的制度审视——乌尔里希·贝克的技术风险思想研究［J］.科学技术哲学研究，2012（02）：61-65.

［11］毛明芳．论现代技术风险的内在生成［J］.武汉理工大学学报（社会科学版），2010（06）：787−792.

［12］杨群华．我国互联网金融的特殊风险及防范研究［J］.金融科技时代，2013（07）：100−103.

［13］吴新光．我国银行经营风险问题探讨［J］.金融理论与实践，1992（04）：44−46.

［14］张照先．改革现行全额信用贷款制度的一些浅见［J］.广西农村金融研究，1985（07）.

［15］许文卿．当代世界金融活动的新特点［J］.外国经济与管理，1986（07）：28−29.

［16］张鉴．重新全面评估信贷风险［J］.农村经济问题，1987（04）：43−46.

［17］汤中明．谈信贷的风险管理［J］.中国城市金融，1987（05）.

［18］黄绍经．信用风险与经济效益［J］.广西农村金融研究，1988（03）：1−4.

［19］罗哲夫，宋先平．信贷资金风险管理的若干问题探讨［J］.中国财政金融学院学报，1991（03）：76−79.

［20］谢永康．借鉴巴塞尔协议控制银行信用风险［J］.四川金融，1992（03）：30−32.

［21］李国鹏，刘国辉．商业银行信用风险形成机理与防范方法研究［J］.济南金融，2000（06）：29−31.

［22］陈雪芬．我国P2P网贷的风险分析及其防范对策［J］.企业导报，2015（08）：161，181.

［23］赵建芬．信用风险的本质与哲学根源［J］.柳州职业技术学院学报，2011（01）：13−17.

［24］徐少君，金雪军．信用集中风险研究新进展［J］.金融理论与实践，2010（07）：3−8.

［25］李海静．我国信用卡风险及管理策略研究［J］.经营管理者，2012（08）：132−133.

［26］中国信用卡杂志编辑部．信用卡风险管理面临互联网金融考验［J］.中国信用卡，2014（04）：10.

［27］范云飞．互联网金融时代的银行卡产业发展［J］.中国信用卡，2014（07）：54−56.

［28］刘可夫．浅析个人消费贷款的风险控制［J］.商业经济，2012（01）：105-107.

［29］邓万荣，黄海文．浅谈银行展期贷款及其风险防范［J］.银行与企业，1997（01）：9-10.

［30］顾海峰．债务展期金融契约视角下信用担保风险定价研究［J］.财经理论与实践，2009（02）：13-18.

［31］鲁皓，程鹏．基于展期风险模型的系统性风险分析［J］.鞍山师范学院院报，2012（04）：12-15.

［32］胡威．资产证券化的运行机理及其经济效应［J］.浙江金融，2012（01）：62-66，72.

［33］张明，邹晓梅，高蓓．中国的资产证券化实践：发展现状与前景展望［J］.上海金融，2013（11）：31-36.

［34］薛敬孝，曾令波．论金融证券化［J］.南开经济研究，2000（03）：49-54.

［35］郝一众，刘从军．融资证券化过程中的系统风险防范［J］.日本问题研究，2004（02）：20-22.

［36］马树杰．浅谈融资证券化的危害及对我国经济的影响［J］.现代经济（现代物业下半月刊），2009（08）：123-124.

［37］韩耶莉．韩国房地产项目融资证券化及其对中国的启示［J］.理论月刊，2011（02）：153-155.

［38］窦玉龙．我国商业银行流动性风险管理文献综述［J］.商，2013（13）：172，162.

［39］邹小芄，黄峰，杨朝军．流动性风险、投资者流动性需求与资产定价［J］.管理科学学报，Vol.12（06），2009（12）：139-149.

［40］朱从玖．试析我国同业拆借的变态发展［J］.上海金融，1988（02）：18-19.

［41］余紫秋．西方金融机构的风险环境［J］.外国经济与管理，1989（01）：25-27.

［42］常臻旺，朱建洲．流动性风险：理论和实证［J］.当代经济科学，1993（01）：46-52.

［43］姚长辉．商业银行流动性风险的影响因素分析［J］.经济科学，1997（04）：21-26.

［44］余紫秋．西方商业银行的差额分析与保值［J］.国际金融研究，1991（03）：42-45.

［45］甘民重.论经济风险 [J].中国经济问题，1988（05）：31-36.

［46］赵传君.经济风险探源 [J].求是学刊，1989（05）.

［47］潘涛.金融衍生工具的市场风险及其管理——兼论中国发展金融衍生市场面临的风险及对策 [J].数量经济技术经济研究，2004（05）：130-141.

［48］余建干，吴冲锋.金融市场风险、金融市场无效性与多重分形——基于沪深300股指期货和恒生股指期货的比较分析 [J].上海金融，2015（05）：67-78，95.

［49］蒋晶晶，叶斌，马晓明.基于 GARCH-EVT-VaR 模型的碳市场风险计量实证研究 [J].北京大学学报（自然科学版），2015（03）：511-517.

［50］王国贞.互联网金融风险及防范对策 [J].河北企业，2013（11）：40-42.

［51］王峥.我国互联网金融的风险分析及防范措施 [J].时代金融，2014（08）.

［52］王忠郴，甘筱青.信托业风险考虑 [J].金融与经济，1989（10）：60，19.

［53］黄聚河.论商业银行操作风险的产生及规避 [J].商业研究，1999（09）.

［54］中国工商银行江苏省分行课题组.当前我国商业银行面临的主要操作风险及对策研究 [J].金融论坛，2005（04）：26-32，62.

［55］杨隽萍，沈静，于晓宇，马晓辉.中国商业银行操作风险研究文献综述与模型选择 [J].工业技术经济，Vol.25（02），2006（02）：49-52.

［56］吴建.我国商业银行网上银行操作风险管理研究 [J].浙江金融，2011（10）：45-49.

［57］张松，史经伟，雷鼎.互联网金融下的操作风险管理探究 [J].新金融，2013（09）：33-36.

［58］张启鹏，周丹丹，张秋雪.我国互联网金融发展现状及对策研究 [J].财经界（学术版），2014（10）：21.

［59］姚国章，赵刚.互联网金融及其风险研究 [J].南京邮电大学学报（自然科学版），2015（02）：8-21.

［60］李俊杰.商业银行操作风险管理研究文献综述 [J].致富时代（下半月），2012（02）：131.

［61］尚金峰.商业银行内部评级体系构建的模型风险研究 [J].金融论坛，2005（11）：5-11，20，64.

［62］刘吕科.模型风险及其控制研究 [J].农村金融研究，2012（04）：49-52.

［63］中国银行风险管理部课题组.商业银行实施巴塞尔协议 III 高级法的模型风险

及其管理 [J]. 金融监管研究，2014（12）：24-36.

［64］曹忠群. 强化商业银行人员风险管理 [J]. 新金融，2005（09）：45-48.

［65］姚然. 人员型操作风险的成因分析与对策 [J]. 市场论坛，2006（04）：71-72.

［66］杨则正. 经营和程序系统的风险 [J]. 管理科学文摘，1995（09）：49.

［67］钱用道. 简论临柜业务中的逆程序风险 [J]. 华北金融，1998（11）.

［68］叶云波，廖静洁. 临柜操作风险防范之我见 [J]. 经济师，2014（05）.

［69］王琼，魏明，冯宗宪. 现代违约风险估值模型扩展前沿综述 [J]. 经济经纬，2006（01）：130-132.

［70］王海军，姜磊，伍文辉. 国家风险与对外直接投资研究综述与展望 [J]. 首都经济贸易大学学报，2011（05）：83-89.

［71］曹元芳，王若平. 国外对金融道德风险研究的前沿理论及防范经验 [J]. 国际金融研究，2006（06）：70-74.

［72］林莉萍. 基于互联网金融P2P模式的道德风险分析 [J]. 经营管理者，2014（26）：60，397.

［73］王锦虹. 基于逆向选择的互联网金融P2P模式风险防范研究 [J]. 财经问题研究，2015（05）.

［74］李德鑫. 股票指数期货交易方式简介 [J]. 上海金融，1993（06）：24-25.

［75］刘云生. 证券投资的风险分析 [J]. 广东金融，1993（11）：42-43.

［76］赵全凤. 上海股市投资系统性风险统计分析 [J]. 统计与决策，1994（02）：27-28.

［77］王晓芳. 论我国转轨时期商业银行面临的系统性风险及其防范 [J]. 当代经济科学，1998（01）：43-46.

［78］王怀芳. 上海股市的系统风险 [J]. 资本市场，1999（05）：51-52.

［79］范小云. 金融结构变革中的系统性风险分析 [J]. 经济学动态，2002（12）：21-25.

［80］刘笑萍. 系统性风险、道德风险与存款保险制度 [J]. 金融研究，2012（12）：94-100.

［81］陈志强，邓蓓，刘丹. 现阶段系统性金融风险防范与金融稳定协调机制 [J]. 华北金融，2004（08）：44-45，53.

［82］孔伟艳. 制度、体制、机制的区别 [J]. 中国社会科学院研究生院学报，2010（02）：

26.

［83］黄飞鸣．金融体系的顺周期性问题解读［J］.经济评论，2010（02）：154-160.

［84］盛朝晖．亚太地区金融业发展透视［J］.广东金融，1992（07）：28-29.

［85］钱招国．适应市场经济需要实现金融管理"三化"［J］.浙江金融，1993（05）：31.

［86］刘碧君．重构金融管理体制促进经济发展［J］.天津金融月刊，1994（04）.

［87］李伟平，陶君道．香港金融监管学习报告（连载五）［J］.甘肃金融，2004（11）：12-17.

［88］张光平．人民币产品创新和风险管控［J］.国际金融研究，2006（08）.

［89］康新．保险公司操作风险管控研究［J］.中南林业科技大学学报（社会科学版），2008（04）：77-80.

［90］张响贤，吴鑫．风险管控系统建设评价［J］.保险研究，2009（06）：63-66.

［91］程翔．商业银行系统性风险管控与金融监管有效性研究——以复杂系统理论视角［J］.时代金融，2012（24）：256-257.

［92］郭锐欣，张鹏飞．金融控股公司母公司管控边界研究——基于不完全契约理论的视角［J］.浙江社会科学，2013（12）：29-36，156.

［93］李国红，赵息.SDGOLD集团金融管控价值创造效应实证研究［J］.经济问题探索，2014（09）：134-140.

［94］向昀，任健．西方经济学界外部性理论研究介评［J］.经济评论，2002（03）：58-62.

［95］张宏军．西方外部性理论研究述评［J］.经济问题，2007（02）：14-16.

［96］史建平，高宇．宏观审慎监管理论研究综述［J］.国际金融研究，2011（08）：66-74.

［97］尹振涛．对全球金融监管改革核心内容的再认识［J］.国际经济评论，2011（06）：58-67.

［98］李宗怡，冀勇鹏．对我国实施银行业宏观审慎监管问题的探讨［J］.当代财经，2003（07）：42-46.

［99］马诗琪．论宏观审慎监管的基本原则［J］.时代法学，2013（06）：109-115.

［100］廖岷，林学冠，寇宏．中国宏观审慎监管工具和政策协调的有效性研究［J］.金融监管研究，2014（12）：1-23.

［101］姜华东.金融宏观审慎监管工具体系及其有效性研究［J］.中国浦东干部学院学报，2015（01）：51-57.

［102］洪道明.浅析金融监管改革与统合金融监管［J］.商情，Vol.47，2013（12）：9.

［103］马其家.美国的金融消费者保护及其启示［J］.郑州大学学报（哲学社会科学版），Vol.44（06），2011（11）：83-88.

［104］汤凌霄.英国金融监管制度的变迁及其对中国的启示［J］.湖南社会科学，2003（02）：100-102.

［105］廖凡.英国金融监管体制改革的最新发展及其启示［J］.金融监管研究，2012（02）：88-102.

［106］苏洁澈.危机与变革：英国银行监管体系的历史与变迁［J］.甘肃行政学院学报，2014（01）：115-123.

［107］赵燕妮，郭金龙.英国保险业演化发展过程及对我国的启示［J］.金融理论与实践，2014（12）：72-75.

［108］蔡宁伟.中国货币的起源［J］.中国信用卡，2010（03）：24-26.

［109］田黎瑛.称提之说——南宋的纸币管理理论［J］.中国钱币，1986（01）：51-55.

［110］高海燕.外国在华洋行、银行与中国钱庄的近代化［J］.浙江大学学报（人文社会科学版），Vol.33（01），2003（01）：15-21.

［111］吴小静.1935年南京国民政府的币制改革析［J］.齐齐哈尔师范高等专科学校学报，2010（01）：122-123.

［112］张旭，陈敏.论新型区域金融安全网构建与地方政府职责［J］.全国商情（经济理论研究），2007（02）：45-48.

［113］李赟宏，蒋海.中国金融安全网建设：理论回顾、国际经验与制度设计［J］.南方金融，2009（06）.

［114］蒋海，李赟宏.国际金融危机中发达国家金融安全网政策的调整及其对中国的启示［J］.经济前沿，2009（09）：34-39.

［115］唐黎军.谈如何完善我国的金融安全网［J］.浙江金融，2009（05）：26-27.

［116］李超，姜向中.金融结构、系统性风险与金融安全网再造［J］.武汉金融，2015（01）：30-32.

［117］谢晓燕.互联网安全技术标准体系研究［J］.现代电子技术，2009（07）：79-

81, 85.

[118] 叶辅靖，郝洁. 发达国家对资本流动的管理及其对我国的启示 [J]. 经济研究参考，2002（57）：19-27.

[119] 李毅，李卫刚. 试析我国第三方支付领域的外资准入问题 [J]. 国际经贸探索，2013（06）：72-83.

[120] 马永保. 第三方支付行业市场准入：现实依据、问题透视及改进路径 [J]. 商业研究，2014（01）：185-192.

[121] 高智纬，李可. 内部控制概念的发展历程及我国企业的内部控制问题 [J]. 中国注册会计师，2006（03）：48-53.

[122] 朱清贞，邹啸鸣. 产业集群发展中合作担保问题探讨 [J]. 商业时代，2008（30）：98-99，35.

[123] 顾海峰. 中小企业信用担保风险形成的内在机制研究 [J]. 财经理论与实践，Vol.28（147），2007（05）：98-99，35.

[124] 何敏. 江苏省小额信贷保险的发展与思考 [J]. 金融纵横，2012（12）：53-57，62.

[125] 许一. 目标管理理论述评 [J]. 外国经济与管理，Vol.28（09），2006（09）：1-7，15.

[126] 阮景平. 西方金融创新理论述评 [J]. 湖北大学学报（哲学社会科学版），Vol.33（02），2006（03）：175-177.

[127] 邵传林. 西方金融创新理论演变综述 [J]. 山东工商学院学报，Vol.21（05），2007（05）：80-84，107.

[128] 莫易娴. 金融创新相关理论的综述 [J]. 江淮论坛，2012（01）：39-43，54.

[129] 阮景平. 我国金融创新理论研究综述 [J]. 生产力研究，2008（13）：158-160.

[130] 庄友刚. 风险社会理论研究述评 [J]. 哲学动态，2005（09）：57-62.

[131] 程民选，唐雪漫. 现代信用社会的内涵及其与现代市场经济的关系 [J]. 天府新论，2010（01）：51-55.

三、中文学位论文：共计1篇

[1] 孙彦. 论网络服务提供者的著作权侵权责任 [D]. 硕士学位毕业论文. 武汉：华中科技大学，2011.

四、中文译著：共计 17 部

［1］（美）杰里米·里夫金.零边际成本社会 [M].纽约：圣马丁斯·格里芬出版公司，2014 年版.赛迪研究院专家组译.北京：中信出版社，2014.

［2］（美）杰夫·斯蒂贝尔.断点：互联网进化启示录 [M].纽约：帕尔格雷夫·麦克米伦出版集团美国贸易公司，2013 年版.师蓉译.北京：中国人民大学出版社，2014.

［3］（加）约翰·C.赫尔.风险管理与金融机构 [M].多伦多：约翰·韦利父子出版公司，2012 年第 3 版.（加）王勇等译.北京：机械工业出版社，2014.

［4］（美）杰弗里·弗里德曼，（法）弗拉迪米尔·克劳斯.助推金融危机——系统性风险与监管失灵 [M].费城：宾夕法尼亚大学出版社，2011 年版.段灿等译.北京：中国金融出版社，2013.

［5］（英）托尼·布伦登，约翰·瑟尔韦尔.精通操作风险：理解与管理操作风险实践指南 [M].纽约：皮尔森教育出版公司，2010 年版.吴建刚译.北京：人民邮电出版社，2013.

［6］（美）弗雷德里克·A.米什金.货币金融学 [M].纽约：培生教育出版集团，2010 年第 9 版.郑艳文等译.北京：中国人民大学出版社，2011.

［7］（美）丹尼尔·A.雷恩，阿瑟·G·贝德安.西方管理思想史 [M].纽约：约翰·韦利父子出版公司，2009 年第 6 版.孙建敏等译.北京：中国人民大学出版社，2013.

［8］（美）乔埃塔·科尔基特.信用风险管理 [M].纽约：麦格劳－希尔教育出版公司，2007 年第 3 版.杨农等译.北京：清华大学出版社，2014.

［9］（德）乌尔里希·贝克.风险社会 [M].伦敦：Sage 出版公司，1992 年英文版.何博闻译.上海：译林出版社，2004.

［10］（美）哈尔·R.瓦里安.微观经济学（高级教程）[M].纽约：W·W·诺顿出版公司，1992 年版.周洪等译.北京：经济科学出版社，1997.

［11］（美）哈尔·R.范里安.微观经济学：现代观点 [M].纽约：W·W·诺顿出版公司，1990 年版.费方域等译.上海：生活·读书·新知三联书店上海分店，1992.

［12］（英）约翰·伊特韦尔，（美）默里·米尔盖特，（美）彼得·纽曼.新帕尔格雷夫经济学大辞典（1-4 卷）[M].伦敦：麦克米伦出版公司，1987 年版.《新帕尔格雷夫经济学大辞典》中文版编辑部译.北京：经济科学出版社，1992.

［13］（美）保罗·A.萨缪尔森，威廉·D·诺德豪斯.经济学（上、下）[M].纽约：麦克鲁希尔公司，1985年第12版.高鸿业等译.北京：中国发展出版社，1992.

［14］（美）约瑟夫·A.熊彼特.经济分析史（1–3卷）[M].克拉伦登：牛津大学出版社，1980年第11版.朱泱等译.北京：商务印书馆，1991.

［15］(英)约翰·梅纳德·凯恩斯.就业利息和货币通论[M].伦敦：麦克米伦出版公司，1936年版.徐毓枬译.北京：商务印书馆，1963.

［16］（德）卡尔·马克思.资本论（第二卷）[M].1890年英文版第4版.中共中央马克思恩格斯列宁斯大林著作编译局译.北京：人民出版社，1972.

［17］（德）卡尔·马克思.资本论（第三卷）[M].1890年英文版第4版.中共中央马克思恩格斯列宁斯大林著作编译局译.北京：人民出版社，1974.

［18］（英）亚当·斯密.国民财富的性质和原因的研究（上、下卷）[M].克拉伦登：牛津大学出版社，1880年版.郭大力，王亚南译.北京：商务印书馆，1983.

［19］（英）杜格尔德·斯图尔特.亚当·斯密的生平和著作[M].伦敦：乔治·贝尔父子出版公司，1880年版.蒋自强等译.北京：商务印书馆，1983.

五、中文报纸专文：共计2篇

［1］殷剑锋."互联网金融"的神话与现实[N].上海证券报，2014–04–22.

［2］韩学耕，姬建华.犹太人助中国造"交子"[N].人民日报海外版，2000–11–22：007亚大非版.

六、中文网络专文：共计9篇

［1］中国人民银行.中国人民银行等十部委发布《关于促进互联网金融健康发展的指导意见》[EB/OL].中国人民银行官网"沟通交流／新闻"栏目：http://www.pbc.gov.cn/publish/goutongjiaoliu/524/2015/201507181042438 94831567/20150718104243894831567_.html，2015–07–18发布，2015–07–18检索.

［2］凤凰科技.人民银行就互联网金融《指导意见》答记者问[EB/OL].凤凰网科技频道：http://tech.ifeng.com/a/20150718/41333797_0.shtml，2015–07–18发布，2015–07–18检索.

［3］codename2015.2015全球网络安全市场报告[EB/OL].中云网"云安全"栏目：http://www.china–cloud.com/yunjishu/yunanquan/yunanquan/20150506_46345.html，

2015-05-06发布，2015-07-01检索.

［4］高少华，王涛.用户资金不翼而飞第三方支付再敲警钟［EB/OL］.新华网新华财经频道：http://news.xinhuanet.com/fortune/2012-09/23/c_113174413.htm，2012-09-23发布，2015-07-01检索.

［5］上海华彩咨询集团.华彩咨询一直提到管控这个词，那么管控与管理有什么区别？［EB/OL］.上海华彩咨询集团官网"关于华彩／华彩新闻"栏目：http://www.china-co.com/newsshow_561.html，2010-11-04发布，2015-07-20检索.

［6］中华人民共和国财政部.财政部等五部委联合发布《企业内部控制配套指引》［EB/OL］.中华人民共和国财政部官网"首页／政务信息／财政新闻"：http://www.mof.gov.cn/zhengwuxinxi/caizhengxinwen/201004/t20100426_289147.html，2010-04-26发布，2015-08-24检索.

［7］陈欣荣.到底什么是"管控"［EB/OL］.北大纵横管理咨询公司官网博客栏目：http://www.allpku.com/blog/chenxinrong/2008/11/18/707.aspx，2008-11-18发布，2015-07-20检索.

［8］中华人民共和国财政部.财政部证监会审计署银监会保监会关于印发《企业内部控制基本规范》的通知［EB/OL］.中华人民共和国财政部官网"首页／政务信息／财政文告／2008年财政部文告／财政部文告2008年第七期"：http://www.mof.gov.cn/zhengwuxinxi/caizhengwengao/caizhengbuwengao2008/caizhengbuwengao20087/200810/t20081030_86252.html，2008-10-30发布，2015-08-24检索.

［9］国务院国有资产监督管理委员会.关于印发《中央企业全面风险管理指引》的通知［EB/OL］.国务院国有资产监督管理委员会官网"首页／厅局子站／企业改革局／政策发布／正文"：http://www.sasac.gov.cn/n1180/n1566/n258252/n258644/11663628.html，2006-06-20发布，2015-08-24检索.

七、中文汇编论文：共计2篇

［1］张晓朴.互联网金融监管的原则：探索新金融监管范式［G］.中国银行业监督管理委员会工作论文，2014年第1期.

［2］王胜邦.交易对手信用风险资本计量：原理、演进和影响［G］.中国银行业监督管理委员会工作论文，2014年第3期.

八、中文研究报告：共计9部

[1] 中国人民银行金融稳定分析小组. 2015 中国金融稳定报告 [R]. 北京：中国金融出版社，2015.

[2] 国际货币基金组织. 2014 全球金融稳定报告：风险承担、流动性和影子银行 [R]. 华盛顿特区：国际货币基金组织，2014 年 10 月版. 杨承亮等译. 北京：中国金融出版社，2015 年 4 月版.

[3] 石现升，裴云寿，董迎秋，程寨华等. 中国互联网金融报告（2014)[R]. 新华社《金融世界》杂志社、中国互联网协会、艾瑞咨询集团、互联网实验室和中国互联网协会研究中心，2014.

[4] 王晋，顾陈杰，刘浏. 中国金融稳定报告 2014[R]. 北京：中国金融出版社，2014.

[5] 零壹财经，零壹数据. 众筹服务行业白皮书（2014）[R]. 北京：中国经济出版社，2014.

[6] 零壹财经，零壹数据. 中国 P2P 借贷服务行业白皮书（2014）[R]. 北京：中国经济出版社，2014.

[7] 北京银联信信息咨询中心. 当前我国商业银行信用卡业务风险现状与风险管理对策研究 [R]. 银行卡业务研究月度专题报告，2009 年 4 月.

[8] 叶辅靖. 金融开放与国家金融安全 [R]. 北京大学中国与世界研究中心系列报告 3，2006-12-15.

[9] 香港特别行政区立法会财经事务委员会，《证券及期货条例草案》及《2000 年银行业（修订）条例草案》委员会. 英国及美国的金融制度研究报告书——根据 2001 年 4 月进行的海外职务访问的结果拟备 [R]. 2011 年 6 月.

九、中文标准译文：共计1篇

[1] 十国集团. 资本协议关于市场风险的补充规定 [S]. 1996.

十、英语出版物：共计2部

[1] Merriam-Webster Incorporated. Webster's Ninth New Collegiate Dictionary[M]. Springfield, Massachusetts：MERRIAM-WEBSTER INC., Publishers，1983.

［2］Werner Sichel, Peter Eckstein. Basic Economic Concepts[M]. Second Edition. Chicago：Rand McNally College Publishing Company，1977.

十一、英语期刊论文：共计 32 篇

［1］A. Ciarione, P. Pisselli, G. Trebeschi. Emergingmarkets' spreads and global financial conditions [J]. Journal of International Financial Markets, Institutions and Money, Vol.19, 2009：222-239.

［2］Andrea Devenow, Ivo Welch. Rational herding in financial economics[J]. European Economic Review, Vol.40（03-05）, 1996（04）：603-615.

［3］Anthony F.Herbst. E-finance：Promises kept, promises unfulfilled, and implications for policy and research [J]. Global Finance Journal. Vol.12, 2001（02）：205-215.

［4］A. P. Rice. Risk management in chemical safety：some general observations relating to the state of the art[J]. Science of the Total Environment, Vol.51, 1986：1-17.

［5］Azamat Abdymomunova, Sharon Bleia, Bakhodir Ergashev. Integrating stress scenarios into risk quantification models[J]. Journal of Financial Services Research, Vol.47（01）, 2015：57-79.

［6］Bernd Heigenhauser. Projekt-management [J]. Holz als Roh- und Werkstoff（European Journal of Wood and Wood Products）, Vol.33（08）, 1975：291-296.

［7］Carmen M. Reinhart, Jacob F. Kirkegaard, M. Belen Sbrancia. Financial Repression Redux[J]. Finance & Development, Vol.48（01）, 2011（06）：22-26.

［8］D. Diamond, P. Dybvig. Bank runs, deposit insurance and liquidity [J].Journal of Political Economy, Vol.91（03）, 1983：401-419.

［9］Eric S. Rosengren. Modernizing Financial Regulation：Implications for Bank Supervision[J]. Journal of Financial Services Research, Vol.16（02）, 1999（02）：117-123.

［10］George C. Philippatos, Charles J.Wilson. Entropy, market risk, and the selection of efficient portfolios[J].Applied Economics, Vol.4（03）, 1972（09）：209-220.

［11］G.Huberman,D.Halka.Systematicliquidity[J].JournalofFinancialResearch,Vol.24（02）, 2001：161-178.

［12］James M. Buchanan, Wm. Craig Stubblebine. Externality[J]. Economica, New

Series, Vol. 29（116），1962（11）：371-384.

［13］J.Hasbrouck，D.Seppi.Commonfactorsinprices,orderflowsandliquidity[J].JournalofFinancialEconomics，Vol.59（03），2001：383-411.

［14］J.M.Cozzolino，M.J.Zahner. The maximum-entropy distribution of the future market price of a stock[J].Operations Res.，Vol.21（06），1973：1200-1211.

［15］JosephE. Stiglitz，Andrew Weiss. Credit Rationing in Markets with Imperfect Information[J]. The American Economic Review，Vol.71（03），1981（06）：393-410.

［16］Karl-Yugo Andersson. Increasing productivity in technology management when developing and building complex systems in a global environment [J]. International Journal of Production Economics，Vol.52（01），1997：173-177.

［17］K.Best. Celebrity.Com：Internet finance and frenzy at the millennium[J]. Consumption，Markets & Culture. Vol.8，2005（04）：361-378.

［18］K. Smimou，Cee R. Bector，Gady Jacoby. A subjective assessment of approximate probabilities with a portfolio application[J].Research in International Business and Finance，Vol.21（06），2007（06）：134-160.

［19］L.Pastor，R.F.Stambaugh.Liquidityriskandexpectedstockreturns[J].JournalofPoliticalEconomy，Vol.111（03），2003：642-685.

［20］Michael Foot. Operational risk management for financial institutions[J]. Journal of Financial Regulation and Compliance，Vol.10（04），2002（11）：313-316.

［21］Michael Mainelli. Industrial strengths：operational risk and banks[J]. Balance Sheet，Vol.10（03），2002：25-34.

［22］P. Gonzá lez. Risk management procedures application of Technical Risk Assessment in FESTIP[J]. Acta Astronautica，Vol.47（02），2000：677-686.

［23］Piet Clement.The term "macroprudential"：origins and evolution[J].BIS Quarterly Review，2010（03）：59-67.

［24］Riza Emekter，Yanbin Tu，Benjiamas Jirasakuldech，Min Lu. Evaluating credit risk and loan performance in online Peer-to-Peer（P2P）lending [J]. Applied Economics，Vol.47（01），2015：54-70.

［25］Robert C. Merton，Zvi Bodie. Design of Financial Systems：Towards A Synthesis

of Function and Structure[J]. Journal of Investment Management, Vol.3（01）, 2005（First Quarter）: 1-23.

［26］Robin L. Dillon, M. Elisabeth Pat é -Cornell. Including technical and security risks in the management of information systems: A programmatic risk management model [J]. Systems Engineering, Vol.8（01）, 2005: 15-28.

［27］Suzanne Pinson. Credit risk assessment and meta-judgment [J]. Theory and Decision, Vol.27（01）, 1989: 117-133.

［28］Tarun Chordia, Richard W. Roll, Avanidhar Subrahmanyam.Commonalityin liquidity[J].JournalofFinancialEconomics, Vol.56（01）, 2000: 3-28.

［29］Torun Fretheima, Glenn Kristiansen. Commodity market risk from 1995 to 2013: an extreme value theory approach[J].Applied Economics, Vol.47（26）, 2015（02）: 2768-2782.

［30］V. H. Rothwell.The Mission of Sir Frederick Leith-Ross to the Far East, 1935-1936 [J].The Historical Journal, Vol.18（01）, 1975（03）: 147-169.

［31］V. V.Acharya, L.H.Pedersen.Assetpricingwithliquidityrisk[J]. JournalofFinancialEconomics, Vol.77（02）, 2005: 375-410.

［32］W. Bedgood. Evaluating a credit risk [J]. Journal of Patient Account Management, 1981（04-05）: 12.

十二、英语汇编论文：共计6篇

［1］Anthony M. Santomero. Commercial Bank Risk Management: an Analysis of the Process[C]. WFICWorking Paper for the Wharton Financial Institutions Center Conference on Risk Management in Banking, October 1996.

［2］Barney Warf, Darren Purcell. The Currency of Currency: Speed, Sovereignty, and Electronic Finance[C]. THOMAS R. LEINBACH and STANLEY D. BRUNN. Worlds of E-Commerce: Economic, Geographical and Social Dimensions. Chapter 12, 2001: 223-240.

［3］E. Maug, N. Naik. Herding and delegated portfolio management[C]. IFA Working Paper 223, 1996.

［4］Jose A. Lopez, Marc R. Saidenberg. Evaluating Credit Risk Models[C]. FRBSF

Working Paper forThe Bank of England's conference on "Credit Risk Modelling and the Regulatory Implications", 1999-06-30.

［5］Mohamed El Hedi Arouri, Raphaëlle Bellando, Sébastien Ringuedé, Anne-Gaël Vaubourg. Herding by institutional investors: empirical evidence from French mutual funds[C]. HAL Working Paper, August 2010.

［6］Toshiyasu Kato, Toshinao Yoshiba. Model Risk and Its Control [C]. Monetary and Economic Studies for the Bank of Japan, 2000（December）.

十三、英语研究报告：共计 7 部

［1］Anil Bangia, Francis X. Diebold, Til Schuermann, John D. Stroughair.Modeling LiquidityRisk,withImplicationforTraditionalMarketRiskMeasurementandManagement[R]. WorkingPaper, WhartonFinancialInstitutionsCenter, 1998-12-21.

［2］A.W.Wang.InstitutionalEquityFlows,LiquidityRiskandAssetPricing[R]. WorkingPaper, UniversityofCalifornia, Los Angeles, 2003.

［3］B. Espen Eckbo, Øyvind Norli.PervasiveLiquidityRisk[R].WorkingPaper, Dartmout hCollegeandUniversityofToronto, 2000.

［4］D.Avramov, J.Chao, T.Chordia.HedgingAgainstLiquidityRiskandShortSaleConstrai nts[R].WorkingPaper, University ofMaryland, 2002.

［5］J.Grace, C.Kenny, and C.Z.W.Qiang. Information and Communication Technologies and Broad Based Development: A Partial Review of the Evidence[R]. World Bank Working Paper, Technical Report 12. World Bank: Washington, December 2003.

［6］R.Sadka.LiquidityRiskandAssetPricing[R].WorkingPaper, UniversityofWashington, 2004.

［7］The Study Group of the Central Banks of the Group of Ten Countries.Recent Innovations In International Banking[R].BIS Report, April 1986.

十四、英语标准：共计 1 部

［1］Basle Committee on Banking Supervision. Overview of the Amendment to the Capital Accord to Incorporate Market Risks [S].January 1996.

十五、英语网络专文：共计 1 篇

［1］Schuler AG. Die Unternehmensgeschichte der Schuler AG [EB/OL]. Schuler AG office website：https://www.schulergroup.com/unternehmen/historie/index.html，发布时间不详，2015-08-12 检索．

十六、以上中英文参考文献共计 247 部（篇），其中，中文参考文献 198 部（篇），英语参考文献 49 部（篇）。

后 记

　　经过一年多的资料收集、整理及邀请一些互联网金融实践机构专家参与研讨，本书终于要出版了。值此书出版之际，我要特别感谢北京大学市场经济研究中心李刚博士与张欣先生，他们多次为我组织研讨会，并邀请行业理论与实践专家参加。同时，我要感谢陈惠君女士、安妮女士、俞前先生，在本书写作过程中，他们协助我收集、整理了大量一手资料。另外，我还要感谢京东、和君咨询、阿里巴巴等企业的专家，他们为本书的写作提出了很多专业意见与指导。

　　本书在互联网金融概念、风险体系、监管体制、管控机制与管控方法等方面进行了比较深入的探讨并提出很多创新性观点，希望能对我国互联网金融监管理论与实践方面有所帮助。

　　由于作者理论水平有限，本书定有诸多不足之处，在此，恳请行业专家、读者不吝批评与指正。

黄卫东

2015 年 10 月 6 日